진로교육개론

정철영 · 임정훈 · 이승엽 · 이영광 · 임소현
임한려 · 이유우 · 박선영 · 최로미 · 조은혜 공저

INTRODUCTION TO
CAREER EDUCATION

학지사

| 서문 |

우리의 소중하고 귀한 삶에서의 중요한 세 가지 선택은 배우자의 선택, 직업의 선택, 가치관의 선택이라고 한다. 이 중에서 어떤 선택이 가장 중요할까? 가치관에 따라 배우자의 선택과 직업의 선택이 이루어지므로 가치관의 선택이 가장 중요하다고 할 수 있다. 또는 배우자를 바꾸는 것이 직업과 가치관을 바꾸는 것보다 훨씬 더 많은 어려움과 고통이 뒤따르므로 배우자의 선택이 가장 중요하다고 볼 수도 있다. 하지만 현실적으로 고등교육이 보편화되고, 주거와 육아의 어려움 때문에 배우자 선택을 통한 결혼은 직업 선택 이후에 어느 정도 결혼 자금이 마련되고 나서야 이루어진다. 따라서 직업 선택을 통해 입직한 후 주변의 소개나 업무적인 일을 통하여 배우자가 결정되고 있다. 즉, 배우자의 선택은 직업 선택의 종속변수인 경우가 많다. 또한 학창시절에는 거의 비슷한 가치관을 가지고 있었더라도 어느 직업에 종사하느냐에 따라 취업 후 시간이 지나면서 그 직업의 문화와 특성이 몸에 배면서 가치관도 새롭게 형성된다. 즉, 직업의 선택에 따라 가치관도 새롭게 형성되는 것이다. 따라서 가치관의 선택도 직업 선택의 종속변수가 되는 경우가 점차 늘어나고 있다. 이렇게 본다면 직업의 선택은 삶에서 중요한 배우자의 선택과 가치관의 선택을 결정하는 가장 중요한 선택이라고 볼 수 있다. 우리의 가정과 학교는 사랑하는 자녀와 학생들의 삶에서 중요한 세 가지 선택 중의 하나인 동시에, 그중에서도 가장 중요하다고 볼 수 있는 직업의 선택을 올바르게 할 수 있도록 도움을 주고 있는가?

독일의 위대한 문호 괴테는 "삶이란 속도가 아니라 방향이다(Life is not speed, but direction)."라고 하면서 삶에서 방향 설정의 중요성을 강조하였는데, 우리는 삶을 살면서 잘못된 방향으로의 속도가 오히려 일을 더욱 그르친다는 사실을 끊임없이 깨닫게 된다. 그러나 우리 대부분의 가정과 학교에서는 자녀들과 학생들에게 방향 설정 없이 속도 내는 것만을 강조하는 것이 안타까운 현실이다. 무엇을 위한 교육인지에는 관심이 없고, 진로와는 상관없이 성적 올리기에만 급급하고, 학교 선택 시에도 적합하고 올바른 전공 선택보다는 무작정 성적 위주의 학교 및 전공 선택이 이루어지는 것이 다반사이다. 그 결과 대학 입학 후 전과와 자퇴 및 휴학 그리고 재수 등 많은 고민과 혼란이 일어나고 있다. 그뿐만 아니라 입직 시에는 본인이 수년간 공부한 전공 분야보다는 비전공 분야로 더 많이 진출하고, 하향취업의 비율이 높을 뿐만 아니라, 입직 후에 전직과 퇴직을 하면서 많은 정신적 방황은 물론 시간적 · 경제적 낭비가 이루어지고 있다.

이러한 상황을 반영하고자 진로교육 분야의 이론과 실천은 우리 사회의 변화에 발맞추어 그 중요성이 강조되고 많은 발전이 이루어져 왔다. 1909년 보스턴에서 시작된 직업지도가 20세기 중반 진로교육과 진로지도로 확대되었고, 21세기에 들어서는 진로상담과 통합적 개입의 측면에서 진로의 개인적 구성과 개인이 처한 맥락의 중요성이 강조되고 있다. 인간의 전 생애적 발달에 관한 이해가 심화되면서 전 생애에 걸친 진로개발과 그를 위한 진로지도의 중요성이 부각되고 있다. 또한 전 생애에 걸친 개인의 역할이 시민, 여가인 등으로 다변화되면서, 직업생활을 영위하며 공동체에 기여하면서도 개인에게 주어진 역할을 균형 있게 수행할 방안에 대한 관심도 높아지고 있다. 주요 선진국 및 국제기구에서 개인의 전 생애에 걸친 진로교육 및 진로지도의 강화를 제안하는 가운데, 우리나라에서는 1998년부터 성인 대상 진로지도를 강화하기 위하여 대대적인 공공고용서비스망을 확충하였다. 또한 2011년 교육부 진로교육정책과가 신설되고 같은 해에 진로진학상담교사(현재의 진로전담교사) 제도가 새로이 도입되어 2011년 중등학교, 2016년 초등학교에 배치됨은 물론, 2015년에 「진로교육법」이 제정 및 시행되면서 우리나라는 진로교육과 진로지도의 기본적인 토대를 구축하였지만, 아직도 아쉬운 점이 많은 것이 엄연한 현실이다.

이러한 상황에서 서울대학교 진로지도 및 경력개발 연구실에서는 2019년부터 2022년에 걸쳐 자체 세미나와 토론을 진행하였고, 대상별 진로교육과 진로지도에 관하여 논의한 사항을 정리하여 책으로 출간하게 되었다. 이 책은 초등학생에서 고령자에 이르는 다양한 대상에 관한 이론뿐만 아니라 실천을 아우르는 내용을 담고 있어, 진로교육을 보다 종합적이고 체계적으로 이해하고자 하는 학생, 교사, 전문가들에게 도움을 줄 수 있도록 구안되었다. 이를 위하여 이 책은 제I부(5장), 제II부(4장), 제III부(5장)의 3개 부와 14개 장으로 구성되어 있다. 제I부 '진로교육의 기초'에서는 진로교육의 개념 및 의의와 이론적 기초뿐만 아니라 제도 및 정책, 교육과정 및 평가, 전담 인력에 대한 이해를 증진할 수 있는 내용을 포함하고 있다. 제II부 '학교 진로교육'에서는 초등학교, 중학교, 고등학교, 대학교 등 각급 학교별 진로교육의 의의와 이론적 기초, 현황과 사례, 문제점 및 개선방안을 제시한다. 제III부 '성인 및 취약계층 진로지도'에서는 학교 밖 청소년, 경력단절여성, 고령자, 다문화가족, 장애인과 같은 성인 및 취약계층 대상별 진로지도의 의의와 이론적 기초, 정책 및 사례, 문제점 및 개선방안에 관한 내용을 포함하고 있다.

아무쪼록 이 책이 진로교육을 보다 심도 있게 이해하고자 하는 분들에게 도움이 되고, 이를 통하여 우리나라 진로교육의 발전에 이바지함은 물론 궁극적으로는 다양한 진로교육 대상들의 진로 선택에 도움이 되기를 필자 모두는 간절히 소원하고 있다. 끝으로 이 책의 출판을 맡아 주신 학지사 김진환 사장님과 많은 수고를 하여 주신 편집부에 감사를 표한다.

2023년 2월

대표 저자 정철영

| 차례 |

| 세부 차례 |

제2장 진로교육의 이론적 기초 • 39

제3장 진로교육 관련 제도 및 정책 • 65

제 I 부

진로교육의 기초

제1장

진로교육의 개괄

인공지능의 발전, 자동화의 확산 등과 같은 급격한 과학기술의 진보로 인해 직업세계의 불확실성이 증대함에 따라, 개인을 위한 진로교육의 중요성은 그 어느 때보다 높아지고 있다. 이 장에서는 광의의 관점에서 진로교육의 개념을 알아보고, 진로교육 관련 개념뿐만 아니라 각 개념 간의 차이를 이해할 수 있는 구체적인 내용을 살펴본다. 또한 인간 삶의 궁극적인 목적이라고 할 수 있는 행복의 조건과 개인의 행복 실현을 지원하는 진로교육의 중요성에 대해서도 알아볼 것이다. 그리고 이 장에서는 개인과 지역 및 국가적 차원의 진로교육 목표뿐만 아니라 진로교육의 주요 내용인 삶, 진로, 직업의 의의 인식, 자신의 이해, 일과 직업세계의 이해, 진로의사결정, 진로계획 및 준비, 행복한 직업생활을 확인할 수 있으며, 진로교육의 방법으로 진로수업, 진로체험, 진로심리검사, 진로상담도 확인할 수 있다.

학습과제

- ▶ 학습과제 1 진로교육의 개념을 설명하시오.
- ▶ 학습과제 2 진로교육의 중요성을 설명하시오.
- ▶ 학습과제 3 진로교육의 목표를 설명하시오.
- ▶ 학습과제 4 진로교육의 내용을 설명하시오.
- ▶ 학습과제 5 진로교육의 방법을 설명하시오.

1. 진로교육의 개념

1) 진로교육의 정의

진로교육(career education)은 진로(career)와 교육(education)의 합성어로, 종합적이고 거시적인 관점에서 보면 개인의 진로발달(career development)을 돕는 개입(intervention)의 한 종류라고 볼 수 있다. 진로교육의 정의를 구체적으로 살펴보기에 앞서, 진로교육에 포함되는 '진로'와 '진로발달'의 개념을 이해해 보고자 한다. '진로'는 학자별로 정의가 다양하지만 대체로 '개인이 일생 동안 수행하는 일의 총체'를 의미한다(정철영, 2006; Sears, 1982). 이 정의에는 '개인의 일생'이라는 시간적 의미와 일, 즉 직업의 총체라는 구성적 의미가 포함되어 있다. 중세에는 주로 부모로부터 물려받은 직업을 대대손손 물려받아서 직업 선택의 자유가 없었고, 물려받은 직업을 죽을 때까지 영위하는 경우가 많았기 때문에 직업이나 진로의 개념이 발달하지 못했다. 중세까지 개인의 일상은 부모로부터 물려받은 천직(天職)이나 외부의 절대자로부터 부름받은 소명(calling)을 중심으로 조직되었고, 이러한 일상은 같은 성씨를 가지고 동일한 직업을 영위하는 집성촌을 중심으로 하여 죽을 때까지 이어졌다. 19세기 말 영국에서 산업혁명이 발생한 이후, 비로소 개인의 직업 선택(choosing a vocation)이라는 개념이 확산되었다. 특히 현대에 이르러 직업의 종류와 기회가 다양해지고, 직업세계의 변화가 빠르게 일어남에 따라 진로는 더 이상 개인이 일생 동안 수행하는 '일 그 자체'가 아니라, 일생 동안 수행하는 다양한 '일의 총체'로서의 의미로 자리 잡았다.

'진로발달'은 매우 다양한 맥락에서 사용되기 때문에 명확한 정의를 내리기는 쉽지 않다. Lent와 Brown(2020)은 진로발달을 아동기에서 시작하여 은퇴기에 이르는 전 생애에 걸쳐 일어나는 과정이라고, 매우 가치중립적으로 정의하였다. 반면 Super(1957, 1984; Super et al., 1996)는 진로발달을 직업적 자아개념(vocational self-concept)의 실현이라는 관점에서 바라보았고, Gottfredson(2005)은 직업세계라는 공간 속에서 자신의 자아를 실현하기 위하여 타협해 가는 일련의 과정이라는 관점을 제시하였다. 이와 같이 일련의 학자들의 진로발달에 관한 정의는 직업을 통해 개인의 자아개념을 실현해 나가는 과정으로 요약할 수 있다. 한편, 구성주의적 관점을 강조하는 Savickas(2020)와 같은 학자는 진로발달을 내적 구조(inner structure), 즉 자아개념의 성숙이라기보다 환경에 대한 적응으로 추동되는 것으로 바라보기도 하며, 개인이 처한 맥락(McMahon & Patton, 2019)이나 우연

(Krumboltz, 2009; Pryor & Bright, 2019)과 같이 외부 환경의 요소에 초점을 두는 경우도 있다. 이와 같이 진로발달에 대한 정의가 다채로워지는 것은 그만큼 개인의 진로발달이 역동적이며, 진로발달과 상호작용하는 직업세계 역시 복잡해졌음을 의미한다고 볼 수 있다.

앞서 언급한 바와 같이 진로발달은 진로교육뿐만 아니라 진로지도(career guidance) 및 진로상담(career counseling)이나 직업교육(vocational education), 직업지도(vocational guidance) 또는 멘토링(mentoring)이나 코칭(coaching) 등 다양한 방식의 개입을 통해 촉진될 수 있다. 이 장에서는 진로교육에 초점을 두어 정의를 살펴보고, 기타 관련 개념에 대한 이해를 통해 진로교육과 관련 개념 간의 차이점을 확인해 보고자 한다.

진로교육의 정의는 관점에 따라 협의의 관점과 광의의 관점으로 구분할 수 있다(정철영 외, 2019). 협의의 관점은 진로와 교육이라는 두 개념 중에 '교육'에 초점을 두고, 교육될 수 있는 대상과 시기로 개념을 한정하는 것이 특징이다. 그 대표적인 예가 「진로교육법」에 명시된 정의라고 볼 수 있다. 「진로교육법」에서는 진로교육을 '국가 및 지방자치단체 등이 학생에게 자신의 소질과 적성을 바탕으로 직업 세계를 이해하고 자신의 진로를 탐색·설계할 수 있도록 학교와 지역사회의 협력을 통하여 진로수업, 진로심리검사, 진로상담, 진로정보 제공, 진로체험, 취업지원 등을 제공하는 활동'으로 정의하고 있다(「진로교육법」, 2015). 이 정의는 진로교육의 제공 주체(국가 및 지방자치단체), 대상(학생), 목적(학생의 소질과 적성을 바탕으로 직업세계를 이해하고 자신의 진로를 탐색·설계) 및 방법(학교와 지역사회의 협력을 통한 진로수업, 진로심리검사, 진로상담, 진로정보 제공, 진로체험, 취업지원 등을 제공하는 활동)을 포함한다. 이 정의의 특징은 대상을 '학생'으로 한정시키면서 진로교육은 학교를 중심으로 이루어지며(공간적 한정), 학령기의 학생을 대상으로 이루어짐(시간적 한정)을 의미한다는 점이다.

한편 진로교육에 관한 광의의 관점은 진로교육의 대상을 '개인'으로 설정하는데, 그 대표적인 예가 정철영(2017)의 정의이다. 이 정의에서 정철영(2017)은 진로교육을 '개인의 진로선택, 적응, 발달에 초점을 둔 교육으로 각 개인이 자기 자신과 일의 세계를 인식 및 탐색하여 자기 자신에게 적합한 일을 선택하고, 선택한 일을 잘 수행할 수 있도록 취학 전부터 시작하여 평생 동안 학교, 가정, 사회에서 가르치고, 지도하고, 도와주는 활동'이라고 정의하였다. 이러한 정의는 진로교육의 본질이 개인으로 하여금 ① 일하고자 하는 동기와 이유를 갖게 하고, ② 자신에게 적합한 일을 현명하게 선택하게 하고, ③ 그 일을 하는 데 필요한 지식과 기술을 획득하게 하여 그 일을 수행할 수 있도록 하고, ④ 일의 세계에 진출할 수 있도록 하며, ⑤ 일에 만족을 느끼며 행복한 삶을 영위하도록 하기 위함에 있다는 것을 알 수 있다.

이와 같은 정의는 진로교육의 대상을 '개인'으로 확대하고, 진로교육이 '평생 동안' 이루어진다는 측면에서 진로교육의 대상을 '학생'으로 한정하여, 시간적 범위를 '재학 시기'로 바라보았던 협의의 관점을 넘어서는 광의의 개념적 정의라고 볼 수 있다. 진로교육의 대상을 학생에서 개인으로 확대하면서 학교라는 공간적 한계를 넘어설 수 있기 때문에 진로교육은 가정과 사회 모두에서 가르치고, 지도하며, 도와주는 활동이 될 수 있다. 협의의 개념적 정의에 따라 진로교육의 대상을 '학생'으로 한정하면, 진로교육은 학생이 진로선택을 잘하도록 하는 데에 초점이 맞추어질 수밖에 없다. 그러나 개인의 진로의사결정은 직업세계로의 진출을 맞이한 특정 시기에 단 한 번 일어나는 것이 아니다. 또한 진로선택만큼이나 진로선택 이후에 해당 분야로의 진출을 준비하고, 결과적으로 입직하여 적응 및 성공할 수 있도록 지원하는 것도 중요하다. 특히 이러한 정의는 과학기술 혁신의 가속화로 인해 직업세계의 불확실성이 증대하는 현 시대에 매우 중요한 의미를 가진다. 이와 더불어 이 정의는 개인의 발달이 성인기에 완성되는 것이 아니라 전 생애에 걸쳐 지속해서 이루어진다는 전 생애적 발달의 관점에 부합한다고 볼 수 있다.

2) 진로교육 관련 개념

(1) 진로지도, 진로상담, 직업교육의 개념

진로지도(career guidance)란 '개인의 진로발달을 촉진시켜 자신의 진로를 계획하고, 직업을 선택하게 하며, 선택된 직업을 준비함은 물론 그 직업에 취업하여 잘 적응하고 계속 발전할 수 있도록 도와주는 과정'을 의미한다(정철영, 2006). 정철영(2006)은 진로지도의 정의를 바탕으로 진로지도의 의미를 네 가지로 구분하였다. 첫째, 진로지도는 계속적인 일련의 과정(process)이다. 진로지도는 단순 취업 알선 또는 직업선택을 목적으로 한 일회성 활동이 아닌 직업선택, 직업준비, 입직, 직업생활 적응을 도와주는 단계적 · 계속적 활동 과정을 의미한다. 이러한 관점은 진로선택을 일회적인 사건이 아니라 연속적인 과정으로 본 진로발달이론의 관점(Ginzberg et al., 1951; Super, 1980)과 의사결정을 위한 일련의 과정으로 본 진로정보처리이론(Reardon et al., 2017), 변화하는 환경에 지속적으로 적응하는 것을 강조한 구성주의 관점의 진로이론(Lent & Brown, 2013; Patton & McMahon, 2014; Savickas, 2002)의 관점과 맥을 같이한다. 둘째, 진로지도는 도와주는 활동(helping service)이다. 이는 진로지도가 단순 지시나 명령하는 행위가 아니라, 개인의 직업선택, 직업의 준비, 입직뿐만 아니라 직업생활에 적응할 수 있도록 도와주는 행위임을 뜻한다. 선행연구 또한 진로지도를 정의함에 있어 진로계획, 의사결정, 적응 문제 등을 조력하는 것(김봉환, 2017)으로 정의하거나 인생의 전 과정을 도와주는 것(이무근, 이찬, 2020)으로 정의한 바 있다. 셋째, 진로지도는 개인(individual)에게 관심을 둔다(정철영, 2006). 진로지도에 있어 개인은 진로지도의 수단이 될 수 없는 독특한 존재이기 때문에 진로지도는 개인의 다양성에 대한 인정과 존중을 기초로 하여 자아실현을 통해 행복이 최대화될 수 있도록 이루어져야 한다. 이러한 주장과 맥을 같이하여 구성주의 관점의 진로이론은 개인의 다양한 특성에 초점을 둔다. 특히 진로발달 체계이론 프레임워크를 제안한 Patton과 McMahon(2014)은 개인의 진로발달을 도와줌에 있어 성격, 흥미, 신념, 가치, 자기개념, 성별, 연령, 지식, 건강 등의 다양한 요인을 고려하는 것이 필요함을 강조한다. 넷째, 진로지도의 목적은 개인의 진로발달을 촉진함에 있다. 개인의 진로발달 촉진은 자신과 일의 세계를 이해하는 것에서 시작한다. 인간은 태어나서 유아기를 거친 후, 나이가 들어 가면서 직업생활의 중요성을 인식하고, 직업인으로서의 상(像)을 정립해 나간다. 이러한 직업인으로서의 상이 사회적으로 바람직하고, 개인적으로도 의미 있게 발달하도록 도와주는 것이 진로지도의 중요한 역할이다.

진로상담(career counseling)은 '직업인으로서의 역할이 다른 역할들과 어떻게 상호작용하는지를 중심으로 생애진로발달 과정상에 있는 개인을 도와주는 활동'으로 정의된다(NCDA, 1997: 김봉환 외, 2018에서 재인용). 이러한 정의를 통해 볼 때 진로상담은 개인을 대상으로 하여, 전 생애적 진로발달의 관점에서 직업인으로서의 역할에 초점을 두는 개입이라고 볼 수 있다. 다만, 직업인으로서의 역할에 초점을 두기는 하지만, 직업인으로서의 역할과 다른 역할 간의 상호작용을 포함한다는 것이 주목할 만하다. 진로상담의 목표가 진로상담의 정의 내에 포함되어 있지는 않지만, 진로상담의 목표가 진로교육 및 진로지도와 크게 다르지는 않다(김봉환 외, 2018). 진로상담의 목표는 내담자로 하여금 자신과 직업세계에 관한 보다 정확한 이해를 증진하고, 합리적인 의사결정 능력을 증진하며, 정보 탐색 및 활용 능력을 함양하고, 일과 직업에 대한 올바른 가치관 및 태도를 형성하는 것이다.

직업교육(vocational education)은 '개인이 특정한 직업 또는 직업군에 취업할 수 있도록 그 직업에 필요한 지식, 기능, 태도, 이해, 판단력 등을 개발하여 준비시키거나 또는 취업된 사람의 자질을 향상시키기 위해 학교 또는 사회교육기관과 일의 현장에서 교육적 지도와 감독을 받으며 실시되는 전체 교육의 일부'를 의미한다(정철영, 2006). 직업교육은 특히 특정한 직업 또는 직업군으로의 취업에 그 목적을 두며, 해당 목적을 달성하는 데에 필요한 각종 역량과 자질을 갖추게 한다는 것이 특징이라고 볼 수 있다. 또한 특정 직업이나 직업군으로의 취업을 목표로 하기 때문에 교육의 구성 및 운영 등에 있어서 직업 현장과 보다 밀접한 관련을 가지고, 교육적 지도와 감독을 받게 된다. 선행문헌 또한 직업교육을 정의함에 있어 직업과 취업을 준비하거나 현재의 직무를 유지 · 개선하는 것(이무근, 이찬, 2020), 직업에 대한 소양과 능력을 계발하는 것(「교육기본법」, 2021)으로 정의한 바 있다.

(2) 진로교육과 관련 개념의 차이

진로교육과 관련 개념은 유사해 보이지만 약간의 차이를 보인다. 이를 구체적으로 살펴보면 〈표 1-1〉과 같다. 진로교육은 진로지도와 진로상담 및 직업교육을 포괄하는 가장 광의의 개념이라고 할 수 있다. 진로교육과 진로지도 및 진로상담은 모두 학교, 가정이나 사회에서 이루어지지만, 진로교육은 일을 위한 교육의 총체로서 진로지도나 진로상담과 같은 기법을 포괄하는 개념이다. 한편, 직업교육이 특정한 직업이나 직업군으로의 취업만을 위한 교육이라고 한다면, 진로교육은 취업뿐만 아니라 진학, 창업 등 다양한 일 역할(work role)에 관한 교육을 의미하기 때문에 보다 근본적이고 종합적인 교육이라고 할 수 있다.

〈표 1-1〉 진로교육, 진로지도, 진로상담, 직업교육의 비교

구분	진로교육	진로지도	진로상담	직업교육
기본개념	일을 위한 교육의 총체	진로선택이나 결정을 도와주는 일련의 과정	생애진로발달 과정상의 개인을 도와주는 과정	직업을 위한 교육
실행 주체	학교, 가정, 사회			취업 직전의 학교 및 기관 (직업계고, 전문대, 훈련기관 등)
내용	진로 인식 · 탐색 · 준비 · 유지 및 개선과 관련된 교육 및 지도	진로 인식 · 탐색 · 준비 · 유지 및 개선과 관련하여 개인의 선택과 결정을 도와주는 과정	직업인으로서의 역할과 다른 역할들과의 상호작용에 대한 이해	진로 준비 · 유지 및 개선
담당자	교사, 부모 및 진로교육기관, 평생교육기관의 담당자 등			직업교사 및 직업 교육훈련기관 담당자

자료: 정철영. (2006). p. 61 재구성.

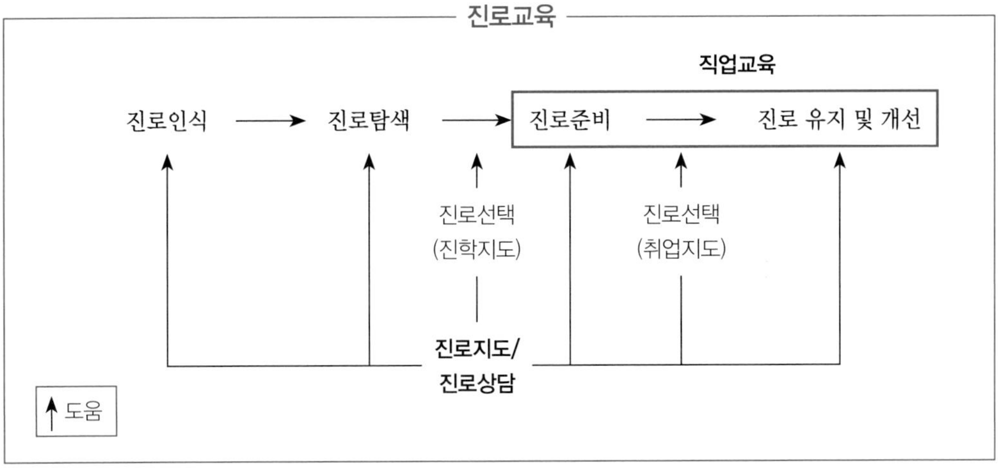

[그림 1-1] 진로교육, 진로지도, 진로상담, 직업교육의 비교

자료: 정철영. (2006). p. 62.

개인의 진로발달 단계에 대해 진로교육과 관련 개념 간 관계를 도식화하면 [그림 1-1]과 같다. 진로교육은 개인의 진로인식-진로탐색-진로준비-진로 유지 및 개선의 전 과정을 포괄적으로 다루는 개념이라고 볼 수 있다. 진로지도는 이러한 진로교육이 다루어질 수 있도록 과정별로 개인의 선택과 결정을 도와주는 과정 및 방법을 의미한다. 그리고 직업교육은 개인의 진로준비와 진로 유지 및 개선에 초점을 둔다.

2. 진로교육의 중요성

우리는 인생의 근본적이고 중요한 것에 집중하며 살아가고 싶어 하지만, 갑자기 걸려오는 전화, 불쑥 찾아오는 방문객 등과 같이 눈앞의 다급한 것, 긴급한 일을 먼저 처리하려는 경향이 많다. 또한 우리는 사소한 것은 집착하고 집요하게 추구하는 한편, 정작 중요한 것은 소홀히 넘겨 버리기도 한다(정철영, 2006).

그렇다면 이렇게 다급하고 사소한 것 말고, 우리의 삶에 있어서 가장 근본적이고 중요한 것, 즉 우리 인간의 삶에서 추구하여야 할 궁극적인 목적은 무엇인가? 이러한 물음에 답하기 위하여 학자들은 수많은 연구와 공부를 해 왔고, 그중의 대표적인 학자는 아리스토텔레스로서, 그는 모든 사람에 있어서 삶의 궁극적인 목적은 '행복'이며, 모든 인간은 행복을 추구하기 위해 삶을 영위한다고 하였다(정철영, 2006).

사람들이 행복의 중요성을 알지 못하는 것은 아니다. 하지만 앞서 언급하였던 것처럼 일상에서 맞닥뜨리는 다급하고 사소한 일에 치이어 살아가다가 죽음을 맞이하여 후회하는 사람이 많다. 또한 진정한 행복이란 어떠한 절대적인 기준이나 조건이 정해져 있는 것이 아니라, 개인의 주관적인 지각에 따라 성취되는 것이기 때문에 진정한 의미의 행복을 찾기도 어렵다. 즉, 정형화된 행복의 틀은 없고, 행복에 이르는 길도 각자 다르다. 따라서 자신을 실현하고 행복을 만드는 주체는 그 누구도 아닌 '나'인 것이다.

행복의 조건은 개인의 관점, 즉 본인이 상황을 어떻게 인지하고 지각하느냐에 달려 있다고 할 수 있다. 예를 들어, 불우한 환경에서 자란 개인들도 어떤 사람은 불우한 환경 속에서 자그마한 기회를 찾아 이를 성취하고, 작은 행운에도 감사하며 행복하게 살아가는 반면, 어떤 사람은 자신에게 기회가 없음을 한탄하고, 바로 옆의 행운도 지나쳐 버리고 살아가기도 한다.

이러한 주관적 관점에도 불구하고, 인간이 행복을 느끼기 위한 공통적이고 보편적인 기본적인 다섯 가지 조건은 ① 기본적인 건강, ② 최소한의 경제적 안정, ③ 자아성장, ④ 떳떳한 구실, ⑤ 원만한 인간관계이다(김태길, 1996). 기본적인 건강과 최소한의 경제적 안정은 행복의 소극적인 조건이라고 할 수 있는데, 이러한 소극적인 조건의 달성만으로 행복이 실현될 수는 없다. 궁극적인 행복에 도달하기 위해서는 소극적인 조건뿐만 아니라 적극적인 조건도 충족되어야만 한다. 이러한 행복의 적극적인 조건의 첫 번째는 자아성장이다. Maslow가 "생산적이고 의미 있는 일을 통해 자기실현을 이룰 수 있다."라고 말한 것처럼 일은 우리가 전 생애에 걸쳐 자기 자신을 실현할 수 있는 최적의 수단 중 하나이다. 이때 일은 꼭 정기적으로 수입을 얻는 직업만을 의미하지는 않는다. 오히려 각자의 개성과 여건에 따라 각자가 가진 잠재력을 최대한 발휘하는 방식으로 자신만의 의미를 발견하고, 타인과 공동체에 가치 있는 무언가를 수행하는 것을 의미할 것이다. 이렇게 우리는 일을 통해 자신의 잠재력을 발견하고, 발휘할 기회를 얻게 되며, 그 일이 자신에게 갖는 의미와 일 자체의 의미를 깨닫게 될 뿐만 아니라, 공동체 속에서 가치 있는 사람으로 존재할 수 있는 것이다. 즉, 우리는 이렇게 일하면서 사회 속의 한 사람으로서 떳떳한 구실을 할 수 있게 된다. 그리고 일을 통해 인간관계도 형성하게 된다. 이렇게 개인이 일생에서 수행하는 일의 총체가 진로이므로, 개인의 진로는 곧 개인의 삶의 궁극적인 목적인 행복의 여부를 결정짓는 핵심 요인이다(정철영, 2006).

개인적인 관점 외에도 진로는 국가 · 사회적으로도 매우 중요하다. 국가 · 사회는 구성원들의 직업생활로 생산력이 정해지므로 구성원들이 적재적소에서 만족을 하면서 자신의 역량을 최대한 발휘하면 그 국가 · 사회는 건강하고 경쟁력이 높아진다. 반대로 그렇지 못하면 국가 · 사회적으로 불만이 팽배하고 높은 경쟁력을 가질 수 없고 쇠퇴의 길로 이르게 된다. 따라서 진로교육은 개인적으로는 인간의 삶의 궁극적인 목적인 행복 여부를 결정할 뿐만 아니라, 국가 · 사회적으로는 그 국가와 사회의 흥망성쇠를 좌우하는 매우 중요한 과업이다.

3. 진로교육의 목표

진로교육의 목표는 개인 차원의 목표와 지역 및 국가 차원의 목표로 구분될 수 있다(정철영 외, 2019). 개인 차원의 진로교육 목표는 다섯 가지로 구분될 수 있다. 첫째, 자신에 관하여 보다 정확한 이해를 증진하는 데 있다. 현대 사회에서는 직업의 종류가 갈수록 다양해지고, 일의 형태도 복잡해지며 전문화되고 있다. 급변하는 직업세계에서 자신에게 가장 적합한 직업을 선택하여 성공적인 직업생활을 한다는 것은 쉬운 일이 아니기 때문에, 자신에게 맞는 진로를 선택하기 위해서는 자신의 흥미, 적성, 가치관, 성격 등에 대해 올바르게 이해하는 일이 필수적이다(김봉환, 2017). 둘째, 직업세계에 대한 이해를 증진하는 데 있다. Citi(2016), Frey와 Osbourne(2013)에 따르면 인간의 노동 중 50% 내외가 인공지능 및 자동화로 대체될 것이며, 존속하는 일의 경우에도 일의 방법이 변화할 것으로 전망되고 있다(김봉환, 2017에서 재인용). 이러한 상황에서 일과 직업세계에 대한 객관적인 정보와 체계적인 탐구 없이 진로를 선택하기는 어려운 일이다. 따라서 진로교육을 통해 개인이 일과 직업세계의 다양한 측면과 변화 양상 등을 올바르게 이해할 수 있게 해야 한다. 셋째, 합리적인 의사결정 능력을 증진하는 데 있다. 진로교육을 통해 개인은 자신과 직업세계에 대해 이해하고, 이를 토대로 진로의사결정을 해야 한다. 합리적인 의사결정은 매우 중요한 요소로, 아무리 훌륭한 능력과 정보를 가지고 있어도 이를 적절히 활용해서 선택할 수 있는 의사결정 기술을 보유하지 않은 경우, 올바른 진로결정으로 이어지기 어렵다. 따라서 진로교육을 통해 개인의 의사결정 기술 증진을 도와야 한다(김봉환, 2017). 넷째, 정보 탐색 및 활용 능력을 함양하는 데 있다. 앞으로 더욱 고도화될 정보화시대에서는 정보를 탐색하고 활용하는 능력을 함양하는 일이 중요하다. 정보 제공이 중요한 비중을 차지하는 진로교육에서 담당자가 많은 직업정보를 수집하고 가공해 개인이 원하는 상태로 제공해 주는 데는 한계가 있기 때문에, 개인이 스스로 정보를 탐색할 수 있는 방법을 알려 주고 실천할 수 있도록 도와야 한다(김봉환, 2017). 다섯째, 일과 직업에 대한 올바른 가치관 및 태도를 형성하는 데 있다. 현대 사회에서 일이란 부를 창조하는 원천이며, 직업은 생계의 수단으로서뿐만 아니라 사회봉사와 자아실현의 수단으로서 기능하고 있다. 진로의 개념이 '개인이 일생 동안 수행하는 일의 총체'라는 것을 고려했을 때(정철영, 2006; Sears, 1982), 일을 하는 것은 당연히 생계유지 수단 이상의 의미를 갖는다고 볼 수 있다. 따라서 진로교육을 통해 일이 갖는 본래의 의미를 깨닫고 올바른 직업관과 직업의식을 갖도록 도와주어야 한다(김봉환, 2017).

지역 및 국가 차원의 진로교육 목표는 세 가지로 구분된다. 첫째, 다양한 인력의 균형된 개발을 유도한다(정철영 외, 2019). 진로교육을 통해 개인에게 타인과 구별되는 독특한 자신의 특성을 이해하도록 하고, 다양한 일의 세계에 관한 정보를 제공하는 것은 개인뿐만 아니라 지역 및 국가에도 중요한 과제이다. 개인에게 적합한 진로교육을 제공하는 것은 개인의 흥미, 적성, 가치관 등 특성에 맞는 직업을 선택하여 행복한 직업생활을 영위하는 것으로 이어지며, 이는 곧 지역 및 국가 차원에서 적재적소에 인력을 배치하고, 균형 잡힌 인력개발로 이어지는 것을 의미한다. 둘째, 지역 및 국가 구성원의 건전한 직업윤리 의식을 확립하고, 노동시장 참여에 관한 긍정적 인식을 제고한다(정철영 외, 2019). 진로교육은 진로교육 참여자에게 일과 직업에 관한 올바른 가치관 및 태도를 형성할 수 있게 도우며, 이는 구성원의 직업윤리의식 확립 및 노동시장 참여에 관한 긍정적 인식 제고로 이어진다. 그리고 이를 통한 노동시장 활성화는 사회적 계층 이동성을 증대해 사회적 공정성(equity) 확립의 기틀이 된다(정철영 외, 2019). 셋째, 지역 및 국가 수준의 생산성을 제고한다. 진로교육은 개인에게 자신의 적성과 능력에 부합하는 직업을 선택하게 하고, 직업 수행에 요구되는 가치관을 함양할 수 있도록 지원한다. 이를 통해 개인은 자신의 일에 관한 높은 만족감을 보이고, 생산성을 제고하기 위한 동기가 촉진된다. 이와 같은 개별적인 생산성의 증대는 지역 및 국가 발전에도 긍정적인 영향을 미칠 수 있다(이무근, 2003; 장석민, 2011).

4. 진로교육의 내용

진로교육은 전 생애에 걸쳐 개인이 자신과 직업세계에 대한 정확한 이해를 바탕으로 자신의 진로를 인식 및 탐색하여 자기 자신에게 적합한 직업을 선택하고, 선택한 일을 잘 수행할 수 있도록 도와주는 것뿐만 아니라(정철영, 2017), 이를 통해 개인이 행복한 직업생활을 영위할 수 있도록 하고, 직업생활을 통해 자신이 갖고 있는 역량을 최대한으로 발휘할 수 있도록 하는 활동이다(정철영, 2006). 이와 같은 진로교육의 목적을 달성하기 위한 진로교육의 내용은 크게 ① 삶, 진로, 직업의 의의 인식, ② 자신의 이해, ③ 일과 직업세계의 이해, ④ 진로의사결정, ⑤ 진로계획 및 준비, ⑥ 행복한 직업생활의 여섯 가지로 구분할 수 있다(정철영, 2006).

1) 삶, 진로, 직업의 의의 인식

인간은 누구와도 같지 않은 독특하고 고유한 존재이기 때문에, 인간의 삶은 매우 소중하다고 할 수 있다. 따라서 개개인은 삶의 궁극적인 목적인 행복을 추구하기 위해 노력해야 한다(정철영, 2006). 행복한 삶은 자신의 잠재력을 최대한 발휘하여 자아를 실현함으로써 달성할 수 있으며, 이러한 자기실현은 인간이 일생 동안 수행하는 일과 직업을 통해 이루어진다. 그러므로 자기실현과 궁극적인 행복 달성을 위해서는 자신의 삶의 의미를 이해하고, 삶에 대한 가치관과 생애 목표를 올바르게 설정하며, 설정된 가치관과 목표에 따른 진로 및 직업의 의미와 목표를 올바르게 인식하는 것이 중요하다(정철영, 2006).

2) 자신의 이해

자신의 적성, 흥미, 성격, 가치관, 신체적 조건과 환경적 여건에 관해 폭넓고 면밀하게 이해하고, 자신이 가진 강점과 약점을 이해할 뿐만 아니라 강점은 강화하고, 약점은 보완하며, 자신에게 삶에서 맞닥뜨릴 역경과 고난을 헤쳐 나갈 수 있는 잠재력이 있다는 것을 이해하도록 하는 것은 진로교육의 성패를 좌우하는 결정적인 요인들이다(정철영, 2006). 자신에 대한 이해는 초기 진로 이론부터 오늘날의 진로 이론에 이르기까지 지속적으로 강조되었다. Parsons(1909)는 자신에 대한 이해와 환경에 대한 이해를 바탕으로 직업적 선택을 수행할 것을 제안하였고, 이후 여러 진로 이론가가 자신을 이해함에 있어, 성격, 흥미 및 신념(Holland, 1997), 가치(Brown, 2002), 성별과 연령(Gottfredson, 1981, 2002)을 강조하였다. 이에 더하여, Patton과 McMahon(2014)은 인종, 성적 지향, 장애, 건강 또한 자신을 이해하는 데 고려해야 할 요인으로 제안하였다. 자신에 대한 다양한 특성을 이해하는 것은 자신을 스스로 평가함으로써 이루어질 수 있다. 또한 부모, 교사, 또래 집단과 같은 제3자에게 자신에 대한 특성을 이야기하도록 요청함으로써 이루어질 수 있으며, 표준화된 검사 도구를 활용하여 나 자신에 대해 이해할 수도 있다(정철영, 2006; 최동선, 2003). 따라서 진로교육은 성찰, 타인과의 상호작용 및 표준화된 심리검사를 통해 개인이 자신을 이해할 수 있도록 도와주는 것이 필요하다.

3) 일과 직업세계의 이해

과학기술의 혁신과 사회·문화·생태적 환경의 변화로 인해 급변하는 직업세계에 대한 이해는 개인이 자신의 진로를 선택하는 과정에 매우 큰 영향을 미친다(정철영, 2006). 특히 이러한 일과 직업세계의 이해는 현재의 직업세계에 대한 이해뿐만 아니라 직업세계의 미래에 대한 이해를 포괄하기 때문에 보다 장기적이고 종합적인 관점에서 이루어져야 한다. 즉, 개인은 직업세계의 특징과 구조, 변화하는 직업세계의 요구조건과 필요한 능력, 고용 동향 등 진로발달과 진로선택에 영향을 미치는 요소를 폭넓게 탐색하고, 자신이 원하거나 관심이 있는 직업에 관해 구체적이고 면밀한 조사를 해야 한다. 진로 이론가들 또한 일과 직업세계를 이해함에 있어, 개인이 관련 정보를 폭넓게 탐색하고 점차 자신의 특성을 고려하여 심층적인 정보를 탐색해야 함을 주장하였다. 진로정보처리이론(Reardon et al., 2017)에 따르면 진로의사결정 과정에서 개인은 폭넓은 진로정보를 수집하여 다양한 진로대안을 마련하고, 이후 점차 자신의 특성을 고려하여 대안을 줄여 나간다. 진로구성이론(Savickas, 2002)에서는 새롭고 다양한 정보를 수집하는 전반적인 진로탐색 이후에 자신의 특성을 고려한 세부적인 정보를 수집하는 구체적 진로탐색이 수행됨을 주장하였다. 일과 직업세계를 이해하기 위해 다양한 방법이 활용될 수 있다. 가장 먼저, 가족 또는 지인을 통해 일과 직업세계에 관한 정보를 수집할 수 있고 해당 직업에 종사하고 있는 사람과의 면담을 통해 정보를 수집할 수 있다. 사람과의 상호작용을 통한 방법 외에, 해당 직무를 실제 경험하거나 견학하는 등 현장 경험을 통해 일과 직업세계를 이해할 수 있으며, 간접적으로 직업과 관련한 인쇄 및 영상 매체 등을 통해 일과 직업세계에 관한 정보를 수집할 수 있다(최동선, 2003). 따라서 진로교육은 개인에게 변화하는 직업세계에 대한 정보를 제공하여 이들이 다양한 정보를 수집하는 것을 돕고 이들의 특성을 바탕으로 구체적인 정보를 탐색하여 일과 직업세계를 이해할 수 있도록 돕는 것이 필요하다.

4) 진로의사결정

우리는 다양한 상황에서 다양한 방식으로 의사결정을 내린다. 우리의 의사결정은 합리적·직관적·의존적 유형으로 구분할 수 있는데, 각 의사결정에는 상황과 여건에 따른 장단점이 존재한다. 진로에 관한 의사결정은 한 번 내린 결정을 쉽게 바꾸지 못할뿐더러, 한 번의 결정이 장기간 영향을 미친다. 그러므로 진로교육은 개인으로 하여금 과학적이고 합리적인 근거에 기초하여 자신의 진로를 스스로 결정할 수 있는 능력을 키워 주어야 한다(정철영, 2006). 이를 위해서는 앞서 언급한 자신에 대한 깊이 있는 이해와 일 및 직업세계에 관한 폭넓은 이해와 더불어 이러한 이해의 내용을 합리적으로 분석하고, 과학적으로 조직 및 해석하며, 자문과 상담을 활용할 수 있는 지식과 기능을 배양하는 것이 중요하다(정철영, 2006). 또한 합리적인 진로의사결정이 입직 시점에 단 한 번 이루어지는 것이 아니라 평생에 걸쳐 이루어진다는 것을 감안하여, 진로의사결정에 영향을 미치는 요인과 고려 사항에 대한 전반적인 이해가 요구된다(정철영, 2006).

5) 진로 계획 및 준비

누구나 목표를 세울 수 있지만, 그러한 목표가 달성될 수 있도록 구체적인 계획을 수립하고 준비하는 것은 쉽지 않다. 그렇기 때문에 자신과 직업세계에 대한 이해를 기초로 자신의 진로를 선택하고, 선택한 진로에 대해 준비하도록 하는 것은 진로교육의 중요한 내용이라고 할 수 있다(정철영, 2006). 특히 오늘날 직업세계가 급변하고 있음을 고려할 때, 진로계획과 준비는 자신 및 일과 직업세계에 대한 이해를 바탕으로 변화하는 환경에 적응하여 지속적으로 수정·보완되어야 한다(Reardon et al., 2017; Savickas, 2002). 또한 이 과정에서 개인은 주체적으로 삶을 선택할 수 있어야 하고 진로를 계획하고 준비하는 과정에서 야기되는 다양한 내·외부적 어려움들을 대처할 수 있어야 한다(Lent & Brown, 2013). 따라서 진로교육은 개인이 급변하는 직업세계를 이해하고 이에 적응하여 주체적으로 진로를 계획하고 준비할 수 있도록 지원하는 것이 필요하다. 또한 진로를 계획하고 준비하는 과정에서 개인이 경험하는 심리적·환경적 어려움에 잘 대처할 수 있도록 도와주는 것이 필요하다.

6) 행복한 직업생활

직업생활을 통해 수행되는 일은 외부 세계에 자신의 정체성을 표현하는 것이며(Blustein, 2008) 자신을 창조하는 수단이자 사회적 관계를 구성하는 데 기반이 된다(장원섭, 2006; Ferrari et al., 2009). 인생의 행복이 개인의 관점, 즉 주관에 좌우되듯이 직업생활의 행복 또한 개인의 마음가짐에 큰 영향을 받는다. 직업생활을 통해 자신의 정체성을 표현하려고 하고 자신을 성장시키려 하며, 나아가 원만한 사회적 관계를 형성하려는 마음가짐은 행복한 직업생활에 중요한 기반이 된다. 특히 고령화로 인해 고령자의 노동시장 참여가 증가하고 있음을 감안할 때(고용노동부, n.d.; 한국노인인력개발원, 2021), 주된 일자리에서 은퇴한 이후에도 직업생활이 지속적으로 수행될 것으로 전망되기 때문에 행복한 직업생활은 삶의 특정 시기가 아닌 생애 전반에 걸쳐 중요하게 다루어질 필요가 있다. 따라서 진로교육은 개인으로 하여금 장차 성공적인 직업인으로서의 역할을 수행할 때 필요한 올바른 직업의식을 함양하도록 해야 한다(정철영, 2006). 특히 직업세계에 입직하기 전부터 개인이 직업인이 된다면 직업생활을 어떻게 영위할 것인지, 어떻게 하면 본인이 생각하는 행복한 직업생활이 될 수 있을지에 대한 관점을 정립할 수 있도록 도와주어야 한다.

5. 진로교육의 방법

「진로교육법」에 따르면 진로교육을 하기 위한 방법으로는 진로수업, 진로체험, 진로심리검사, 진로상담이 있다. 수업은 교사가 학생에게 지식이나 기능을 가르쳐 주는 일을 의미하며(표준국어대사전, n.d.), 이 정의를 진로수업에 적용했을 때 진로수업은 교사가 학생에게 진로와 관련한 지식이나 기능을 가르쳐 주는 일을 의미한다. 진로수업을 각 기관에서 운영하는 경우, 초 · 중등학교에서는 교사가 실과(초등)나 진로와 직업(중등) 등 진로교육 내용을 다루는 교과나 일반 교과에 진로교육 성취기준을 연계 운영하는 교과 시간을 활용하여 가르칠 수 있다. 또한 대학교에서는 교원이 학점이 부여된 진로교육 관련 교과 시간을 활용하여 학생을 가르칠 수 있다. 그리고 진로교육기관, 평생교육기관 등에서는 담당자가 진로교육 관련 강의 시간을 활용하여 성인을 가르칠 수 있다.

진로체험은 학생이 직업 현장을 방문하여 직업인과의 대화, 견학 및 체험을 하는 직업체험과 진로캠프 · 진로특강 등 학교 내외의 진로교육 프로그램에 참여하는 활동을 의미한다(「진로교육법」, 2015). 초·중등학교에서는 창의적 체험활동 중 진로활동을 활용하여 진로체험을 운영할 수 있으며, 대학교에서는 기업탐방, 견학, 특강 등을 통해 진로체험을 운영할 수 있다. 그리고 진로교육기관, 평생교육기관 등에서도 견학, 특강 등 프로그램을 통해 성인에게 진로체험을 제공할 수 있다. 교육부와 한국직업능력개발원(2017)에서 제시한 진로체험의 유형은 일곱 가지로 구분되며, 유형별 체험처와 주요 활동 내용은 〈표 1-2〉와 같다.

심리검사는 개인의 심리적 특성을 관찰 가능한 행동 특징을 통하여 간접적으로 측정하는 도구를 의미한다(임언, 2011). 진로심리검사는 주로 흥미, 적성, 가치관, 성격검사로 이루어지며, 심리검사를 통해 자신이 무엇을 좋아하는지(흥미), 무엇을 잘하는지(적성), 무엇을 중요시하는지(가치관), 무엇이 나의 특징인지(성격)를 확인할 수 있다. 유형별 주요 표

〈표 1-2〉 진로체험의 유형

진로체험 유형	체험처	주요 활동 내용
시청각 자료 활용형	학교 교실 및 강당	시청각 자료를 통해 다양한 직업세계에 대해 알 기회를 가짐
강연·대화형	학교 교실 및 강당	기업 CEO, 현직 종사자, 전문가 등 각 분야 직업인들의 강연을 듣고 이를 통해 직업과 인생에 대해 깊이 있는 이해 도모
현장직업체험형	농어촌, 사무실, 공장, 동네 사업장 (음식점, 카페, 미용실 등)	학생이 체험처(직업 현장)에 방문하여 실제 업무 체험 및 멘토 인터뷰를 통해 직업세계를 탐색하고 일하는 태도를 배움
직업실무체험형	공공기관 체험처 등	모의 체험처에서 업무 체험 및 멘토 인터뷰를 통해 직업세계를 탐색하고 일하는 태도를 배움
현장견학형	공공기관, 대규모 체험장, 기업 홍보관, 유물·유적지, 박물관·민속마을, 미술관, 연극·영화 등	진로교육을 목적으로 학생들이 체험처(작업장), 직업 관련 홍보관, 기업체, 공공기관 등을 견학하여 본인의 직업이나 진로와 어떤 연관이 있는지 알아봄
학과체험형	특성화고, 마이스터고, 대학교(원)	특성화고, 마이스터고, 대학교(원)를 방문함으로써 폭넓은 직업탐색의 기회 및 직업세계에서 요구하는 기초적인 지식이나 기술을 학습하는 기회를 가짐
진로캠프형	청소년 수련관, 공공기관의 대규모 수용 강당	특정 장소에서 진로심리검사·직업 체험·상담·멘토링·특강 등 종합적인 진로교육 프로그램을 6시간 이상 집중적으로 운영

자료: 교육부, 한국직업능력개발원. (2017). p. 32 재구성.

준화 심리검사에 대한 정보는 〈표 1-3〉과 같다.

진로상담은 개인에게 진로정보를 제공하고 진로 관련 조언과 지도 등을 하는 활동을 의미한다(「진로교육법」, 2015). 진로상담은 개인의 특성에 따라 일반적인 진로상담뿐만 아니

〈표 1-3〉 유형별 주요 표준화 진로심리검사

유형	검사명	소개	제공 기관
흥미	직업선호도검사 S형	개인의 흥미유형 및 적합직업을 탐색하는 검사	워크넷
	청소년 직업흥미검사	청소년들이 자신의 직업적 흥미를 탐색하고 이를 토대로 효율적인 진로/직업설계를 할 수 있도록 직업흥미에 적합한 직업과 학과에 대한 정보를 제공하는 검사	워크넷
	직업흥미검사 (K)	직업과 관련하여 어떤 흥미가 있는지 Kuder의 흥미이론을 통해 측정하는 검사	커리어넷
	직업흥미검사 (H)	나의 흥미유형 및 세부 직업과 관련하여 어떤 흥미를 가지고 있는지 Holland 이론을 통해 알아볼 수 있는 검사	커리어넷
	STRONG 직업흥미검사	개인의 흥미영역 세분화에 초점을 두고, 보다 구체화된 직업탐색, 직무선택, 진로계획 등을 알아볼 수 있는 검사	어세스타
적성	중학생 진로적성검사	중학생의 학업적성을 파악하여 적합한 진로와 직업을 설계할 수 있도록 학과 추천 및 관련 직업 목록을 제공하는 검사	워크넷
	고등학생 적성검사	여러 작업들이 직무수행에서 요구되는 직업적 능력을 측정하여 고등학생이 적성능력에 적합한 직업을 탐색할 수 있는 검사	워크넷
	성인용 직업적성검사	직업선택 시 중요한 능력과 적성을 토대로 적합한 직업을 선택하도록 도와주기 위한 검사	워크넷
	직업적성검사	직업과 관련된 다양한 능력을 어느 정도 갖추고 있는지 측정하는 검사	커리어넷
가치관	직업가치관검사	직업선택 시 중요하게 생각하는 직업가치관을 측정하여 자신의 직업가치를 확인하고 그에 적합한 직업 분야를 안내하는 검사	워크넷
	직업가치관검사	직업과 관련된 다양한 가치 중, 어떤 가치를 중요하게 생각하는지 알아볼 수 있는 검사	커리어넷
성격	MBTI	Jung의 심리유형론을 근거로 16가지 성격유형 중 자신에게 맞는 성격유형을 측정하는 검사	어세스타
	직업선호도검사 L형[주)]	개인의 흥미유형 및 성격, 생활사 특성을 측정하여 적합 직업을 안내하는 검사	워크넷
	성격5요인검사	성격의 전반적인 특성(외향성, 호감성, 성실성, 정서적 불안정성, 경험에 대한 개방성)을 측정하는 검사	한국 가이던스

주) L형 내 성격검사 내용 포함

라 진학상담, 직업상담 등으로 이루어진다. 예를 들어, 학교에서는 상급학교 진학과 관련하여 학교, 계열, 전공 등의 선택을 돕는 진학상담을 제공할 수 있고, 학교나 기관에서는 선택 가능한 직업의 결정, 각 직업의 조건, 취업에 필요한 조건, 취업 절차 등 취업에 초점을 맞춘 직업상담을 제공할 수 있다(김봉환 외, 2006). 그리고 학교나 기관에서 장래의 불확실한 진로를 위해 치밀한 방법과 계획을 세워 생애 문제에 어떻게 대처할지에 대한 일반적인 진로상담을 제공할 수 있다(김희수, 2011).

논의사항

- 진로교육의 광의의 개념과 협의의 개념을 설명하고, 관련 개념 간의 차이에 대해 논의해 보자.
- 진로교육의 중요성을 개인적 차원과 국가적 차원으로 구분하여 논의해 보자.
- 진로교육의 목표를 개인적 차원과 지역 · 국가적 차원으로 구분하여 논의해 보자.

참고문헌

고용노동부. (n.d.). e-고용노동지표. https://eboard.moel.go.kr/indicator/detail?menu_idx=76

교육기본법. (2021, 법률 제18456호)

교육부, 한국직업능력개발원. (2017). 2017 진로체험 매뉴얼[학교용]. 교육부, 한국직업능력개발원.

김봉환. (2017). 진로교육의 목표. 김봉환, 김은희, 김효원, 문승태, 방혜진, 이지연, 조붕환, 허은영 (저), 진로교육개론 (pp. 41-58). 사회평론아카데미.

김봉환, 강은희, 강혜영, 공윤정, 김영빈, 김희수, 선혜연, 손은령, 송재홍, 유현실, 이제경, 임은미, 황매향. (2018). 진로상담(2판). 학지사.

김봉환, 정철영, 김병석. (2006). 학교진로상담. 학지사.

김태길. (1996). 삶이란 무엇인가. 자유문학사.

김희수. (2011). 진로지도 및 진로 상담. 한국진로교육학회 (저), 선진 패러다임을 위한 진로교육의 이론과 실제 (pp. 167-191). 교육과학사.

이무근. (2003). 직업교육학 원론. 교육과학사.

이무근, 이찬. (2020). 한국의 직업교육훈련정책: 포스트 코로나 · 한국판 뉴딜의 HRD 방향. 박영스토리.

임언. (2011). 진로관련 심리검사의 이해 및 활용. 한국진로교육학회 (저), 선진 패러다임을 위한 진로교육의 이론과 실제 (pp. 145-166). 교육과학사.

장석민. (2011). 진로교육의 개념, 철학, 필요성 및 기본방향. 한국진로교육학회 (편), 선진 패러다임을 위한 진로교육의 이론과 실제. 교육과학사.

장원섭. (2006). 일의 교육학. 학지사.

정철영. (2006). 진로지도의 이론적 기초. 김영인, 노경주, 정철영 (저), 청소년 진로 및 학업지도 (pp. 59-82). 한국방송통신대학교출판부.

정철영. (2017). 미래 진로교육 패러다임. 제45차 한국진로교육학회 학술대회지, 1-21.

정철영, 임정훈, 김태환, 임한려, 임소현, 이영광. (2019). 진로교육 성과평가를 위한 개념적 모형 개발. 진로교육연구, 32(3), 285-307.

진로교육법. (2015, 법률 제13336호)

최동선. (2003). 대학생의 진로탐색행동과 동기 요인 및 애착의 관계 분석. 서울대학교 대학원 박사학위논문.

표준국어대사전. (n.d.). 수업. https://stdict.korean.go.kr/search/searchView.do?word_no=194293&searchKeywordTo=3

한국노인인력개발원. (2021). 2020 노인일자리 및 사회활동 통계 동향. 한국노인인력개발원.

Blustein, D. L. (2008). The role of work in psychological health and well-being: A conceptual, historical, and public policy perspective. *American Psychologist, 63*(4), 228-240.

Brown, D. (2002). The role of work and cultural values in occupational choice, satisfaction, and success: A theoretical statement. *Journal of Counseling & Development, 80*(1), 48-56.

Ferrari, L., Nota, L., Soresi, S., Blustein, D. L., Murphy, K. A., & Kenna, A. C. (2009). Constructions of work among adolescents in transition. *Journal of Career Assessment, 17*, 99-115.

Ginzberg, E., Ginsburg, S. W., Axelrad, S., Herma, J. L. (1951). *Occupational Choice: An Approach to a General Theory*. Columbia University Press.

Gottfredson, L. S. (1981). Circumscription and compromise: A developmental theory of occupational aspirations. *Journal of Counseling Psychology, 28*(6), 545.

Gottfredson, L. S. (2005). Applying *Gottfredson's Theory of Circumscription and Compromise in Career Guidance and Counseling*. In S. D. Brown & R. W. Lent (Eds.), *Career Development and Counseling: Putting Theory and Research to Work* (pp. 71-100). John Wiley & Sons.

Gottfredson, L. S. (2002). Gottfredson's theory of circumscription, compromise, and self-creation. In D. Brown (Eds.), *Career Choice and Development*(4th ed., pp.85-148). Jossey-Bass.

Holland, J. L. (1997). *Making Vocational Choices: A theory of Vocational Personalities and Work Environments* (3rd ed.). Psychological Assessment Resources.

Krumboltz, J. D. (2009). The happenstance learning theory. *Journal of Career Assessment, 17*(2), 135-154.

Lent, R. W., & Brown, S. D. (2013). Social cognitive model of career self-management: Toward a unifying view of adaptive career behavior across the life span. *Journal of Counseling Psychology, 60*(4), 557.

Lent, R. W., & Brown, S. D. (2020). Career Development and Counseling: An Introduction. In S. D. Brown & R. W. Lent (Eds.), *Career Development and Counseling: Putting Theory and Research to Work* (3rd ed., pp. 1-29). Wiley.

Maslow, A. H. (1943). A theory of human motivation. *Psychological Review, 50*(4), 370-396.

McMahon, M., & Patton, W. (2019). The systems theory framework of career development: Accommodating context, complexity, and culture. In N. Arthur & M. McMahon (Eds.), *Contemporary Theories of Career Development: International Perspectives* (pp. 105-120). Routledge.

National Career Development Association. (1997). *Career counseling competencies*. National Career Development Association.

Parsons, F. (1909). *Choosing a vocation*. Houghton Mifflin Company.

Patton, W., & McMahon, M. (2014). *Career development and systems theory: Connecting theory and practice*. Springer.

Pryor, R., & Bright, J. (2019). Careers as fractal patterns: The chaos theory of careers perspective. In N. Arthur & M. McMahon (Eds.), *Contemporary Theories of Career Development: International Perspectives* (pp. 135-152). Routledge.

Reardon, R. C., Lenz, J. G., Peterson, G. W., & Sampson, J. P. (2017). *Career development and planning: A comprehensive approach*. Kendall Hunt.

Savickas, M. L. (2002). Career Construction-A Developmental Theory of Vocational Behavior. In D. Brown (Ed.), *Career Choice and Development* (4th ed., pp. 149-205). Jossey-Bass.

Savickas, M. L. (2020). Career Construction Theory and Counseling Model. In S. D. Brown & R. W. Lent (Eds.), *Career Development and Counseling: Putting Theory and Research to Work* (3rd ed., pp. 165-199). Wiley.

Sears, S. (1982). *A definition of career guidance terms: A National Vocational Guidance Association perspective*. Vocational Guidance Quarterly.

Super, D. E. (1957). *The Psychology of Careers: An introduction to vocational development*. Harper & Brothers.

Super, D. E. (1980). A Life-Span, Life-Space Approach to Career Development. *Journal of Vocational Behavior, 16*, 282-298.

Super, D. E. (1984). Career and Life Development. In D. Brown (Ed.), *Career Choice and Development* (4th ed., pp. 192-234). Jossey-Bass.

Super, D. E., Savickas, M. L., & Super, C. M. (1996). The Life-Span, Life-Space Approach to Careers. In D. Brown, L. Brooks, & Associates (Eds.), *Career choice and development* (3rd ed., pp. 121-178). Jossey-Bass.

제2장

진로교육의 이론적 기초

진로교육과 관련한 이론들은 ① 개인과 일의 세계와의 관계를 밝히고, ② 개인의 진로에 관한 자료를 체계적으로 일목요연하게 하며, ③ 개인의 진로에 관한 문제점을 효율적이며 과학적으로 해결해 줄 수 있는 구체적인 방법을 제공한다. 그렇기 때문에 진로교육을 이해하기 위해서는 진로교육의 개념 및 의의를 아는 것뿐만 아니라 진로와 관련한 이론들을 학습할 필요가 있다. 이 장에서는 과거부터 다뤄졌던 특성-요인이론, Roe의 이론, Holland의 직업선택이론, Krumboltz의 사회학습이론, Dawis와 Lofquist의 일 적응이론, Super의 전생애 진로발달이론뿐만 아니라, Lent와 Brown의 사회인지진로이론, Savickas의 진로구성이론, McMahon과 Patton의 진로발달 체계이론 프레임워크 등 구성주의 기반의 최근 이론을 소개한다.

학습과제

- ▶ 학습과제 1 진로선택 관련 이론에서 주장한 진로선택 시 고려해야 할 사항은 무엇인지 설명하시오.
- ▶ 학습과제 2 전생애 진로발달이론에서 주장한 진로발달 단계를 설명하시오.
- ▶ 학습과제 3 사회인지 진로이론이 제안한 모형별 특징을 설명하시오.
- ▶ 학습과제 4 진로구성이론이 제안한 자아를 설명하시오.
- ▶ 학습과제 5 진로발달 체계이론 프레임워크에서 제안한 맥락 체계를 설명하시오.

1. 특성-요인이론

특성-요인이론(trait factor theory)은 직업지도의 선구자라고 일컬어지는 Frank Parsons가 제시한 직업의 현명한 선택(wise choice)을 설명하는 이론이다. Parsons는 직업의 현명한 선택에 있어서 자신에 대한 명확한 이해와 직업에 대한 지식의 두 요인 간 관계의 진정한 추론(true reasoning)이 현명한 직업선택의 핵심적인 세 가지 요소라고 주장하였다(Parsons, 1909). Parsons의 특성-요인이론은 인상이나 골상학을 중심으로 전개되던 20세기 초반의 직업지도에 과학적인 방법론을 적용하려는 최초의 시도로서, 20세기 초반부터 현재에 이르기까지 진로지도와 직업교육 등의 유관 분야의 이론과 실천에 상당한 영향을 미쳤다. Parsons의 특성-요인이론은 이후 개인차 심리학(individual differential psychology)과 다양한 측정도구의 발달로 인해 양적·질적으로 성장하며 많은 진로상담의 기초가 되기도 하였다.

Parsons(1909)는 그의 저서 『직업의 선택(Choosing a Vocation)』에서 자신을 이해하고 직업을 이해하기 위한 내용을 상세히 밝히고 있다. 첫째, 자기이해를 위해서는 자신의 적성, 능력, 흥미, 야망, 자원, 한계 및 이러한 요소들의 원인을 파악해야 한다. 둘째, 직업을 이해하기 위해서는 일련의 직업에서의 성공 요건과 더불어 해당 직업의 장단점, 보상, 기회 및 전망 등을 확인하여야 한다. 특성-요인이론은 이러한 개인-직업 간 일치의 원리를 중요하게 다루며, 개인의 특성과 직업의 요구 간 합리적 매칭에 초점을 맞춘다(김봉환, 2019).

특성-요인이론은 기존의 직업상담에서 간과되어 왔던 개인의 다양한 특성을 고려하였다는 점에서 진로교육과 진로지도의 질적 수준을 변화시킨 기념비적 이론이라고 할 수 있지만, 이론의 내적인 제한과 직업세계의 발달로 인해 발생하는 몇 가지 문제점이 있다. 첫째, 검사도구를 통해 진단한 다양한 개인의 특성이 특정 직업에서의 성공 여부를 정확하게 예언하지 못한다는 예언타당도 문제가 있다(정철영, 2006). 진단 시점과 개인이 처한 여건 및 상황에 따라 개인의 특성은 가변적일 가능성이 높음에도 불구하고, 특성-요인에 따른 진단은 특정 시점의 진단 결과만을 바탕으로 앞으로 남은 생애의 직업 성공을 예측하고자 한다는 점에서 불완전할 가능성이 있다. 둘째, 인간의 수명이 늘어나고 직업세계의 변화가 가속화됨으로써 개인은 전 생애 동안 수차례에 걸친 직업선택을 내리게 됨에도 불구하고, 특성-요인이론은 개인의 직업선택을 일회적인 행위로 간주하여 장기간에 걸친 진로발달을 이해하는 데에서 문제가 있다. 개인이 갖고 있는 여러 특성 간 역동성 및 요인들

중 어느 것을 고려하느냐에 따라 직업선택은 달라질 수 있지만, 특성-요인이론에서는 이를 고려하지 못하였다(김봉환 외, 2010). 예를 들어, 직업적성, 직업흥미, 직업가치관 등의 다양한 검사 결과의 불일치가 발생하였을 때, 어떠한 검사 결과를 더 우선시할지, 또는 이러한 검사 결과를 어떻게 통합하여 이해할지에 대한 제언이 부족하다. 셋째, 특성-요인이론은 개인의 특성과 직업 간의 관계를 기술하지만, 개인의 특성 발달과 특성의 획득에 대한 설명이 부족하다는 문제가 있다(정철영, 2006). 진로교육과 진로지도에서 중요한 것은 개인의 흥미나 적성, 가치 등의 특성을 확인하는 것이지만, 특성-요인이론에서는 이에 대한 고려를 하지 못한다는 데서 한계가 있다. 넷째, 개념적으로 단순하다는 문제가 있다. 특성-요인이론은 심리검사 진단이나 상담에서 활용되고 있지만, 수많은 검사도구 중 어떤 검사도구를 선택해야 하고 그 결과를 어떻게 활용해야 하는지는 상담가의 몫이기 때문에 효율적인 진로상담에 관한 지침을 제공하고 있다고 보기는 어렵다.

2. Roe의 이론

Roe는 아동기에 경험한 가족에서의 상호작용과 이를 통한 경험이 개인의 진로선택과 이러한 선택 영역에서의 만족을 추구하는 데 중요한 영향을 미친다고 주장하였다(정철영, 2006). 특히 Roe(1957)는 부모-자녀 간의 관계를 직업선택에 중요한 영향을 미치는 요인으로 간주하였는데, 예를 들어 어렸을 때 어떠한 부모-자녀 분위기가 욕구 충족에 영향을 미쳐서 기본적인 지향(basic orientation)을 만들어 내고, 이러한 지향이 양식화(pattern)되어 특정한 흥미나 적성의 발달을 야기한다고 보았다. Roe(1957)는 부모의 양육 행동을 자녀에 대한 감정적 집중, 자녀 회피, 자녀 수용의 세 가지 유형으로 구분하였는데, 이를 구체적으로 살펴보면 〈표 2-1〉과 같다.

진로교육 및 진로지도 분야에서 Roe의 업적 중 하나는 다양한 직업을 영역과 수준에 따라 구분한 분류(classification) 체계를 제시하였다는 것이다. Roe(1956, 1957)는 직업이 가진 활동의 초점과 각 활동이 추구하는 수준에 따라 〈표 2-2〉와 같은 구분을 시도하였다. Roe는 직업군의 선택이 부모-자녀 관계에 따라 형성된 개인의 욕구 구조(need structure)에 따라 결정된다고 보았다(정철영, 2006; Roe, 1957). 이러한 욕구 구조는 어린 시절 경험하는 만족과 좌절을 통해 형성되며(정철영, 2006), 이를 통해 형성된 성격은 직업선택에 영향을 미친다. Roe(1956)는 애정적 수용, 인과적 수용과 과보호의 부모로부터 성장한 자녀들

〈표 2-1〉 Roe가 제시한 부모의 양육 태도 유형

구분	내용
자녀에 대한 감정적 집중 (emotional concentration on the child)	• 과보호(overprotecting): 부모가 자식을 과하게 보호하고, 부모를 의존하기를 기대하며, 탐색 행동을 제한한다. • 요구과잉(overdemanding): 부모가 자녀로 하여금 완벽한 수행을 요구하고, 극심한 훈육을 시도한다.
자녀 회피 (avoidance of the child)	• 감정적 거부(emotional rejection): 부모가 자녀의 행복을 무시하고, 신체적 · 심리적 욕구를 충족시켜 주려는 노력을 거의 하지 않는다. • 무시(neglect): 부모가 자녀와의 접촉을 회피하려고 하고, 부모로서의 책임을 지지 않으려는 경향을 가진다.
자녀 수용 (acceptance of the child)	• 애정적 수용(loving acceptance): 부모가 자녀가 가진 필요나 욕구와 관계없이 자연스럽고 애정적으로 반응하며, 자녀에게 사려 깊은 격려를 한다. • 인과적 수용(causal acceptance): 부모가 자녀의 필요나 욕구에 민감하게 반응하며, 이를 충족시켜 주고자 한다.

자료: Roe, A. (1957). pp. 214-215.

은 다른 사람들과 함께 하는 일을 선호하며, 감정적 거부, 무시, 요구과잉의 부모로부터 성장한 자녀는 다른 사람들과의 접촉을 피하는 일을 선호한다는 가설을 세웠다. 이와 연결하여 Roe(1957)는 직업을 다른 사람들과 함께 일을 하는 것을 선호하는 인간지향(person-oriented)과 그렇지 않은 인간비지향(nonperson-oriented)의 범주로 구별하였으며, 각 직업

〈표 2-2〉 Roe의 직업분류

직업군		내용
직업군	인간지향 (person-oriented)	• 서비스직(service): 다른 사람들에게 서비스하는 것과 관련된 일 • 비즈니스직(business contact): 판매직에서 필요한 사람 대 사람의 접촉과 관련된 일 • 조직 · 단체직(organizations): 기업, 산업체, 정부기관 관리와 관련된 일 • 일반문화직(general culture): 교육, 성직, 비평과 관련된 일 • 예체능직(arts an entertainment): 창조적 예능을 수행하는 것과 관련된 일
	인간비지향 (nonperson-oriented)	• 산업기술직(technology): 생산, 보수, 운송과 관련된 일 • 옥외활동직(outdoor): 농업, 임업, 광업과 관련된 일 • 과학직(science): 과학 이론 및 응용과 관련된 일
수준		1. 전문관리-상급(professional and managerial) 2. 전문관리-중급(professional and managerial) 3. 준전문관리(semiprofessional small business) 4. 숙련(skilled) 5. 준숙련(semiskilled) 6. 비숙련(unskilled)

자료: Roe, A. (1957). p. 217 재구성.

분류 내에 비숙련부터 전문관리-상급까지의 수준을 제시하면서 개인의 욕구 구조에 따라 직업분류가 선택되지만, 직업분류 내에 성취 수준은 개인의 능력과 사회경제적 배경에 따라 상이하다고 주장하였다(Zunker, 2011).

3. Holland의 직업선택이론

Holland 이론의 핵심은 개인의 특성과 환경적 특성을 그 유사성(resemblance)에 따라 여섯 개의 모델(또는 유형)로 기술할 수 있다는 것이다(Nauta, 2020). Holland(1997)는 자신의 이론이 첫째, 만족스러운 진로의사결정, 진로 몰입 및 성취를 야기하는 개인 및 환경적 특성은 무엇인지, 둘째, 전 생애에 걸쳐 개인이 수행하는 안정성과 변화를 야기하는 개인 및 환경적 특성이 무엇인지, 셋째, 진로 문제를 겪는 개인을 지원하기 위한 가장 효과적인 방법은 무엇인지라는 세 가지 궁극적인 질문에 대한 해답을 제시하기 위하여 이 이론을 주창하였다.

Holland의 이론은 네 가지 핵심 가정을 바탕으로 제시되고 있는데, 구체적인 내용을 살펴보면 다음과 같다. 첫째, 대부분의 사람은 실재적(realistic), 탐구적(investigative), 예술적

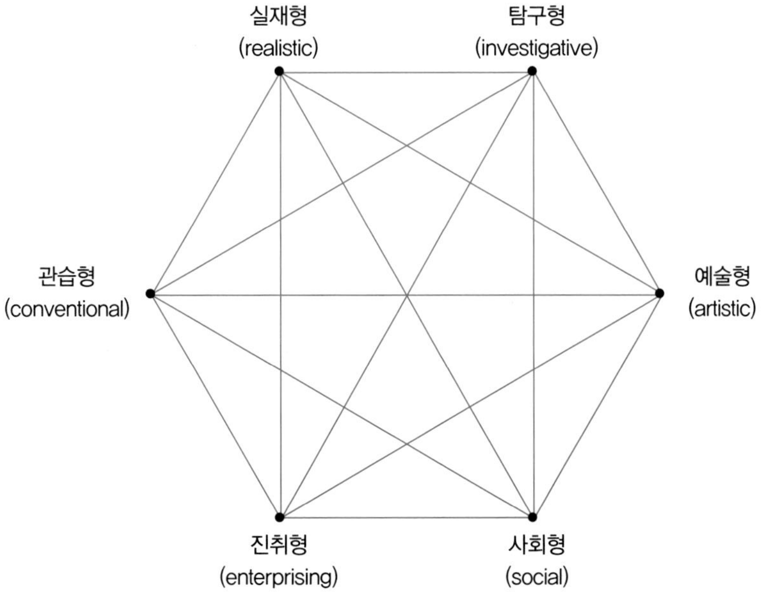

[그림 2-1] Holland의 성격유형

(artistic), 사회적(social), 진취적(enterprising), 관습적(conventional) 성격의 여섯 가지 유형으로 분류된다.

둘째, 일의 환경도 실재적, 탐구적, 예술적, 사회적, 진취적, 관습적 유형으로 분류된다. 셋째, 사람들은 자신의 기술, 능력을 발휘하고 자신의 태도와 가치를 표현할 수 있는 환경을 추구하며, 자신에게 적합한 역할을 수행할 수 있는 환경을 선호한다. 예를 들어, 예술적인 성격유형을 가진 사람은 예술적인 환경을 찾으며, 관습적인 유형의 환경은 그 환경에 적당한 성격유형을 가진 사람을 찾는다(김봉환 외, 2010). 넷째, 개인의 행동은 성격과 환경의 상호작용을 통해 결정된다. 사람의 성격과 그 사람이 속한 환경에 대해 안다면 개인의 진로선택, 진로전환 등 성과를 예측할 수 있다.

Holland는 이와 같은 핵심 가정과 더불어 이를 보완할 수 있는 이차 가정(secondary assumption)을 제시하고 있다. 첫 번째 이차 가정은 유사성(consistency)으로, 이는 어느 한 쌍의 개인과 환경의 조합이 다른 쌍보다 더 밀접하게 연관될 수 있음을 의미한다. 두 번째 이차 가정은 차별성(differentiation)으로, 어느 개인은 하나의 특정 유형으로 정의될 수 있는 반면, 어떤 개인은 여러 유형으로 정의될 수 있다는 의미이다. 예를 들어, A라는 사람은 실제적인 특성이 뚜렷하게 나타나지만, B라는 사람은 실제적이고, 예술적이며, 사회적인 특성을 비슷하게 가질 수 있음을 의미한다. 세 번째 이차 가정은 정체성(identity)으로, 개인이나 환경이 가진 명확성(clarity)이나 안정성(stability)의 일종의 추정치를 의미한다. 네 번째 가정은 일치성(congruence)으로, 개인의 특성이 선택한 직업의 환경과 일치하는가를 의미한다. 예를 들면, 현실적인 성격을 가진 개인은 현실적 환경의 직업에 종사하면 일치성이 높고, 따라서 성공할 확률이 높다고 볼 수 있다. 다섯 번째 이차 가정은 계측성(calculus)으로, 개인의 성격 특성과 환경 특성은 육각형 내의 거리를 통해 계산될 수 있다는 것을 의미한다.

Holland는 직업의 선택을 성격의 발현이고, 흥미 목록(inventory)이 곧 성격 목록을 의미하며, 직업적 고정관념(stereotype), 즉 직업의 특성은 안정적이라고 가정하였기 때문에 직업 만족, 안정이나 성취는 개인의 성격과 환경 간의 일치를 통해 이루어진다고 보았다. 따라서 Holland는 자신의 이론을 통해 개인의 성격(직업적 흥미)을 확인하고, 이러한 성격을 요구하는 직업을 선택하는 것이 해당 직업으로의 입직 성공을 예측하는 중요한 요인이라고 주장한 것이라고 볼 수 있다. 이 이론은 Holland가 이 이론을 처음으로 주장한 1959년부터 지금까지 여러 연구를 통해 실증적 지지를 받으면서 진로교육과 상담뿐만 아니라 진로지도 및 직업교육·훈련 분야에서 실천적으로 널리 활용되고 있다(Nauta, 2020).

4. Krumboltz의 사회학습이론

Krumboltz는 현재 나타나는 특성만으로 내담자를 평가하지 않고 어떠한 학습(학습경험)을 통해 그와 같은 특성이 나타났는가를 분석하였다. Krumboltz의 진로의사결정에 대한 사회학습이론은 교육적·직업적 선호 및 기술이 어떻게 획득되며, 교육프로그램, 직업, 현장의 이것이 어떻게 선택되는가를 설명하기 위해 발달한 이론이다. 이 이론은 강화이론, 고전적 행동주의 이론, 인지적 정보처리이론에 기원을 두고 있으며, 특히 행동에 대한 일반적인 사회학습이론을 기초로 개인의 성격과 행동은 그의 독특한 학습경험을 통해 가장 잘 설명할 수 있다고 가정하면서, 진로의사결정에 영향을 주는 요인을 ① 유전적 요인과 특별한 능력(genetic endowments & special ability), ② 환경적 상황과 사건(environmental conditions & events), ③ 학습경험(learning experiences), ④ 과업접근기술(task approach skills)의 네 가지로 분류했다. 여기서 ①, ② 요인은 개인의 통제 밖에 있는 요인이고, ③, ④ 요인은 심리적 요인으로 상담가는 이 요인을 내담자가 이해하고 변화되도록 해야 한다.

이 네 가지 요인에 관해서 살펴보면, ① 유전적 요인과 특별한 능력은 물려받거나 타고난 개인의 특성으로, 예를 들면 인종, 성별, 지능, 재능, 신체적 특징 등이다. ② 환경적 상황과 사건은 개인이 속해 있는 사회의 다양한 상황과 사건으로, 예를 들면 일의 기회, 사회정책, 직업에서 제공되는 보상, 노동법, 물리적 여건, 기술발전, 자연환경, 가족자원, 교육 체계, 공동체 및 지역사회의 영향 등이다. ③ 학습경험은 도구적 학습경험(instrumental learning experiences)과 연합적 학습경험(associate learning experiences)으로 나뉜다. 도구적 학습경험은 선행요소(A), 행동(B), 결과(C)로 구성되고 이 순서대로 학습되는데, 행동의 결과가 긍정적이면 그러한 행동을 반복할 가능성이 높다. 연합적 학습경험은 2가지 자극의 반복된 연합에 의해서 형성되는데, 간접적 학습경험이나 대리학습경험도 포함되며, 직업에 관한 고정관념은 연합적 경험에서 비롯된다. ④ 과업접근기술은 개인이 당면한 문제를 해결하기 위해 동원하는 기술로, 환경을 이해하고 이에 대처하고 미래를 예측하는 능력이나 경향으로 앞에서 설명한 유전적 요인과 특별한 능력, 환경적 상황과 사건, 학습경험의 상호작용으로 형성된다. 예를 들어, 지적 능력이 떨어지고, 학습자극이 결핍된 가정환경에서 자랐고, 학습량이 부족한 학생은 진로 문제를 해결하는 것이 어려우므로 내담자의 과제접근 기술을 파악하여 이를 학습하도록 도와주어야 한다.

이 네 가지 요인은 상호작용하여 다음의 세 가지 유형의 결과로 나타난다. 첫 번째 결과는 자신의 관찰을 통한 일반화(self-observation generalization)이며, 두 번째 결과는 세계관 일반화(world-view generalization), 세 번째 결과는 과업접근기술(task approach skills)이다. 그리고 마지막 결과는 행위의 산출(action or outcomes)이다.

Krumboltz는 계획된 우연(planned happenstance)을 중요하게 여기고 있는데, 우연적 사건을 계획적인 사건, 즉 필연적 기회로 만들도록 하고, 경험한 사건들을 적극적으로 진로 자원으로 만들도록 해야 하며, 우연사건을 활용하기 위해서는 학습자가 호기심, 끈기, 유연성, 낙관성, 위험 감수성을 가지도록 해야 한다고 하였다.

Krumboltz의 사회학습이론은 개인이 전 생애에 걸쳐 독특한 진로 경로를 따르는 이유와 방법을 설명하고, 진로상담가들이 이러한 과정을 어떻게 촉진할 수 있는지를 기술하는 이론이다. 이 이론은 개인의 행동이 수없이 많은 학습의 결과로 나타난다고 가정하며, 이러한 경험은 개인이 스스로를 확인할 수 있는, 계획되거나 계획되지 않은 상황 속에서 이루어진다고 주장한다(Krumboltz, 2009). 이러한 Krumboltz의 사회학습이론이 진로지도 및 상담에 주는 시사점은, 첫째, 진로에 영향을 준 학습경험을 분석해야 한다는 것이다. 예를 들면, 내담자가 일본어를 좋아한다면 단순히 그 사실만을 인식하는 것이 아니라 어떤 경험이 그렇게 하게 하였는지를 파악해야 한다. 둘째, 새로운 흥미와 능력을 발달시키기 위해서 필요한 학습경험을 실천하도록 한다. 예를 들면, 만화 그리기를 좋아하는 학생이 미래 진로로 만화 그리기를 고려하지 않는다면 자신이 그러한 만화를 판매해 보는 경험을 통해 미래의 진로를 현실감 있게 체험하도록 하게 한다. 셋째, 행동주의 관점에서 강화, 롤모델, 역할극, 시뮬레이션을 적극적으로 활용하고, 인지주의 관점에서 목표 명료화, 비합리적 신념 재구성, 언행 불일치 일치시키기 등을 활용하도록 한다. 넷째, 상담자로 하여금 보다 내담자 지향적인 상담을 실시하도록 한다. 특히 상담의 과정과 목표를 '학습'으로 설정하고, 그 결과가 상담 과정에서가 아니라 실제 세계에서 작동하는 것에 초점을 두도록 한다. 또한 내담자에게 자율권(empower)을 주고, 잠재적인 기회를 확인하는 동시에 장벽을 극복하는 데에 초점을 두도록 한다. 다섯째, 내담자가 계획된 우연을 활용하도록 호기심, 끈기, 유연성, 낙관성, 위험 감수성을 키우도록 한다.

Krumboltz의 사회학습이론에서 인간은 유전적·사회적으로 부여된 특성을 가지고 환경을 접하게 되는데, 이러한 특성과 환경이 상호작용하여 자신에 대한 견해(self-views)를 형성하며, 이러한 자신에 대한 견해는 일과 관련된 개인의 행위에 영향을 미치게 된다고 하고 있다. 또한 이러한 행위가 자연적으로, 또는 프로그램화된 강화(reinforcements)나 벌(punishments)을 통해서 형성되고 수정된다고 하고 있다. 이 이론은 다른 진로발달이론보다 개인의 진로결정을 형성하는 개인적 · 환경적 요인들을 뚜렷하게 명시하고 있다. Krumboltz가 내담자의 잠정적인 진로대안에 대한 신념을 측정하기 위해 '진로신념검사(Career Belief Inventory)'를 개발하거나 최근에 자신의 이론에 진로상담을 위한 방안을 제시하는 등 실제 상담의 현장에서 이 이론의 적용 가능성이 확대되고 있다. 그러나 진로선택을 명시하고 사회적 · 환경적 영향을 강조한 장점이 있는 반면, 진로선택을 너무 강조한 나머지 일에 대한 적응 과정에 대한 언급이 거의 없다는 단점이 있다. 그리고 기본적으로 새로운 이론이라기보다는 수년간 많은 상담가나 프로그램을 통해 사용된 과정의 적용에 불과한 면이 있다. 그리고 이론의 타당성을 검증하기 위한 연구나 자료가 충분히 제시되지 못하는 것도 이 이론의 단점 중 하나이다(Osipow & Fitzgerald, 1996).

5. Dawis와 Lofquist의 일 적응이론

일 적응이론(Theory of Work Adjustment: TWA)은 미네소타 대학교의 Dawis와 Lofquist가 20년에 걸쳐 연방 정부의 후원을 받아 직업재활자의 직업 적응을 연구한 결과를 바탕으로 구성한 이론이다. 이 이론은 개인과 일의 환경 간의 적합성(fit)과 개인과 환경의 상호작용(interaction)을 설명하는 개인-환경이론(person-environment theory)의 일종이다(Dawis, 2005). 개인이 요구하는 것을 환경이 얼마나 제공하는지, 반대로 환경이 요구하는 것을 개인이 얼마나 제공하는지 정도를 적합성이라고 할 수 있다. 일 적응이론은 개인과 개인의 행동에 초점을 두기는 하지만, 개인의 행동이 환경 속에서 존재한다고 가정하기 때문에 개인과 환경의 상호작용을 중요시한다. 상호작용은 개인이 가하는 행동에 따른 환경의 반응이나 반대로 환경의 행동에 따른 개인의 반응을 의미하는데, 이러한 상호작용은 끊임없이 역동적으로 이루어진다. 예를 들어, 개인은 직업 환경의 요구에 맞추어 자신의 역량을 향상시킬 수도 있고, 환경은 개인의 역량에 따라 낮을 경우에는 해고를, 높을 경우에는 연봉을 인상할 수도 있다.

이 이론의 기본 가정은, 첫째, 개인은 환경으로부터 주어진 일종의 요건을 가지고 있고, 둘째, 개인은 그러한 요건을 수행할 수 있는 능력을 갖추고 있으며, 셋째, 환경과의 상호작용 속에서 개인이 하는 대부분의 행동은 이러한 요건을 수행하려고 한다는 것이다.

일 적응이론에서는 만족(satisfaction)과 충족(satisfactoriness)이라는 용어를 쓰고 있다. 언뜻 유사해 보이는 이 두 개념은 만족(또는 충족)시키려는 주체와 만족(또는 충족)을 요구하는 주체가 누구이냐에 따라 달라진다. 만족은 개인이 느끼는 환경과의 만족을 의미하고, 충족은 환경이 느끼는 개인과의 만족을 의미한다.

일 적응이론에서 가장 중요한 개념은 부합(correspondence)이다. 즉, 개인이 일의 환경에 요구하는 것에 만족(satisfaction)하고, 일의 환경이 개인에게 요구하는 것이 충족(satisfactoriness)될 때 부합(correspondence)이 실현된다. 예를 들어, 개인이 일의 환경(다른 말로 하면 고용주)에게 요구하는 보상과 적절한 조건 등이 제공되면 개인은 만족하게 되고, 일의 환경(다른 말로 하면 고용주)이 개인에게 요구하는 적절한 과업이 달성되면 일의 환경은 충족이 이루지는데 이러한 상황을 부합이라고 하고, 그 결과로 재직(tenure)이 유지된다. 하지만 개인의 만족이 이루어지지 않으면 사표를 내게 되고, 일의 환경의 충족이 이루어지지 않으면 개인은 일의 환경으로부터 해고를 당하게 된다.

개인의 만족은 조직이 제공하는 강화인(reinforcer, 예: 임금, 위신, 작업 조건 등)이 개인의 강화인 요건(reinforcer requirement, 요구)에 부합할 때 높아진다. 반면, 조직의 충족은 조직이 요구하는 기술(skill requirement)을 개인이 보유하고 있을 때 높아진다. 따라서 개인은 요구(needs, reinforcer requirement)와 기술(skills)이라는 요인으로 구성되고, 환경은 강화인(reinforcers)과 기술 요건(skill requirement)이라는 요인으로 구성되며, 이 네 요인 간(요구-강화인, 기술-기술 요건)의 부합도(correspondence)가 가장 핵심적인 요인이라고 볼 수 있다.

이상에서 설명한 일 적응이론을 종합하면 [그림 2-2]와 같다.

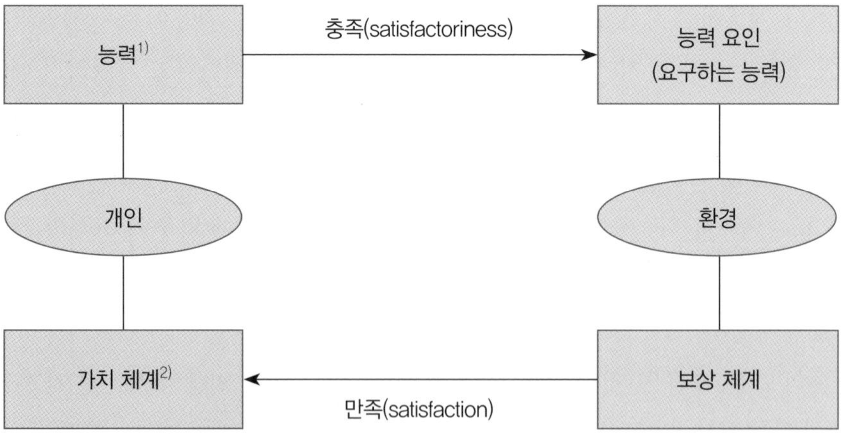

[그림 2-2] Dawis와 Lofquist의 일 적응이론

주 1) 능력은 GATB(General Aptitude Test Battery)로 측정

2) 가치 체계는 MIQ(Minnesota Importance Questionnaire)로 측정. 일 적응이론에서는 흥미를 능력과 가치에서 파생된 것으로 보고, 흥미보다는 가치가 더욱 중요하다고 주장

환경이 개인에게 충족되기 위해서는 개인이 능력을 보유하고 또한 능력을 발휘해야 한다. 따라서 능력은 ① 능력의 보유와 ② 능력의 발휘로 나눌 수 있다. 능력의 보유는 능력의 구조를 의미하며 GATB로 측정된다. 능력의 발휘에 있어서는 성격유형이 중요한데, 그 이유는 성격유형에 따라 능력의 발휘가 달리 되기 때문이다. 성격유형은 ① 민첩성, ② 속도, ③ 리듬, ④ 지속성의 네 가지로 나누어진다.

민첩성은 반응 속도로서, 예를 들면 일을 바로 시작하는 사람이 있고 늦게 시작하는 사람이 있다. 속도(또는 페이스)는 활동 수준으로, 예를 들면 같은 일을 할 때 1시간 만에 업무를 끝내는 사람이 있는가 하면 3시간이나 걸려 끝내는 사람도 있다. 리듬은 활동 수준 패턴으로, 예를 들면 3시간 일을 할 때 어떤 사람은 1시간은 매우 열심히 하고 2시간은 대충하는가 하면 어떤 사람은 3시간 내내 꾸준하게 하기도 한다. 지속성은 반응의 길이로서, 예를 들면 하루 8시간 일하는 사람도 있고 하루 1시간 일하는 사람도 있다.

개인과 환경의 적응양상은 ① 유연성, ② 능동성, ③ 수동성, ④ 인내의 네 가지로 나누어진다. 유연성은 불일치성에 대한 내성으로 수준이 높으면 불만족이 되어도 잘 참고, 낮으면 불만족이 되면 잘 못 참는데, 유연성이 높아도 불만족이 심화되면 적응 행동을 시작한다. 능동성은 상대를 변화시켜 적응하려는 양성이고, 반면에 수동성은 자신을 변화시켜 적응하려는 양상이다. 인내는 적응 행동을 유지하는 기간으로, 높으면 적응 행동을 길게 하고, 낮으면 적응 행동을 짧게 하다가 중단하고 퇴직을 한다.

인내는 개인의 만족과 환경의 충족의 경우 네 가지 차원(만족/충족, 만족/불충족, 불만족/충족, 불만족/불충족)으로 설명할 수 있다. 이 네 가지 차원 중에서 첫 번째 차원(만족/충족)의 경우 개인과 환경의 상호작용은 유지 행동(maintenance)이 나타나며, 나머지 세 가지 차원(만족/불충족, 불만족/충족, 불만족/불충족)에서는 적응 행동(adjustment behavior)이 나타난다. 극단적인 적응 행동으로는 계약 종결(termination)이 나타날 수 있지만, 불만족이나 불충족의 정도가 인내 가능할 경우에는 지속해서 근무(tenure)한다는 것이 일 적응이론의 설명이다.

일 적응이론의 특징 및 시사점은 첫째, 만족과 충족의 개념을 제외하면 특성-요인이론과 유사하며 차이점은 선택 이후 적응까지 고려했다는 것이다. 둘째, 일 적응이론에 따르면 개인이 보유한 능력(능력 구조)뿐만 아니라 능력의 발휘 양식(성격유형)을 잘 파악해야 한다는 것이다. 이 경우 개인과 환경 모두의 관점에서 이해하도록 해야 하는데, 특히 자신의 입장에서뿐만 아니라 자신이 환경을 충족시켜 줄 수 있는지도 고려해야 한다. 셋째, 개인의 가치 체계와 환경의 보상 체계를 잘 이해하도록 해야 한다.

6. Super의 전생애 진로발달이론

Super는 1951년 발표된 Ginzberg 이론의 한계를 비판하고, 당시 축적된 직업선택 및 발달에 관한 지식을 종합하여 개인의 전 생애에 걸친 진로발달에 관한 포괄적 이론을 정립하였다(정철영, 2006; Super, 1953). Super는 크게 네 가지 측면에서 Ginzberg의 이론을 비판하였다. 첫째, Ginzberg의 이론이 그간의 연구를 충분히 반영하지 못하였고, 둘째, 선택을 '선호'로 한정하면서 연령대에 따른 선택의 의미를 퇴색시켰으며, 셋째, 선택과 적응을 명확히 구분하지 못하였고, 마지막으로 직업선택의 과정을 충분히 설명하지 못하였다는 점이다. 이 외에도 Ginzberg 이론은 10대까지의 진로발달만 설명하고 있다는 점도 중요한 한계로 지적된다.

Super의 이론은 1953년 발표된 이후 약 40년에 걸쳐 변화를 거듭하였지만(Salomone, 1996), 초기부터 말년에 이르기까지 지속적으로 주장된 개념 중의 하나는 진로발달 단계이다. Super는 1951년 자신의 이론을 보다 발전시키기 위해 수행한 진로유형 연구(Career Pattern Study)를 통해 진로발달 단계를 구체화하고(Super, 1957), 이후 연구에서 이 진로발달 단계를 지속적으로 사용하였으며(Super, 1980, 1984), 말년의 연구에서는 일부 내용을 수정하였다(Super et al., 1996). 이를 요약하면 〈표 2-3〉과 같다.

〈표 2-3〉 Super의 진로발달 단계별 주요 내용

구분	주요 내용
성장기(growth) (0~13세)	• 특징: 기초적 · 현실적 자아개념의 형성 • 하위 단계: 호기심, 환상기, 흥미기, 역량기
탐색기(exploration) (14~24세)	• 특징: 직업적 역할 내에서 직업적 자아개념의 실현 • 하위 단계: 결정화기, 구체화기, 실행기
확립기(establishment) (25~44세)	• 특징: 직업적 자아개념의 안정화와 발전 • 하위 단계: 정착기, 공고화기, 발전기
관리기(management) (45~64세)	• 특징: 직업적 자아개념의 유지 및 강화 • 하위 단계: 유지기, 갱신기, 혁신기
이탈기(disengagement) (65세 이후)	• 특징: 직업이 아닌 다른 역할에서의 자아개념의 발달 및 실현 • 하위 단계: 쇠퇴, 은퇴 준비, 은퇴 생활

자료: Hartung, P. J. (2020). pp. 104-109 재구성.

Super는 표에 제시된 다섯 단계를 진로발달의 선형적인 대순환(maxicycle) 과정으로 보았다. 한편, Super는 선형적인 대순환뿐만 아니라 진로발달의 비선형적 과정의 소순환(minicycle)을 제안하였다. 소순환은 대순환 과정 간에 발생하며 질병, 해고, 자동화, 조직개편 등과 같은 개인적·사회경제적 사건들이 진로발달 과정의 영향으로 인해 발생한다. 예컨대, 현역 군인이 전역하고 이직을 한 경우, 진로발달의 선형적인 대순환을 경험하였으나 전역이라는 외적 사건으로 인해 소순환을 경험했다고 볼 수 있다. Super 등(1996)이 제안한 진로발달의 순환과 재순환은 〈표 2-4〉와 같다.

〈표 2-4〉 전 생애를 통한 발달과업의 순환과 재순환

진로발달 단계	시기			
	청소년기 (14~24세)	초기 성인기 (25~44세)	중기 성인기 (45~64세)	후기 성인기 (65세 이상)
해방기 (Disengagement)	취미에 적은 시간 할애	체육활동 참여 감소	필수적인 행동에만 초점	일하는 시간 감소
유지기 (Maintenance)	현재의 직업선택 확인	직업적 위치 안정화	경쟁에서 자신을 지킴	계속 즐기는 것을 유지
확립기 (Establishment)	선택한 분야에서 시작	영구적인 위치에 정착	새로운 기술을 개발	항상 원해 왔던 일을 함
탐색기 (Exploration)	더 많은 기회에 대해 더욱 학습	원하던 일을 하는 기회를 발견	일을 수행하는 데 새로운 문제 발견	좋은 은퇴 시점을 찾음
성장기 (Growth)	현실적인 자기개념 개발	타인과 관계 맺는 법을 학습	개인의 한계 수용	비직업적 역할 개발

자료: Super et al. (1996). p. 136.

Super는 대부분의 사람이 공통적으로 일생 동안 담당하는 주요 역할로 자녀, 학생, 여가인, 시민, 직장인, 주부의 여섯 가지로 제시하고 이를 생애무지개(life-career rainbow)로 도식화했으며, 이러한 역할이 수행되는 곳으로 ① 가정, ② 지역사회, ③ 학교, ④ 직장의 네 가지 영역을 제시했다(정철영, 2006). Super에 따르면, 이러한 생애 역할은 상호 보완적이면서도 때에 따라 갈등을 야기하기도 한다. 예컨대, 직장에서의 과도한 업무는 가정생활에 부담을 줄 수 있으나 가족으로부터의 지지는 이러한 부담을 완화시킬 수 있다.

지금까지 기술한 Super 이론의 기저를 이루고 있는 것은 자아개념이다(정철영, 2006). 자아개념(self-concept)은 자신의 흥미, 능력, 가치를 어떻게 생각하는지를 의미하며(박선영 외, 2014), 어떤 역할, 상황, 지위에서 특정한 기능을 수행하고, 복잡한 관계 속에서 자신에 대한 이미지를 제공한다(김봉환 외, 2010). 진로발달에서 본질적인 역할을 하는 자아개념은 유아기에서부터 형성(formation), 전환(translation), 실천(implementation)의 과정을 거쳐서 사망에 이르기까지 계속 발달 · 보완되지만, 청년기 이후에는 대부분 자아개념에 큰 변화가 오지 않는다(정철영, 2006).

Super의 진로발달이론은 직업(vocation)에서 진로(career)로의 패러다임 전환에 주요한 공헌을 한 이론으로(김봉환 외, 2010), 직업적 성숙 과정을 가장 체계적으로 기술하고 있으며 실증적 자료를 많이 확보하고 있다(정철영, 2006). 하지만 이론이 너무 광범위하고 자아개념을 지나치게 강조하고 있다는 비판을 받기도 한다(정철영, 2006).

7. Lent와 Brown의 사회인지 진로이론

사회인지 진로이론(Social Cognitive Career Theory: 약칭 SCCT)은 교육 및 직업 관련 행동을 이해하기 위한 이론으로, Bandura(1986)의 사회인지이론(social cognitive theory)에 기반을 두고 있으며, 선구적 진로이론(Super의 진로발달이론, Holland의 진로선택이론, Krumboltz의 사회학습이론, Dawis와 Lofquist의 일 적응이론)의 주요 요인을 바탕으로 새로운 체계(framework)를 제시한 이론이다. 이 이론은 사람의 직업적 흥미 발달, 직업선택, 경력 성공 및 안정(stability)의 다양한 성취, 직업 환경에서의 만족과 안녕감을 설명하는 데에 초점을 두고 있다(Lent & Brown, 2013).

진로발달과 관련하여 사회인지이론의 핵심 개념은 자기효능감 신념(self-efficacy beliefs), 결과기대(outcome expectations), 개인적 목표(personal goals)이다. 자기효능감 신념은 '개인의 특정한 유형의 성과를 달성하기 위해 필요한 일련의 행동을 조직하고, 실행하는 능력에 관한 판단'을 의미한다(Bandura, 1986). 자기효능감은 특정한 영역의 성과 및 수행과 관련된 역동적인 자기신념(self-beliefs)의 일종이다. Bandura(1997)에 따르면 자기효능감은, 첫째, 개인적 수행 성취, 둘째, 대리학습(vicarious learning), 셋째, 사회적 설득, 넷째, 생리학 및 정서적 상태(physiological and affective states)를 통해 획득 및 향상된다. 결과기대는 특정한 행동을 수행함으로써 얻어지는 결과나 산출물에 관한 믿음을 의미한다. 자기효능감이 자신의 능력에 관한 신념이라면, 결과기대는 일련의 행동이 어떠한 결과로 나타날지를 의미한다. 예를 들어, 과학자가 되고 싶으나 과학을 잘 못한다고 생각하는 학생은 결과기대는 높지만 자기효능감은 낮다고 볼 수 있다. 이와 반대로 과학적 능력은 뛰어나지만 과학 수업을 선택하는 것이 친구들로부터 좋은 평가를 받지 못한다고 한다면, 자기효능감은 높지만 결과기대는 높지 않은 것을 의미한다. 개인적 목표는 특정한 행동에 참여하거나 특정한 결과를 산출하고자 하는 개인의 의도(intention)를 의미한다. 사회인지진로이론에서는 내용 선택 목표(choice-content goals)와 수행 목표(performance goals)를 구분하고 있다. 목표는 개인의 학업적 또는 직업적 성취에 있어 중요한 동기를 부여한다. 개인의 목표를 설정하는 것은 개인으로 하여금 행동을 조직하고, 추진하며, 유지하는 것을 조력한다. 사회인지 진로이론에서는 개인의 선택 및 수행 목표가 자기효능감 및 결과기대에 영향을 받는다고 주장한다. Lent, Brown과 Hackett이 1993년에 발표한 사회인지 진로이론은 진로흥미발달 모형, 진로선택 모형, 과업수행 모형을 포함하고 있다. 이후 2006년에 직무만족 모형을 발표하였다. 각 모형의 특징을 살펴보면 다음과 같다.

1) 진로흥미발달 모형

진로흥미발달 모형에 따르면, 자기효능감과 결과기대는 진로와 관련된 흥미를 형성하는 데에 영향을 미친다. 개인은 다양한 활동을 통해 특정한 활동에 유능한지, 그러한 활동을 수행함으로써 기대하는 결과가 산출되는지를 인식하면서 흥미를 발현한다. 또한 다양한 활동을 수행함에 있어 자기효능감에 의심이 들거나 부정적인 결과를 얻게 되면, 특정한 활동에 대한 무관심이 발생할 수도 있다. 이와 같이 다양한 활동을 통해 발생한 흥미를 바탕으로 개인은 특정한 활동에 전념하고자 하는 의지와 목표를 수립하게 되며, 이러한 의지와 목표를 바탕으로 진로와 관련된 활동을 선택하고 연습함으로써 수행상의 성과를 얻는다. 진로와 관련된 활동을 지속할수록 특정한 분야에 대한 흥미는 시간이 지남에 따라 안

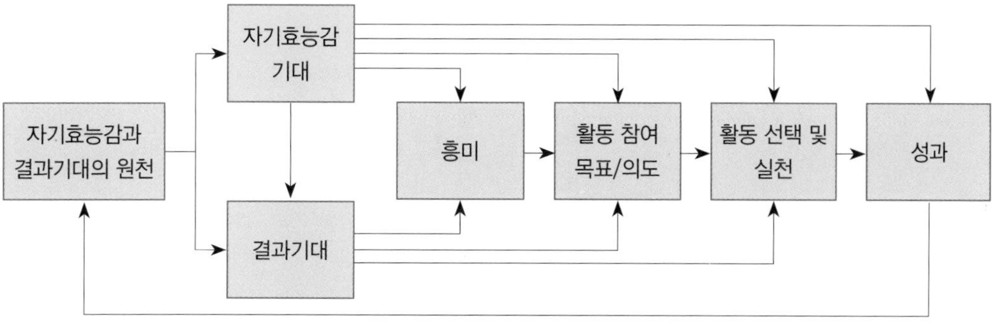

[그림 2-2] 진로흥미발달 모형

자료: Lent, R. W. (2020). p. 135 번역.

정화되어, 후기 청소년기 이후에는 안정적인 상태를 유지한다([그림 2-2] 참조).

2) 진로선택 모형

진로발달이론과 마찬가지로 사회인지 진로이론에서도 진로선택은 역동적인 과정으로 여겨진다. 사회인지 진로이론은 진로선택이 다양한 영역에서의 학습경험을 통한 자기효능감, 결과기대, 흥미 및 기술의 발달을 통해 이루어진다고 가정한다. 시간이 흐름에 따라 개인은 잠정적으로 진로를 선택하고, 개인과 환경의 상호작용을 바탕으로 선택을 수정 및 구체화해 나간다.

진로선택 모형에서는 흥미 모형과 마찬가지로, 개인의 자기효능감과 결과기대가 진로와 관련된 흥미의 형성에 영향을 미친다고 가정한다. 이러한 흥미는 추후 진로선택 목표와 연결된다. 그리고 목표는 개인이 행동을 선택하거나 목표를 위한 노력을 펼쳐 나가는 데에 동기를 부여한다. 그 결과, 개인은 이러한 행동과 노력을 통해 과업을 수행해 나가면서 성공과 실패를 경험하게 되고, 이러한 학습경험은 다시 자기효능감과 결과기대를 형성하는 데에 영향을 미친다.

진로선택 모형은 진로선택에 영향을 미치는 개인 특성 및 환경 요인을 모형 내에 포함하고 있다. 개인적 특성(기질, 성별, 건강 상태 등)과 환경적 여유 등은 개인이 학습경험을 획득하는 데에 직접적으로 영향을 미친다. 또한 개인의 자기효능감과 결과기대를 통해 진로에 관한 흥미를 형성하고, 목표를 설정한 후 행동을 선택하여, 해당 분야에서 요구되는 역량을 습득하는 데에 있어서 환경적 요인이 때로는 긍정적인 영향(예: 금전적 지원)을, 때로는

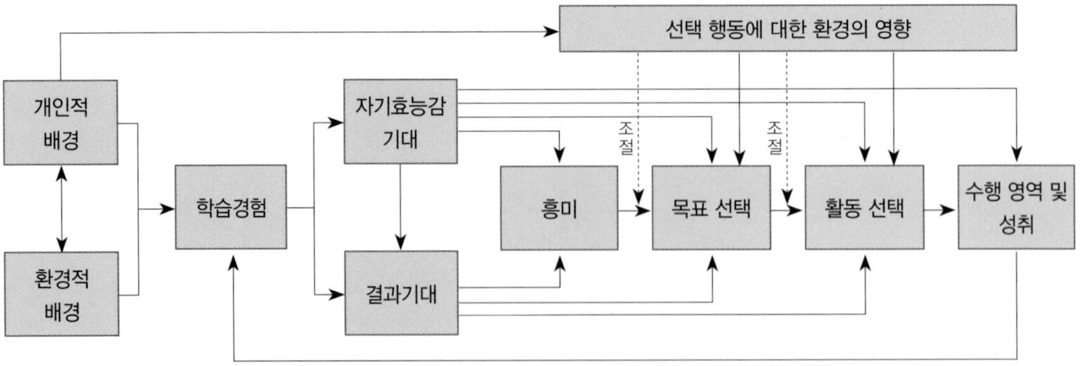

[그림 2-3] 진로선택 모형

자료: Lent, R. W. (2020). p. 137 번역.

부정적인 영향(예: 사회적 차별)을 미친다([그림 2-3] 참조).

3) 과업수행 모형

과업수행 모형은 개인의 과업 수행 수준과 지속성을 설명하는 모형이다. 과업수행 모형의 주요 요인은 능력 및 과거 수행 경험, 자기효능감, 결과기대, 수행 목표, 수행 성취 수준으로, 진로선택 모형에서의 목표가 내용(무엇)을 의미한다면, 과업수행 모형에서는 수준(얼마나 잘)을 의미한다. 학업 또는 직업적 성취 수준은 개인의 능력, 자기효능감, 결과기대 및 수행 목표와의 상호작용을 통해 변화한다. 개인의 능력 및 과거 수행 경험은 자기효능감 및 결과기대에 직접적인 영향을 미치며, 수행 목표의 설정에는 자기효능감 및 결과기대를 통해 간접적으로 영향을 미친다.

수행 목표는 성취 수준에 직접적인 영향을 미치며, 사회인지이론과 동일하게 개인의 성취 수준과 후속 행동은 피드백 고리를 형성한다. 즉, 과업수행과 학습에서의 성공 또는 실패 경험이 향후 자기효능감과 결과기대에 영향을 미치는 역동적인 관계를 형성한다는 것이다. 과업수행 모형에서 자기효능감은 객관적인 능력을 대체하는 것이 아니라 보완하는 것이다. 따라서 과업을 수행하는 개인은 단순한 능력의 보유뿐만 아니라 그러한 능력을 얼마나 긍정적으로 바라보는지에 따라 자신의 잠재력을 조직하고 조율하여 성취를 이룰 수 있다([그림 2-4] 참조).

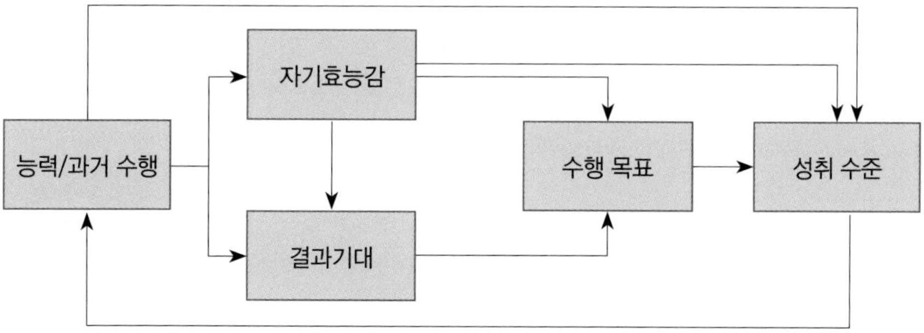

[그림 2-4] 과업수행 모형

자료: Lent, R. W. (2020). p. 142 번역.

4) 직무만족 모형

직무만족 모형은 학업 또는 직업적 상황에서의 개인의 만족 및 안녕감 경험에 영향을 미치는 요인에 초점을 둔 모형으로, 개인 및 환경적 요인과 자기효능감 기대(self-efficacy expectations), 직무 성과, 목표 지향적 활동 참여 및 직무만족 요인을 포함한다. 개인의 직무만족은 성격 및 정서적 특질(예: 긍정적 정서, 외향성, 성실성 등)에 직접적인 영향을 받는다. 또한 개인적 특성은 자기효능감, 직무 성과, 목표 지향적 활동 참여를 통해 직무만족에 간접적인 영향을 미치기도 한다([그림 2-5] 참조).

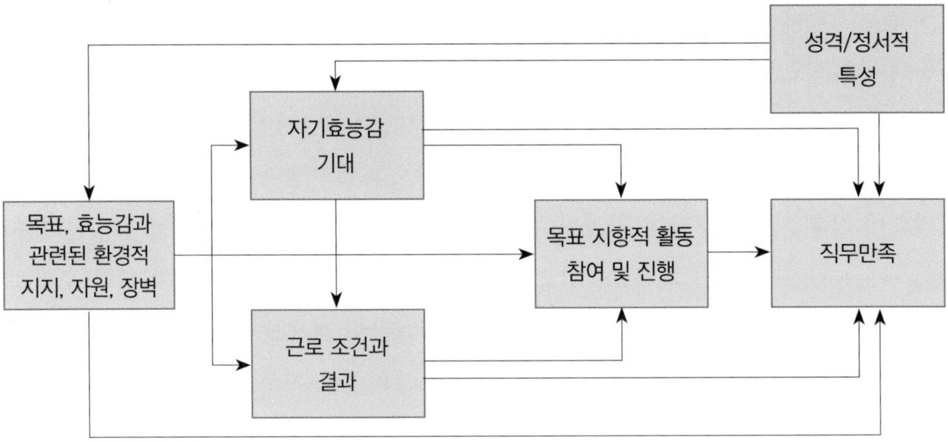

[그림 2-5] 직무만족 모형

자료: Lent, R. W. (2020). p. 143 번역.

8. Savickas의 진로구성이론

Savickas의 진로구성이론은 Super의 진로발달이론을 기반으로 하여, 현대 사회의 변화에 대응하여 구성주의적 관점을 결합한 이론이다(Savickas, 2002, 2005, 2013). 진로구성이론의 기저에 위치한 핵심 관점은 배우로서의 자아(self as actor), 행위자로서의 자아(self as agent), 작가로서의 자아(self as author)라는 세 가지 자아로 요약할 수 있다. 이와 같은 관점은 McAdams와 Oslson(2010)의 성격발달에 관한 주장을 차용한 것으로, 진로발달의 설명에 관한 Super 이론에 대한 의존도를 감소시켰다. 즉, 2002년과 2005년에 발표한 Savickas의 진로구성이론이 Super의 이론을 개선하는 데에 초점을 두었다면, 2013년에 발표한

Savickas의 진로구성이론은 배우, 행위자, 작가라는 메타포를 등장시켜 진로발달에 관한 설명에 독자적인 영역을 구축하였다고 볼 수 있다.

진로구성이론은 개인의 행동(behavior)을 배우로, 욕구(striving)를 행위자로, 설명(explanations)은 작가로 규정한다. 배우로서의 개인은 유아기에 가정에서의 지도를 받아들이고, 자기구성에 필요한 역할 모델을 형성한다. 여러 활동을 수행하거나 역할 모델을 모방하며, 개인은 기술, 능력 및 습관을 발달시키고, 이러한 행동은 시간이 지남에 따라 성격으로 고착화된다. 이 성격은 개인의 사회적 네트워크 안에서 평판(reputation)을 만들어 낸다. 진로구성이론에서는 이와 같은 과정이 유아기에서 청소년기까지 지속된다고 보았다.

청소년기에는 행위자로서의 내적 감각이 개발되는데, 가정에서 배우로서 인정받은 개인은 사회나 학교로 자아를 확장해야 한다. 이와 같은 자아 확장(self-extension)은 개인으로 하여금 성취하고자 하는 목표를 형성하게 한다. 따라서 이 시기의 개인은 자기조절적 행위자(self-regulating agents)로서, 자신이 선택한 목표를 추구하기 위해 학업 및 직업적 위치를 넘나드는 활동에 참여하면서 적응하고, 발달과업을 완수하고자 노력한다. 적응의 어원은 일치(to fit)를 의미하는 라틴어(adapt)에서 비롯되었다. 즉, 진로구성이론에서 적응하였다는 결과는 내적인 욕구(inner needs)와 외적인 기회(outer opportunities)가 조화를 이루었다는 것을 의미하며, 적응의 결과는 성공, 만족, 안녕감이라는 지표를 통해 확인할 수 있다.

적응이라는 결과는 적응성(adaptivity), 적응력(adaptability), 적응 행위(adaptivity)를 통해 발생한다. 적응성은 일종의 준비도로, 진로와 관련된 과업, 전환 및 트라우마에 적합한 반응을 하기 위한 유연성 및 의지에 관한 개인적 특성을 의미한다. 진로적응력은 일종의 자원으로, 현재 또는 예견되는 직업적 발달 과업, 직업적 전환, 일과 관련된 트라우마에 대처하기 위한 개인의 심리사회적(psychosocial) 자원을 의미한다. 진로적응력은 진로구성이론의 핵심 개념 중 하나로, 관심(concern), 통제(control), 호기심(curiosity), 자신감(confidence)이라는 네 가지 영역으로 구분된다. 각 영역에는 각 영역과 관련한 태도와 신념, 역량 및 대처 행동이 존재하며, 각 영역이 부족할 때는 해당하는 진로와 관련된 문제가 발생한다고 보고 있다. 적응은 개인의 목표에 의해 촉진 및 인도되는 것으로, 진로구성이론에서는 개인이 안전하다고 느끼고자 하는 욕구로부터 목표가 비롯된다고 보고 있으며, 흥미는 개인의 욕구와 관련된 목표를 연결하는 개념으로 정의한다.

작가로서의 개인은 사회가 개인에게 스스로의 삶을 살게 될 것이라고 기대하는 후기 청소년기부터 시작한다. 이때 개인은 자신과 자신의 행위는 통일된 삶의 이야기(life story)를 통해 독특한 정체감으로 통합한다. 정체성의 묘사(identity narrative)는 개인의 고유성을 표현하고, 적응적 행동을 유도할 뿐만 아니라, 개인이 스스로의 행위에 관한 의미를 부여하는 데에 활용된다. 이러한 묘사에 있어서 핵심 개념은 진로 주제(career theme)와 인물호(character arc)이다. 진로 주제는 생애 이야기의 내용과 관련되고, 인물호는 생애 이야기의 과정과 관련된다.

9. McMahon과 Patton의 진로발달 체계이론 프레임워크

진로발달 체계이론 프레임워크는 진로발달 분야 연구에서 체계이론을 적용한 첫 번째 시도(McMahon & Patton, 2019b)이자 통합적인 이론적 기반을 제공한 첫 번째 시도(McMahon & Patton, 2019a)이다. 진로발달 체계이론 프레임워크는 McMahon(1992)이 청소년 진로의사결정을 위한 맥락 모델을 제시한 이래 지속적으로 수정 과정을 거쳐 1995년에 McMahon과 Patton에 의해 처음으로 제안되었다(Patton & McMahon, 2014에서 재인용). 이후 1999년에 체계이론 프레임워크의 주요한 이론적 담론을 제시한 저서가 발간되었고, 2006년에 2판이 발간되었으며, 2014년에 3판이 발간되었다(McMahon & Patton, 2014).

진로발달 체계이론 프레임워크는 여러 진로 이론의 주장을 종합하여 맥락 안에서의 개인(individual in context)을 이해할 수 있는 총체적인 관점을 제공한다. '맥락 안에서의 개인'은 개인이라는 하나의 체계가 상위체계인 맥락으로부터 분리될 수 없음을 강조하는 의미이다. 이러한 관점은 다양한 연구 분야(김세훈, 정용일, 2011; 민병원, 2017; 홍사균, 2004; Bertalanffy, 1968; Dick et al., 2001; Skyttner, 1996; Tracey, 1992)에서 체계를 정의하는 관점과 맥을 같이한다. 타 연구 분야의 체계에 관한 관점과 같이, 진로발달 체계이론 프레임워크(McMahon & Patton, 2019a) 또한 개방 체계(open system)로서 전체와 부분의 상호작용(the interplay of whole and parts), 비인과성(acausality), 지속복합반복성(recursiveness), 지속적이지 않은 변화(discontinuous change) 등을 특징으로 제안하였다.

Patton과 McMahon(2014)은 다양한 진로 이론의 담론을 종합하여 개인(individual) 체계와 맥락(context) 체계를 제안하였다. Patton과 McMahon(2014)은 개인 체계를 진로선택과 발달 과정의 핵심으로 강조하였고, 특히 개인과 상황의 독특성을 강조하고 구성주의 관점의 능동적인 행위자성(agency)을 강조하기 위해 자아(self)가 아닌 개인(individual)이라는 표현을 사용하였다. 개인 체계는 다양한 영향(influence)[1]을 포괄하며 Holland(1997)가 강조한 성격(personality), 흥미(interest) 및 신념(belief), Brown(2002)이 강조한 가치(values), Super(1992)의 자기개념(self-concept), Savickas(2002)의 개인적 성찰(personal reflection), Gottfredson(1981, 2002)이 강조한 성별과 연령, Parsons(1909), Reardon 등(2017)의 여러 진로 연구자가 강조한 직업세계에 대한 지식 등을 포함한다. 그 외에도 Patton과 McMahon(2014)은 성, 인종, 성적 지향, 장애, 건강 또한 개인 진로에 관한 중요한 영향임을 강조하였다.

맥락 체계는 두 가지 하위체계로 구분된다. 첫 번째 하위체계는 상호작용 체계(social system)로서 개인 간 상호작용에 초점을 둔다. Patton과 McMahon(2014)은 여러 연구자의 논의를 종합하여 상호작용 체계를 소개하였다. Patton과 McMahon(2014)은 가족, 또래의 영향뿐만 아니라, Vondracek 등(1983)이 사회 시스템으로 제안한 커뮤니티 구조, 규모, 학교 환경, 가족 맥락, 사회경제적 지위 등을 맥락 영향으로 포함했다. 나아가 일터(workplace), 교육기관, 미디어(media)를 맥락 체계 내 영향으로 고려하였다. 특별한 점은 미디어(media)를 맥락 영향으로 고려했다는 것이며, Patton과 McMahon(2014)은 21세기에 미디어는 소셜 미디어(social media)로서 개인 간 상호작용의 수단으로 보았다. 맥락 체계의 두 번째 하위체계는 환경-구조체계(environmental-societal system)이다. 이는 Bronfenbrenner(1979)의 외체계(exosystem)와 중간체계(mesosystem)를 의미하며 상대적으로 거시적인 체계이다(Patton & McMahon, 2014). 지리적 위치, 정치, 사회경제, 역사, 정부의 의사결정, 노동시장, 기술 변화, 글로벌화 등 다양한 영향이 환경-구조체계의 영향으로 포함될 수 있다(Patton & McMahon, 2014).

진로발달 체계이론 프레임워크는 개인 및 맥락 체계 내 영향 간 상호작용(interplay), 체계 간 상호작용 과정(process)을 강조한다. 상호작용 과정은 지속복합반복성(recursiveness), 시간에 따른 변화(change over time), 우연(chance)의 세 가지로 구분될 수 있다. 지속복합반복성은 비인과성과 지속적인 변화를 강조하는 개념으로서 인과성에 기반을 두고 특정 시점에만 나타나는 현상인 호혜적 상호작용(reciprocal interaction)과 구분되는 개념이다(Patton & McMahon, 2014). 즉, 체계는 다양한 영향이 지속적이고 복합적이며 반복적으로 변화함을 의미한다. 개인 및 맥락 체계 내 영향, 각 체계들의 영향 간 상호작용은 시간에

---

1) 진로발달 체계이론 프레임워크는 동적인 의미를 강조하기 위해 요인(factor)이라는 표현보다 영향(influence)이라는 표현을 사용할 것을 제안하였다(Patton & McMahon, 2014).

따라 변화한다. 오늘날의 급격한 사회 변화는 시간에 따른 상호작용의 변화를 더욱 촉진한다. 때문에 개인의 진로는 특정 시점의 심리적 스냅샷만으로 이해될 수 없다(임은미 외, 2022). 이로 인해 최근 구성주의 기반 진로이론(Lent & Brown, 2013; Savickas et al., 2018)은 변화하는 환경에 적응할 수 있는 개인의 능력을 강조하며 진로에 관한 개인의 내러티브를 이해하는 것을 강조한다. 마지막으로 우연 또한 체계 내, 체계 간 상호작용에 중요한 역할을 한다(McMahon & Patton, 2019a). 우연이란 개인의 행동을 변화시킬 수 있는 기대치 않은 사건(Miller, 1983)이다. Vondracek 등(1986), Mitchell과 Krumboltz(1990)가 진로의사결정에 있어 우연의 영향을 논의한 바 있으나, 그간 진로이론에서 우연의 영향은 크게 고려되지 못하였다(McMahon & Patton, 2019a). 진로발달 체계이론 프레임워크는 우연을 중요한 영향으로 보았고 우연적인 사건이 개인 체계 내 상호작용, 개인과 맥락 체계 간 상호작용에 직간접적인 영향을 미칠 수 있음을 주장한다.

논의사항

- 진로교육 시, 개인 및 환경 특성으로서 고려해야 할 사항이 무엇인지 제시된 이론을 바탕으로 논의해 보자.
- 이 장에서 제시된 이론 중 하나를 선택하여, 해당 이론이 진로교육에 시사하는 점을 논의해 보자.
- 보다 심층적으로 탐구하고 싶은 이론을 선택하여, 해당 이론의 특징, 장점과 단점을 정리하여 논의해 보자.

참고문헌

김봉환. (2019). 진로상담의 이론과 실제. 학지사.

김봉환, 이제경, 유현실, 황매향, 공윤정, 손진희, 강혜영, 김지현, 유정이, 임은미, 손은령. (2010). 진로상담이론: 한국 내담자에 대한 적용. 학지사.

김봉환, 정철영, 김병석. (2006). 학교진로상담. 학지사.

김세훈, 정용일. (2011). 체제론적 접근을 통한 과학기술 R&D정책 연구: 한국 · 미국 · 영국 · 일본의 체제적 특성과 시사점. 사회과학연구, 37(3), 119-146.

정철영. (2006). 진로지도의 이론적 기초. 김영인, 노경주, 정철영 (저), **청소년 진로 및 학업지도** (pp. 59-82). 한국방송통신대학교출판부.

민병원. (2017). 국제정치와 시스템이론: 동아시아 국제정치이론에 대한 메타이론적 고찰. **세계정치**, 26, 48-81.

박선영, 김지영, 오효정, 오은경. (2014). **진로상담과 직업**. 정민사.

임은미, 강혜정, 김혜영, 정지영. (2022). **구성주의 진로상담기법**. 학지사.

홍사균. (2004). 과학기술정책연구의 체계적 접근(1): 일반체계이론에 의한 국가혁신체계의 재조명. **정책연구**, 12, 1-83.

Bandura, A. (1986). The explanatory and predictive scope of self-efficacy theory. *Journal of Social and Clinical Psychology, 4*(3), 359-373.

Bandura, A. (1997). *Self-efficacy: The exercise of control*. Worth Publishers.

Bertalanffy, L. (1968). Basic Ideas of General Systems Theory (2nd ed.) In Bertalanffy, L. *General System Theory-Foundations, Development, Applications*.

Bronfenbrenner, U. (1979). Contexts of child rearing: Problems and prospects. *American Psychologist, 34*(10), 844.

Brown, D. (2002). The role of work and cultural values in occupational choice, satisfaction, and success: A theoretical statement. *Journal of Counseling & Development, 80*(1), 48-56.

Brown, S. D., & Lent, R. W. (2019). A social cognitive view of career development and guidance. In *International handbook of career guidance* (pp. 147-166). Springer, Cham.

Dawis, R. V. (2005). The Minnesota Theory of Work Adjustment. In S. D. Brown & R. W. Lent (Eds.), *Career development and counseling: Putting theory and research to work* (pp. 3-23). John Wiley & Sons.

Dawis, R. V., & Lofquist, L. H. (1984). *A psychological theory of work adjustment*. University of Minnesota Press.

Dick, W., Carey, L., & Carey, J. O. (2001). *The systematic design of instruction* (5th ed.). Pearson.

Gottfredson, L. S. (1981). Circumscription and compromise: A developmental theory of occupational aspirations. *Journal of Counseling Psychology, 28*(6), 545.

Gottfredson, L. S. (2002). Gottfredson's theory of circumscription, compromise, and self-creation. *Career Choice and Development, 4*, 85-148.

Hartung, P. J. (2020). Life-Span, Life-Space Career Theory and Counseling. In S. D. Brown & R. W. Lent (Eds.), *Career development and counseling: Putting theory and research to work* (3rd ed., pp. 95-127). Wiley.

Holland, J. L. (1959). A theory of vocational choice. *Journal of Counseling Psychology, 6*(1), 35-45.

Holland, J. L. (1997). *Making Vocational choices: A theory of vocational personalities and work environments* (3rd ed.). Psychological Assessment Resources.

Krumboltz, J. D. (2009). The happenstance learning theory. *Journal of Career Assessment, 17*(2), 135-154.

Lent, R. W. (2020). Career Development and Counseling: A Social Cognitive Framework. In S. D. Brown & R. W. Lent (Eds.), *Career development and counseling: Putting theory and research to work* (3rd ed., pp. 129-163). Wiley.

Lent, R. W., & Brown, S. D. (2013). Social cognitive model of career self-management: Toward a unifying view of adaptive career behavior across the life span. *Journal of Counseling Psychology, 60*(4), 557.

Lent, R. W., Brown, S. D., & Hackett, G. (1994). Toward a unifying social cognitive theory of career and academic interest, choice, and performance. *Journal of Vocational Behavior, 45*(1), 79-122.

McAdams, D. P., & Olson, B. D. (2010). Personality development: Continuity and change over the life course. *Annual Review of Psychology, 61*, 517-542.

McMahon, M. (1992). Examining the context of adolescent career decision- making. *Australian Journal of Career Development, 1*, 13-18.

Miller, M. J. (1983). The role of happenstance in career choice. *The Vocational Guidance Quarterly, 32*, 16-20.

McMahon, M., & Patton, W. (1995). Development of a systems theory of career development: A brief overview. *Australian Journal of Career Development, 4*(2), 15-20.

McMahon, M., & Patton, W. (2019a). The systems theory framework of career development: Accommodating context, complexity, and culture. In N. Arthur & M. McMahon (Eds.), *Contemporary theories of career development: International perspectives* (pp. 105-120). Routledge.

McMahon, M., & Patton, W. (2019b). The Systems Theory Framework: A Systems Map for Career Theory, Research and Practice. In J. A. Athanasou & N. P., Harsha. (Eds.), *International handbook of career guidance* (2nd ed., pp. 97-114). Springer.

Mitchell, L. K., & Krumboltz, J. D. (1990). Social learning approach to career decision making. In D. Brown, L. Brooks, & Associates, *Career choice and development: Applying contemporary theories to practice* (2nd ed., pp. 145-196). Jossey-Bass.

Nauta, M. M. (2020). Holland's Theory of Vocational Choice and Adjustment. In S. D. Brown & R. W. Lent (Eds.), *Career development and counseling: Putting theory and research to work* (3rd ed., pp. 61-93). Wiley.

Parsons, F. (1909). *Choosing a vocation*. Houghton Mifflin Company.

Patton, W., & McMahon, M. (2014). *Career development and systems theory: Connecting theory and practice*. Springer.

Reardon, R. C., Lenz, J. G., Peterson, G. W., & Sampson, J. P. (2017). *Career development and planning: A comprehensive approach*. Kendall Hunt.

Roe, A. (1956). *The psychology of occupations*. John Wiley & Sons.

Roe, A. (1957). Early determinants of vocational choice. *Journal of Counseling Psychology, 4*(3), 212-217.

Salomone, P. R. (1996). Tracing Super's Theory of vocational development: A 40-year retrospective. *Journal of Career Development, 22*(3), 167-184.

Savickas, M. L. (2002). Career Construction—A Developmental Theory of Vocational Behavior. In D. Brown (Ed.), *Career choice and development* (4th ed., pp. 149-205). Jossey-Bass.

Savickas, M. L. (2005). The Theory and Practice of Career Construction. In S. D. Brown & R. W. Lent (Eds.), *Career development and counseling: Putting theory and research to work* (pp. 42-70). John Wiley & Sons, Inc.

Savickas, M. L. (2013). Career Construction Theory and Practice. In S. D. Brown & R. W. Lent (Eds.), *Career development and counseling: Putting theory and research to work* (2nd ed., pp. 147-183). John Wiley & Sons, Inc.

Savickas, M. L., Porfeli, E. J., Hilton, T. L., & Savickas, S. (2018). The student career construction inventory. *Journal of Vocational Behavior, 106*, 138-152.

Sharf, R. S. (2016). *Applying career development theory to counseling*. Cengage Learning.

Skyttner, L. (1996). *General systems theory: Origin and hallmarks*. Kybernetes.

Super, D. E. (1951). *Vocational adjustment: Implementing a self-concept*. Occupations.

Super, D. E. (1953). A theory of vocational development. *American Psychologist, 8*(5), 185-190.

Super, D. E. (1957). *The psychology of careers: An introduction to vocational development*. Harper & Brothers.

Super, D. E. (1980). A Life-span, life-space approach to career development. *Journal of Vocational Behavior, 16*, 282-298.

Super, D. E. (1984). Career and life development. In D. Brown (Ed.), *Career choice and development* (4th ed., pp. 192-234). Jossey-Bass.

Super, D. E. (1992). Toward a comprehensive theory of career development. In D. H. Montross & C. J. Shinkman (Eds.), *Career development: Theory and practice* (pp. 35-64). Charles Thomas.

Super, D. E., Savickas, M. L., & Super, C. M. (1996). The life-span, life-space approach to careers. In D. Brown, L. Brooks, & Associates (Eds.), *Career choice and development* (3rd ed., pp. 121-178). Jossey-Bass.

Tracey, W. R. (1992). *Designing training and development systems* (3rd ed.). Amacom.

Vondracek, F. W., Lerner, R. M., & Schulenberg, J. E. (1983). The concept of development in vocational theory and intervention. *Journal of Vocational Behavior, 23*(2), 179-202.

Zunker, V. G. (2011). **커리어상담: 생애설계의 응용개념**. (김완석, 김선희 역). 교보문고. (원저는 2002년에 출판).

제3장

진로교육 관련 제도 및 정책

진로교육 관련 제도와 정책은 진로교육의 실천을 위한 방향을 제시할 뿐만 아니라 진로교육의 지속가능성을 담보하고, 진로교육을 추진하기 위한 근거와 기반이 된다. 그러므로 진로교육 관련 제도와 정책을 학습하는 것은 매우 중요하다. 이 장에서는 제도 및 정책의 개념 고찰을 바탕으로 진로교육 제도 및 정책의 개념을 이해하고, 진로교육 제도 및 정책이 갖는 중요성을 이해할 수 있는 내용을 포함한다. 또한 진로교육 관련 제도와 정책의 현황을 대상별로 구분하여 살펴보고, 진로교육 관련 제도 및 정책의 전달 체계를 확인할 수 있다. 그리고 현행 진로교육 관련 제도 및 정책의 문제점과 개선방안을 탐구함으로써 향후 관련 제도 및 정책의 방향을 가늠할 수 있도록 구성한다.

학습과제

- ▶ 학습과제 1 진로교육 제도와 정책을 설명하시오.
- ▶ 학습과제 2 진로교육 실천의 관점에서 제도 및 정책이 갖는 의미를 설명하시오.
- ▶ 학습과제 3 진로교육 관련 제도를 대상별로 구분하여 설명하시오.
- ▶ 학습과제 4 진로교육 관련 정책을 대상별로 구분하여 설명하시오.
- ▶ 학습과제 5 진로교육 관련 제도 및 정책의 문제점과 개선방안을 설명하시오.

1. 진로교육 관련 제도 및 정책의 개념과 의의

1) 진로교육 관련 제도 및 정책의 개념

사전적인 의미에서 제도(system)란 '관습이나 도덕, 법률 따위의 규범이나 사회 구조의 체계'로 정의된다(표준국어대사전, n.d.). 학술적인 측면에서는 제도를 법과 유사한 것으로 보기도 한다. 이종재 등(2012)은 제도를 법률의 표현으로, 법률을 제도의 정신이 응축된 것으로 정의하기도 하였다. 제도에 관한 사전적인 정의와 학술적인 정의 모두 '법률'을 포함하고 있다는 점에서 제도와 법률은 매우 밀접한 관계를 가지고 있음을 알 수 있다. 주삼환 등(2015)은 교육제도(education policy)를 '국가의 교육이념 및 교육목적을 달성하기 위한 인위적 장치'로 정의하기도 하였다. 이상의 논의를 종합하여 볼 때, '교육제도'란 '국가의 교육이념 및 목적을 달성하기 위하여 법률 등으로 표현되는 표준 및 기준'으로 정의할 수 있다. 이와 유사한 측면에서 '진로교육 제도'란 '국가적 차원의 진로교육 목적을 달성하기 위하여 법률 등으로 표현되는 표준 및 기준'으로 정의할 수 있다.

사전상에서 정책은 '정치적 목적을 실현하기 위한 방책'으로 정의된다(표준국어대사전, n.d.). 정책에 관한 학술적 정의는 매우 다양한데, 국외에서는 Easton(1953, 1969)이 정책을 '전체 사회를 위한 가치의 권위적 배분'이자 '특정 활동에 관한 정부의 선택'으로 정의하였고, '목표, 가치 및 행동노선을 담은 사업계획'(Laswell & Kaplan, 1970) 또는 '규범적 사고와 행동에 관한 최초의 표현이며 지침적 이미지'(Jantsch, 1970)로 정의하기도 한다. 국내에서는 정책을 '권위 있는 공식기관(정부 등)이 문제해결이나 공적 이익을 달성하기 위하여 정치적·행정적 과정을 거치거나 당위성에 입각하여 의도적으로 선택한 장래의 행동계획'으로 정의한다(이종열, 1985). 교육정책은 간단하게 '교육을 대상으로 하는 국가의 기본 방침'으로 정의되기도 하고(김윤태, 1994), '교육의 목적·수단·방법 등에 관한 최적의 대안을 의도적이고 합리적으로 선택한 것'으로 정의되기도 한다(주삼환 외, 2015). 이상의 정의를 종합하여 볼 때, 진로교육 정책은 '진로교육을 대상으로 하는 국가의 기본 방침이자 진로교육의 목적과 수단 및 방법에 관한 의도적이고 합리적인 최적의 선택'으로 정의할 수 있다.

상기 기술한 바와 같이 진로교육 제도와 정책의 개념 간에는 중첩되는 부분이 존재하여 차이점을 명확히 하기 쉽지 않다. 진로교육 제도와 정책 모두, 첫째, 국가나 정부와 같은 공공기관을 통해 실현되고, 둘째, 교육목적의 달성이라는 공동의 목적을 가지고 있으며, 셋째, 법률과 계획 등과 같은 표현의 특성을 가지고 있기 때문이다. 이 책은 진로교육에 있어 제도와 정책 간의 개념적 차이를 구명하는 데에 목적이 있는 것이 아니다. 따라서 이 책에서는 별도의 언급이 없는 한 제도란 법률(예: 「진로교육법」)과 교육과정(예: 자유학기제)을, 정책이란 (기본)계획(예: 진로교육 5개년 계획)과 사업(예: 일반고 진로선택 지원 프로그램)을 의미한다.

2) 진로교육 관련 제도 및 정책의 의의

진로교육 제도 및 정책은 진로교육의 목적을 달성하는 데에 있어 다음과 같은 의의를 가지고 있다. 첫째, 진로교육 제도 및 정책은 단위 학교조직 활동에 중요한 영향을 미친다(주삼환 외, 2015). 정부 주도의 교육제도 및 정책은 교육이념, 교육과정, 교원의 수급계획, 교육재정 등을 결정한다. 따라서 진로교육 제도 및 정책은 학교 진로교육의 목적을 규정할 뿐만 아니라 진로교육의 목적 달성을 위해 학교에서 이루어지는 교수·학습 활동의 기준이자 표준이 된다고 볼 수 있다.

둘째, 진로교육 제도 및 정책은 진로교육의 지속가능성을 담보할 수 있는 근거와 추진의 기반이 된다. 진로교육 제도의 일환인 법률은 국민의 대표로 구성된 국회에서 교육정책의 내용을 결정한 것이라고 볼 수 있다. 따라서 법률화된 진로교육 제도와 이를 바탕으로 한 정책은 진로교육의 목적과 내용을 결정하는 데에 있어 민주성을 확보한 것이다. 또한 특별한 상황의 변화가 없는 한 진로교육 관련 정책이 안정적으로 추진될 수 있도록 보장하는 의미가 있다.

셋째, 진로교육 제도 및 정책은 미래의 바람직한 사회를 목표로 한다는 점에서 진로교육의 방향을 제시한다. 제도 및 정책은 미래지향성을 가지고 있다고 여겨지는데, 이러한 미래지향성은 진로교육과 관련된 이해관계자로 하여금 향후 몇 년간 진로교육이 어떠한 방향으로 나아갈지 이해할 수 있는 기초적인 자료의 역할을 한다는 점에서 의의가 있다.

2. 진로교육 관련 제도 및 정책 현황

1) 진로교육 관련 제도 현황

진로교육 제도는 진로교육 관계 법령과 교육과정으로 구분하여 살펴볼 수 있다. 먼저 진로교육 관계 법령을 살펴보면, 진로교육 제도의 근간을 이루는 진로교육 관계 법령은 대한민국 「헌법」을 기초로 하고 있다. 대한민국 「헌법」(1998)에서는 모든 국민이 '행복을 추구할 권리'를 가지고 있고(제10조), '직업 선택의 자유'를 가지며(제15조), '능력에 따라 균등하게 교육을 받을 권리'가 있음(제31조의 1항)을 명시하고 있다. 모든 국민의 교육과 관련하여 준 헌법적 성격을 가지고 있는 「교육기본법」에서는 교육이 '모든 국민으로 하여금 인격을 도야하고 자주적 생활능력과 민주시민으로서 필요한 자질을 갖추게 함……'을 목적으로 한다고 밝히고 있다. 따라서 국가는 '모든 국민이 능력에 따라 균등하게 교육을 받음으로써 인격을 도야하고, 자주적 생활능력과 민주시민으로서 필요한 자질을 갖추어 자유롭게 직업을 선택'할 수 있도록 해야 함을 알 수 있다.

진로교육 관계 법령은 대상에 따라 주관 부처의 소관으로 제·개정된다. 주요 진로교육 관계 법령을 대상별로 도식화하면 [그림 3-1]과 같다. 앞서 언급한 바와 같이 모든 국민은 진로교육을 받을 권리를 가지고 있으며, 이 권리를 충족시키기 위하여 국가와 지방자치단체 등은 진로교육을 시행할 의무가 있다. 학생 및 청(소)년의 진로교육과 관련된 사항은 「진로교육법」과 「초·중등교육법」, 「고등교육법」 및 「청년고용촉진 특별법」에 명시되어 있다. 「진로교육법」([그림 3-1]에서 검정색으로 음영 표시)은 초·중·고등교육 단계의 진로교육에 관한 사항을 주요 내용으로 하는 법률로서, 2015년 6월 제정되어 2015년 12월 시행되었다(「진로교육법」, 2021). 이 법은 '학생에게 다양한 진로교육의 기회를 제공함으로써 변화하는 직업세계에 능동적으로 대처하고 학생의 소질과 적성을 최대한 실현하여 국민의 행복한 삶과 경제 사회 발전에 기여함'을 목적으로 하며 학생 대상 진로교육의 정의, 기본방향, 국가 및 지방자치단체의 책무 등을 담고 있다. 「진로교육법」에서는 진로교육을 '국가 및 지방자치단체 등이 학생에게 자신의 소질과 적성을 바탕으로 직업 세계를 이해하고 자신의 진로를 탐색·설계할 수 있도록 학교와 지역사회의 협력을 통하여 진로수업, 진로심리검사, 진로상담, 진로정보 제공, 진로체험, 취업지원 등을 제공하는 활동'으로 정의하고 있다. 여기에서 '진로상담'이란 '학생에게 진로정보를 제공하고 진로에 관한 조

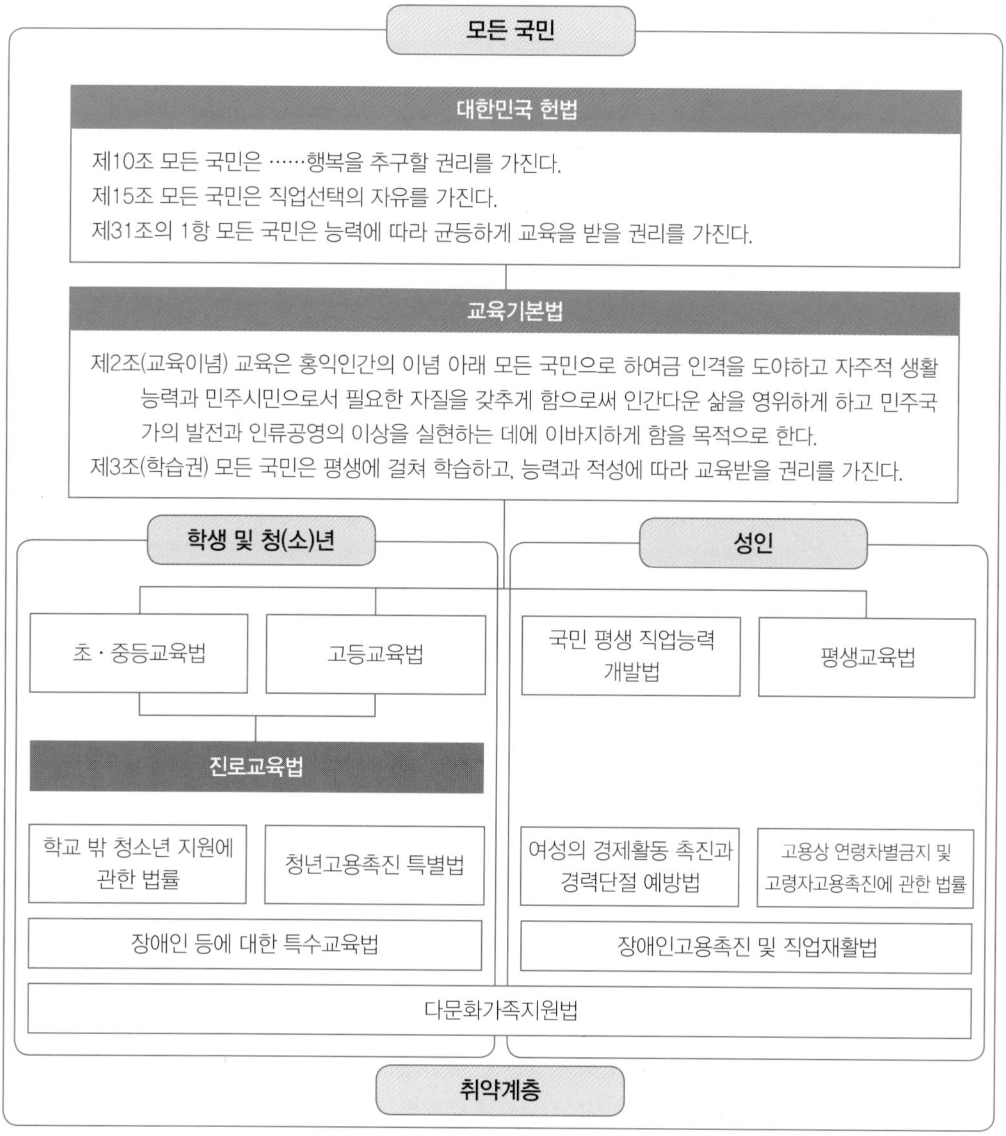

[그림 3-1] 주요 진로교육 관계 법령 현황

언과 지도 등을 하는 활동(온라인으로 하는 활동을 포함한다)'을 의미하며, '진로체험'이란 '학생이 직업 현장을 방문하여 직업인과의 대화, 견학 및 체험을 하는 직업체험과 진로캠프 · 진로특강 등 학교 내외에의 진로교육 프로그램에 참여하는 활동'을 의미하고, '진로정보'란 '학생이 진로를 선택할 때 필요로 하는 정보로 개인에 대한 정보, 직업에 대한 정보, 노동시장을 포함한 사회 환경에 대한 정보'를 의미한다. 「진로교육법」의 전반적인 내용은 〈표 3-1〉과 같다.

〈표 3-1〉「진로교육법」 내용

장 구분	내용
제1장 총칙	• 제1조(목적) 이 법은 학생에게 다양한 진로교육 기회를 제공함으로써 변화하는 직업세계에 능동적으로 대처하고 학생의 소질과 적성을 최대한 실현하여 국민의 행복한 삶과 경제 사회 발전에 기여함을 목적으로 한다. • 제2조(정의) 이 법에서 사용하는 용어의 뜻은 다음과 같다. 1. "진로교육"이란 국가 및 지방자치단체 등이 학생에게 자신의 소질과 적성을 바탕으로 직업 세계를 이해하고 자신의 진로를 탐색 · 설계할 수 있도록 학교와 지역사회의 협력을 통하여 진로수업, 진로심리검사, 진로상담, 진로정보 제공, 진로체험, 취업지원 등을 제공하는 활동을 말한다. 2. "진로상담"이란 학생에게 진로정보를 제공하고 진로에 관한 조언과 지도 등을 하는 활동(온라인으로 하는 활동을 포함한다)을 말한다. 3. "진로체험"이란 학생이 직업 현장을 방문하여 직업인과의 대화, 견학 및 체험을 하는 직업체험과, 진로캠프 · 진로특강 등 학교 내외의 진로교육 프로그램에 참여하는 활동을 말한다. 4. "진로정보"란 학생이 진로를 선택할 때 필요한 정보로 개인에 대한 정보, 직업에 대한 정보, 노동시장을 포함한 사회환경에 대한 정보 등을 말한다. 5. "수업"이란「초 · 중등교육법」 제24조에 따른 수업을 말한다. • 제3조(다른 법률과의 관계) 진로교육에 관하여 다른 법률에 특별한 규정이 있는 경우를 제외하고는 이 법을 적용한다. • 제4조(진로교육의 기본방향) ① 진로교육은 변화하는 직업세계와 평생학습사회에 적극적으로 대응할 수 있도록 스스로 진로를 개척하고 지속적으로 개발해 나갈 수 있는 진로개발역량의 함양을 목표로 한다. ② 모든 학생은 발달 단계 및 개인의 소질과 적성에 맞는 진로교육을 받을 권리를 가진다. ③ 진로교육은 학생의 참여와 직업에 대한 체험을 바탕으로 이루어져야 한다. ④ 진로교육은 국가 및 지역사회의 협력과 참여 속에 다양한 사회적 기반을 활용하여 이루어져야 한다. • 제5조(국가 및 지방자치단체 등의 책무) ① 국가 및 지방자치단체는 학생의 발달단계 및 소질과 적성에 맞는 진로교육을 활성화하는 데 필요한 시책을 마련하여야 한다. ② 국가 및 지방자치단체는 장애인, 북한이탈주민, 저소득층 가정의 학생 및 학교 밖 청소년 등 사회적 배려대상자를 위한 진로교육 시책을 마련하여야 한다. ③ 중앙행정기관, 지방자치단체,「공공기관의 운영에 관한 법률」에 따른 공공기관(이하 "공공기관"이라 한다) 및「지방공기업법」에 따른 지방공기업은 교육부장관이 정하는 바에 따라 진로체험의 기회를 제공하여야 한다.

장 구분	내용
제1장 총칙	• 제6조(진로교육 현황조사) ① 교육부장관은 진로교육 정책 수립을 위하여 진로교육 관련 인력 및 시설, 진로교육 프로그램 운영 등 현황을 조사하고 그 결과를 공개하여야 한다. ② 제1항에 따른 진로교육 현황조사의 구체적인 내용, 절차 및 결과공개에 필요한 사항은 대통령령으로 정한다. • 제7조(직무상 알게 된 사실의 누설 금지) 진로교육을 담당하는 사람 또는 담당하였던 사람은 업무처리 중 알게 된 사실을 정당한 사유 없이 다른 사람에게 누설하여서는 아니 된다.
제2장 초·중등 학교의 진로교육	• 제8조(진로교육의 목표와 성취기준) ① 국가교육위원회는「초·중등교육법」제2조에 따른 학교(이하 "초·중등학교"라 한다) 학생의 발달 단계 및 학교의 종류에 따른 진로교육의 목표와 성취기준의 기본적인 사항을 정하고, 교육감은 국가교육위원회가 정한 범위에서 지역의 실정에 맞는 진로교육의 목표와 성취기준을 정할 수 있다. ② 국가교육위원회와 교육감은 제1항에 따른 진로교육의 목표와 성취기준을 교육과정에 반영하여야 한다. ③ 제1항 및 제2항에 따른 진로교육의 목표와 성취기준의 수립·시행에 필요한 사항은 대통령령으로 정한다. • 제9조(진로전담교사) ① 교육부장관과 교육감은 초·중등학교에 학생의 진로교육을 전담하는 교사(이하 "진로전담교사"라 한다)를 둔다. ② 교육부장관과 교육감은 초·중등학교에 진로전담교사를 지원하는 전문인력을 둘 수 있다. ③ 진로전담교사는 해당 담당교사와 협의를 거쳐 수업시간에 진로상담을 제공할 수 있으며, 이 경우 진로상담시간은 수업시간으로 본다. ④ 진로전담교사의 배치 기준, 제2항에 따른 전문인력의 자격 및 운영 등에 필요한 사항은 대통령령으로 정한다. • 제10조(진로심리검사) ① 초·중등학교의 장은 학생이 소질과 적성을 이해하고 진로상담의 자료로 활용할 수 있도록 진로에 관한 심리검사(이하 "진로심리검사"라 한다)를 제공할 수 있다. ② 교육부장관은 학생의 발달 단계에 맞는 진로심리검사의 운영 기준을 제시할 수 있다. • 제11조(진로상담) ① 초·중등학교의 장은 학생의 진로 탐색 및 선택을 지원할 수 있도록 진로상담을 제공하여야 한다. ② 초·중등학교의 장은 학생의 진로에 관하여 해당 학생의 보호자로부터 의견을 들을 수 있다. • 제12조(진로체험 교육과정 편성·운영 등) ① 교육부장관과 교육감은 학생에게 다양한 진로체험의 기회를 제공할 수 있도록 교육과정을 편성하고 운영하여야 한다.

장 구분	내용
제2장 초 · 중등 학교의 진로교육	② 학교 교육과정 운영에 따른 진로체험 시간은 수업시간으로 본다. ③ 진로체험 교육과정의 편성 · 운영 및 수업 인정에 필요한 사항은 대통령령으로 정한다. • 제13조(진로교육 집중학년 · 학기제) ①「초 · 중등교육법」 제24조에도 불구하고 교육감은 특정 학년 또는 학기를 정하여 진로체험 교육과정을 집중적으로 운영하는 진로교육 집중학년 · 학기제를 운영할 수 있다. ② 제1항에 따른 진로교육 집중학년 · 학기제의 운영에 필요한 사항은 대통령령으로 정한다.
제3장 대학의 진로교육	• 제14조(대학의 진로교육) ①「고등교육법」 제2조에 따른 대학, 산업대학, 전문대학(이하 "대학"이라 한다)의 장은 진로교육을 실시할 수 있다. ② 교육부장관은 대학의 진로교육에 필요한 지원을 할 수 있다.
제4장 진로교육 지원	• 제15조(국가진로교육센터) ① 교육부장관은 진로교육 지원을 위하여 전담기관을 지정하여 진로교육센터(이하 "국가진로교육센터"라 한다)로 운영하고 그 업무 수행에 필요한 경비를 지원할 수 있다. ② 국가진로교육센터는 다음 각 호의 업무를 수행한다. 1. 진로교육의 목표 및 성취기준 개발, 2. 진로정보망 구축 · 운영, 3. 진로심리검사 개발, 4. 진로상담 지원, 5. 진로체험 프로그램 개발, 6. 진로교육 콘텐츠 개발, 7. 진로전담교사 교육, 8. 진로교육 현황조사 및 평가, 9. 진로교육에 관한 국제 교류 · 협력, 10. 그 밖에 진로교육을 위하여 교육부장관이 요청하는 사항 ③ 국가진로교육센터의 지정 · 운영 및 지원에 필요한 사항은 교육부령으로 정한다. • 제16조(지역진로교육센터) ① 교육감은 국가진로교육센터와 연계하여 지역실정에 맞는 진로정보 제공, 진로심리검사 및 진로상담 제공, 진로교육 콘텐츠 개발 · 보급, 진로체험 운영 · 지원 등을 수행하는 지역진로교육센터를 설치 · 운영하거나 전담기관을 지정하여 운영할 수 있다. ② 제1항에 따른 지역진로교육센터의 구성 · 운영 및 전담기관의 지정 등에 필요한 사항은 조례로 정한다. • 제17조(지역진로교육협의회) ① 교육감은 지역의 진로교육을 지원하고 자문하기 위하여 지방자치단체, 공공기관, 대학, 지역사회단체 등이 참여하는 지역진로교육협의회를 구성 · 운영할 수 있다. ② 지역진로교육협의회의 구성 · 운영 등에 필요한 사항은 시 · 도 조례로 정한다. • 제18조(진로체험 지원) ① 국가와 지방자치단체는 학생이 다양한 진로체험을 할 수 있도록 학교 및 학생에게 진로체험을 제공하는 법인 · 기관 · 단체 등(이하 "진로체험기관"이라 한다)에 행정적 · 재정적 지원을 할 수 있다.

장 구분	내용
제4장 진로교육 지원	② 국가와 지방자치단체는 진로체험기관을 발굴하고 이에 관한 정보를 제공하는 시스템을 구축하여야 한다. ③ 제1항에 따른 지원 및 제2항에 따른 정보제공 시스템의 구축 · 운영에 필요한 사항은 대통령령으로 정한다. • 제19조(교육기부 진로체험기관 인증) ① 교육부장관은 학생에게 무료로 진로체험 기회를 제공하는 진로체험기관을 교육기부 진로체험기관으로 인증할 수 있다. ② 교육부장관은 제1항에 따른 인증권한을 교육감에게 위임할 수 있다. ③ 제1항에 따른 인증 기준 · 절차 등에 필요한 사항은 대통령령으로 정한다. • 제20조(협력 체계 구축 등) ① 교육감은 대학의 장 및 지방자치단체의 장과 진로체험 등을 활성화하기 위한 협력 체계를 구축하여야 한다. ② 지방자치단체의 장과 교육감은 진로체험 시설 등 진로교육과 관련된 시설 및 프로그램을 설치 · 운영하거나 지원할 수 있다. • 제21조(보호자 등의 참여) ① 교육부장관과 교육감은 학생의 보호자, 지역사회 인사, 졸업생 등이 학생에 대한 진로교육에 참여할 수 있도록 필요한 시책을 마련하여야 한다. ② 교육부장관과 교육감은 제1항에 따라 진로교육에 참여한 보호자 등에게 진로교육 설명회 · 연수 등을 제공할 수 있다. • 제22조(진로교육 콘텐츠) ① 교육부장관과 교육감은 진로교육에 필요한 다양한 콘텐츠를 개발하고 보급하여야 한다. ② 교육부장관은 특별시 · 광역시 · 특별자치시 · 도 · 특별자치도(이하 "시 · 도"라 한다)의 교육청, 교육관련 연구소 등이 진로교육 콘텐츠를 개발 · 보급할 수 있도록 지원할 수 있다. • 제23조(시 · 도 교육청 진로교육 평가) ① 교육부장관은 시 · 도의 진로교육 발전을 위한 지원 및 시 · 도 간 진로교육 격차 완화 등을 위하여 시 · 도 교육청의 진로교육을 평가하고 그 결과에 따라 행정적 · 재정적 지원을 할 수 있다. ② 교육감은 제1항에 따른 평가를 위하여 자체평가를 실시할 수 있다. ③ 제1항의 평가에 필요한 사항은 대통령령으로 정한다.

자료: 「진로교육법」(2021, 법률 제18298호)

「초 · 중등교육법」과 「고등교육법」은 「교육기본법」에 따라 초 · 중등교육과 고등교육에 관한 사항을 정함을 목적으로 1997년에 제정되었다. 두 법은 진로교육의 근간이 되는 교육 시행 주체인 학교, 교사 및 교직원, 교육 대상인 학생, 교육 방법인 수업과 교육과정에 관한 내용을 담고 있다. 마지막으로 「청년고용촉진 특별법」은 '청년 미취업자에 대한 국내외 직업능력개발훈련 등의 지원을 통하여 청년고용을 촉진하고 지속적인 경제발전과 사회 안정에 이바지함'을 목적으로 하여 2004년에 제정되었다. 이 법에서는 청년 중 취업을 원하는 사람에게 직업능력개발훈련 등을 통해 청년고용을 촉진하기 위한 국가 및 지방자치단체의 책무, 고용확대 및 직업지도 등의 내용을 명시하고 있다.

성인 진로지도와 관련된 사항은 「국민 평생 직업능력 개발법」 및 「평생교육법」에 명시되어 있다. 「국민 평생 직업능력개발법」은 '모든 국민의 평생에 걸친 직업능력개발을 촉진 · 지원……'하는 것을 목적으로 하여 1999년 제정되었다(당시 「근로자직업훈련촉진법」). 이 법은 직업능력개발훈련의 기본원칙과 각종 지원사항을 포함하고 있다. 이 법에서는 직업능력개발훈련의 정의와 목적, 국가 및 사업주 등의 책무뿐만 아니라 국민의 자율적인 직업능력개발 지원과 사업주 등의 직업능력개발사업 지원 등의 내용을 명시하고 있다. 특히 「국민 평생 직업능력 개발법」은 2021년 기존의 '근로자직업훈련촉진법'이라는 제명을 '국민 평생 직업능력 개발법'으로 변경하면서 직업능력개발의 대상과 범위를 확대하였다. 구체적으로 살펴보면, 2021년 법 개정을 통해 기존 법의 지원 대상을 '근로자'에서 '국민'으로 확대하였고, '직업능력개발훈련'의 정의를 '근로자에 대한 직무수행능력 향상훈련'에서 '국민에 대한 평생에 걸친 직무수행능력 습득 · 향상훈련'으로 확대하고, 직무능력의 범위에 '지능정보화 및 포괄적 직업 · 직무기초능력'을 포함하였다. 「평생교육법」은 '평생교육의 진흥에 대한 국가 및 지방자치단체의 책임과 평생교육제도와 그 운영에 관한 기본적인 사항을 정함'을 목적으로 하여 1982년 제정되었다(당시 「사회교육법」). 이 법은 평생교육의 이념과 국가 및 지방자치단체의 임무, 평생교육진흥기본계획, 국가평생교육진흥원 및 관련 기관의 운영뿐만 아니라 평생교육사의 자격, 양성 및 배치 등에 관한 사항을 명시하고 있다. 2021년에 개정된 「평생교육법」 역시 「국민 평생 직업능력개발법」과 유사하게 평생교육의 대상을 이전보다 더욱 확대하였는데, 저소득층으로 한정하였던 평생교육 바우처 발급 대상을 전 국민으로 확대함으로써 모든 국민의 평생교육을 지원하는 기반을 마련하였다고 볼 수 있다.

취약계층의 진로교육 및 진로지도 관련 사항은 다양한 법률을 제정하여 국가 차원의 지원 사항을 명시하고 있다. 관계 법령으로는 「학교 밖 청소년 지원에 관한 법률」(2021, 학교 밖 청소년 대상), 「여성의 경제활동 촉진과 경력단절 예방법」(2021, 경력단절여성 대상), 「고용상 연령차별금지 및 고령자고용촉진에 관한 법률」(2022, 고령자 대상), 「장애인 등에 대한 특수교육법」(2021), 「장애인고용촉진 및 직업재활법」(2022, 장애인 대상), 「다문화가족지원법」(2020, 다문화가족 대상)이 있다. 앞서 살펴본 학생, 청(소)년, 성인 및 취약계층을 대상으로 한 각 법률의 세부 내용은 각 대상과 관련된 장에서 세부 사항을 확인할 수 있다.

2) 진로교육 관련 정책 현황

진로교육 정책에는 '(기본)계획' '사업'이 존재하며, 이 장에서는 진로교육 제도 및 정책의 전반적인 현황을 살펴보고자 한다. 기본계획은 대체로 향후 5년간을 시간적 범위로 하며, 소관 부처 및 유관 부처의 각 연도 (시행)계획 수립 및 집행의 기준이 된다. 따라서 진로교육 정책 중 기본계획을 살펴보는 것은 각 대상과 관련한 진로교육의 방향을 전망할 수 있다는 점에서 중요하다.

대상별 진로교육에 관한 기본계획은 소관 부처 또는 소관 부처와 유관 부처의 합동으로 수립 및 시행되며, 이를 도식화하면 [그림 3-2]와 같다. 초·중등학생 및 대학생을 대상으로 하는 진로교육 기본계획은 교육부에서 2010년에는 진로교육 종합계획으로, 2016년에는 제2차 진로교육 5개년 기본계획(2016~2020)으로, 2023년 제3차 진로교육 5개년 기본계획(2023~2027)에서는 '국민 모두를 위한 진로교육 정책 추진', '학교 진로교육 내실화를 통한 맞춤형 진로설계 지원', '저출산·고령화, 디지털 대전환 등 정책 환경 변화 반영', '지속가능한 진로교육을 위한 지역 기반 정책 추진' 등의 필요성에 따라 '국민 모두의 삶과 성

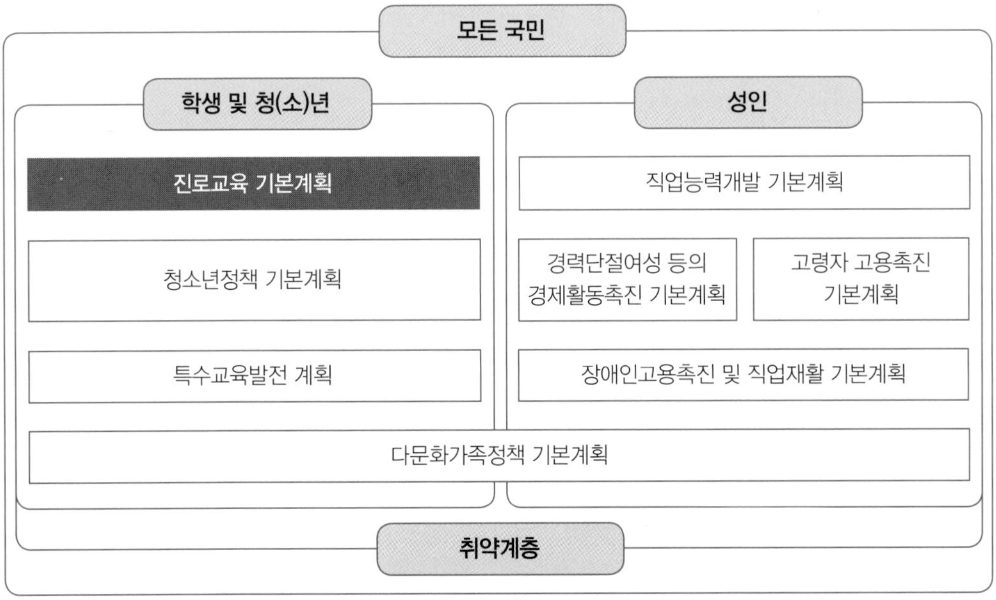

[그림 3-2] 주요 진로교육 정책 현황

장을 지원하는 진로개발'을 비전으로, '개인 맞춤형 진로교육을 통한 미래인재 육성 지원'을 목표로 하고, '학생의 자기주도적 진로개발', '미래 역량 함양', '지역사회 주도', '전 생애에 걸친 생애주기별 맞춤형 진로교육'이 핵심 과제로 설정되어 있다. 이를 통해 초등부터 성인까지 국민 모두의 성장을 지원할 수 있는 진로 안전망을 구축한다는 것을 궁극적인 목표로 하고 있다. 성인을 대상으로 하는 직업능력개발 기본계획은 관계부처 합동으로 3차례에 걸쳐 발표되었다. 소외계층 중학교 밖 청소년을 대상으로 한 기본계획은 청소년정책 기본계획으로, 6차례에 걸쳐 발표되었다. 이 계획은 연령에 따른 청소년 전체뿐만 아니라 특히 학교 밖 청소년의 역량 강화와 자립을 지원할 수 있는 내용을 포함하고 있다. 경력단절여성 등을 대상으로 한 기본계획은 경력단절여성 등의 경제활동촉진 기본계획으로 2차례에 걸쳐 발표되었다. 이 계획에는 경력단절여성에 대한 취업지원서비스 제공의 일환으로 다양한 직업교육훈련을 제공하는 내용을 포함하고 있다. 이 외에 고령자 고용촉진 기본계획(제3차), 특수교육발전 계획(제5차), 장애인고용촉진 및 직업재활 기본계획(제5차), 다문화가족정책 기본계획(제3차)이 있으며 각 기본계획에는 대상별 지원방안 내에 대상의 역량개발이나 진로지도와 관련된 내용이 포함되어 있다.

대상별 진로교육 관련 사업은 각 장에서 소개하고 있기 때문에, 이 장에서는 초·중·고등학생, 대학생, 청년, 일반 성인 및 중장년을 대상으로 한 진로교육과 관련된 대표적인 사업을 살펴보고자 한다. 초·중·고등학교 학생을 대상으로 한 대표적인 진로교육 사업은 진로교육 집중학년·학기제이다. 진로교육 집중학년·학기제는 학생에게 다양한 진로교육을 학교급별로 집중적으로 제공함으로써 학생이 변화하는 직업세계에 능동적으로 대처하고 자신의 소질과 적성을 실현하여 개인의 행복한 삶과 국가 경제 및 사회의 발전

〈표 3-2〉 진로교육 집중학년·학기제와 자유학기제 비교

구분	자유학기제	진로교육 집중학년·학기제
운영 목적	교과 수업 혁신 및 학생 중심 활동 운영을 통한 학생의 꿈·끼 교육 강화	진로체험교육과정 연계 운영을 통한 학생의 진로설계역량 강화
운영 시기	중학교 1학년 1학기, 1학년 2학기, 2학년 1학기 과정 중 한 학기	초·중·고 모든 학년 또는 학기 중 특정 학년 또는 학기
수업 내용	교과별 핵심성취기준 중심 학생 참여형 수업(토의·토론, 실험·실습, 프로젝트 등) 운영	진로 관련 내용 재구성을 통한 교과연계 수업 운영
평가 방법	과정중심 평가	지필평가 + 과정중심 평가

자료: 교육부, 한국직업능력개발원. (2016). p. 10.

에 기여하는 것을 목적으로, 2015년 제정된 「진로교육법」과 2016년 발표된 제2차 진로교육 5개년 기본계획을 근거로 2016년부터 현장에 도입되었다(교육부, 한국직업능력개발원, 2016). 진로교육 집중학년 · 학기제와 자유학기제의 차이점을 요약하면 〈표 3-2〉와 같은데, 진로교육 집중학년 · 학기제는 자유학기제와 달리 초 · 중 · 고 모든 학교급에 적용되고, 다양한 교육 영역 중 특히 진로체험교육과정에 집중한다는 측면에서 진로교육에 보다 특화된 사업이라고 볼 수 있다.

대학생을 대상으로 한 대표적인 진로교육 관련 사업은 대학 진로탐색학점제 사업과 대학일자리(플러스)센터 사업이 있다. 대학 진로탐색학점제 사업은 대학의 진로교육체계 형성을 유도하고, 대학생들의 자율적이고 창의적인 진로탐색 기회 마련 및 다양한 성장경로 구축을 지원하기 위하여 교육부에서 2020년에 도입한 사업이다(교육부, 2019). 대학생을 대상으로 한 여타의 진로교육 사업과 진로탐색학점제 사업이 차별화되는 지점은 학생의 진로탐색활동을 학점으로 인정해 주는 점이다. 따라서 교육부는 학생의 진로탐색활동에 대한 학점 인정 가이드라인을 제시하고, 학점 인정 외의 세부 사항에 대해서는 대학의 자율적인 결정에 맡기고 있다. 2022년 기준 총 23개 대학이 대학 진로탐색학점제 사업에 참여하고 있다. 대학일자리(플러스)센터 사업은 대학생을 대상으로 한 진로지도 및 취업지원 서비스를 공간적으로 통합하고 기능적으로 연계하여 제공하는 원스톱 통합서비스로, 고용노동부에서 2015년의 시범사업을 통해 도입한 사업이다. 대학일자리(플러스)센터 운영을 통해 학생들은 전문 컨설턴트에게 맞춤형 진로상담 및 지도를 받고, 청년일자리 사업 관련 정책 정보를 제공받으며, 진로개발과 관련된 체계적 서비스를 받을 수 있다. 2022년 기준 총 116개의 대학이 대학일자리(플러스)센터 사업에 참여하고 있다(고용노동부, 2021).

청년을 대상으로 한 대표적인 진로교육 관련 사업은 온라인청년센터 사업이 있다. 온라인청년센터는 중앙정부 및 지방자치단체의 청년정책, 공간 정보를 안내하고 상담을 제공하는 온라인 원스톱 고용서비스로, 2019년부터 고용노동부와 한국고용정보원에서 서비스를 운영하고 있다(고용노동부, 2021). 온라인청년센터에서 제공하는 정보는 일자리, 금융, 주거 등을 포함한 청년과 관련된 정책 정보와 청년이 사용할 수 있는 공간 정보를 제공하고, 해당 공간을 활용한 서비스 정보도 제공하고 있다. 이러한 정책 및 공간 정보 제공과 더불어, 모바일 및 온라인을 활용한 상담도 실시 중이다. 2022년 5월 기준 운영 중인 온라인청년센터 홈페이지는 [그림 3-3]과 같다.

일반 성인을 대상으로 한 대표적인 진로교육 관련 사업으로는 국민취업지원제도가 있다. 국민취업지원제도는 취업을 원하는 사람에게 종합적인 취업지원서비스를 제공하고,

[그림 3-3] 온라인청년센터 홈페이지

자료: 한국고용정보원. (2022).

저소득 구직자에게는 생계를 위한 최소한의 소득을 구직촉진수당의 형태로 지원하는 종합 패키지형 고용서비스이다(고용노동부, 2022b). 국민취업지원제도는 근거 법률인 「구직자 취업촉진 및 생활안정지원에 관한 법률」이 제정됨에 따라 2021년 1월 1일부터 도입되었으며, 운영 방향은 저소득층의 소득지원을 강화하고, 취업지원서비스를 내실화하며, 구직활동 활성화를 위한 방안을 마련하는 데에 있다. 특히 구직자가 취업활동계획을 수립하여, 구체적인 구직활동을 하도록 의무를 부여하고 계획대로 활동하고 있는지 점검한다. 국민취업지원제도의 지원을 받는 구직자는 이러한 점검을 통해 구직활동 의무를 성실히 이행한 경우에는 구직촉진수당을 지급받지만, 의무를 이행하지 않으면 수당 지급이 제한된다. 2022년 5월 기준 국민취업지원제도의 지원은 I유형과 II유형으로 구분되며, 두 유형 모두에게 취업지원서비스를 제공하지만, I유형 참여자에게는 구직촉진수당(월 50만원×6개월, 총 300만원)이 지급되고, II유형 참여자에게는 취업활동비용(최대 6개월, 월 최대 284천원)을 지원한다. 국민취업지원제도의 유형별 차이를 요약하면 〈표 3-3〉과 같다.

중장년을 대상으로 한 대표적인 진로교육 사업으로는 생애설계서비스가 있다. 이 사업은 장년에 진입하는 40세부터 생애경력설계를 통해 미래를 위한 경력관리 · 능력개발 등을 지원하고, 사회 참여 기회를 확대하여 장기적으로 경제적 안정을 추구하도록 하기 위한 목적으로, 고용노동부에서 2015년부터 도입하여 운영하고 있다(고용노동부, 2021). 생애설계서비스는 재직자 과정과 구직자 과정으로 구분되어 운영되며, 재직자 과정은 연령별 프

〈표 3-3〉 국민취업지원제도 유형별 지원 대상 및 내용 비교

구분			Ⅰ유형			Ⅱ유형		
			요건심사형	선발형		특정계층	청년	중장년
				청년	비경제활동(비경활)			
지원 대상	나이		15~69세(청년: 18~34세, 중장년: 35~69세)					
	소득		중위소득 60% 이하	중위소득 120% 이하	중위소득 60% 이하	무관	무관	중위소득 100% 이하
	재산		4억 원 이하			무관		
	취업경험		2년 이내 100일 또는 800시간 이상	무관	2년 이내 100일 또는 800시간 미만	무관		
지원 내용	취업지원서비스		○					
	소득 지원	구직촉진수당	○			×		
		취업활동비용	×			○		

자료: 고용노동부. (2022b).

〈표 3-4〉 중장년 생애설계서비스 대상 및 과정별 운영 내용

구분		기초과정		심화과정		선택과정
재직자	운영 시간 / 연령대	3시간	3시간	3시간	3시간	2~3시간
	40대 (경력 전성)	경력관리	변화관리	평판 및 네트워킹 관리	성과관리	건강, 재무, 여가, 관계 등
	50대 (경력 확장)	나의 생애 조망하기	직업역량 도출하기	경력대안 개발하기	평생경력계획 수립하기	건강, 재무, 여가, 관계 등
	60대 (경력 공유)	능동적인 인생을 위한 숨고르기	삶의 가치 발견하기	삶의 균형 잡기	100세 인생 준비를 위한 뛰어들기	건강, 재무, 여가, 관계 등
구직자	운영 시간	1.5~5시간	1.5~6시간	1.5~3시간	1.5~6시간	2~3시간
	내용	인생 들여다보기	인생 되돌아보기	제2인생 계획하기	제2인생 실행하기	건강, 재무, 여가, 관계 등

자료: 고용노동부. (2022c).

로그램을 통해 중장년 경력자산발견 및 생애경력설계를 지원하고, 구직자 과정은 중장년 노동시장에 대한 이해를 바탕으로 창업 등 다양한 진로를 모색 및 경력설계를 지원하는 것을 주요 골자로 하고 있다. 유형별 생애설계서비스 프로그램의 내용은 〈표 3-4〉와 같다.

3) 진로교육 관련 제도 및 정책의 전달 체계

제도 및 정책으로 표현되는 다양한 서비스의 전달 체계란 서비스의 공급자 간, 그리고 공급자와 수혜자를 연결시키기 위한 기관의 조직적 배열을 의미한다(Gilbert et al., 1993). 진로교육 분야에서도 진로교육 관련 서비스를 원활히 수행하기 위한 전달 체계가 존재한다. 개인의 전 생애에 걸친 진로개발을 위해서는 진로교육 관련 서비스의 전달 체계가 개인의 생애단계와 진로개발의 요구에 맞추어 유기적으로 연계되는 것이 이상적이지만, 아직까지 진로교육 관련 서비스 전달 체계는 대상에 따라 상이하게 운영되고 있다. 대표적으로 성인기 이전의 학생을 대상으로 한 진로교육은 교육부를 중심으로, 청년을 포함한 성인을 대상으로 한 진로지도는 고용노동부를 중심으로 서비스 전달이 이루어지고 있다. 그 외에도 학교 밖 청소년을 대상으로 한 전달 체계, 성인을 대상별로 구분(예: 청년, 중장년, 고령자 등)한 전달 체계 등 다양한 전달 체계가 존재한다. 대상별 전달 체계의 세부 내용은 각 대상에 해당하는 장에서 확인할 수 있으므로, 이 장에서는 초·중등학생을 위한 진로교육 전달 체계와 청년 대상의 전달 체계를 확인해 보고자 한다.

정철영 등(2017)은 시·도교육청 차원의 진로교육 총괄 기관으로서 교육청 산하의 진로교육센터라는 개념을 정립하였다. 이를 도출하는 과정에서 진로교육 유관 기관의 관계가 통합, 연계, 협력이라는 세 가지의 원칙에 따라 운영되어야 한다고 보았다. 시·도교육청 차원의 진로교육센터는 통합의 원칙에 따라 진로교육의 전 영역에 대한 지원적 역할을 수행하며, 연계의 원칙에 따라 시·도교육청 진로교육센터는 국가-지방자치단체-기초자치단체-단위 학교의 진로교육 기능을 연계하는 역할을 담당한다. 마지막으로, 협력의 원칙에 따라 시·도 내에 존재하는 민간 및 공공 부문의 진로교육 인프라와 협력 체계를 구축하고, 시·도 밖으로는 타 지역의 진로교육센터와 교류·협력을 증진하는 역할을 수행한다. 이상의 내용을 간략히 도식화하면 [그림 3-4]와 같다.

청년을 포함한 성인 대상의 진로교육 전달 체계는 공공고용서비스(public employment service)의 일환으로 운영되는데, 참여 주체가 많고 대상 및 서비스 내용에 따라 주체가 다양하기 때문에 이를 도식화하기는 쉽지 않다. 청년 고용서비스 전달 체계의 개편 방

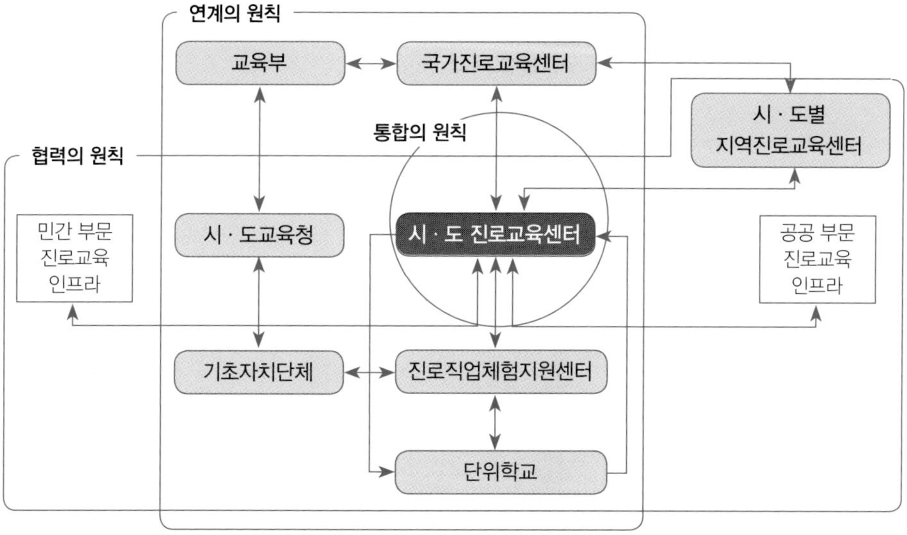

[그림 3-4] 시 · 도 진로교육센터 중심의 진로교육 전달 체계(예시)

주) 지면의 제한으로 각 기관 간 역할에 관한 세부 내용은 생략하였으며, 세부 내용은 아래 자료의 175-179쪽 참조.
자료: 정철영 외. (2017). p. 176. 재구성.

안을 연구한 정동열 등(2020)의 연구 결과에 따르면, 청년 대상의 중앙부처 전달 체계는 〈표 3-5〉와 같이 고용노동부, 교육부, 여성가족부, 국토교통부, 중소벤처기업부의 총 5개 부와 국무총리 소속 국가보훈처 및 농림축산식품부 소속 농촌진흥청까지 총 7개의 중앙 단위 부처와 청이 청년을 대상으로 한 고용서비스를 전달하고 있는 것으로 구성된다. 성인 진로교육 전달은 온라인과 오프라인 모두에서 이루어지고 있으며, 온라인과 오프라인을 통합한 전달 체계(예: 청소년근로권익센터, 주거복지센터 등)도 존재한다. 서비스 대상은 청년에 특화한 전달 체계도 존재하지만, 일반을 대상으로 하되, 청년만을 대상으로 하는 서비스를 운영하기도 한다. 청년 대상 진로교육 관련 서비스의 영역도 취업 · 훈련이나 진로상담뿐만 아니라 창업, 생활 · 복지, 주거 · 금융 등과 같이 하나의 전달 체계 내에서 정책 대상자의 다양한 요구를 해결할 수 있는 원스톱 전달 체계가 주류로 자리 잡고 있다. 이는 중앙부처뿐만 아니라 지역에 밀착한 진로교육의 요구를 반영하기 위하여 지방자치단체 차원에서도 전달 체계를 운영 중이기 때문이다. 정동열 등(2020)의 연구 결과에 따르면 2020년을 기준으로 〈표 3-6〉과 같이 지방자치단체 차원에서 총 34개의 청년 진로교육 전달 체계가 운영되고 있는 것으로 나타났다. 지방자치단체의 진로교육 전달 체계는 총괄 주체에 따라 광역과 기초로 구분할 수 있고, 예산지원은 중앙정부 또는 지방정부뿐만 아니라 민간의 지원도 이루어지고 있는 것을 알 수 있다.

〈표 3-5〉 중앙부처 청년 진로교육(고용서비스) 전달 체계(2020년 기준)

구분		센터 수	on/off 구분[1]	서비스 대상[2]			서비스 영역					
				청년 특화	일반	기타	취업·훈련	진로·상담	창업	생활·복지	주거·금융	종합 정보
고용노동부	① 대학일자리센터	105	off	○			○	○	○			○
	② 오프라인청년센터	12	off	○			○	○	○	○	○	
	③ 고용복지플러스센터	98	off		●		○	○		○	○	
	④ 워크넷	–	on		●							○
	⑤ 온라인청년센터	–	on	○				○				○
	⑥ 청소년근로권익센터	–	통합	○						○		
교육부	① 중앙취업지원센터	1	off	○			○	○				
	② 창업교육센터	182	off	○					○			
여성가족부	① 여성새로일하기센터	158	off			○	○	○	○		○[3]	
	② 다문화가족지원센터	32	off			○	○			○	○	
	③ 청소년근로보호센터	–	통합	○						○		
국토교통부	① 주거복지센터	52	통합		●						○	
	② 일자리 포털	–	on		○							○
	③ 항공일자리 취업지원센터	1	통합		○		○	○				○
중소벤처기업부	① 소상공인지원센터	66	off		●				○		○[4]	
	② 기업인력애로센터	16	off	○			○	○				
	③ 창조경제혁신센터	17	통합		○			○	○			
	④ 창업보육센터	–[5]	off		○				○			
기타	① 스마트팜 청년 창업 보육센터	4	off	○					○			
	② 제대군인지원센터	10	off			○	○	○	○	○	○	

주 1) 온라인으로만 체계가 존재하는 경우 on, 온라인과 오프라인 모두 운영되는 경우 통합으로 표기
2) 전달 체계 내 프로그램 중 청년 대상 수준에 따라 분류함.
전달 체계 제공 프로그램 모두가 청년(만 15~39세)만을 대상으로 하는 경우, 청년 특화로 표기
전달 체계 프로그램이 일반인을 대상으로 하면서 청년에게 서비스를 제공하는 경우, 일반으로 표기함.
단, 제공 프로그램 중 청년만을 대상으로 하는 프로그램이 하나 이상 존재할 경우 ●으로 구분함.
전달 체계 프로그램 모두가 특정인(여성, 제대군인)을 대상으로 하는 경우, 일반으로 표기함.
3) 경력단절 여성 창업 자금 지원
4) 청년 소상공인 및 청년 고용 소상공인 자금 대출 지원
5) 전국 대학별로 운영되고 있기에 현황 파악이 어려움.
자료: 정동열 외. (2020).

〈표 3-6〉 지방자치단체 청년 진로교육(고용서비스) 전달 체계(2020년 기준)

구분	총괄 주체			예산지원[1]				지원내용[2]		주요 대상[3]	
	광역	기초	민간	중앙	광역	기초	민간	고용	복지	일반 청년	기타
서울 청년교류공간	○				○			○		○	
서울청년 일자리센터	○				○			○	○	○	
새싹공간		○				○		○	○	○	
언더스탠드 에비뉴			○				○	○	○	○	
KB청춘 마루			○				○		○	○	
일자리까페	○				○			○	○	○	
서울시청년 활동지원센터	○			△	○			○	○		NEET
청년 두드림센터	○			△	○			○		○	
청년베이스캠프	○				○			○	○	○	
동구청년센터 the 꿈		○		△		○		○	○	○	
유유기지	○			△	○			○	○	○	
토닥토닥 청년일자리(job)카페	○				○			○		○	
일자리까페(청춘발산공작소)		○				○		○		○	
광주청년 센터 the숲	○			△	○			○	○	○	
청춘너나들이	○			△	○			○		○	
청년 바람지대		○		△		○		○	○	○	
잡아바	○			△	○			○	○	○	
청년허브		○		△		○		○		○	
당진청년센터 나래		○				○		○	○	○	
충북청년희망센터	○			△	○			○		○	
꿈꾸는 청춘		○		△		○		○		○	
청춘공방	○			△	○			○		○	
포항청춘센터		○		△		○		○		○	
통영청년세움		○				○		○	○	○	

주 1) 예산지원은 메인에 해당할 경우 ○로 표시하였으며, 일부 지원이 이루어질 경우 △로 표시하였음.
2) 진로취업이면 고용에, 그 밖이면 복지로 표시하였음.
3) 기관별로 대상을 명시한 경우 기타에 제시하였음.

자료: 정동열 외. (2020).

3. 진로교육 관련 제도 및 정책의 문제점과 개선방안

이 장에서는 진로교육과 관련된 다양한 제도 및 정책을 다루었다. 이 절에서 각 제도 및 정책에 관한 문제점 및 개선방안을 모두 다루기에는 한계가 있다. 따라서 이 절에서는 진로교육 제도 및 정책 중 가장 핵심적이라고 볼 수 있는 「진로교육법」을 중심으로 진로교육 제도 및 정책의 문제점 및 개선방안을 논의하고자 한다.

1) 문제점

학생에게 다양한 진로교육 기회를 제공함으로써 변화하는 직업세계에 능동적으로 대처하고, 학생의 소질과 적성을 최대한 실현하여 국민의 행복한 삶과 경제 사회 발전에 기여함을 목적으로 하여 2015년 제정된 「진로교육법」은 단위 학교와 개별 교사의 노력으로 진행되어 오던 진로교육이 보다 체계적이고 연속적으로 실천될 수 있는 기반을 마련하였다는 점에서 의의가 있다. 다만, 진로교육의 지속가능성과 수월성 확보라는 관점에서 다음과 같은 한계가 존재한다.

첫째, 진로교육 대상자에 관한 정의가 제한적이고 선언적이다. 「진로교육법」 제2조에서는 진로교육을 국가 및 지방자치단체 등이 '학생'에게 제공하는 활동으로 정의하고 있다. 이와 같은 정의는 직업세계의 변화에 따른 평생학습의 중요성과 전 생애적 관점의 진로지도가 강조되고 있는 현실과 다소 부합하지 않는 면이 있다. 또한 동법 제5조에서는 국가 및 지방자치단체가 '장애인, 북한이탈주민, 저소득층 가정의 학생 및 학교 밖 청소년 등 사회적 배려대상자'를 위한 진로교육 시책을 마련하도록 하고 있는데, 이와 관련된 의무조항이나 구체적인 내용이 없어 선언적인 표현에 그치고 있는 현실이다.

둘째, 고등교육단계의 진로교육에 대한 규정이 상대적으로 부족하다. 「진로교육법」 제2장에서는 초·중등학교의 진로교육에 관하여 6개의 조를 할애하여, 진로교육의 목표, 인력 및 방법 등에 대해 구체적으로 명시하고 있다. 그러나 대학의 진로교육(제3장)은 「고등교육법」에 따른 대학, 산업대학, 전문대학의 장이 진로교육을 실시할 수 있고, 교육부장관이 대학의 진로교육에 필요한 지원을 할 수 있다는 한 개의 조(동법 제14조)로 명시되어 있을 뿐이다. 우리나라의 높은 고등교육 진학률을 감안하여 볼 때 대학은 학교에서 직업세계로의 이행에 있어 중요한 역할을 수행하고 있다. 그럼에도 불구하고 고등교육단계에서의 진로교육은 개별 대학과 개인의 노력에 상당 부분 의존하고 있어 이에 대한 개선이 요구된다.

셋째, 진로교육을 위한 과정과 방법에 관한 정의가 모호하다. 「진로교육법」 제2조에 따르면 진로교육은 진로수업, 진로심리검사, 진로상담, 진로정보 제공, 진로체험 및 취업지원과 같은 다양한 활동을 통해 이루어진다. 그러나 초 · 중등 진로교육에 관한 조항에서는 진로심리검사와 진로상담, 진로체험에 관한 내용만 명시되어 있으며, 대학의 진로교육에 관해서는 어떠한 내용도 포함되어 있지 않다. 또한 동법에 명시된 내용 역시 구체적이라기보다는 추상적이고 선언적인 부분이 많다.

넷째, 진로교육 전담 인력에 관한 구체적인 내용이 부족하다. 진로전담교사의 자격과 배치에 대해서는 동법 시행령 제4조에 정의되어 있으나, 양성과 재교육의 세부 사항은 포함하지 않고 있다. 또한 진로전담교사 외에 진로교육을 담당할 수 있는 다양한 인력은 '초 · 중등학교에 진로전담교사를 지원하는 전문 인력'으로 한정하여, 다양한 기관에서 진로교육을 지원할 수 있는 인력들을 모두 포괄하지 못한다는 한계가 존재한다.

2) 개선방안

이상에서 논의한 바와 같이 「진로교육법」의 주된 문제점은 진로교육 대상자, 고등교육단계의 진로교육, 진로교육 과정 및 방법과 진로교육 전담 인력에 관한 내용으로 요약할 수 있다. 각 문제점에 관한 개선방안을 제안하면 다음과 같다.

첫째, 진로교육 대상자는 현재의 '학생'에서 '학습자' 또는 '모든 국민'으로 확대할 필요가 있다. 진로교육이 전 생애적 관점에서 이루어질 필요가 있다는 점에서 현재의 정의는 진로교육의 시간적 범위를 학교에 다니는 시기로 한정시킬 수 있다. 또한 진로교육이 공간적인 범위에서 초 · 중등학교 및 대학을 중심으로 이루어지게 만들 수 있다. 따라서 진로교육의 대상을 진로교육을 필요로 하는 '학습자' 또는 「헌법」이나 「교육기본법」에서 정의한 '모든 국민'으로 확대하는 것이 바람직할 것이다.

둘째, 고등교육단계의 진로교육 조항이 구체화되어야 한다. 앞의 문제점에서 언급한 바와 같이 내용 또는 수준 측면에서 초 · 중등학교의 진로교육보다 대학의 진로교육이 충분히 다루어지지 않고 있다. 적어도 초 · 중등학교의 진로교육에 준하게 진로교육의 목표, 인력 및 방법 등을 명시하거나, 더 나아가 진로교육 과정과 방법에 관한 세부 사항 등을 포함하는 방향으로 개정될 필요가 있다.

셋째, 진로교육 과정과 방법이 구체적이고 포괄적으로 명시될 필요가 있다. 진로교육의 정의에 언급된 다양한 활동이 진로교육의 목적 달성을 위한 방법으로 명시될 필요가 있다. 또한 진로체험에 관해서 현행 법령에는 주로 공공기관의 책무만 명시되어 있으나, 이를 민간 기업을 포함하는 방안, 또한 민간 기업을 포함할 경우 참여 민간 기업에 대한 인센티브 부여 방안 등의 구체적인 내용이 포함되어야 할 것이다.

넷째, 진로교육 전담 인력에 관한 정의의 범위를 확대할 필요가 있다. 앞서 첫 번째 개선 방안과 연결하여 볼 때, 진로교육의 대상을 '학생'으로 한정하지 않는다면, 진로전담인력이 현재와 같이 '진로전담교사'와 '이들을 지원하는 전문인력'으로 한정될 필요는 없다. 따라서 '학습자' 또는 '모든 국민'의 진로교육을 지원할 수 있는 인력으로 확대하여 정의할 필요가 있다.

논의사항

- 진로교육 분야에서 제도 및 정책의 중요성과 진로교육 제도 및 정책을 대상별로 구분하여 논의해 보자.
- '시 · 도 진로교육센터 중심의 진로교육 전달 체계(예시)'를 바탕으로, 각 기관의 담당 업무와 기관 간의 관계에 대해 논의해 보자.
- 심층 탐구할 진로교육 및 진로지도 대상을 선택하고, 선택한 대상과 관련된 제도 및 정책은 무엇이 있으며 제도 및 정책의 개선 사항은 무엇인지 논의해 보자.

참고문헌

김윤태. (1994). 교육행정 경영신론. 배영사.

고등교육법. (2021, 법률 제17951호)

고용노동부. (2018). 제5차 장애인고용촉진 및 직업재활 기본계획(2018~2022). 고용노동부.

고용노동부. (2021). 2021년판 고용노동백서. 고용노동부.

고용노동부. (2022a). 국민취업지원제도 소개. https://kua.go.kr/uapaa010/selectJuaGudn.do

고용노동부. (2022b). 국민취업지원제도 지원 내용. https://kua.go.kr/uapaa010/selectSporCn.do

고용노동부. (2022c). 중장년 생애설계서비스. https://www.moel.go.kr/policy/policyinfo/aged/list6.do

고용상 연령차별금지 및 고령자고용촉진에 관한 법률. (2022, 법률 제18425호)

관계부처 합동. (2017). 제3차 고령자 고용촉진 기본계획. 관계부처 합동.

관계부처 합동. (2017). 제3차 직업능력개발 기본계획. 관계부처 합동.

관계부처 합동. (2018). 제6차 청소년정책기본계획(2018~2022). 관계부처 합동.

관계부처 합동. (2020). 제3차 경력단절여성등의 경제활동촉진 기본계획(2020~2024). 관계부처 합동.

교육기본법. (2022, 법률 제18456호)

교육부. (2016). 제2차 진로교육 5개년 기본계획(2016~2020). 교육부.

교육부. (2018). 제5차 특수교육발전 5개년 계획(2018-2022). 교육부.

교육부. (2019). 2020년도 대학 진로탐색학점제 지원사업 기본계획(안). 교육부.

교육부, 한국직업능력개발원. (2016). 진로교육 집중학년 · 학기제 운영매뉴얼. 한국직업능력개발원.

구직자 취업촉진 및 생활안정지원에 관한 법률. (2022, 법률 제18368호)

국민 평생 직업능력개발법. (2022, 법률 제18751호)

김윤태. (1994). 교육행정 경영신론. 배영사.

다문화가족지원법. (2020, 법률 제17281호)

대한민국헌법. (1998, 헌법 제10호)

여성가족부. (2018). 제3차 다문화가족정책 기본계획(안)(2018~2022). 여성가족부.

여성의 경제활동 촉진과 경력단절 예방법. (2021, 법률 제18549호)

이종열. (1985). 정책학원론. 대왕사.

이종재, 이차영, 김용, 송경오. (2012). 한국교육행정론. 교육과학사.

장애인 고용촉진 및 직업재활법. (2022, 법률 제18754호)

장애인 등에 대한 특수교육법. (2021, 법률 제18637호)

정동열, 윤동열, 김태환, 오춘식. (2020). 청년고용서비스 전달체계 개편 방안 연구. 일자리기획단.

정철영, 임효신, 윤여복. (2017). 서울진로교육 활성화를 위한 서울특별시교육청진로교육센터 설치 · 운영 방안 연구. 서울특별시교육청 교육연구정보원 교육정책연구소.

주삼환, 천세영, 김택균, 신붕섭, 이석열, 김용남, 이미라, 이선호, 정일화, 김미정, 조성만. (2015). 교육행정 및 교육경영. 학지사.

진로교육법. (2021, 법률 제17954호)

청년고용촉진 특별법. (2021, 법률 제18628호)

초 · 중등교육법. (2022, 법률 제18461호)

평생교육법. (2021, 법률 제18195호)

표준국어대사전. (n.d.). 정책. 표준국어대사전. https://ko.dict.naver.com/#/entry/koko/82cc0489327143eca914bc0f7f47e642

표준국어대사전. (n.d.). 제도. 표준국어대사전. https://ko.dict.naver.com/#/entry/koko/776f8adb5460430f97ead64eba38c75e

학교 밖 청소년 지원에 관한 법률. (2021, 법률 제17974호)

한국고용정보원. (2022). 온라인 청년센터 홈페이지. 한국고용정보원. https://youthcenter.go.kr/main.do

Easton, D. (1953) *The political system: An inquiry into the state of political science*. Knopf.

Easton, D. (1969). The new revolution in political science. *American Political Science Review, 63*, 1051-1061.

Gilbert, N., Specht, M., & Terrell, P. (1993). *Dimensions of Social Welfare Policy*. Prentice-Hall.

Jantsch, E. (1970). From forecasting and planning to policy sciences. *Policy Sciences, 1*(1), 31-47.

Laswell, H. D., & Kaplan, A. (1970). *Power and Society*. Yale University Press.

제4장

진로교육 관련 교육과정 및 평가

진로교육 관련 교육과정과 평가는 방향뿐만 아니라 성과를 확인하는 데 준거가 된다는 점에서 진로교육 관련 교육과정과 평가를 올바르게 이해하는 것은 매우 중요하다. 이 장에서는 진로교육 교육과정 및 평가의 개념을 고찰하고, 의의를 논의한다. 또한 진로교육 관련 교육과정 및 평가의 현황과 사례를 살펴보며, 현재 우리나라 진로교육 관련 교육과정 및 평가의 문제점과 개선방안을 탐구한다.

학습과제

- ▶ 학습과제 1 진로교육 교육과정 및 평가의 개념을 설명하시오.
- ▶ 학습과제 2 진로교육 실천의 관점에서 교육과정 및 평가의 의의를 설명하시오.
- ▶ 학습과제 3 진로교육 관련 교육과정의 변천에 대해 설명하시오.
- ▶ 학습과제 4 진로교육 관련 평가 현황에 대해 설명하시오.
- ▶ 학습과제 5 진로교육 관련 교육과정 및 평가의 문제점과 개선방안을 설명하시오.

1. 진로교육 관련 교육과정 및 평가의 개념과 의의

1) 진로교육 관련 교육과정 및 평가의 개념

교육과정과 평가는 교육에 있어 중요한 역할을 담당한다. 교육과정은 교육의 목적에 따라 작게는 특정 교과목, 크게는 교육 전반에 관하여 종합적으로 계획하며, 평가는 이러한 교육과정에 도움을 주고자 학습자가 경험한 것뿐만 아니라 교육 전반의 성과를 측정할 수 있다. 이 장에서는 교육과정과 평가의 기본 개념을 고찰하면서 진로교육 교육과정과 진로교육 평가의 개념을 정의하였다.

먼저 교육과정(curriculum)은 관점이나 맥락에 따라 다양하게 이해될 수 있는 용어이다(교육부, 2015a). 예를 들어, 교육과정을 경험의 측면으로 이해했을 때, 교육과정은 학습자가 경험하는 총체 또는 교육 주체(예: 학교, 기관)에서 제공하는 경험의 총체를 의미한다. 한편, 지식의 전달 측면으로 이해했을 때, 교육과정은 전달하려는 지식 또는 교과목 단위들의 체계로 구성된 것을 의미한다. 특히 진로교육이 공식적으로 제공되는 학교에서의 교육과정은 달성하고자 하는 교육 목적 및 목표를 포함하는 의도적이고 계획적인 행위라고 볼 수 있는데(교육부, 2015a), 이는 경험의 측면과 지식의 전달 측면을 모두 포함한 개념으로 이해할 수 있다. 이에 교육부(2015a)는 교육과정을 '교육목표와 경험 혹은 내용, 방법, 평가를 체계적으로 조직한 교육 계획'으로 정의하기도 하였다. 상기 논의를 고려할 때, 진로교육 교육과정은 '진로교육을 제공하는 기관에서 교육목표와 경험 혹은 내용, 방법, 평가를 체계적으로 조직한 교육 계획'으로 정의할 수 있으며, 이 장에서는 진로교육 교육과정을 경험의 측면과 지식의 전달 측면을 모두 포함한 개념으로 가정하고 내용을 기술한다.

평가(evaluation)는 평가하고자 하는 대상에 대한 가치 판단으로서 가치 판단의 개념이 포함된다는 점에서 사물의 속성을 수량화하는 측정(measurement), 수량화되지 않은 정보까지 모두 포함하여 사물을 종합적으로 파악하는 사정(assessment)과 구분되는 개념이자(백순근 외, 2019; 정철영 외, 2019a) 이 두 개념을 아우르는 개념이다(백순근 외, 2019). 가치 판단으로서 평가는 평가하고자 하는 대상에 따라 크게 학습자 및 교수자 평가, 교육과정 및 프로그램 평가, 교육기관 및 정책 평가의 세 가지로 구분될 수 있다(백순근 외, 2019; 이용환 외, 2009). 학습자 평가는 학습자의 인지적 · 정의적 · 심동적 영역을 평가하는 것이고, 교수자 평가는 교수자의 직무 및 교수자로서의 자질 등을 평가하는 것이다. 그리고 교육과정 및 프로그램 평가는 공식적인 학교 교육과정에 대한 평가와 그 외 특정한 목표를 달성하기 위해 설계된 일련의 활동에 대한 평가를 의미한다(김혜숙, 2015; 백순근 외, 2019). 교육기관 평가는 교육기관의 관리 및 운영의 효율성과 책무성 등을 제고하기 위한 전문적인 활동이며 교육정책 평가는 교육정책에 대한 공적 가치를 판단하고 그것을 보다 바람직한 방향으로 개선·발전시키기 위한 활동이다(백순근 외, 2019).

평가는 투입(input), 과정(process), 산출(output), 결과(outcome)의 일련의 과정으로도 구분될 수 있다. 투입은 교육과 관련 있는 활동이나 업무 등을 위해 투입되는 인적·물적·재정적 자원(예: 학습자 및 교사, 교육과정 및 교육 프로그램, 교육기관 및 정책 등)을 의미하고 과정은 교육과 관련 있는 활동이나 업무 등의 실제 활동이나 운영 과정에 해당되는 요인(예: 학교 수업 과정)을 의미한다(백순근 외, 2019; 정철영 외, 2019b). 산출은 체제(기관)가 생산해 내는 모든 것(예: 참여 학생 수, 강좌 수 등)을 의미하며 결과는 교육과 관련 있는 활동이나 업무로 인한 성공적 결과(예: 역량 향상, 효과성, 효율성 등)를 의미한다(백순근 외, 2019; 정철영, 2019b). 상기 논의를 고려할 때, 진로교육 평가는 진로교육에 대한 가치 판단으로서 학습자 및 교수자 평가, 진로교육 과정 및 프로그램, 진로교육 기관 및 정책 평가의 세 가

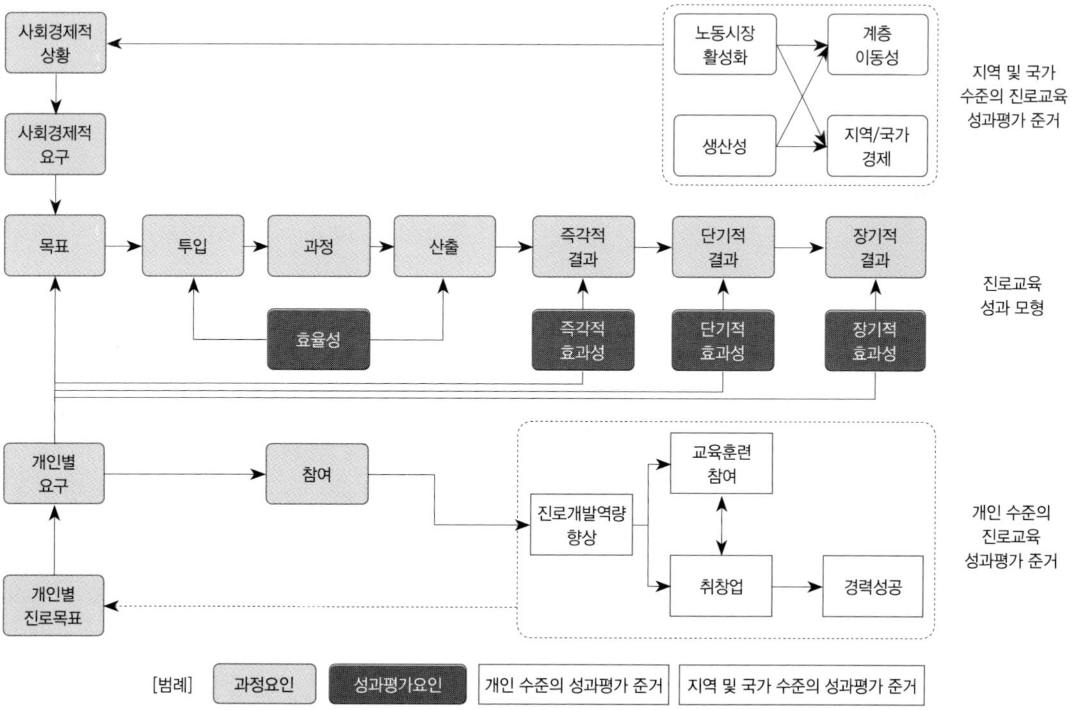

[그림 4-1] 진로교육 성과평가를 위한 개념적 모형

자료: 정철영 외. (2019b). p. 299.

지로 구분될 수 있다. 또한 진로교육 평가는 투입, 활동, 산출, 결과의 과정으로도 구분될 수 있다. 특히 정철영 등(2019b)은 진로교육 성과평가를 위한 개념적 모형을 제안하면서([그림 4-1] 참조) 투입-과정-산출-결과의 진로교육 평가의 과정 요인과 효율성, 효과성의 진로교육 성과평가 요인을 제안하였다.

2) 진로교육 관련 교육과정 및 평가의 의의

첫째, 진로교육 교육과정은 진로교육과 관련한 방향을 확인하는 데 준거가 될 수 있다는 점에서 의의가 있다. 교육과정은 어떤 내용과 방법으로 교육을 해야 할 것인지를 제시하는 설계도이며 기본적인 틀이다(교육과학기술부, 2009a). 국가 차원에서 제시하는 진로교육 교육과정을 확인하는 것은 곧 국가에서 규정하고 있는 진로교육 목표, 내용, 평가 등을 확인하는 것이다. 그러므로 이에 따라 개인은 진로개발을 위한 전략, 진로교육 담당자는 진로 개입을 위한 전략을 마련하는 데 참고할 수 있다는 점에서 의의가 있다.

둘째, 진로교육 교육과정은 개인의 진로 성과뿐만 아니라 지역 및 국가 차원의 진로교육 성과에 직접적으로 영향을 미친다는 점에서 의의가 있다. 기관에서 설정한 교육과정에 따라 개인은 자신에 관한 이해 증진, 직업세계에 대한 이해 증진, 합리적인 의사결정 능력 증진, 정보 탐색 및 활용 능력 함양, 일과 직업에 대한 올바른 가치관 및 태도 형성을 하면서(김봉환, 2017), 진로인식, 탐색, 준비, 유지 및 개선 등의 역량을 함양한다. 이때 진로교육 교육과정이 얼마나 잘 수립되어 있느냐에 따라 개인의 성과 수준은 상이할 수 있기 때문에 진로교육 교육과정을 올바르게 수립하는 것은 중요하다. 또한 개인의 진로 성과는 곧 지역 및 국가 차원의 진로교육 성과로 이어진다. 진로개발역량을 갖춘 개인이 희망하는 노동시장으로 진출하는 것은 지역 및 국가 수준의 생산성을 제고하는 것으로 이어진다는 점에서 올바른 진로교육 교육과정을 수립하는 것은 중요하다.

셋째, 진로교육 평가는 다양한 진로교육 성과를 확인하는 데 준거가 된다는 점에 의의가 있다. 그간 진로교육 평가는 개인 수준의 즉각적 효과성(immediate effectiveness) 측정에 초점을 두어 개인 차원의 단기 및 장기 성과를 논의하지 못했을 뿐만 아니라 지역 및 국가 수준의 성과에 대한 관심이 낮았다. 앞서 진로교육 성과평가를 위한 개념적 모형을 논의하면서(정철영 외, 2019b) 진로교육 평가가 과정에 따라 투입-과정-산출로 구분되며 이러한 과정 요인들이 진로교육 효과성과 효율성의 성과를 판단하는 데 준거가 됨을 확인하였다. 즉, 진로교육 평가는 진로교육의 투입-활동-산출에 관한 요인들에 대한 가치를 판단함으로써 진로교육 성과를 확인하는 데 기반이 된다는 점에 의의가 있다.

넷째, 진로교육 평가는 향후의 진로교육을 지속적으로 보완·발전시키는 데 기반이 된다는 점에 의의가 있다. 교육평가의 기능이 학습자 및 교수자, 교육과정 및 프로그램, 교육기관 및 정책의 현황과 실태를 파악하는 것이자 목적, 내용, 방법 및 절차 등을 개선하여 수정·보완하거나 대안을 탐색하는 것이라는 점(백순근 외, 2019)에서 진로교육 평가 또한 진로교육의 운영 실태를 확인하고 이를 기반으로 보완·발전시키는 기능이 있다고 볼 수 있다. 특히 오늘날 급격한 사회 변화로 인해 직업세계가 변화하고 있음을 고려할 때, 진로교육 평가는 사회 및 직업세계의 변화에 발맞추어 진로교육을 보완·발전시키는 데 기반이 될 수 있다.

2. 진로교육 관련 교육과정 및 평가 현황과 사례

1) 진로교육 관련 교육과정 현황

진로교육 교육과정은 초·중·고등학교에서 운영되며, 대학교에서는 교육부 차원에서 공식적인 가이드라인이 부재한 상황이기 때문에, 이 장에서는 초·중·고등학교의 진로교육 교육과정을 중심으로 내용을 작성하였다. 진로교육 관련 교육과정의 주요 변천은 〈표 4-1〉과 같다. 교육과정 내 진로교육 내용이 처음 포함된 것은 제6차 교육과정 시기이다(정철영 외, 2022). 제6차 교육과정에서는 고등학교 실업·가정 교과 내에 진로·직업 선택 과목을 신설하여 교육과정 내 진로교육을 도입하였다. 이를 기반으로 교육과정 내 진로교육이 계속해서 포함되기 시작하였고, 제7차 교육과정에서는 초등학교 교과와 전체 비교과에도 진로교육 내용이 추가되기도 하였다. 이후 2007 개정 교육과정 시기까지 제7차 교육과정의 내용이 유지되다가 2009 개정 교육과정에서 중학교 선택 교과에 진로와 직업 선택 과목이 신설되고, 창의적 체험활동이 도입되면서 하위영역으로 진로활동이 포함되었다. 이에 따라 현재 초등학교에서는 실과 교과 내에 진로교육 관련 내용이 편성되어 있고, 중학교에서는 선택 교과 내의 진로와 직업이 선택 과목으로 편성되어 있으며, 고등학교에서는 교양 교과 내에 진로와 직업 일반선택 과목이 편성되어 있다. 그리고 초·중·고등학교 모두 창의적 체험활동의 하위영역으로 진로활동이 포함되어 있다.

〈표 4-1〉 진로교육 교육과정의 주요 변천

적용 시기	교육과정	세부 내용		
		교과		비교과
2025	2022 개정 교육과정	초	• 실과 교과 내 진로교육 관련 내용 편성 –인간 발달과 주도적 삶, 지속가능한 기술과 융합 영역 내에 일과 직업의 세계, 자기이해와 직업 탐색 내용 포함	창의적 체험활동의 하위영역으로 진로활동 포함
		중	• 선택 교과 내 진로와 직업 선택 과목 편성	
		고	• 교양 교과 내 진로와 직업 일반선택 과목 편성	
2017	2015 개정 교육과정	초	• 실과 교과 내 진로교육 관련 내용 편성 –기술 활용 영역 내에 일과 직업의 세계, 자기 이해와 직업 탐색 내용 포함	창의적 체험활동의 하위영역으로 진로활동 포함
		중	• 선택 교과 내 진로와 직업 선택 과목 편성	
		고	• 교양 교과 내 진로와 직업 일반선택 과목 편성	
2011	2009 개정 교육과정	초	• 실과 교과 내 진로교육 관련 내용 편성 –나의 진로 단원 내 일과 직업의 세계, 진로탐색과 진로설계 내용 포함	창의적 체험활동의 하위영역으로 진로활동 포함
		중	• 선택 교과 내 진로와 직업 선택 과목 신설	
		고	• 교양 교과 내 진로와 직업 일반선택 과목 편성	
2009	2007 개정 교육과정	초	• 실과 교과 내 일과 진로 단원 편성 –일과 진로 단원 내 일과 직업의 중요성, 나의 미래와 진로 내용 포함	적응 활동의 하위영역으로 진로활동 포함
		중	–	
		고	• 교양 교과 내 진로와 직업 일반선택 과목 편성	
2000	제7차 교육과정	초	• 실과 교과 내 일과 진로 단원 신설 –일과 진로 단원 내 직업의 세계와 진로 계획 내용 포함	적응 활동의 하위영역으로 진로활동 포함
		중	–	
		고	• 실업 · 가정 교과에서 교양 교과로 이동하고, 교양 교과 내 진로와 직업 일반선택 과목 신설	
1995	제6차 교육과정	초	–	–
		중	–	
		고	• 실업 · 가정 교과 내 진로 · 직업 선택 과목 신설	

자료: 교육과학기술부. (2009b). p. 133; 교육부. (1992). p. 157; 교육부. (1997). pp. 177-178; 교육부. (2015b). p. 303; 교육부. (2020a). pp. 7-10; 교육부. (2022b); 조윤주. (2019). p. 182 재구성.

학교급별 진로교육 관련 교과의 영역과 영역별로 학습해야 할 요소를 정리한 내용은 〈표 4-2〉와 같다. 먼저, 초등학교의 경우 실과 교과에서 인간 발달과 주도적 삶, 지속가능한 기술과 융합기술 활용 영역 내 진로교육 관련 핵심 아이디어가 일부 포함되어 있다. 그 다음 중 · 고등학교에서는 진로와 직업 교과 내 진로와 나의 이해, 직업세계와 진로탐색, 진로설계와 실천 영역으로 구성되어 있고, 핵심 아이디어는 학교급마다 상이하다.

〈표 4-2〉 진로교육 관련 교과 영역 및 학습요소

구분	영역	핵심 아이디어
초등학교 (실과)	인간 발달과 주도적 삶	• 가정일과 생활 습관은 변화하는 일상에서 개인 및 가족의 요구와 문제를 해결해 나갈 수 있게 하면서 생활방식과 진로를 스스로 개척하고 성장하기 위한 바탕이 된다.
	지속가능한 기술과 융합	• 생명기술은 다양한 기술과 융합하여 발달하고 있으며, 식량자원의 활용과 농업의 순환체험은 지속가능한 미래생활을 위한 기초가 된다.
중학교 (진로와 직업)	진로와 나의 이해	• 직업군에 따라 직업인에게 요구되는 진로 특성이 있고, 진로 특성은 경험과 학습을 통해 계발된다. • 자신의 진로 특성에 대한 이해와 긍정적 자아 개념 형성은 미래 진로를 탐색하는 데 기초가 된다. • 함께 일하고 싶은 직업인은 긍정적인 특성과 태도를 갖추고 있다.
	직업세계와 진로탐색	• 직업세계는 사회 환경 변화를 반영한다. • 자신에게 적합한 진로 기회를 발견하기 위해서는 폭넓은 진로 정보와 학습이 필요하다. • 다양한 경험과 진로 활동 참여는 진로탐색의 주도성을 높인다. • 창업가 정신은 진로탐색에 있어 새로운 기회와 다양한 도전의 기반이 된다.
	진로설계와 실천	• 진로의사결정은 개인적, 환경적 특성과 요인과 관련된다. • 진로에서 학습의 중요성에 대한 인식과 긍정적 태도는 진로목표 달성에 도움을 준다. • 진로 준비는 자기 주도적인 진로 설계와 실천이 수반된다.
고등학교 (진로와 직업)	진로와 나의 이해	• 성공한 직업인은 해당 분야의 직업인에게 요구되는 특성을 지니고 있다. • 자신의 진로 특성에 대한 이해와 개발은 관심 분야의 일을 수행하는 데 도움이 된다. • 진로에 대한 유연하고 긍정적인 마음가짐은 진로 경로의 어려움을 극복하는 데 도움이 된다. • 직업인의 직업 윤리와 사회적 책임은 건강한 일터를 만드는 토대가 된다.

구분	영역	핵심 아이디어
고등학교 (진로와 직업)	직업세계와 진로탐색	• 산업 및 기술 발전에 따라 직업인에게 필요한 역량이 변화한다. • 심층적인 진로탐색은 관심 분야 진로 설계의 토대가 된다. • 지속적인 진로 정보의 탐색과 평생학습은 다양한 진로 기회를 한다. • 창업은 개인의 가치 실현과 사회적 가치를 창출한다. • 미래 사회 변화에 따른 호혜적인 고용 관계는 지속가능한 사회의 기초가 된다.
	진로설계와 실천	• 진로의사결정은 개인적 특성, 환경적 요인에 따라 변화하며 완성되어 간다. • 진로와 연계한 학업 계획 및 실천은 진로목표 달성에 도움을 준다. • 진로 준비는 진로 탐색, 계획, 실천, 성찰의 순환 과정이다.

자료: 교육부. (2022a). p. 14; 교육부. (2022c). pp. 49-50; 교육부. (2022d). pp. 8-9.

초·중등학교 진로교육 관련 비교과인 창의적 체험활동의 하위영역으로는 진로활동이 있으며, 진로활동은 세부적으로 진로탐색활동, 진로설계 및 실천 활동으로 구분된다. 진로탐색활동은 긍정적인 자아 개념을 형성하고 진로 및 직업 세계의 특성과 변화를 이해하여 자신의 진로와 관련된 건강한 직업 가치관을 확립하는 것을 목표로 하며, 진로와 직업 교과의 진로와 나의 이해, 직업 세계와 진로 탐색 영역의 내용과 유사하다. 진로설계 및 실천 활동은 자신의 진로에 대한 이해를 바탕으로 희망하는 진로와 직업의 경로를 설계하고 실천하는 것을 목표로 하며, 진로와 직업 교과의 진로설계와 실천 영역의 내용과 유사하다. 활

〈표 4-3〉 창의적 체험활동 중 진로활동 구분 및 활동별 목표 및 내용

구분	활동 목표	활동 내용(예시)
진로탐색 활동	긍정적인 자아 개념을 형성하고 진로 및 직업 세계의 특성과 변화를 이해하여 자신의 진로와 관련된 건강한 직업 가치관을 확립한다.	• 자아탐색 활동: 자기이해, 생애탐색, 가치관 확립 등 • 진로이해 활동: 직업 흥미 및 적성 탐색, 진로검사, 진로성숙도 탐색 등 • 직업이해 활동: 직업관 확립, 일과 직업의 역할 이해, 직업세계의 변화 탐구 등 • 정보탐색 활동: 학업 및 진학 정보 탐색, 직업 정보 및 자격(면허) 제도 탐색, 진로진학 및 취업 유관기관 탐방 등
진로설계 및 실천 활동	자신의 진로에 대한 이해를 바탕으로 희망하는 진로와 직업의 경로를 설계하고 실천한다.	• 진로준비 활동: 진로목표 설정, 진로실천계획 수립 등 • 진로계획 활동: 진로상담, 진로의사결정, 진로설계 등 • 진로체험 활동: 지역 사회 · 대학 · 산업체 연계 체험활동 등

자료: 교육부. (2022e). p. 10.

동별 목표와 활동 내용은 〈표 4-3〉과 같다.

우리나라 국가 교육과정은 이후 2022 개정 교육과정이 2025년부터 적용될 것으로 예고되고 있다. 교육부(2021)는 '교육환경 변화에 적극적으로 대응하기 위해 국가 · 사회적 요구를 반영하여 미래사회가 요구하는 포용성과 창의성을 갖춘 주도적인 사람으로 성장할 수 있도록 초 · 중등학교 교육과정 개선'을 개정의 중점사항으로 하여 추진과제를 제시하였다. 이 중 진로교육과 관련하여 교육부(2021)는 학습자 맞춤형 교육 강화 과제의 세부 과제로 '초 · 중등학교의 학교급 간 진로연계 교육 강화'를 명시하면서 '진로연계학기'를 계획하고 있다.

교육부(2021)에서 제시한 진로연계학기의 목적은 크게 네 가지이다. 첫째는 상급 학교 입학 초기에 안정적으로 학교에 적응할 수 있는 '안정적 학교 적응', 둘째는 교과연계 진로교육을 활성화하여 학습과 진로에 대한 동기를 부여하고 능동적이고 자기주도적으로 학

〈표 4-4〉 진로연계학기 운영 목적 및 내용

구분		내용
목적		• 안정적 학교 적응 • 교과연계 진로교육 활성화 • 기초 학력 보장 • 교과 외 활동 활성화
대상 및 운영 시기		• 초등학교: 1학년 1학기, 6학년 2학기 • 중학교: 3학년 2학기 • 고등학교: 1학년 1학기, 3학년 2학기
운영 내용	초등학교 1학년 1학기	• 학교생활 이해 및 적응, 기초학습 토대 마련 등
운영 내용	초등학교 6학년 2학기	• 자유학기 프로그램 맛보기 체험, 중학교생활 이해, 교과별 진로교육 등
운영 내용	중학교 3학년 2학기	• 중학교 단계 기초 학력 보장, 학습태도 형성, 고등학교 교육과정 이해, 과목 선택 연습, 희망 진로 구체화, 자유학기 활동 연계, 교과연계 진로교육 등 * 진로연계학기 도입으로 자유학기(학년)제 축소: 170~221시간에서 102시간 운영으로 축소 및 주제 선택, 진로 탐색, 예술 · 체육, 동아리 활동의 4개 영역에서 주제 선택 및 진로 탐색 활동의 2개 영역으로 축소
운영 내용	고등학교 1학년 1학기	• 진로집중학기
운영 내용	고등학교 수능 이후	• 대학생활 이해, 대학선이수과목, 사회진출 관련 등

자료: 교육부. (2021).

습 과정에 참여하도록 교과 교육과정을 재구조화하는 '교과연계 진로교육 활성화', 셋째는 교과 이수 경로와 연계하여 학습자의 진로와 적성을 고려한 다양한 체험활동 중심의 진로 탐색 · 설계 활동을 운영하는 '교과 외 활동 활성화', 넷째는 상급 학교급 · 학년군으로 전환 시 기초 학력을 보장할 수 있도록 학생 개개인의 수준을 진단하고 이에 따른 개별화된 학습을 지원하는 '기초 학력 보장'이다. 진로연계학기의 대상은 입학 시와 졸업 전 학생이며, 중학교의 경우 자유학기제가 운영 중이기 때문에 졸업 전(3학년 2학기) 학생만을 대상으로 한다. 대상별 운영 내용은 〈표 4-4〉와 같다.

2) 진로교육 관련 평가 현황

교육부와 한국직업능력연구원은 「진로교육법」 제6조(진로교육 현황조사)를 근거로 매해 초 · 중등 진로교육 현황조사를 실시하고 있다. 초 · 중등 진로교육 현황조사는 초 · 중등 학생, 진로전담교사, 담임교사, 학교 관리자 및 학부모를 대상으로 학교 진로교육 및 교외 진로교육에 관한 인식 및 요구를 확인한다. 2021년 초 · 중등 진로교육 현황조사 대상별 조사 내용은 〈표 4-5〉와 같다. 2021년 초 · 중등 진로교육 현황조사는 학생 대상으로

〈표 4-5〉 2021년 초 · 중등 진로교육 현황조사 대상별 영역

연번	학생	진로전담교사	담임교사	학교 관리자	학부모
1	학교 진로활동 참여와 만족도	진로교육 환경 여건(계획, 예산, 조직 등)	진로교육 인식	진로교육 인식	학교 진로교육 인식
2	진로체험	진로교육 내용 (진로와 직업 수업, 진로심리검사, 진로상담 등)	진로교육 지도 (지도 내용, 교과연계 진로교육 운영 등)	진로교육 지역사회 협력	학교 진로활동 (활동별 자녀 참여에 대한 인식, 만족도)
3	진로교육 프로그램 및 자료	진로교육 지역사회 협력	진로교육 프로그램 및 자료 (프로그램 및 자료 인지, 사이트 인지 등)	진로전담교사 업무 관련 인식	외부 진로활동
4	학부모의 관심	진로교육 프로그램 및 자료 (활용, 도움 정도, 자료 형태 등)	요구사항	요구사항	자녀 진로에 대한 관심

연번	학생	진로전담교사	담임교사	학교 관리자	학부모
5	진학 · 취업 지원 프로그램	진로전담교사 역할 수행	–	–	요구사항
6	진로계획	인식 및 요구사항	–	–	–
7	진로인식 및 학교생활	–	–	–	–
8	요구사항	–	–	–	–

자료: 김민경 외. (2021).

학교 진로교육 활동 참여와 만족도, 진로체험, 진로교육 프로그램 및 자료, 학부모의 관심, 진학 · 취업 지원 프로그램, 진로계획, 진로인식 및 학교생활, 요구사항의 여덟 가지 영역에 관한 인식 및 요구를 조사하였고, 진로전담교사 대상 진로교육 환경 여건, 진로교육 내용, 진로교육 지역사회 협력, 진로교육 프로그램 및 자료, 진로전담교사 역할 수행, 인식 및 요구사항의 여섯 가지 영역에 관한 인식 및 요구를 조사하였다. 담임교사 대상으로 진로교육 인식, 진로교육 지도, 진로교육 프로그램 및 자료, 요구사항의 네 가지 영역을 조사하였고, 학교 관리자 대상으로는 진로교육 인식, 진로교육 지역사회 협력, 진로전담교사 업무 관련 인식, 요구사항의 네 가지 영역을 조사하였다. 마지막으로 학부모를 대상으로 학교 진로교육 인식, 학교 진로활동, 외부 진로활동, 자녀 진로에 대한 관심, 요구사항의 여섯 가지 영역을 조사하였다.

또한 교육부와 한국직업능력연구원은 「진로교육법」 제6조(진로교육 현황조사)를 근거로 2017년부터 초 · 중등 진로교육 현황조사뿐만 아니라 대학 진로교육 현황조사를 실시하고 있다. 대학 진로교육 현황조사는 대학교 및 전문대학 학생과 학교 담당자를 대상으로 대학 진로교육에 관한 인식 및 요구를 확인한다. 2021년 대학 진로교육 현황조사 대상별 조사 내용은 〈표 4-6〉과 같다. 2021년 대학 진로교육 현황조사는 대학교 및 전문대학 학생을 대상으로 대학 입학 및 중 · 고등학교 진로교육 경험, 대학생활 및 진로계획, 대학에서의 진로교육 경험 및 요구사항, 진로태도 및 역량의 네 가지 영역에 관한 인식 및 요구를 조사하였다. 또한 대학교 · 전문대학 담당자 대상으로 계획, 조직 및 인력, 교육과정, 프로그램 및 서비스, 교수 참여 및 학생 지원 제도, 온라인 시스템 및 유관 기관 네트워크, 지원 요구의 여섯 가지 영역을 조사하였다.

지역 차원의 진로교육 평가로서 2020년 교육부(2019)는 「진로교육법」 제23조(시 · 도 교

〈표 4-6〉 2021년 대학 진로교육 현황조사 대상별 영역

연번	대학교 · 전문대학 학생	대학교 · 전문대학 담당자
1	대학 입학 및 중 · 고등학교 진로교육 경험 (대학 · 학과 선택 기준, 중 · 고등학교 진로교육 도움 정도 등)	계획, 조직 및 인력 (계획 수립 여부, 예산 현황, 인력 현황 등)
2	대학생활 및 진로계획 (대학 · 학과 및 진로교육 전반의 만족도, 대학생활 고민 등)	교육과정 (교과목 현황, 운영 어려움)
3	대학에서의 진로교육 경험 및 요구사항 (대학 진로 및 취 · 창업지원 조직 인식, 교과목 인식 등)	프로그램 및 서비스 (지원 내용, 운영 어려움 등)
4	진로태도 및 역량 (진로개발역량, 구직역량, 기업가 정신)	교수 참여 및 학생 지원 제도 (운영 여부, 현황 등)
5	–	온라인 시스템 및 유관 기관 네트워크 (운영 활성화 정도, 운영 어려움 등)
6	–	지원 요구

자료: 이재열 외. (2021).

육청 진로교육 평가)를 근거로 시 · 도교육청 평가 편람을 발간하면서 '학생 1인당 진로체험 참여 횟수'를 평가지표로 포함하였다. 평가지표의 측정산식과 인정 기준은 〈표 4-7〉과 같다. 진로체험은 '현장직업체험형, 직업실무체험형, 현장견학형, 학과체험형, 캠프형, 강연 대화형'의 여섯 가지로 구분되며 진로체험 유형별 참여 학생 수를 산정한다. 이렇게 산정된 진로체험 참여 중 · 고등학교 학생 수를 전체 중 · 고등학생 수로 나누어 1인당 진로체험 참여 횟수를 산정한다. 학생 수 인정 기준은 사전 · 사후 교육 시간을 포함하는 경우와 제외한 경우, 전체 활동 시간 수준에 따라 진로체험 유형별로 다소 상이하다.

〈표 4-7〉 2020년 시 · 도교육청 평가 편람 중 진로교육 평가 현황

구분		내용
지표명		• 학생 1인당 진로체험 참여 횟수
측정산식		$\frac{\text{진로체험 참여 중·고등학교 학생 수(누적)(A)}}{\text{전체 중·고등학교 학생 수(B)}}$
진로체험 유형별 학생 수 인정 기준	현장직업 체험형	• 사전 · 사후 교육 시간을 포함한 전체 활동 시간이 4시간 이상인 경우 학생 수 1/1 인정(단, 6시간 이상은 1.5배 인정)

구분		내용
진로체험 유형별 학생 수 인정 기준	직업실무 체험형	• 사전 · 사후 교육 시간을 포함한 전체 활동 시간이 4시간 이상인 경우 학생 수 1/1 인정
	현장 견학형	• 사전 · 사후 교육 시간을 포함한 전체 활동 시간이 4시간 이상인 경우 학생 수 1/4 인정
	학과 체험형	• 사전 · 사후 교육 시간을 포함한 전체 활동 시간이 4시간 이상인 경우 학생 수 1/1 인정
	캠프형	• 사전 · 사후 교육 시간을 제외한 전체 활동 시간이 6시간 이상인 경우 학생 수 1/1 인정
	강연 대화형	• 사전 · 사후 교육 시간을 제외한 전체 활동 시간이 2시간 이상인 경우 학생 수 1/6 인정

자료: 교육부. (2019). p. 6.

3) 진로교육 관련 교육과정 및 평가 사례

진로교육 관련 교육과정의 사례로 A 초등학교의 교육과정 재구성 사례가 있다. A 초등학교는 도서 지역 소재 학교로 도시에 비해 운영에 제한이 많은 상황에 처해 있는 상태로, 이러한 상황에 대응하여 지역의 실정에 맞추어 진로교육을 내실 있게 운영하기 위해 교육과정을 수립, 적용 및 운영하는 것을 목적으로 하였다(이광희, 2018). 이를 위해 A 초등학교에서는 진로교육 집중학년 · 학기제의 적용을 위해 교육여건을 마련하는 것을 연구과제로 하였으며, 이 중 교육과정과 관련하여 일반 교과의 교육과정을 분석한 후 진로교육 관련 요소를 추출하여 교육과정을 재구성하였다(이광희, 2018). 구체적으로 A 초등학교에서는 창의적 체험활동 중 진로활동의 세부 활동(자기이해활동, 진로탐색활동, 진로설계활동)을 영역으로 설정하여 영역별 요소를 추출하였으며, 교과별 단원의 교육과정 내용을 분석한 후 진로교육 영역별 요소를 매칭하였다(이광희, 2018; [그림 4-2] 참조).

교육과정 재구성 결과, A 초등학교는 진로교육 집중학년 · 학기제의 교과 및 비교과 편성 기준을 충족하였고, 도서 지역에서도 성공적으로 진로교육을 운영할 수 있는 여건을 조성하였다. 구체적으로 총 수업시간 중 진로교육 관련 시수를 6.2%까지 확보하였으며(기준: 5% 이상), 창의적 체험활동 중 진로교육 관련 시수를 총 시간 수의 28.6%까지 확보하였다(기준: 25% 이상). 그리고 학생 및 학부모 대상 설문조사 결과, 진로교육 교육과정 운영을 위한 환경을 조성함으로써 진로에 대한 여러 가지 정보를 습득하여 학생들의 직업의식이 고취되었으며, 학생의 진로설계 및 관리 역량이 향상되었다고 응답하였다(이광희, 2018).

D대학교는 온라인 진로 포트폴리오 시스템을 활용하여 학생들의 역량 진단, 성과분석, 진로상담, 포트폴리오 마련의 서비스를 제공함으로써 진로선택, 진로계획 및 진로 관련 역량개발을 지원한다. 시스템은 핵심역량진단, 진로진단, 심리진단, 자기주도학습역량진단 등 자신의 진로 특성뿐만 아니라 희망 진로 분야에 관한 역량 및 학습역량 또한 진단받을 수 있다. 또한 온라인 포트폴리오 시스템은 진단 결과를 바탕으로 약 4년의 대학생활을 위

- 초등학교의 진로교육과 관련된 하위영역별 요소를 추출
  - –자기이해활동: 자아이해, 심성계발, 가치관 정립, 사회적 역량개발, 타인 이해, 의사소통
  - –진로탐색활동: 일과 직업의 세계 이해, 진로탐색, 직업조사, 직업의 필요성 인식
  - –진로설계활동: 진로디자인과 준비, 진로상담, 진로체험, 평생학습

〈도미솔 학년교육과정 분석 및 진로교육 요소 추출〉

교육과정 분석을 통한 교과서 속 직업여행 ⇨ 직업의 세계 탐구 및 건강한 직업의식 형성

교과	단원명	차시별 교육과정 내용 (재구성 내용 포함)	진로영역	세부 요소	진로교육 성취기준
국어	5. 광고 읽기	광고 만들기 –진로체험 장소에서 광고 소스 찾기	진로탐색	직업 세계 이해	2015–EⅡ1.2.1
국어	5. 광고 읽기	광고 만들기 –진로체험 후 진로체험지 광고 구상해 보기	진로설계	진로체험	2015–EⅢ2.2.2
수학	교과창의활동	수학통계대회 실시 –실생활과 관련된 차트 작성해 보기 –수학자에 대해 알아보기	진로탐색	직업 조사	2015–EⅢ2.1.1
수학	교과창의활동	○○수학가족축전 참여하기 –다양한 보드게임을 수학적으로 활용하기(보드게임의 창작 및 기획, 게임제작자)	진로탐색	직업 필요성 인식	2015–EⅡ1.1.1
사회	1-(3) 서민문화의 발달	서민문화에 나타난 사람들의 생활 모습 살펴보기 –한국소리문화의 전당 내부시설 관람	진로탐색	직업 세계 이해	2015–EⅢ2.2.2

[그림 4–2] A 초등학교의 교육과정 재구성 사례

자료: 이광희. (2018). p. 9.

한 활동 가이드를 제공한다. 예컨대, 진단 결과에 따라 나의 진로 또는 특성과 관련한 비교과 프로그램을 제안한다. 진로설계를 위한 지원뿐만 아니라, D대학교의 온라인 포트폴리오 시스템은 진로개발을 위한 활동과 성과를 기록함으로써 자신의 진로를 체계적으로 관리할 수 있도록 지원한다. 특히 이러한 정보는 시스템 내 이력서와 자기소개서 기능과 연동되어 대학생활 간 교내·외 교과 및 비교과 활동 기록을 이력서와 자기소개서에 손쉽게 기록할 수 있다. 또한 개인의 진로 포트폴리오를 졸업한 선배의 포트폴리오 결과(역량, 학점 등)와 비교·분석할 수 있도록 지원한다(D대학교 유튜브 채널, n.d.).

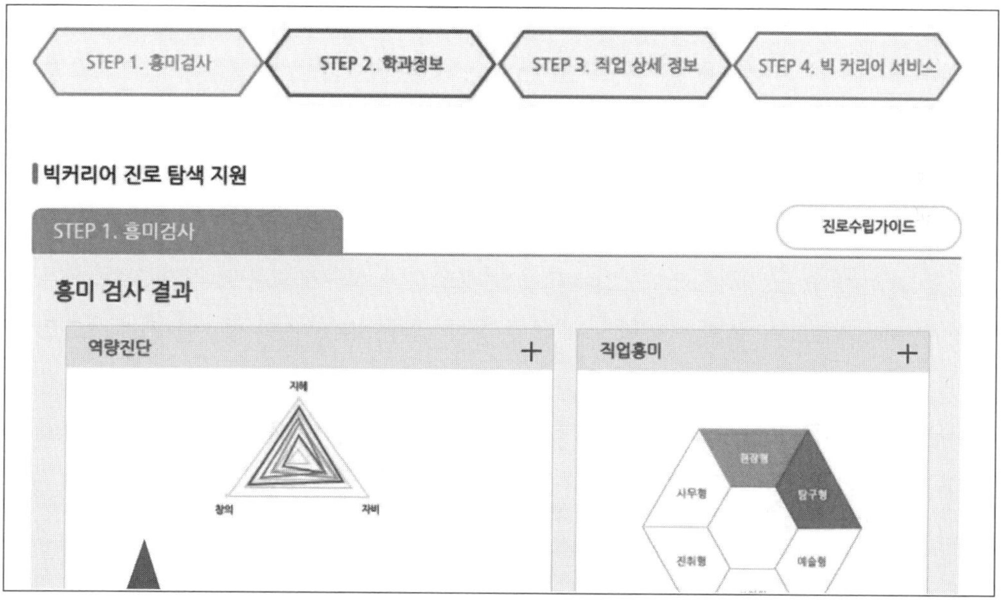

[그림 4-3] D대학교의 온라인 진로 포트폴리오 시스템

자료: D대학교 유튜브 채널. (n.d.).

3. 진로교육 관련 교육과정 및 평가의 문제점과 개선방안

1) 문제점

첫째, 우리나라 진로교육 교육과정은 진로교육 목표를 달성하는 데 한계가 있다. 현재 교육부에서 공식적으로 운영하고 있는 초·중·고등학교를 중심으로 살펴봤을 때, 초등학교의 경우 실과 교과에 진로교육 관련 내용이 일부 편성되어 있으나 고학년(5~6학년)에만 편성 · 운영되고 있어, 초등학교 진로교육 목표와 성취기준을 달성하는 데 한계가 있다(정윤경 외, 2021). 또한 초 · 중 · 고등학교 모두에서 운영하고 있는 창의적 체험활동 중 진로활동의 경우 진로활동의 세부 활동인 자기이해활동, 진로탐색활동, 진로설계활동의 내용은 학교급 및 학년에 따라 다르지 않고 공통적으로 제시되어 있어 학교 현장에서 학교급별 진로교육 목표를 반영하여 운영하는 데 한계가 있다(정윤경 외, 2021). 그리고 대학교의 경우 학교가 자율적으로 진로교육 관련 교과목과 비교과 프로그램을 운영하고 있으나, 공식적인 진로교육 목표가 부재하기 때문에 진로교육 목표를 설정하기 어려울 뿐만 아니라 학교별로 자체 설정한 진로교육 목표를 달성하기 위해 진로교육을 운영하는 데 한계가 있다.

둘째, 우리나라 진로교육 평가는 주로 현황을 파악하는 데 초점을 두어 진로교육의 성과를 확인하는 데 한계가 있다. 현재 우리나라의 국가 차원의 진로교육 평가는 「진로교육법」 제6조를 근거로 초 · 중등 진로교육 현황조사와 대학 진로교육 현황조사가 수행되고 있다. 또한 「진로교육법」 제23조를 근거로 2020년 시 · 도교육청 평가 시 '학생 1인당 진로체험 참여 횟수'를 평가하였다. 진로교육 현황조사와 시 · 도교육청 평가 모두 국가 및 지역 수준의 진로교육 현황을 파악하는 데 초점이 있어 진로교육의 성과를 체계적으로 확인하는 데 어려움이 있다(정철영 외, 2019b). 비록 진로교육 현황조사는 초 · 중등학생 및 대학생의 진로개발역량 수준을 확인하기는 하나, 진로교육 참여자 개인 수준의 즉각적 효과성에 초점을 맞추어 진로교육 활동이 개인의 전 생애에 걸쳐 미친 단기 · 장기적인 성과를 논의하지 못한 실정이다(정철영 외, 2019b).

2) 개선방안

첫째, 우리나라 진로교육 교육과정은 진로교육 목표를 달성할 수 있도록 학교급별로 차별화될 필요가 있으며, 진로교육 교육과정 운영을 위한 가이드라인을 마련할 필요가 있다. 초등학교에서는 편성되어 있는 실과 교과에 진로교육 내용을 확대하는 것이 필요하며, 모든 학년군에 진로교육 목표를 달성할 수 있도록 진로교육 내용을 편성하는 것이 필요하다(정윤경 외, 2021). 또한 창의적 체험활동 중 진로활동의 경우 진로활동의 세부 활동인 진로탐색활동, 진로설계 및 실천 활동의 내용을 학교급, 학교 유형 및 학년에 따라 차별화하는 것이 필요하다. 예를 들어, 진로탐색활동의 경우 초등학교에서는 주변에서 일하는 사람의 직업이 무엇인지부터 탐색하고, 잘할 수 있는 일인지부터 인지하는 것을 초점으로 둔다면, 중학교에서는 자유학기제나 기타 시간을 활용한 그 직업에 대한 간접적인 진로체험이나 고등학교 선택 등에 초점을 둘 필요가 있을 것이다. 그리고 대학교의 경우 학교가 자율적으로 설정한 진로교육 목표를 달성하는 것을 돕기 위해 국가 차원에서 대학교 진로교육 교육과정 가이드라인을 만들어 대학교에서 필요한 교육과정을 취사선택하여 운영할 수 있게 돕는 것이 필요하다.

둘째, 우리나라 진로교육 평가는 현황 파악의 평가를 넘어, 진로교육의 성과를 평가할 수 있도록 개선되는 것이 필요하다. 즉, 정철영 등(2019b)이 제안한 진로교육 성과평가를 위한 개념적 모형과 같이, 진로교육의 효율성과 즉각적·단기적·장기적 효과성을 확인하는 것이 필요하다. 진로교육 효율성은 투입 대비 산출로서 국가, 지역 및 학교 차원의 투입과 산출을 확인하여 산정될 수 있고, 즉각적 효과성은 학교 진로교육의 목표로서 진로개발역량 향상 정도를 확인하여 산정될 수 있다. 단기적 효과성은 개인 수준과 지역 및 국가 수준으로 구분될 수 있다. 개인 수준의 단기적 효과성은 교육훈련 참여, 취·창업 성과 등을 확인함으로써 산정될 수 있고, 지역 및 국가 수준의 단기적 효과성은 노동시장 활성화 및 생산성 등을 확인하여 산정될 수 있다. 개인 수준의 장기적 효과성은 경력성공을 확인함으로써 산정될 수 있고, 지역 및 국가 수준의 장기적 효과성은 계층 이동성, 지역/국가 경제에 대한 영향을 확인함으로써 산정될 수 있다. 한편, 이러한 논의는 시작 단계에 있으며 향후 다양한 실증 연구를 통해 진로교육 성과평가를 위한 지표를 개발하고 성과평가 운영 방안이 마련되는 것이 필요하다.

논의사항

- 진로교육 분야에서 교육과정과 평가의 중요성에 대해 논의해 보자.
- 학교급별 또는 대상별 진로교육 교육과정 및 평가 현황은 어떤 차이가 있는지 논의해 보자.
- 제시된 문제점 및 개선방안 이외에 진로교육 관련 교육과정 및 평가 시 고려해야 할 점은 무엇인지 논의해 보자.

참고문헌

교육과학기술부. (2009a). 초 · 중등학교 교육과정. 교육과학기술부.

교육과학기술부. (2009b). 중학교 교육과정 해설(총론). 교육과학기술부.

교육부. (1992). 고등학교 교육과정(I). 교육부.

교육부. (1997). 제7차 교육과정 총론 해설(고등학교). 교육부.

교육부. (2015a). 2015 개정 교육과정 총론 해설: 초등학교. 교육부.

교육부. (2015b). 초등학교 교육과정. 교육부.

교육부. (2019). 2020년('19년 실적) 시 · 도교육청 평가 편람. 교육부.

교육부. (2021). 2022 개정 교육과정 총론 주요사안(시안). 교육부.

교육부. (2022a). 실과(기술 · 가정)/정보과 교육과정. 교육부.

교육부. (2022b). 초 · 중등학교 교육과정 총론. 교육부.

교육부. (2022c). 중학교 선택 교과 교육과정. 교육부.

교육부. (2022d). 고등학교 선택 교과 교육과정. 교육부.

교육부. (2022e). 창의적 체험활동 교육과정. 교육부.

김민경, 권효원, 김나라, 박나실, 방혜진, 안유진. (2021). 초 · 중등 진로교육 현황조사(2021). 한국직업능력연구원.

김봉환. (2017). 진로교육의 목표. 김봉환, 김은희, 김효원, 문승태, 방혜진, 이지연, 조붕환, 허은영 (저), 진로교육개론 (pp. 41-58). 사회평론아카데미.

김혜숙. (2015). 교육프로그램 평가의 이론과 실제. 교육과학사.

백순근, 김혜숙, 함은혜, 최인희, 상경아, 이재열, 유예림, 황은희, 김지은, 길혜지. (2019). 교육평가의 이론과 실제. 교육과학사.

이광희. (2018). 도미솔 학년교육과정의 운영을 통한 집중학년제 진로교육 실천. 커리어넷.

이용환, 정철영, 나승일, 김진모, 이찬. (2009). 산업인력개발론. 교육과학사.

이재열, 장주희, 최수현, 류지영, 이윤진, 박봉남. (2021). 대학 진로교육 현황조사. 한국직업능력연구원.

정윤경, 박나실, 김나라, 이윤진, 허유진, 김종훈. (2021). 국가 교육과정 개정에 대응한 학교 진로교육과정 연구. 한국직업능력연구원.

정철영, 이영광, 이승엽, 김동주, 김기민, 이진규, 김도현. (2022). 우리나라 국가 진로교육 정책 동향. 진로교육연구, 35(1), 81-109.

정철영, 이유우, 김태환, 최로미, 이승엽, 박신희, 박선영. (2019a). 진로교육 성과평가 관련 선행연구 실태분석. 진로교육연구, 32(4), 331-357.

정철영, 임정훈, 김태환, 임한려, 임소현, 이영광. (2019b). 진로교육 성과평가를 위한 개념적 모형 개발. **진로교육연구**, 32(3), 285-307.

조윤주. (2019). 초등 실과 교과서의 '진로교육' 단원 분석: 2015 개정 교육과정을 중심으로. **실과교육연구**, 25(2), 179-194.

D대학교 유튜브 채널. (n.d.). **Dream PATH+ 200% 활용법**. https://www.youtube.com/watch?v=tg9x3fsKh_g

제5장

진로교육 전담 인력

진로교육 전담 인력은 진로교육을 제공하는 주요 주체로서, 진로교육 대상의 진로발달이나 고용문제, 삶의 전반에 관한 문제를 지원하는 역할을 수행하는 것뿐만 아니라 사회통합과 균형적인 발전에 기여하고, 학교에서 직업세계로의 원활한 이행 및 안정적인 고용시장을 운영하는 데 핵심적인 역할을 수행한다. 이 장에서 진로교육 전담 인력은 학생에게 진로교육을 실시하는 진로전담교사와 성인 등에게 진로지도를 실시하는 직업상담사를 의미하며, 이들의 개념 및 중요성을 서두에 제시한다. 또한 대상별로 양성, 재교육 등의 현황을 확인할 수 있도록 내용을 구성하며, 후반부에는 현재 진로교육 전담 인력의 문제점과 개선방안을 탐구하면서 해당 문제에 대해 논의할 수 있도록 장을 구성한다.

학습과제

▶ 학습과제 1 진로교육 전담 인력의 개념을 설명하시오.

▶ 학습과제 2 진로교육 전담 인력의 의의를 설명하시오.

▶ 학습과제 3 진로교육 전담 인력의 현황을 대상별로 구분하여 설명하시오.

▶ 학습과제 4 진로교육 전담 인력의 문제점을 설명하시오.

▶ 학습과제 5 진로교육 전담 인력의 개선방안을 설명하시오.

1. 진로교육 전담 인력의 개념 및 의의

1) 진로교육 전담 인력의 개념

진로교육과 관련된 이해관계자는 진로교육의 대상이 되는 학생, 진로교육의 실행 주체인 교사 및 관련 인력 외에도 진로교육 정책을 수립 및 집행하는 행정가, 진로교육 분야의 교수 및 연구자, 진로교육 프로그램에 참여하는 진로체험처의 멘토와 이를 조력하는 지원단, 학생의 학부모 등 매우 다양하다. 이 장에서는 진로교육 전담 인력을 법적인 자격을 가지고 진로교육을 실행하는 주체로 한정하여 실태를 살펴보았으며, 이 장에서 논의하는 진로교육 전담 인력을 초·중등교육 단계 학생에게 진로교육을 실시하는 진로전담교사와 성인에게 진로지도를 실시하는 직업상담사로 한정하였다.

「진로교육법」 제9조에 따르면 진로전담교사는 '초·중등학교에서 학생의 진로교육을 전담하는 교사'를 의미한다. 그리고 직업상담사의 경우, 접미사 '-사'는 '그것을 직업으로 하는 사람'의 뜻을 더하는 역할을 한다(표준국어대사전, n.d.). 따라서 직업상담사는 사전적으로 '직업상담을 직업으로 하는 사람'을 의미한다. 학술적인 의미에서 직업상담이란 '선택 가능한 직업의 결정, 각 직업의 조건들, 취업에 필요한 조건 및 취업 절차 등 보다 구체적인 수준에서 취업을 돕는 활동'으로 정의되거나(김봉환 외, 2006), '인간의 생애진로주기와 관련하여 개인의 특성에 따라 진로탐색, 직업선택, 직업적응, 직업유지, 직업전환, 은퇴 등에서 발생하는 직업적 논점을 진단하고 상담·처치하는 일'로 정의된다(NCS 국가직무능력표준, n.d.). 법적인 의미에서 직업상담사는 하나의 자격으로 정의된다. 직업상담사는 '사회공공 및 복지 차원에서 다양한 고용서비스를 제공하는 직업'을 의미하면서(한국고용정보원, 2016), 그러한 직업을 수행하는 데에 필요한 자격으로 정의하고 있다.

2) 진로교육 전담 인력의 의의

진로교육 전담 인력은 진로교육의 이론과 관련 제도 및 정책에 대한 이해를 바탕으로 진로교육의 대상과 직접 대면하여 진로교육을 수행하는 주체로서, 진로교육 및 진로지도의 실천을 이끄는 중요한 역할을 담당하고 있다. 개인적 차원에서 진로교육 전담 인력은 진로교육 대상의 진로발달이나 고용 문제뿐만 아니라 삶의 전반에 관한 문제를 지원하는 역할을 수행한다. 사회적 차원에서 진로교육 전담 인력은 대상별 맞춤형 지원을 통해 사회통합과 균형적인 발전에 기여하는 역할을 하기도 한다. 국가적 차원에서 진로교육 전담 인력은 국가나 지방자치단체와 같은 공공기관의 진로 및 고용 관련 서비스를 전달하는 주체로서, 개개인의 진로개발역량 향상과 학교에서 직업세계로의 원활한 이행 및 안정적인 고용시장을 운영하는 데에 있어 핵심적인 역할을 수행한다.

2. 진로교육 전담 인력 현황

1) 진로전담교사 현황

진로전담교사 관련 법령으로는 「진로교육법」이 있다. 「진로교육법」 제9조에 따르면 교육부장관과 교육감은 초·중등학교에 진로전담교사를 지원하는 전문인력을 둘 수 있고, 이러한 전문인력의 자격 및 운영 등에 필요한 사항은 대통령령으로 정하며, 진로전담교사는 담당교사와 협의를 거쳐 수업시간에 진로상담을 제공할 수 있으며, 진로상담시간은 수업시간으로 본다고 명시하고 있다.

진로전담교사의 배치와 관련된 정책은 「진로교육법」이 제정된 2015년 전과 후로 구분하여 볼 수 있다. 2010년 10월 교육과학기술부에서 발표한 진로진학상담교사 충원 및 활용 기본계획에서 '진로진학상담교사'라는 용어가 처음으로 사용되었고, 같은 해 11월에 교육과학기술부는 자격연수 기본계획을, 2011년 4월에는 '진로진학상담교사' 배치, 역할, 중장기 충원 및 배치계획을 발표하여 2011년에는 고등학교, 2012년에는 중학교에 진로전담교사가 배치되기 시작하였다. 이후 2015년에 「진로교육법」이 제정되면서 초·중등학교에서 학생의 진로교육을 전담하는 교사를 '진로전담교사'로 명시하였고, 이때부터 정식 명칭이 '진로진학상담교사'에서 '진로전담교사'로 변경되었다. 또한 「진로교육법 시행령」에서 진로전담교사 배치에 관한 내용을 명시하였다. 이러한 내용에 근거하여 교육부는 2016년 1월에 초등학교 및 중·고등학교 진로전담교사 배치 및 운영에 관한 지침, 계획 및 세부 사항을 발표하여 2016년부터 초등학교에도 소정의 연수를 이수한 초등교사 중 학교장이 임명 및 배치하는 것을 원칙으로 하되, 우선 보직교사로 임명한 후 연수를 이수하게 하는 형태로 초등 진로전담교사를 배치하였다(이승엽, 2020). 2018년에는 특수학교에 진로전담교사를 배치할 수 있도록 「진로교육법 시행령」을 일부 개정하면서 2020년부터 특수학

〈표 5-1〉 진로전담교사 배치 현황(2021) (단위: 명, 개교, %)

구분	초등학교			중학교			고등학교							전체		
							일반고			특성화고			계			
	국·공립	사립	소계	국·공립	사립	소계	국·공립	사립	소계	국·공립	사립	소계		국·공립	사립	계
배치 인원	6,073	69	6,142	2,168	536	2,704	1,084	643	1,727	294	207	501	2,228	8,992	1,455	11,074
순회 교사수	0	0	0	240	23	263	13	5	18	10	1	11	29	263	29	292
배치 학교수 (A)	6,073	69	6,142	2,311	557	2,863	1,069	643	1,713	295	207	502	2,215	9,121	1,476	11,220
전체 학교수 (B)	6,075	73	6,148	2,614	633	3,247	1,121	719	1,840	310	223	533	2,373	9,503	1,648	11,768
배치율 (A/B)	99.9	94.5	99.9	88.4	88.0	88.2	95.4	89.4	93.1	95.2	92.8	94.2	93.3	96.0	89.6	95.3

주 1) 일반고는 자율고등학교, 특수목적고등학교를 포함
2) 특성화고는 마이스터고등학교를 포함
자료: 김민경 외. (2021). p. 18.

교에도 진로전담교사를 배치하였다.

2021년 기준 전국의 초·중·고등학교에 배치된 진로전담교사의 수는 총 11,074명으로, 초등학교 6,142명, 중학교 2,704명, 일반고등학교 1,727명, 특성화고등학교 501명이 배치되어 있다. 학교급별 전체 학교 수 대비 배치 학교 수는 〈표 5-1〉과 같다. 진로전담교사 전체 배치율은 95.3%였고, 학교급별로 살펴봤을 때 초등학교가 99.9%로 배치율이 가장 높았다. 그다음으로는 특성화고등학교(94.2%), 일반고등학교(93.1%), 중학교(88.2%) 순이었다.

진로전담교사의 상세한 직무 매뉴얼은 학교장이 정하며, 진로전담교사는 타 교사와 연계·협력하여 직무를 수행한다(교육부, 2016a). 진로전담교사의 직무는 초등학교와 중·고등학교로 구분되며, 직무의 주요 내용으로는 단위 학교의 진로교육 총괄, 진로활동 지도, 진로진학 관련 학생 상담 및 지도, 교원 및 학부모 대상 진로교육 연수 및 컨설팅, 심리검사 활용 및 컨설팅, 유관 기관과의 네트워크 관리 업무 등으로 요약할 수 있다(〈표 5-2〉 참조).

〈표 5-2〉 학교급별 진로전담교사 직무

구분	내용
초등학교	• 진로중심 학교교육과정 편성 및 운영 지원 –진로교육 프로그램 기획 · 운영 –진로교육 집중학년 · 학기제 및 진로체험교육과정 편성 · 운영 지원 –창의적 체험활동 중 진로활동 운영계획 수립 및 운영 –중학교 자유학기제에 대비한 교내 · 외 진로탐색활동 기획 · 운영 • 학교진로상담 운영 총괄 • 교원 및 학부모 대상 진로교육 연수 및 컨설팅(진로상담 포함) • 커리어넷 등의 진로직업 관련 심리검사의 활용 및 컨설팅 • 진로전담교사 지원 전문인력 관리 및 운영 • 지역사회 및 유관기관의 진로체험 네트워크 관리
중 · 고등학교	• 진로진학상담부장 등으로서 학교 진로교육 총괄 • 학교 진로교육과정 운영계획 수립 및 프로그램 운영 –진로교육 집중학년 · 학기제 및 진로체험 교육과정 편성 · 운영 지원 • '진로와 직업' 과목 수업, 창의적 체험활동 중 '진로활동' 지도(주당 10시간 이내) • 진로 · 진학 관련 학생 진로상담(주당 평균 8시간 이상) • 창의적 체험활동 중 진로활동 운영계획 수립 및 운영 • 학교급에 따른 개인 맞춤형 진로지도 및 진학지도 –학교생활기록부 초 · 중 · 고 진로 관련 정보연계 기반 개인별 맞춤형 진로지도 • 선취업 후진학 학생의 진로설계 지원 • 진로 및 학습 계획서 작성 지원 • 진로 포트폴리오 지도 • 커리어넷 등의 진로교육 관련 심리검사의 활용 및 컨설팅 • 교내외 진로탐색 활동 기획 · 운영 • 교내 교원 대상 진로교육 역량 강화 연수 총괄 • 학부모 대상 진로교육 연수 및 컨설팅 • 진로교육 관련 교육기부 등 지역사회 및 유관기관과의 네트워크 관리 • 기타 학교장이 정한 진로교육 관련 업무

자료: 교육부. (2016a). p. 5; 교육부. (2016b). p. 2.

진로전담교사 도입은 원래 중 · 고등학교만을 대상으로 한 것이었으나, 「진로교육법」 제정 이후 2016년부터 초등학교에도 진로전담교사가 배치되었다(교육부, 2016b). 학교급에 따라 과목 편성 시수, 학교 조직 구조 등이 상이하기 때문에 초등학교와 중 · 고등학교의 진로전담교사는 선발부터 근무 기간, 근무 형태가 차이가 있다. 먼저, 선발의 경우, 초등학교 진로전담교사는 단위 학교에서 학교장이 임명하는 방식으로 선발되는 반면, 중 ·

고등학교 진로전담교사는 중등 1급 정교사 자격증과 진로진학상담 과목 자격증을 소지해야만 선발 자격이 부여된다. 둘째, 근무 기간의 경우, 초등학교 진로전담교사는 따로 진로진학상담 과목 자격증이 필요하지 않기 때문에 학교장이 지정하는 교사가 진로전담교사가 되며, 따라서 근무 기간도 따로 정해져 있지 않다. 하지만 중 · 고등학교 진로전담교사는 시 · 도교육청에 따라 정해진 근무 기간이 있다. 셋째, 근무 형태의 경우, 초등학교에서는 진로전담교사를 보직교사나 진로업무 담당교사로 근무하게끔 권장하지만, 학교 상황에 따라 진로 이외의 다른 보직을 겸임(예: 교무+진로)한 보직교사 업무를 수행하거나, 담임 업무를 함께 수행한다. 하지만 중 · 고등학교에서는 대다수의 학교에서 진로전담교사를 보직교사로 임명하고 있다(〈표 5-3〉 참조).

〈표 5-3〉 초등학교와 중 · 고등학교 진로전담교사 선발, 근무 기간 및 근무 형태 비교

구분	초등학교 진로전담교사	중 · 고등학교 진로전담교사
선발	학교장 임명	1급 정교사 자격증 및 진로진학상담 과목 자격증 소지자 중 선발
근무 기간	정해져 있지 않음	시 · 도교육청에 따라 근무 기간을 정함
근무 형태	보직교사나 진로업무 담당교사로 근무를 권장하지만, 학교의 상황에 따라 다른 보직을 겸임하거나 담임 업무를 함께 수행	진로진학상담부장 등 보직교사로서의 진로교육 업무를 주로 수행

자료: 이승엽. (2020). p. 118 재구성.

초등학교 진로전담교사 직무연수는 초등학교 1급 정교사 자격증을 소지하고 교장의 추천을 받은 자를 대상으로 하며, 중학교 자유학기제의 이해, 진로중심 교육과정 편성 및 운영, 학교 진로상담의 이론과 실제, 학부모 연수 및 컨설팅, 진로개발역량지표 및 진로심리검사의 이해와 활용(해석), 진로전담교사 지원 전문인력 운영사례, 진로체험 교육과정 설계 및 운영 등의 내용을 온 · 오프라인 블렌디드 러닝의 방법을 통해 운영한다(〈표 5-4〉 참조).

초등학교와 달리 진로진학상담 과목 자격증이 필요한 중 · 고등학교 진로전담교사 양성은 부전공 자격연수와 교육대학원의 석사학위과정을 통해 이루어진다(이재열 외, 2020). 진로전담교사 양성을 위한 부전공 자격연수 과정은 교육부에서 개발 및 제공한 표준교육과정을 기준으로 한국교원대학교 종합연수원에서 이를 반영하여 편성 · 운영한다. 2022년을 기준으로 부전공 자격연수는 동계연수(5주), 학기 중 연수, 하계연수(3주)를 거쳐 총 7개월 동안 운영되며, 강의, 실습, 세미나 등 방법을 활용하여 총 450시간 운영된다(〈표 5-5〉 참조).

〈표 5-4〉 초등학교 진로전담교사 직무연수 개요

구분		내용
연수 대상		• 초등학교 1급 정교사 자격증을 소지하고, 교장의 추천을 받은 자 –학교 여건상 초등학교 1급 정교사 자격을 소지한 교사가 없는 경우에 한하여, 초등학교 2급 정교사 중 교장이 업무추진 역량을 판단하여 해당자 추천 가능
연수 방법 및 시간		• 온 · 오프라인 블렌디드 러닝 –집합연수(30시간), 원격연수(30시간) 총 60시간(4학점)
연수 내용	집합	• 중학교 자유학기제의 이해(2시간) • 진로중심 교육과정 편성 및 운영(이론과 실제, 8시간) –「진로교육법」의 이해, 집중학년 · 학기제, 4차 산업혁명 시대의 인재상 등 포함(4시간) –창의적 체험활동(진로교육) 운영계획 수립 및 운영(4시간) • 학교 진로상담의 이론과 실제(8시간) –학생 유형별 특성, 양성평등 등을 고려한 진로상담 포함 • 학부모 연수 및 컨설팅(2시간) • 진로개발역량지표 및 진로심리검사의 이해와 활용(해석)(4시간) • 진로전담교사 지원 전문인력 운영사례(2시간) • 진로체험 교육과정 설계 및 운영(4시간)
	원격	• 중앙교육연수원(시 · 도교육청 원격연수원) 초등학교 진로전담교사 원격연수 이용
연수 예산		• 시 · 도교육청별 연수규모에 따라 교부하며, 초등학교 진로전담교사의 진로역량강화 연수비 등으로 집행 –시 · 도교육청 내 연수인원이 적은 경우, 인근 시 · 도교육청에 위탁연수로 추진 가능

자료: 교육부. (2017). p. 9 재구성.

부전공 자격연수 과정 외에 진로전담교사 양성을 담당하는 교육대학원 석사학위과정은 2022년 기준 전국의 13개 대학에 설치되어 있다. 각 대학의 교육대학원에서는 진로진학상담 전공 명칭으로 해당 전공을 설치하였으며, 일반교사 중 진로진학상담 과목 부전공 자격 취득을 희망하는 교사가 입학하여 석사학위를 취득해야 부전공을 취득할 수 있다. 교육부에서 제시한 기본이수과목(또는 분야)에 따라 각 대학에서는 진로교육개론, 청소년 진로특성 진단 및 활용, 진로진학지도 프로그램 활용 및 운영 등 9개 교과목을 기본이수과목으로 하고 대학 특성에 맞게 교과목을 운영하고 있다(〈표 5-6〉 참조).

〈표 5-5〉 중 · 고등학교 진로전담교사 부전공 자격연수 개요

구분	연수 방법	연수 세부 방법	시수	
동계연수 (5주)	일반강의	에드위드, ZOOM 활용 비대면 실시간 강의	125	143
	현장강의/실습	멘토 강의(대면)	10	
	동계 진로교육 세미나	진로교육학회 연계 동계 세미나	8	
학기 중 연수	원격연수(재택)	부산광역시교육연수원 운영(60시간) 한국교원대학교원격교육연수원 운영(60시간)	120	215
	현장연구 멘토링	현장연구 보고서 작성 관련 컨설팅(멘토)	10	
	개인현장연구	현장연구 보고서 작성	85	
하계연수 (3주)	일반강의	강의토론, 분반실습, 분임토의	49	92
	현장강의/실습	멘토 강의(대면)	10	
	하계 진로교육 세미나	진로교육학회 연계 동계 세미나	8	
	현장체험(자율체험)	대면 시 현장체험 비대면 시 개인별 자율체험	20	
	워크숍	현장연구보고서 발표회	5	
계				450

자료: 한국교원대학교 종합교육연수원. (2022). p. 2 재구성.

〈표 5-6〉 교육대학원 석사학위과정 설치 대학 및 기본이수과목(또는 분야)

교육대학원(소재 지역)		전공 명칭	기본이수과목(또는 분야)
가톨릭관동대학교(강원)	아주대학교(경기)	진로진학 상담전공	• 진로교육개론 • 청소년 진로특성 진단 및 활용 • 진로진학지도 프로그램 활용 및 운영 • 직업세계와 직업정보 탐색 • 진학지도기법의 이론과 실제 • 교육세계와 진학정보 탐색 • 특수집단의 진로진학지도 • 학부모 진로진학지도상담 • 진로체험과 지역사회
가톨릭대학교(경기)	인하대학교(인천)		
건국대학교(서울)	전북대학교(전북)		
계명대학교(대구)	중앙대학교(서울)		
공주대학교(충남)	충남대학교(대전)		
국민대학교(서울)	한국교원대학교(충북)		
순천향대학교(충남)	-		

자료: 유치원 및 초등 · 중등 · 특수학교 등의 교사자격 취득을 위한 세부기준 (2021, 교육부고시 제2021-31호) 재구성.

2) 직업상담사 현황

직업상담사 관련 법령으로는 「직업안정법」과 「국가기술자격법」이 있다. 「직업안정법 시행령」 제3조에서는 직업안정기관에 직업소개담당직원의 배치를 명시하고 있으며, 같은

법 제4조의4 제1항에서는 고용노동부장관은 직업안정기관에 직업소개, 직업지도 및 고용정보 제공 등의 업무를 담당하는 직업상담원을 배치할 수 있다고 명시하고 있다. 「국가기술자격법」은 자격으로서 직업상담사와 관련되어 있다. 「국가기술자격법」은 기술인력의 직업능력개발과 사회적 지위 향상을 위하여 산업현장의 수요에 적합한 자격제도를 확립하기 위한 목적으로 시행되고 있으며, 같은 법 시행규칙의 제3조와 관련한 [별표 2]에서는 직업상담사를 국가기술자격의 종목 중 직무분야 '사회복지 · 종교'의 서비스 분야 1급과 2급의 자격으로 직업상담사 1급과 2급을 명시하고 있다.

직업상담사에 관한 통계 관리가 이루어지지 않고 있기 때문에 직업상담사의 전체 규모를 명확히 제시하기는 쉽지 않다. 2019년 고용노동부 내부자료에 따르면, 고용노동부에 소속된 직업상담사는 총 3,404명으로 파악된다(김민규, 2020). 한편, 한국고용정보원의 조사 결과(이시균 외, 2016)에 따르면, 직업상담사 및 취업알선원은 2015년 기준 약 3만 800명이었고, 이 규모는 2025년까지 약 3만 9,600명으로 연평균 2.5% 정도 증가할 것으로 전망되었다.

일반적으로 직업상담사는 고용노동부, 지방자치단체, 대학, 기타 여성 · 청소년 · 군인 · 고령자 관계기관 등에서 공개채용을 통해 근무한다. 직업상담사를 채용하는 대표적인 공공기관으로는 고용복지+센터, 정부위탁센터, 지방자치단체 내 취업센터가 있으며, 민간기관으로는 직업소개소가 있다(〈표 5-7〉 참조).

〈표 5-7〉 직업상담사 채용 기관

구분		내용
공공 기관	고용복지+센터 (고용센터)	국가고용정책의 핵심 전달체계로서 실업급여 지급, 취업상담 · 알선, 고용유지지원금, 직업훈련 등 포괄적인 고용서비스를 수행하기 위한 목적으로 운영되고 있는 고용노동부 산하 기관
	정부위탁센터	중앙정부의 위탁을 받아 무료로 고용서비스를 제공하고 있는 정부위탁센터 (여성새로일하기센터, 지역자활센터, 국방취업지원센터 등)
	지방자치단체 내 취업센터	지방자치단체 내에서 다양한 형태와 명칭으로 운영되고 있는 취업지원기구 (취업정보센터, 취업지원팀, 일자리플러스센터, 일자리센터 등)
민간 기관	직업소개소	구인 또는 구직의 신청을 받아 구직자 또는 구인자를 탐색하거나 구직자를 모집하여 구인자와 구직자 간에 고용계약이 성립되도록 알선하는 사업체 –유료소개소: 건설일용직, 간병인, 파출부 등 임시 · 일용직 관련 소개소 –무료소개소: 비영리법인, 공익단체로서 고용노동부, 여성가족부 등 중앙부처의 사업을 수행하거나 광역지방자치단체 혹은 기초지방자치단체로부터 예산을 지원받아서 운영하는 소개소

자료: 김강호, 김태환. (2022). p. 122 재구성.

〈표 5-8〉 직업상담사의 직무범위

1. 구인 · 구직의 상담 및 직업소개에 관한 업무
2. 직업능력개발훈련 상담, 직업능력개발훈련기관에의 알선 등 직업능력개발에 관한 업무
3. 고용정보의 제공 및 직업지도에 관한 업무
4. 실업인정, 피보험자 관리, 고용안정 지원 등 고용보험에 관한 업무
5. 외국인근로자 고용허가 관련 업무
6. 취업성공패키지 사업 관련 업무
7. 제1호부터 제6호까지의 업무와 관련된 국가기관, 지방자치단체, 공공기관 및 민간기관 등에 대한 지원 · 지도 업무
8. 그 밖의 업무 수행에 필요한 사항

자료: 직업상담원 운영규정 (2019, 고용노동부훈령 제267호)

직업상담사는 관련 상담과 직업소개, 직업 관련 검사 실시 및 해석, 직업지도 프로그램 개발과 운영, 직업상담 행정업무 등을 수행한다(한국고용정보원, 2016). 직업상담원 운영규정에 따르면 직업상담사는 〈표 5-8〉과 같은 직무범위를 가지는 것으로 규정되어 있다.

자격으로서의 직업상담사는 서비스 분야의 국가기술자격으로, 상담 업무, 직업소개 업무, 직업 관련 검사 시행 및 해석 업무, 직업지도 프로그램 개발과 운영 업무, 직업상담 행정 업무 등을 수행하는 데 활용된다. 직업상담사의 자격 체계는 국가기술자격의 체계에 따라 1급과 2급으로 구성된다. 직업상담사 자격 취득 방법은 검정형과 과정평가형의 두 가지 방법이 존재한다. 여기에서 검정형 자격이란 응시자격에 적합한 자들이 필기 및 실기 시험을 통하여 직무능력을 평가받고 합격하여 취득하는 자격을 말하며, 과정평가형 자격은 지정 교육 · 훈련기관에서 NCS 기반으로 설계된 교육 · 훈련과정을 체계적으로 이수하고 내 · 외부 평가를 거쳐 교육 · 훈련생들이 취득하는 자격을 말한다.

직업상담사 검정형 자격 검정은 고용노동부의 주관으로 한국산업인력공단이 수탁하여 운영한다. 직업상담사 자격 검정의 응시자격은 '직업상담사 1급'에만 명시되어 있는데, 구체적으로는 해당 종목의 2급 자격취득 후 해당 실무에 2년 이상 종사한 자, 해당 실무에 3년 이상 종사한 자, 대학 졸업 후 해당 실무에 3년 이상 종사한 자 또는 전문대학 졸업 후 해당 실무에 3년 이상 종사한 자이다. 직업상담사의 시험 관련 정보는 〈표 5-9〉와 같다. 직업상담사 1급은 2003년에서 2021년까지 필기 응시 인원 4,167명 중 2,226명이 합격하였으며(1급 필기 합격률: 53.4%), 실기 응시 인원 2,962명 중 1,086명이 합격하였다(1급 실기 합격률: 36.7%)(Q-Net, 2022a). 직업상담사 2급은 2000년에서 2021년까지 필기 응시 인원 32만 4,728명 중 15만 4,325명이 합격하였으며(2급 필기 합격률: 47.5%), 실기 응시 인원 20만

〈표 5-9〉 직업상담사 시험 관련 정보

<table>
<tr><th rowspan="2">자격</th><th colspan="3">필기(1차)</th><th colspan="3">실기(2차)</th></tr>
<tr><th>과목명</th><th>검정방법</th><th>합격기준</th><th>과목명</th><th>검정방법</th><th>합격기준</th></tr>
<tr><td>직업상담사 1급</td><td>• 고급 직업상담학
• 고급 직업심리학
• 고급 직업정보론
• 노동시장론
• 노동관계법규</td><td rowspan="2">객관식 4지 택일형 과목당 20문항 (과목당 30분)</td><td rowspan="2">100점을 만점으로 하여 과목당 40점 이상, 전과목 평균 60점 이상</td><td>직업상담 실무</td><td>작업형 (3시간 정도)</td><td rowspan="2">100점을 만점으로 하여 60점 이상</td></tr>
<tr><td>직업상담사 2급</td><td>• 직업상담학
• 직업심리학
• 직업정보론
• 노동시장론
• 노동관계법규</td><td>직업상담 실무</td><td>필답형 (2시간 30분)</td></tr>
</table>

자료: Q-Net. (2022a); Q-Net. (2022b).

6,633명 중 6만 9,635명이 합격하였다(2급 실기 합격률: 33.7%)(Q-Net, 2022b).

직업상담사 과정평가형 자격검정은 고용노동부 주관으로 한국산업인력공단이 수탁 및 실행하며, 교육과정 운영은 교육·훈련기관이 담당한다. 과정평가형 자격 검정의 응시 자격은 주무부장관으로부터 지정받은 교육·훈련기관의 교육훈련과정 이수자로서, 직업상담사 과정평가형 자격 운영기관은 '국가기술자격 정책심의 위원회'에 승인받은 NCS 기반 교육·훈련과정 운영기관이며, 2022년 기준 총 53개 기관이 과정평가형 직업상담사 자격 교육·훈련과정을 운영하고 있다(고용노동부, 2022). 직업상담사 과정평가형 자격 취득을 위한 교육·훈련 기준시간으로 2급의 경우 총 400시간 이상이 필요하며, 세부 교육·훈련으로 직업기초능력 30~60시간, 필수능력단위 240시간 이상, 총 필요시간에서 직업기초능력과 필수능력단위 교육·훈련시간을 제외한 만큼 선택능력단위 교육·훈련시간이 필요하다(〈표 5-10〉 참조).

〈표 5-10〉 과정평가형 직업상담사 2급 자격 교육·훈련시간

구분	교육·훈련 기준시간[주)]
직업기초능력	30~60시간
필수능력단위	240시간 이상
선택능력단위	-
총 계	400시간 이상

주) 교육·훈련 기준시간(총계) = [직업기초능력 + 필수능력단위 + 선택능력단위] 기준시간
자료: 한국산업인력공단. (2020). p. 2 재구성.

직업기초능력, 필수능력단위, 선택능력단위 교과목(능력단위)은 〈표 5-11〉과 같다. 직업기초능력 교과목은 의사소통능력, 수리능력, 문제해결능력 등 10개로 구성되고, 필수능력단위는 직업심리검사 선정, 직업심리검사 실시, 직업심리검사 해석 등 11개로 구성되며, 선택능력단위는 사이버상담, 직업상담마케팅, 직업상담홍보 등 총 16개로 구성된다.

과정평가형 자격의 평가는 내부평가와 외부평가로 이루어지며, 내부평가와 외부평가의 비율을 50:50으로 반영한 평균점수가 80점 이상이 되면 합격자가 된다(CQ-Net, n.d.). 먼저 교육 · 훈련기관의 장은 해당 과정에서 이수한 모든 필수능력단위 및 선택능력단위에

〈표 5-11〉 과정평가형 직업상담사 2급 자격 취득을 위한 직업기초능력, 필수능력단위, 선택능력단위

<table>
<tr><th colspan="2">직업기초능력</th><th colspan="2">필수능력단위</th><th colspan="2">선택능력단위</th></tr>
<tr><th>교과목</th><th>교육 · 훈련 시간</th><th>능력단위명(세분류명)</th><th>최소 교육 · 훈련시간</th><th>능력단위명(세분류명)</th><th>최소 교육 · 훈련시간</th></tr>
<tr><td rowspan="2">의사소통능력</td><td rowspan="16">30~60 시간</td><td rowspan="2">직업심리검사 선정(직업상담)</td><td rowspan="2">15시간</td><td>사이버직업상담(직업상담)</td><td>30시간</td></tr>
<tr><td>직업상담마케팅(직업상담)</td><td>30시간</td></tr>
<tr><td rowspan="2">수리능력</td><td rowspan="2">직업심리검사 실시(직업상담)</td><td rowspan="2">15시간</td><td>직업상담홍보(직업상담)</td><td>30시간</td></tr>
<tr><td>직업상담네트워크구축(직업상담)</td><td>30시간</td></tr>
<tr><td rowspan="2">문제해결능력</td><td rowspan="2">직업심리검사 해석(직업상담)</td><td rowspan="2">30시간</td><td>직업적응 상담(직업상담)</td><td>45시간</td></tr>
<tr><td>전직상담(직업상담)</td><td>45시간</td></tr>
<tr><td rowspan="2">자기개발능력</td><td rowspan="2">구직역량분석(직업상담)</td><td rowspan="2">30시간</td><td>전직실행 지원(직업상담)</td><td>30시간</td></tr>
<tr><td>창업준비상담(직업상담)</td><td>30시간</td></tr>
<tr><td>자원관리능력</td><td>취업상담(직업상담)</td><td>30시간</td><td>직업복귀상담(직업상담)</td><td>45시간</td></tr>
<tr><td>대인관계능력</td><td>구직자 사후관리(직업상담)</td><td>15시간</td><td>은퇴자 특성분석(직업상담)</td><td>30시간</td></tr>
<tr><td>정보능력</td><td>집단상담프로그램 실시(직업상담)</td><td>30시간</td><td>은퇴상담(직업상담)</td><td>45시간</td></tr>
<tr><td>기술능력</td><td>직업정보관리(직업상담)</td><td>30시간</td><td>재활직업상담(직업상담)</td><td>30시간</td></tr>
<tr><td>조직이해능력</td><td>직업훈련 상담(취업알선)</td><td>15시간</td><td>다문화직업상담(직업상담)</td><td>30시간</td></tr>
<tr><td rowspan="3">직업윤리</td><td>구인자 일반상담(취업알선)</td><td>15시간</td><td>직업상담사업 현황분석(직업상담)</td><td>30시간</td></tr>
<tr><td rowspan="2">구인개척(취업알선)</td><td rowspan="2">15시간</td><td>직업상담사업 계획수립(직업상담)</td><td>30시간</td></tr>
<tr><td>직업상담행정(직업상담)</td><td>15시간</td></tr>
</table>

자료: 한국산업인력공단. (2020). pp. 2-4 재구성.

대한 내부평가를 실시한다. 이때 내부평가 결과는 능력단위별로 제시되며, 다수의 능력단위를 묶어서 교육·훈련을 실시한 경우에도 평가 결과는 능력단위별로 100점 만점으로 환산하여 제시된다(한국산업인력공단, 2020). 필수/선택능력단위별 주요 평가 내용은 능력단위요소를 측정하는 것으로 이루어지며, 평가 방법은 문제해결시나리오, 서술형시험, 논술형시험, 사례연구, 평가자 질문, 평가자 체크리스트, 일지/저널, 구두발표, 작업장평가 중 교육·훈련기관 실정에 맞는 평가 방법 한 가지 이상을 선택 적용한다(〈표 5-12〉 참조).

내부평가 이후에는 모든 능력단위별 교육·훈련과정에 75% 이상 출석하였고, 교육·훈련기관에서 시행하는 모든 내부평가에 참여한 이수자를 대상으로 외부평가를 실시한다. 이때 내부평가 결과 해당 능력단위별 평가점수가 100점 만점에 40점 미만인 자는 외부평가 대상에서 제외된다(CQ-Net, n.d.). 직업상담사 외부평가의 경우, 1차 평가는 지필평가로 객관식 및 주관식(90분)으로 이루어지며, 2차 평가는 실무평가로 평가 방법은 공개하지 않는다(CQ-Net, n.d.).

〈표 5-12〉 과정평가형 직업상담사 2급 자격 내부평가 내용

필수능력단위		선택능력단위[주)]	
능력단위명 (세분류명)	주요 평가내용 (능력단위 요소)	능력단위명 (세분류명)	주요 평가내용 (능력단위 요소)
직업심리검사 선정 (직업상담)	• 검사 실시 여부 결정하기 • 검사 선택하기	사이버직업상담 (직업상담)	• 관계맺기 • 변화전략 세우기 • 변화촉진하기 • 변화유지하기 • 상담결과 점검하기
직업심리검사 실시 (직업상담)	• 검사 전 준비하기 • 검사 실시하기	직업상담마케팅 (직업상담)	• 직업상담 논점 분석하기 • 논점별 마케팅 전략 수립하기 • 직업상담 구현 경로별 마케팅하기 • 사후관리하기
직업심리검사 해석 (직업상담)	• 검사결과 해석하기 • 검사결과 보고서 관리하기	직업상담홍보 (직업상담)	• 홍보대상 분석하기 • 매체별 홍보전략 수립하기 • 매체별 콘텐츠 제작하기 • 홍보 실행하기 • 홍보결과 분석하기
구직역량분석 (직업상담)	• 구직욕구 분석하기 • 구직자 역량 파악하기	직업상담 네트워크구축 (직업상담)	• 직업정보망 구축하기 • 자원인사 확보하기 • 지역사회 기관망 구축하기 • 네트워크구축 평가하기

필수능력단위		선택능력단위주)	
능력단위명 (세분류명)	주요 평가내용 (능력단위 요소)	능력단위명 (세분류명)	주요 평가내용 (능력단위 요소)
취업상담 (직업상담)	• 취업목표 설정하기 • 구직활동 지원하기	직업적응 상담 (직업상담)	• 직업적응 상담하기 • 실행방법 돕기 • 사후관리하기
구직자 사후관리 (직업상담)	• 구직활동 지원 평가하기 • 구직자 사후관리하기	전직상담 (직업상담)	• 전직요구 분석하기 • 전직희망자 역량 파악하기 • 전직분야 설정하기
집단상담프로그램 실시 (직업상담)	• 운영계획 수립하기 • 집단상담프로그램 실시하기 • 집단상담프로그램 평가하기 • 사후관리하기	전직실행 지원 (직업상담)	• 전직실행 지원하기 • 전직실행 평가하기
직업정보관리 (직업상담)	• 직업정보 분석하기 • 직업정보 가공하기 • 직업정보 평가하기	창업준비상담 (직업상담)	• 창업역량 진단하기 • 아이템 선정하기 • 타당성 분석하기 • 사업계획서 작성하기
직업훈련 상담 (취업알선)	• 직업훈련 참여자 적합성 상담하기 • 직업훈련 정보 탐색하기 • 직업훈련과정 상담하기 • 직업훈련과정 대상자 관리하기	직업복귀상담 (직업상담)	• 직업복귀 상담하기 • 활동계획 평가하기 • 직업복귀 후 관리하기
구인자 일반상담 (취업알선)	• 구인업체 정보 수집하기 • 구인정보 구축하기	은퇴자 특성분석 (직업상담)	• 내담자요구 분석하기 • 내담자특성 파악하기
구인개척 (취업알선)	• 구인개척계획 수립하기 • 구인개척하기 • 구인개척활동 평가하기	은퇴상담 (직업상담)	• 은퇴 후 대안선택하기 • 생애설계서작성 지원하기 • 사후관리하기
		재활직업상담 (직업상담)	• 장애인 구직활동계획 수립하기 • 장애인 구직활동개입 평가하기 • 사후관리하기
		다문화직업상담 (직업상담)	• 다문화 구직자 활동계획 수립하기 • 다문화 구직자 구직활동 개입하기 • 추수지도하기
		직업상담사업 현황분석 (직업상담)	• 사업범위 설정하기 • 전년도사업 분석하기 • 시장 분석하기

필수능력단위		선택능력단위주)	
능력단위명 (세분류명)	주요 평가내용 (능력단위 요소)	능력단위명 (세분류명)	주요 평가내용 (능력단위 요소)
		직업상담사업 계획수립 (직업상담)	• 사업계획서 작성하기 • 사업계획 확정하기 • 사업결과 평가하기
		직업상담행정 (직업상담)	• 직업상담인력 관리하기 • 직업상담실적 관리하기 • 직업상담사무 관리하기 • 직업상담시설 관리하기 • 온라인게시판 관리하기

주) 선택능력단위는 해당 교육 · 훈련기관에서 선택한 능력단위만 내부평가를 실시
자료: 한국산업인력공단. (2020). pp. 7-15 재구성.

3. 진로교육 전담 인력의 문제점 및 개선방안

1) 문제점

진로전담교사와 직업상담사와 같은 진로교육 전담 인력은 진로교육의 대상과 대면하여 진로교육을 수행하는 주체로, 진로교육을 실천하는 중요한 역할을 담당하고 있다. 이와 같은 중요성에도 불구하고 몇 가지 진로교육 전담 인력에 관한 문제점을 정리하면 다음과 같다.

첫째, 진로교육 전담 인력의 수가 부족하다. 이는 양적인 부족인 동시에 효율적인 배치가 이루어지지 않는 문제이기도 하다. 학령인구가 감소함에 따라 초 · 중등교육 단계의 진로전담교사 인원은 장기적으로 조정되어 적정화될 것으로 예상되지만, 현재 수준에서는 1학교 1교사가 배치되어 있어 진로전담교사의 업무가 과중되는 현실에 처해 있다. 또한 직업세계의 변화가 가속화되고 평생직장의 개념이 사라지는 상황에서 직업상담의 수요 증대가 예상되나, 직업상담사의 규모 증가 추세는 수요 증대에 부응하지 못하고 있다.

둘째, 일부 진로교육 전담 인력의 전문성 문제가 있다. 현재 배치되어 있는 진로전담교사는 부전공 자격연수, 직무연수 또는 교육대학원 석사학위 과정을 통해 자격을 취득하여 배치되고, 직업상담사는 국가기술자격인 직업상담사 자격 취득 후 취업해 업무를 수행한다. 진로전담교사 배치 및 직업상담사 취업을 위한 자격에는 큰 문제가 없어 보이나, 지속

적인 교육이 일관되게 이루어지지 못하고 있다는 한계가 존재한다. 진로전담교사의 재교육은 시·도교육청별로 운영되어 일관되지 못한 교육이 이루어지고 있으며, 직업상담사의 재교육 및 향상교육은 기관에 따라 이루어지므로 진로교육 전담 인력의 질을 지속적으로 향상시키고 높은 수준에서 일관성을 유지하기가 어려운 현실이다.

셋째, 직업상담사의 처우 문제가 있다. 직업상담사는 취업을 희망하는 사람을 대상으로 직업소개, 직업능력개발훈련 등에 관한 업무를 수행한다. 그러나 상당수의 직업상담사는 계약직으로 근무하여 본인의 생계가 불안정하다. 이러한 상황에서 직업상담사는 안정적으로 직업상담의 업무를 지속하기 쉽지 않으며, 직업상담사에게 상담을 받는 내담자 역시 일관된 지원을 받기 어렵다.

2) 개선방안

이상에서 논의한 바와 같이 진로교육 전담 인력의 주된 문제점은 진로교육 전담 인력의 수, 전문성 및 처우에 관한 내용으로 요약할 수 있다. 각 문제점에 관한 개선방안을 제안하면 다음과 같다.

첫째, 진로전담교사를 효율적으로 배치 및 활용할 필요가 있다. 진로전담교사의 절대적인 수가 부족하다고 해도 진로전담교사를 급증시키는 것은 현실적으로 쉽지 않다. 진로교육의 전망에 따라 필요한 진로전담교사의 수를 예측하여 점차적으로 증대시키는 동시에 진로전담교사의 배치를 효율적으로 하는 데에 초점을 맞추는 것이 보다 현실적이다. 예를 들어, 학교당 학생 수가 많은 도시 지역의 학교에는 100명당 1인의 진로전담교사를 두어, 한 학교에도 2명 이상의 진로전담교사가 배치될 수 있도록 변경하는 방안이 고려될 수 있을 것이다.

둘째, 직업상담사가 지속적으로 직업상담 업무를 수행할 수 있는 여건을 마련하여야 한다. 특히 민간 기업에 취업한 직업상담사의 경우, 이들이 직업을 유지하고 전문성을 지속적으로 개발하기 위한 여건을 마련하기는 현실적으로 쉽지 않다. 다만, 무기계약의 형태로라도 안정적인 근무 환경을 마련해 주는 것이 필요할 것이며, 가능할 경우 근무 여건이 신장될 수 있도록 정부 또는 지방자치단체 차원의 관심이 필요하다.

셋째, 진로교육 전담 인력의 계속교육을 강화할 필요가 있다. 현행 진로전담교사 및 직업상담사의 배치 및 취업에는 일정한 자격 요건이 필요하여 최소 수준을 담보할 수 있다. 다만, 배치 및 취업된 진로교육 전담 인력의 계속교육에 관한 뚜렷한 규정은 명시되어 있지 않고, 더구나 직업상담사의 경우 민간 기업에 취업하였을 경우 계속교육을 강제하기도 쉽지 않다. 따라서 진로전담교사의 경우 시 · 도교육청 차원의 직무연수를 보다 체계적으로 실시하고, 직업상담사의 경우 자격의 갱신 요건을 두거나 계속교육을 지원하는 정책을 실시하는 등의 노력이 필요할 것이다.

논의사항

- 진로전담교사의 효율적 배치 및 활용 방안에 대해 논의해 보자.
- 직업상담사의 근무 여건 개선을 위해 어떤 지원이 필요할지에 대해 논의해 보자.
- 진로전담교사 및 직업상담사의 재교육(향상교육)의 필요성과 방안에 관하여 논의해 보자.

참고문헌

고용노동부. (2022). 2022년 시행 과정평가형 국가기술자격 종목별 교육 · 훈련과정 지정 공고. 고용노동부.

교육과학기술부. (2010a). 진로진학상담(중등) 교사 충원 및 활용 기본계획. 교육과학기술부.

교육과학기술부. (2010b). 진로진학상담교사 자격연수 기본계획. 교육과학기술부.

교육과학기술부. (2011). 진로진학상담교사 배치 및 운영 지침. 교육과학기술부.

교육부. (2016a). 중등학교 진로전담교사 배치 및 운영 지침. 교육부.

교육부. (2016b). 초등학교 진로전담교사 배치 및 운영 지침. 교육부.

교육부. (2017). 2017 학교진로교육 추진계획. 교육부.

김강호, 김태환. (2022). 민간기관 직업상담사의 이직의도 영향요인 분석. 농업교육과 인적자원개발, 54(1), 109-127.

김민경, 권효원, 김나라, 박나실, 방혜진, 안유진. (2021). 초 · 중등 진로교육 현황조사(2021). 교육부, 한국직업능력연구원.

김민규. (2020). 직업상담사의 전문직업성과 임파워먼트, 슈퍼비전, 자기성찰 및 경력개발지원의 구조적 관계. 서울대학교 대학원 박사학위논문.

김봉환, 정철영, 김병석. (2006). 학교진로상담. 학지사.

유치원 및 초등 · 중등 · 특수학교 등의 교사자격 취득을 위한 세부기준. (2021, 교육부고시 제2021-31호).

이승엽. (2020). 초등 진로전담교사 직무수행 경험에 관한 질적 사례연구. 실과교육연구, 26(4), 115-138.

이시균, 김수현, 강민정, 홍현균, 정순기, 방글, 공정승, 이혜연, 이진면, 전병유, 안주엽, 성지미, 홍성민, 박세경, 심정민, 윤문희. (2016). 중장기 인력수급 수정전망 2015-2025. 한국고용정보원.

이재열, 방혜진, 이진솔. (2020). 중등 진로진학상담 부전공 자격취득 교육과정(안) 연구. 교육부, 울산광역시교육청, 한국직업능력개발원.

진로교육법. (2015, 법률 제13336호)

진로교육법 시행령. (2022, 대통령령 제32528호)

직업상담원 운영규정. (2019, 고용노동부훈령 제267호)

직업안정법 시행령. (2022, 대통령령 제32447호)

표준국어대사전. (n.d.). -사. 표준국어대사전. https://stdict.korean.go.kr/search/searchView.do

한국고용정보원. (2016). 2017 한국직업전망. 한국고용정보원.

한국교원대학교 종합교육연수원. (2022). 2022년도 진로진학상담교사 부전공 자격 학기 중 연수 세부 운영 계획(안). 한국교원대학교 종합교육연수원.

한국산업인력공단. (2020). 과정평가형 국가기술자격 교육 · 훈련과정 편성기준(종목명: 직업상담사 2급). 한국산업인력공단.

CQ-Net. (n.d.). 외부평가 시험안내: 소개 및 절차. CQ-Net. https://c.q-net.or.kr/cmn/info/comContentsPage.do?contentsId=A10B20C10

NCS 국가직무능력표준. (n.d.). NCS 종합 활용: 직업상담. NCS 국가직무능력표준. https://www.ncs.go.kr/unity/hmn01/hmn0101/ncsResultSearch.do?dutySvcNo=SVC202200029&ncsClCd=0702010117_16v2&ncsLclasCd=07&ncsMclasCd=02&ncsSclasCd=01&ncsSubdCd=01&ncsCompeUnitCd=17&doCompeUnit=false&output=ncsRsnInfo

Q-Net. (2022a). 국가자격 종목별 상세정보: 직업상담사1급. Q-Net. https://www.q-net.or.kr/crf005.do?id=crf00505&jmCd=9510

Q-Net. (2022b). 국가자격 종목별 상세정보: 직업상담사2급. Q-Net. https://www.q-net.or.kr/crf005.do?id=crf00505&jmCd=9511

제II부

학교 진로교육

제6장

초등학교 진로교육

초등학교 진로교육은 초등학생 시기뿐만 아니라 이후 청소년기와 성인기의 진로개발에 기초를 마련하는 데 기반이 된다는 점에서 중요하다. 특히 「진로교육법」이 제정된 2015년 이후부터 초등학교 진로교육이 점차 활성화되고 있음을 고려할 때, 현 시점은 초등학교 진로교육의 양적 팽창을 넘어 질적 제고를 위한 고민이 필요한 시기이다.

이 장은 초등학생의 진로 특성을 이해하고 중등단계 진로교육과 구분되는 특징을 이해하며 초등학교 진로교육 현황과 사례를 이해하는 데 목적이 있다. 이를 위해 초등학교 진로 특성에 관한 이론가들의 논의와 정책적 논의를 살펴보고 초등학생의 진로 특성에 관한 선행연구의 논의를 세부적으로 살펴본다. 이후 초등학교 진로교육 관련 제도와 초 · 중등 진로교육 현황조사 결과를 바탕으로 초등학교 진로교육과 관련한 제도적 · 인적 · 물적 현황을 살펴본다. 이와 관련하여, 초등학교 진로교육 사례를 고찰함으로써 학교 현장에서 진로교육을 위한 시사점을 탐색한다. 마지막으로, 초등학교 진로교육의 문제점 및 개선방안을 논의한다.

학습과제

- ▶ 학습과제 1 중 · 고등학교와 구분되는 초등학교의 진로교육 관련 특징을 설명하시오.
- ▶ 학습과제 2 초등학생의 진로 발달 특징을 설명하시오.
- ▶ 학습과제 3 초등학교 진로교육의 정책적 흐름을 설명하시오.
- ▶ 학습과제 4 초등학교 진로교육의 현황과 사례를 설명하시오.
- ▶ 학습과제 5 초등학교 진로교육의 문제점과 개선방안을 설명하시오.

1. 초등학교 진로교육의 의의 및 이론적 기초

1) 초등학교 진로교육의 의의

초등학생 시기는 진로를 인식하는 시기로서 이 시기에 형성된 진로인식은 중·고등학교 및 성인기 진로개발의 초석이 된다(황매향 외, 2019). 다수의 진로 연구자들은 초등학생 시기가 진로개발과 진로의사결정에 결정적인 역할을 한다고 주장하였고(Gottfredson, 2002, 2005; Savickas, 2002; Super, 1984), 특히 초등학생 시기에 진로에 대한 인식을 성숙시키는 것이 중요한 발달과업임을 주장하였다(김봉환, 2017). 진로를 인식한다는 것은 단순히 어떠한 직업이 있는지 이해하는 것을 넘어, 자신의 특성을 이해하고 비록 초보적이지만 직업세계를 인식하는 것을 의미한다(김봉환, 2017). 즉, 진로인식이 시작되는 초등학생 시기에 자신의 특성과 직업세계에 대한 긍정적인 인식을 갖도록 도와줄 필요가 있다.

초등학생의 올바른 진로인식 함양을 위해 초등학교 진로교육은 매우 중요하다(정철영, 2011). 초등학교 진로교육은 초등학생이 올바르게 진로를 인식할 수 있도록 지원한다는 점에 의의가 있다. 이러한 중요성으로 인해 초등학교의 진로교육은 교육과정이 개정될 때마다 확대되어 왔다(황매향 외, 2019). 제7차 교육과정의 인간상으로서 '폭넓은 교양을 바탕으로 진로를 개척하는 사람'을 제시하였고, 이후 실과 교과 내 진로교육뿐만 아니라 창의적 체험활동의 영역으로 진로활동을 포함하였으며(교육과학기술부, 2009), 교과연계 진로교육을 통해 교과 수업시간에도 진로교육을 운영할 수 있는 기반을 마련하였다. 또한 「진로교육법」(2015, 법률 제13336호)은 초등학교에도 진로전담교사를 전면 배치하도록 규정하였다.

이처럼 초등학교 진로교육의 활성화를 위한 제도적 기반이 마련되었음에도, 초등교육 현장에서는 진로교육의 어려움을 지속적으로 호소하고 있다(조은혜, 이영광, 2022). 이는 우리나라의 진로교육이 주로 중등단계에 집중된 경향이 있기 때문이다(정철영 외, 2022). 초등학교 진로교육은 중등학교 진로교육과 다른 독특한 맥락이 있다. 초등학교는 담임교사 주도의 통합교육이 운영되기 때문에 다른 학교급과 비교할 때 담임교사의 영향이 상대적으로 높고(장현진, 2019), 주로 창의적 체험활동과 교과연계 진로교육 및 실과 교과를 통해 진로교육이 이루어진다(박진수, 2020; 박창언 외, 2018). 또한 초등학생 시기는 아동기와 초기 청소년기를 포함하는 시기이기 때문에, 학년(군)에 따라 진로교육의 내용과 방법에 차이가 있다(한상근 외, 2021). 그러나 이러한 차이는 초등학교 진로교육에 제대로 반영되지 못했다. 2011년 전국 중 · 고등학교에 진로전담교사가 배치된 이후, 2016년이 되어서야 초등학교에 진로전담교사가 배치되기 시작하였고(임정훈, 2021) '선교육 후배치'로 이루어진 중등학교의 진로전담교사 배치와 달리, 초등학교의 진로전담교사는 '선배치 후교육'으로 이루어지고 있다(정철영 외, 2021). 또한 고등학교는 고교학점제, 중학교는 자유학기(학년)제가 도입되어 진로에 초점을 둔 교육과정이 운영되고 있는 반면, 초등학교의 경우 진로교육 집중학년 · 학기제 운영이 권장되는 수준에 그쳐 진로에 초점을 둔 교육과정이 활발히 이루어지고 있지 못한 실정이다.

이러한 사정은 제도적인 문제로만 치부할 수는 없다. 초등학교 진로교육은 정책을 이해하고 수동적으로 구현해 내는 것이 아닌, 초등학교 진로교육 전문가들이 현장에서 정책의 방향성에 공감하며 구체적인 실행 방법을 만들어 내는 함께 만드는 교육에 가깝기 때문이다(조은혜, 이영광, 2022). 초등학교 진로교육은 중등학교에 비해 비교적 최근에 활성화를 위한 노력이 이루어지고 있고, 현재 양적 팽창을 넘어 질적 성장이 필요한 시점에 이르렀다(정철영 외, 2021). 따라서 초등학교 진로교육의 특수한 맥락을 고려하여 질적 성장을 위한 다양한 담론이 이루어지는 것이 중요하다.

2) 초등학교 진로교육의 이론적 기초

「초 · 중등교육법」에 따르면 초등학생은 명시된 초등학교에 재학 중인 학생을 의미한다. 초등학생 대상 진로교육은 다수 이론과 경험 연구 및 정책에서 논의되었으며, 이러한 학술적 · 정책적 논의를 고려할 때 초등학생의 진로목표는 '진로에 관한 긍정적 인식을 형성'하는 것으로 볼 수 있다. 진로발달 이론가들은 초등학생 시기를 자아개념을 형성하는 시기로 보았다. 전생애 생애공간 진로이론(Hartung, 2020; Super, 1953, 1984, 1990; Super et al., 1996)은 초등학생 시기를 '성장기(출생~13세)'로 제안하였고 이 시기에 현실적인 자아개념(self-concept)을 형성하는 것이 중요함을 주장하였다(Hartung, 2020). 나아가 Hartung(2020)은 미래 직업인으로서의 역할 또는 그 외의 역할을 수행하는 자신에 대해 상상해 보고 각 역할에 대한 상대적인 중요성을 이해하는 것이 중요함을 주장하였다. Gottfredson(2002)은 초등학생 시기에 진로를 인식하는 구체적인 단계를 제안하였다. Gottfredson(2002)은 진로포부 발달단계를 제안하며 아동기에서 초기 청소년기로 성장하는 과정에서 힘과 크기, 성역할, 사회적 가치를 바탕으로 진로를 타협하고 진로포부를 형성함을 주장하였다. 즉, 아동이 점차 성장함에 따라 자신의 성역할에 맞지 않는 직업, 지위가 너무 낮아서 받아들이기 힘든 직업, 달성하기 너무 어려운 직업을 제외하고 수용 가능한 대안을 마련함으로써 진로포부를 형성한다(Gottfedson, 2005). Tuckman(1974)은 초등학교 시기의 자아인식, 진로인식 및 진로의사결정에 중요한 의미를 부여하였다. 그는 인간의 발달단계에 따라 진로발달이 8단계로 이루어진다고 제시하였다. 이 중 1단계에서부터 5단계(일반적 의존성 단계-자기주장의 단계-조건적 의존성의 단계-독립성의 단계-외부지원의 단계)가 유치원부터 초등학교 6학년 시기에 발달한다고 주장하며(이건남, 2021), 이 시기의 진로발달을 조력하기 위한 교육 및 지원의 중요성을 강조하였다.

맥락주의 관점의 진로이론하에, 초등학생 시기는 다양한 환경적 영향과 상호작용을 통해 자기 자신을 구성하고 다양성을 형성하는 시기이다(Watson & McMahon, 2016). Vondracek 등(2014)은 직업적 행동과 발달에 관한 생활체계이론을 제안하면서 진로개발의 기초가 아동기부터 시작됨을 주장하였고, 다양한 매체와 개인적인 성찰 및 여러 경험을 통해 심리사회적 패턴(pattern)을 형성함을 주장하였다. 특히 Savickas(2020)는 아동이 자신의 진로를 구성함에 있어 부모와 롤 모델(role model)이 중요한 영향을 미친다고 하였다. Savickas(2020)에 따르면, 아동은 부모의 지도와 롤 모델을 통해 자신과 타인 및 세계를 이해하며 애착 도식(attachment schemas)을 형성한다. 애착 도식은 동기 도식을 형성하는 데 기반이 되며 진로와 관련한 행동을 수행하는 데 기반이 된다. 즉, 맥락주의 관점의 진로이론은 아동기에 다양한 환경과의 상호작용을 통해 패턴 혹은 인지 도식을 형성함을 주장하였고, 이러한 패턴과 인지 도식이 이후 청소년기와 성인기의 진로에 관한 동기 및 진로 행동에 기반이 됨을 주장하였다.

정책적으로도 초등학생의 진로인식 형성을 강조한다. 교육부(2016a)는 초등학교 진로교육 목표를 '자신과 일에 대한 이해와 긍정적 가치를 형성하고 다양한 진로 탐색과 체험을 바탕으로 자신의 꿈을 찾고 진로를 설계할 수 있는 진로개발역량의 기초를 배양한다'라고 명시하였다. 또한 세부목표를 제안하며 '자신이 소중한 존재임을 알고', '일과 직업의 의미와 역할을 이해'하며 '직업에 대한 긍정적인 태도를 형성'하는 등 진로인식을 형성하는 데 초점을 두었다. 한상근 등(2021)은 초등학교 진로교육 목표를 '자신을 소중한 사람으로 인식하고 삶의 다양성과 일의 중요성을 배우며, 진로를 주도적으로 찾을 수 있는 기초적인 지식, 기술, 태도를 기른다'로 명시하였고, '나의 특성을 발견하고 존중하고', '일에 대한 긍정적 가치관을 가지며', '학습의 중요성을 인식'하는 등 초등학생이 진로를 긍정적으로 인식하는 데 초점을 두었다(〈표 6-1〉 참조).

〈표 6-1〉 초등학교 진로교육 목표

구분	영역		세부 목표
교육부 (2016)	자아 이해와 사회적 역량 개발	자아이해 및 긍정적 자아 개념 형성	자신이 소중한 존재임을 안다.
			자신의 장점 및 특성을 찾아본다.
		대인관계 및 의사소통 역량 개발	대인관계의 중요성을 이해하고 타인을 배려할 수 있다.
			대인관계에서 의사소통의 중요성을 이해하고 의사소통할 수 있다.
	일과 직업 세계 이해	변화하는 직업 세계 이해	일과 직업의 의미와 역할을 이해한다.
			일과 직업의 다양한 종류와 변화를 이해한다.
		건강한 직업 의식 형성	직업에 대한 긍정적인 태도를 형성한다.
			맡은 일에 최선을 다하는 태도를 기른다.
			직업에 대한 편견과 고정관념을 극복하여 개방적인 인식을 형성한다.
	진로 탐색	교육기회의 탐색	진로에서 학습이 중요함을 이해하고 바른 학습 태도를 갖는다.
			학교의 유형과 특성을 이해하고 탐색한다.
		직업정보의 탐색	여러 가지 방법으로 직업 정보를 탐색하고 수집한다.
			다양한 체험활동을 통해 직업을 이해한다.
	진로 디자인과 준비	진로의사 결정 능력 개발	다양한 의사결정 방식을 안다.
			다양한 상황에서 스스로 의사결정을 내릴 수 있다.
		진로 설계와 준비	진로계획 수립의 중요성을 이해한다.
			자신의 꿈과 끼에 맞는 진로를 그려 본다.
한상근 외 (2021)	자기이해		다양한 일과 직업인에 대해 호기심을 갖는다.
			나의 특성을 발견하고 존중한다.
			일에 대한 긍정적 가치관을 가진다.
	진로탐색		미래사회를 알아본다.
			다양한 직업 세계를 이해한다.
			창업가 정신의 중요성을 이해한다.
			초등학교 이후 진로정보를 알아본다.
	진로설계와 실천		학습의 중요성을 인식한다.
			진로계획의 중요성을 인식한다.

자료: 교육부. (2016a). pp. 4-5; 한상근 외. (2021). pp. 126-127.

2. 초등학생의 특성과 초등학교 진로교육 현황 및 사례

1) 초등학생의 특성

한국교육개발원에서 제공하는 교육통계연보의 학교급별 학생 현황에 따르면, 2021년 초등학생은 약 267만 명이었다. 2012년 약 295만 명이었던 초등학생은 지속적으로 감소하여 2016년 약 267만 명으로 가장 낮은 수치를 기록하였고, 2019년까지는 소폭 증가하였으나 이후 다시 감소하여 2021년에는 약 267만 명을 기록하였다. 2021년까지 초등학교 학생 수의 변화는 〈표 6-2〉와 같다.

〈표 6-2〉 초등학생 수 (단위: 명)

연도	학생 수
2012	2,951,995
2013	2,784,000
2014	2,782,509
2015	2,714,610
2016	2,672,843
2017	2,674,227
2018	2,711,385
2019	2,747,219
2020	2,693,716
2021	2,672,340

자료: 한국교육개발원. (2012-2021) 재구성.

초등학교 진로교육 목표가 '자신과 일에 대한 이해와 긍정적 가치를 형성하고 다양한 진로 탐색과 체험을 바탕으로 자신의 꿈을 찾고 진로를 설계할 수 있는 진로개발역량의 기초를 배양하는 것'(교육부, 2016a)임을 감안할 때, 초등학생의 진로개발역량 수준을 확인하는 것은 이들의 진로 특성을 이해하는 데 중요하다.

지난 5년간 초등학생의 진로개발역량 수준은 〈표 6-3〉과 같다. 자기이해와 사회성, 직업이해 영역의 평균은 약 4.2점을 상회하는 수준이었고, 진로탐색 영역의 평균은 약 3.8

점을 상회하는 수준이었으나 2020년 이후로 감소하였고, 진로설계와 준비도 영역의 평균은 4.1점을 상회하는 수준이었으나 2020년 이후로 감소하였다. 주목할 점은 COVID-19가 확산된 2020년부터 진로탐색 영역의 평균과 진로설계와 준비도 영역의 평균이 감소했다는 점이다. 등교를 하지 못하고 원격수업이 진행됨에 따라 사람들과의 상호작용을 통해 진로정보를 수집하거나 직업세계에 대한 정보를 접할 기회가 감소하고, 이로 인해 진로를 설계하고 준비하는 시도 또한 감소한 것으로 판단된다.

〈표 6-3〉 초등학생 진로개발역량 수준

(단위: 점)

구분	2017 (n=7,879)		2018 (n=8,597)		2019 (n=7,501)		2020 (n=6,352)		2021 (n=6,851)	
	평균	표준편차	평균	표준편차	평균	표준편차	평균	표준편차	평균	표준편차
자기이해와 사회성	4.44	0.57	4.43	0.58	4.44	0.59	4.27	0.59	4.30	0.61
직업이해	4.34	0.63	4.34	0.63	4.35	0.63	4.19	0.62	4.20	0.65
진로탐색	3.89	0.84	3.92	0.85	3.89	0.87	3.60	0.84	3.62	0.87
진로설계와 준비도	4.10	0.73	4.11	0.75	4.11	0.77	3.86	0.74	3.89	0.78

주) 초등학교 6학년 학생을 대상으로 조사한 결과임.
자료: 김민경 외. (2021). p. 61; 서유정 외. (2020). p. 65; 장현진 외. (2017). p. 63; 정은진 외. (2018). p. 66; 한상근 외. (2019). p. 37.

초등학생 진로 특성으로서 고려될 첫 번째 요인은 홍미이다. 흥미는 물체, 사건, 과정 등에 이끌리는 정서나 감정(Silvia, 2006)으로서 다수 진로 이론이 초등학생 시기에 흥미의 중요성을 강조한다. Ginzberg 등(1951)은 진로발달 단계를 제안하면서 환상기를 11세까지의 단계, 잠정기의 하위단계인 흥미기를 11세부터 12세까지의 단계로 보았다. 환상기는 직업 선택 시 현실적인 조건보다 충동이나 욕구에 초점을 두는 시기를 의미하고, 잠정기의 흥미 단계는 흥미에 가장 초점을 두는 시기를 의미한다. Super(1990) 또한 진로발달 단계를 제안하였고, 진로발달 단계 중 성장기를 출생부터 14세까지의 시기로 보았으며, 이 시기에 아동은 자아개념과 관련한 흥미가 발달함을 주장하였다. 진로구성이론(Savickas, 2020) 또한 아동기는 가정, 학교 및 외부 활동 간 자신의 흥미, 능력 및 다른 개인 특성들을 표현하고 이 과정을 통해 자신에 대한 평판(reputation)을 정립함을 주장하였다. 그 외 여러 연구자 또한 초등학생 시기의 진로 흥미를 강조하였다. Sharf(2016)는 야구에 대한 흥미, 동물원 나들이에서의 즐거움 등 흥미에 관한 대화가 향후 진로계획에 도움이 된다고 주장하였고, 김봉환(2017)은 초등학생 시기에 자신의 흥미에 대해 생각해 보고 탐구해 볼 수 있는 기회가 중요하다고 하였다. 방혜진과 김봉환(2020) 또한 초등학생은 어떠한 구체적인 문제를 호소하기보다 자신이 현재 주로 하고 있는 활동이나 관심을 갖고 있는 분야를 이야기하며 자신의 생각과 감정을 드러내고 그 과정을 통해 진로에 대한 인식을 발달시켜 나간다고 주장하였다.

초등학생의 진로 특성으로 고려될 두 번째 요인은 인지 능력의 발달이다. 초등학생 시기는 아동기부터 초기 청소년기까지 다양한 발달단계를 경험하는 시기이다. 특히 이 시기에 아동은 점차 인지 능력이 발달함에 따라 자신의 진로를 인식하기 시작한다. Piaget(2000)는 초등학생 시기를 구체적 조작기(6~12세)로 보고 다양한 자극의 차이를 이해하기 시작하며 구체적인 경험을 일반화하여 문제를 해결할 수 있게 된다고 보았다. 이후 청소년기(형식적 조작기)에 접어들면서 가설적/연역적 사고가 가능해진다고 주장하였다. Savickas(2002)는 아동이 자신의 롤 모델을 선택하여 이들을 모방함으로써 자신에 대한 인식을 정립한다고 하였고, Watson과 McMahon(2016)은 아동기의 관찰 및 모방을 통한 학습이 청소년기와 성인기의 진로선택에까지 영향을 미친다고 하였다. 이들 연구자는 공통적으로 초등학생 시기를 인지적 능력이 발달하는 시기로 보았고, 타인을 관찰하고 모방하는 인지적 능력이 자신의 진로를 인식하는 데 기반이 됨을 주장하였다. 이로 인해 Zunker(2012)는 초등학생 진로지도 시 추상적인 개념을 조작하고 일반화할 수 있도록 지도하는 것이 필요하다고 하였고, 김봉환(2017) 또한 초등학생이 자신의 성격과 흥미, 장래 희망 등에 대해 생각해 보고 학습할 수 있는 기회를 제공하는 것이 필요하다고 하였다. 이와 더불어 Sharf(2016)는 초등학생 시기에 인지 능력이 발달함에 따라 미래 시간에 관한 인식이 발달하기 때문에 초등 고학년의 경우 미래 조망 능력을 발달시키는 것이 중요함을 주장하였다.

초등학생의 세 번째 특성은 성차이다. Havinghurst(1974)에 따르면, 중기 아동기(6~12세)는 남성과 여성이라는 성을 바탕으로 사회적 역할을 학습하는 시기이다. Gottfredson (2002)은 아동기의 진로발달 과정에서 성차에 관심을 가졌다. Gottfredson(2002)은 진로포부 발달단계를 제안하며 초등학생 시기를 성역할 획득 단계(orientation to sex role, 6~8세), 사회적 가치 획득 단계(orientation to social valuation, 9~13세)로 제안하였다. 이 시기에 아동은 성역할과 사회적 가치 및 내적 자아를 바탕으로 진로포부를 축소해 나간다. 이러한 관점으로 볼 때, 초등학생 시기에 남성 또는 여성 역할에 관한 학습이 성별에 기초한 직업관을 형성하는 데 기반이 된다는 점(Zunker, 2012)을 주목할 필요가 있다. 그러나 초등학생 성별에 따른 진로발달의 차이에 관한 연구 결과가 일관되게 보고되고 있지 않은 실정이다. 초등학생의 성별에 따라 진로성숙에 차이가 있는지를 알아본 결과 유의한 차이가 없다는 연구(류상희, 2021; 연은모, 최효식, 2019; 이건남, 2021)가 있는 반면, 여학생의 진로성숙이 남학생에 비해 높은 것으로 나타났다는 연구(윤현, 2011; 진성미, 2011)도 있었다. 따라서 초등학생 진로발달의 성차는 충분한 연구가 확보되는 것이 필요하다.

최근 주목할 필요가 있는 초등학생의 또 다른 특성은 미디어 이용이다. Prensky(2001)는 이들을 디지털 원주민(digital natives)이라고 부른다. 정보통신정책연구원(2018)에 따르면, 초등학교 저학년의 37.8%, 고학년의 81.2%가 스마트폰을 보유하고 있는 것으로 나타났고, 스마트폰을 통해 게임, 메신저, 동영상, 책/만화 애플리케이션을 이용하는 것으로 나타났다. 오늘날 초등학생들은 중국의 바이트댄스(ByteDance)가 개발한 틱톡을 통해 자신의 감정을 표현하고 정보를 공유하며 게임을 통해 친구들과 소통하였고, 특히 COVID-19로 인해 학교에 등교하지 못해 메타버스를 통해 또래 친구들과 소통하였다(정민하, 2021). 디지털 원주민인 초등학생들에게 미디어는 자신의 흥미와 관심을 심화하는 공간이자 자신을 표현하는 공간이며 소통하는 공간이다. 초등학생의 미디어 이용은 이들의 진로인식에도 영향을 준다. 초 · 중등 진로교육 현황조사(김민경 외, 2021)에 따르면, 초등학생들은 대중매체와 TV로부터 주로 진로를 알게 되고 크리에이터, 프로게이머, 의사, 배우/모델 등을 희망 직업으로 생각하고 있는 것으로 나타났다. 초등학생이 미디어 이용에 익숙하고 주로 유튜브를 통해 게임 콘텐츠를 시청한다는 점을 고려할 때(배상률 외, 2020) 초등학생의 희망 직업에 미디어의 영향이 상대적으로 높다는 점을 알 수 있다.

2) 초등학교 진로교육 현황

초등학교 진로교육은 교육과정이 개정될 때마다 그 비중이 확대되었다(황매향 외, 2019). 재량활동, 담임교사의 훈화 등을 통해 산발적으로 이루어지던 진로교육에서 초등학교 교육과정 내 진로가 고려되기 시작한 시기는 제7차 교육과정으로 볼 수 있다. 제7차 교육과정은 추구하는 인간상으로 '폭넓은 교양을 바탕으로 진로를 개척하는 사람'을 제시하며, 실과 교과 내용요소로 '직업의 세계와 진로 계획'을 포함하였다(양은주 외, 2000; 황매향 외, 2019). 상시 개정체계로 전환한 후, 2009 개정 교육과정이 추구하는 인간상은 '전인적 성장의 기반 위에 개성의 발달과 진로를 개척하는 사람'으로 명시하였다. 또한 실과 교과뿐만 아니라 창의적 체험활동을 신설하고 그 하위영역으로 진로활동을 구성하여 교육과정 내 진로교육 시수를 확대하였다(교육과학기술부, 2009). 2015 개정 교육과정의 인간상은 '전인적 성장을 바탕으로 자아정체성을 확립하고 자신의 진로와 삶을 개척하는 자주적인 사람'으로, 초등학교에서 진로교육은 지속해서 강조되었고(교육부, 2015) 교과 수업 내 진로교육, 창의적 체험활동 내 진로활동이 이루어졌다. 교육과정과 더불어, 교육과학기술부(2012)는 학교 진로교육 목표와 성취기준을 마련함으로써 초등학교 및 학년군에 특화된 진로교육 운영 기반을 다졌다. 학교 진로교육 목표와 성취기준은 2015년 한 차례 개정을 통해 4개 대영역, 8개 중영역, 17개 세부목표, 38개 성취기준으로 세분화되었다(교육부, 2016a). 2022 개정 교육과정은 주요 과제 중 하나로 '교육과정 혁신을 통한 학습자 맞춤형 교육 강화'를 제시하고, 실현방안으로 진로연계학기를 도입하였다(교육부, 2021). 진로연계학기란 학교급 전환기(초6, 중3, 고3) 2학기 중 일부 기간을 활용하여 학교급별 연계 및 정서 지원, 진로교육 등을 강화하기 위한 집중 학기로 초등학교에는 2024년부터 적용된다.

초등학교 진로교육의 중요성에 따라 전담 인력을 확보하려는 노력이 이루어졌다. 먼저 2016년부터 초등학교에도 진로전담교사가 배치되기 시작하였다(정철영 외, 2021). 대학원 과정 등을 통해 부전공 자격을 취득해야 하는 중·고등학교와는 달리 초등 진로전담교사는 별도 자격 규정 없이 학교장 임명을 통해 배치된다. 다음으로, 「진로교육법」에서 초·중등학교에서 진로전담교사를 지원하는 전문인력을 확보할 수 있도록 법적 근거가 마련되어 있다. 그러나 진로전담교사 지원인력은 진로교육 현황조사에서 자료를 집계하지 않아 중·고등학교와 달리 초등학교의 현황을 확인하기 어렵다. 다만, 담임교사의 진로교육 경험에 대한 연구에서 확인된 '초등학교에서는 진로교육의 길잡이 역할을 하는 사람이 부재하여, 진로 코디가 파견되었으면 좋겠다.'는 요구에 비추어 볼 때, 초등학교에서 진로교육 지원인력이 부족하고 수요가 있음을 확인할 수 있다(조은혜, 이영광, 2022).

초등학생의 진로활동은 〈표 6-4〉와 같이, 수업 중 진로탐색하기, 진로심리검사받기, 진로체험하기, 진로상담받기, 창업가정신 배우기의 다섯 가지로 구분된다. 초등학생이 가장 많이 참여하는 진로활동은 수업 중 진로탐색하기(83.5%), 진로심리검사받기(76.4%), 진로체험하기(60.8%) 순이었다. 만족도는 진로체험하기(4.10점)가 가장 높았으며, 진로심리검사받기(4.04점), 진로상담받기(3.97점) 순이었다. 향후 참여를 희망하는 활동은 진로체험하기(83.5%), 수업 중 진로탐색하기(81.4%), 진로심리검사받기(80.7%) 순이었다. 한편, 초등학생의 만족도와 향후 참여 희망 등 긍정적인 반응을 얻는 진로활동과 실제 초등학교 내 진로활동 운영 현황이 다소 차이가 있었다. 초등학생의 만족도가 가장 높고, 향후 참여하고 싶다는 학생의 비율도 가장 높은 진로체험하기(4.10점, 83.5%)는 실제 참여한 학생이

〈표 6-4〉 학교 진로활동별 참여 현황 및 만족도, 향후 참여 희망(초등학생) (단위: %, 점)

구분	참여 현황	만족도	향후 참여 희망
수업 중 진로탐색하기	83.5	3.90(0.85)	81.4
진로심리검사받기	76.4	4.04(0.86)	80.7
진로체험하기	60.8	4.10(0.91)	83.5
진로상담받기	38.6	3.97(0.91)	65.7
창업가정신 배우기	48.6	3.91(0.90)	67.2

주 1) 만족도는 '학교 진로활동별 참여 현황'에 '예'라고 응답한 학생을 대상으로 조사함.
2) 비율, 평균, 표준편차(괄호 안의 값)에 가중치 적용함.
자료: 김민경 외. (2021). p. 88.

60.8%로 다소 낮았다. 또한 만족도가 세 번째로 높은 진로상담받기(3.97점)의 경우, 참여한 학생들이 38.6% 수준에 불과하였다. 이러한 결과는 COVID-19로 인해 원격으로 전환 운영되었던 교과 수업과 달리, 진로체험이나 상담과 같이 주로 대면으로 이루어지는 진로 활동이 위축되었기 때문으로 이해할 수 있다.

초등학교 진로교육 관련 인적 현황은 진로전담교사, 학부모로 구분될 수 있다. 2016년부터 초등학교에도 진로전담교사가 전면 배치되기 시작한 이래, 2021년 기준 배치율은 91.9%로 거의 모든 초등학교에 진로전담교사가 배치되었다(〈표 6-5〉 참조). 그러나 학교에 배치된 진로전담교사가 자신을 진로전담교사라고 인식하는 경우는 16.8%에 불과하였으며, 학교 진로업무 담당교사라고 인식하는 경우는 75.1%로 나타났다. 학교 규모별로 살펴보면, '학교 진로업무 담당교사'로 인식하는 비율은 소규모 학교(80.1%), 대규모 학교(78.9%), 중규모 학교(67.8%) 순으로 높았다. 이에 반해 학교 소재지별로 살펴보면, 대도시(34.1%), 중소도시(11.6%), 읍면지역(8.5%)으로 지역 규모가 커질수록 '진로전담교사'로 인식하는 비율이 높았다. 8.1%의 학교는 진로전담교사가 배치되지 않았고, 소규모 학교(9.7%) 및 읍면지역 학교(10.0%)의 진로전담교사 미배치율이 높았다. 지역 규모가 줄어들수록 대체로 학교의 규모 또한 줄어드는데, 소규모 학교일수록 교사 1명이 담당하는 행정업무가 많아 진로전담교사가 실질적인 진로교육의 구심점 역할을 수행하기 어려운 것으로 해석된다.

학부모 또한 초등학교 진로교육의 중요한 인적자원이다. 학부모 진로교육 참여 현황에 따르면 학부모가 진로교육을 수행 및 지원하기보다는 학부모 대상 진로 · 진학 연수 및 특강에 참여한 학부모가 14.6%로 가장 많았고, 학부모 직업인 특강 또는 멘토활동(7.7%),

학부모의 직장을 진로체험처로 제공(4.0%) 순이었다. 이를 통해 학부모가 학생들에게 진로교육을 제공하는 주체로 참여하는 경우는 11.7%이고, 학교에서 제공하는 교육에 참여하는 경우는 14.6%에 불과하여 학부모의 능동적 참여 수준이 다소 미비한 것을 알 수 있다. 이는 창의적 체험활동의 시수는 자율활동(입학식, 방학식, 개학식, 임원 선출 등)에 대다수 배정되고, 진로교육에 단독 배정된 시수는 연간 4시간 수준에 불과하여(조은혜, 이영광, 2022), 초등학교 학부모들이 학교 진로교육에 참여할 수 있는 기회가 다소 부족하기 때문(김민경 외, 2021)으로 해석된다. 학교 소재지 규모별 활동 참여율을 살펴보면, 학부모 대상 진로 · 진학 연수 참여는 대도시(19.8%), 읍면지역(13.4%), 중소도시(10.7%) 순으로 높았다. 학부모 직업인 특강 · 멘토활동은 대도시(10.0%), 읍면지역(8.1%), 중소도시(5.6%) 순이었다. 한편, 직장을 진로체험처로 제공하는 것은 읍면지역(5.8%)에서 학부모의 참여도가 가장 높았다(〈표 6-5〉 참조).

〈표 6-5〉 초등학교 진로교육 관련 인적 현황 (단위: %)

구분		비율		학교 규모			학교 소재지		
				대	중	소	대도시	중소도시	읍면지역
진로 전담교사 배치 여부	진로전담교사	91.9	16.8	21.1	25.5	10.2	34.1	11.6	8.5
	학교 진로업무 담당교사		75.1	78.9	67.8	80.1	58.5	81.8	81.5
	없음		8.1	0.0	6.7	9.7	7.3	6.7	10.0
학부모 학교 진로교육 참여	학부모 대상 진로 · 진학 연수 · 특강		14.6	–	–	–	19.8	10.7	13.4
	학부모 직업인 특강 · 멘토활동		7.7	–	–	–	10.0	5.6	8.1
	직장을 진로체험처로 제공		4.0	–	–	–	4.8	2.5	5.8

주) 진로전담교사 지원인력 현황은 중 · 고등학교급만 집계되어 확인할 수 없음.
자료: 김민경 외. (2021). pp. 105-118 재구성.

초등학교 진로교육 관련 물적 현황은 학교 진로교육 전담 조직(부서), 진로교육 공간, 진로 체험처, 진로교육 자료로 구분될 수 있다. 학교 진로교육 담당 조직(부서)가 설치된 초등학교는 88.5%로 나타났다. 타 학교급과 비교하면, 초등학교는 학교 진로교육 담당 조직(부서)이 미설치된 비율이 11.5%로 가장 높았다. 또한 진로교육 담당 조직(부서)이 진로교육만 전담하는 경우는 5.3%에 불과하였고, 타 업무가 주 업무이면서 진로교육을 겸하는 비율이 68.6%로 가장 높게 나타났다(〈표 6-6〉 참조).

〈표 6-6〉 학교 진로교육 담당 조직(부서) 유무

(단위: %)

구분	있음				없음	전체
	진로교육만 전담(a)	진로교육이 주 업무 + 타 업무 겸함(b)	타 업무가 주 업무 + 진로교육 겸함(c)	소계		
초등학교	5.3	14.6	68.6	88.5	11.5	100.0
중학교	39.7	28.6	22.8	91.1	8.9	100.0
고등학교	50.2	25.2	19.5	94.9	5.1	100.0

주) 비율에 가중치 적용함.
자료: 김민경 외. (2021). p. 155.

진로교육을 위한 공간을 설치한 학교의 비율은 32.2%였다. 진로교육을 위한 공간이 설치되지 않은 비율이 67.8%로 나타나 절반 이상의 학교에서 진로교육을 위한 공간이 마련되지 않았음을 알 수 있다. 진로교육을 위한 공간을 설치한 학교 중 해당 공간이 진로교육뿐만 아니라 다른 용도로도 사용한다고 응답한 비율이 27.5%였으며, 해당 공간이 진로교육 전용 공간으로 활용되는 경우는 4.7%에 불과했다. 학교 규모에 따르면, 중간 규모나 소규모의 학교에서 진로교육을 위한 전용공간이 설치된 비율은 약 5% 정도였으나, 대규모의 학교에서는 복합공간으로만 존재하는 것으로 나타났다. 학교 소재지에 따르면, 복합공간으로 활용되는 비율은 소재지에 관계없이 약 30% 정도였으며, 전용공간으로 사용되는 경우는 대도시(10.4%)를 제외하고 5% 미만(중소도시 3.6%, 읍면지역 1.4%)이었다(〈표 6-7〉 참조).

초등학생들이 이용할 수 있는 진로체험처는 평균 1.03개로 나타났고, 소규모 학교, 읍면지역 학교가 상대적으로 많은 진로체험처를 확보하고 있었다. 학교 규모가 소규모인 경우 평균 1.23개로 가장 많았으며, 중간 규모(0.81개), 대규모(0.41개)의 순이었다. 학교 소재지에 따라 살펴보면, 읍면지역에 위치한 학교가 평균 1.31개로 진로체험처 확보 개수가 가장 많았고, 대도시(0.95개), 중소도시(0.76개)의 순이었다. 이는 초등학생의 진로체험 시 인솔 및 안전관리와 관련이 있는 것으로 해석된다. 진로체험처에서는 초등학생 인솔 및 안전 관리를 위해 진로체험 프로그램은 회당 정원(예: 회당 15명 내외)이 있고, 학교 밖으로 진로체험학습을 갈 때 학생 15명당 1명의 인솔 인력이 법적으로 권고된다. 읍면지역, 소규모 학교는 학급당 학생 수가 적어 진로체험 프로그램의 회당 정원을 초과하지 않고, 담임교사 1명이 인솔할 수 있어서 이용할 수 있는 진로체험처가 비교적 많다.

초등학교 진로교육에서 활용하고 있는 자료에 대한 중복 응답 결과, 진로정보망이 86.3%로 가장 많이 활용되었으며, 진로체험망(69.0%), 창의인성교육넷(26.2%), 원격 영

〈표 6-7〉 초등학교 진로교육 관련 물적 현황 (단위: %, 개)

<table>
<tr><th colspan="2" rowspan="2">구분</th><th colspan="2" rowspan="2">비율</th><th colspan="3">학교 규모</th><th colspan="3">학교 소재지</th></tr>
<tr><th>대</th><th>중</th><th>소</th><th>대도시</th><th>중소도시</th><th>읍면지역</th></tr>
<tr><td rowspan="3">진로교육 공간 유무</td><td>전용공간</td><td rowspan="2">32.2</td><td>4.7</td><td>0.0</td><td>5.1</td><td>4.6</td><td>10.4</td><td>3.6</td><td>1.4</td></tr>
<tr><td>복합공간</td><td>27.5</td><td>13.9</td><td>26.2</td><td>29.4</td><td>27.7</td><td>30.8</td><td>24.6</td></tr>
<tr><td>없음</td><td colspan="2">67.8</td><td>86.1</td><td>68.7</td><td>66.0</td><td>61.9</td><td>65.6</td><td>74.0</td></tr>
<tr><td colspan="2">진로체험처 확보 개수</td><td colspan="2">1.03</td><td>0.41</td><td>0.81</td><td>1.23</td><td>0.95</td><td>0.76</td><td>1.31</td></tr>
<tr><td rowspan="5">진로 교육 자료 활용 현황</td><td>진로정보망
(커리어넷 · 주니어커리어넷)</td><td colspan="2">86.3</td><td>100.0</td><td>93.5</td><td>80.3</td><td>94.3</td><td>86.9</td><td>80.0</td></tr>
<tr><td>진로체험망(꿈길)</td><td colspan="2">69.0</td><td>55.5</td><td>66.4</td><td>71.8</td><td>64.7</td><td>65.4</td><td>75.1</td></tr>
<tr><td>청소년 기업가 체험 프로그램(YEEP)</td><td colspan="2">9.4</td><td>6.6</td><td>11.3</td><td>8.2</td><td>13.8</td><td>11.1</td><td>4.8</td></tr>
<tr><td>원격 영상 진로 멘토링</td><td colspan="2">19.4</td><td>18.6</td><td>21.9</td><td>17.6</td><td>21.7</td><td>23.4</td><td>14.5</td></tr>
<tr><td>창의인성교육넷(크레존)</td><td colspan="2">26.2</td><td>13.9</td><td>28.7</td><td>25.3</td><td>32.6</td><td>26.6</td><td>21.3</td></tr>
</table>

자료: 김민경 외. (2021). pp. 105-118 재구성.

상 진로 멘토링(19.4%) 그리고 청소년 기업가 체험 프로그램(9.4%)의 순으로 높은 비율을 보였다(〈표 6-7〉 참조). 학교 규모별로 살펴보면, 대규모 학교에서는 원격 영상 진로 멘토링(18.6%)을 많이 사용하였고, 중간 규모 및 소규모 학교에 비해 창의인성교육넷(크레존)(13.9%)의 활용률이 다소 낮았다. 학교 소재지별로는 활용하는 진로교육 자료에는 유의미한 차이가 없었다.

3) 초등학교 진로교육 사례

초등학교 진로교육은 교과 연계 진로교육, 창의적 체험활동 하위영역 간 연계 진로교육, 학교 외부 인적 · 물적 자원을 활용한 진로체험을 중심으로 이루어진다(교육부, 2016a). 이에 따라 이 장에서는 세 개 유형별로 초등학교 진로교육의 사례를 소개하고자 한다.

먼저 교과연계 진로교육 사례로, A 초등학교에서는 독서, 문학, 역사, 예술 · 스포츠의 4개 영역을 국어, 사회, 음악, 미술, 체육, 실과 등 관련 교과와 연계하여 인문학적 소양을 기르는 진로교육 프로그램을 운영하였다(주휘정 외, 2018). 교육과정 재구성을 통해, 교과 내용 속에 포함되어 있는 진로교육 요소를 중심으로 교과목표 및 학교 진로교육 목표를 동시에 달성할 수 있도록 통합 성취기준을 만들었다. 이 프로그램은 진로전담교사가 전담하는 실과, 체육 교과 및 담임교사의 담당 과목 중 중점 4개 영역 관련 교과의 학습목표를 연계하여 8차시 분량으로 구성하였다(〈표 6-8〉 참조).

A 초등학교의 교과연계 진로교육은 가족과 함께하는 사전 과제, 친구와 함께할 수 있는 활동, 스스로 탐구할 수 있는 활동 등으로 구성하여 수업이 학생 중심으로 활발하게 이루어질 수 있도록 구성되어 초등학생 수준에 적합하다. 또한 진로교육부 및 진로전담교사를 중심으로 학기별 워크숍을 통한 교과통합 진로교육 재구성이 활발하게 이루어지고, 진로 관련 전문적 학습 공동체가 2개 운영되어 적극적인 공동 연구가 이루어진다는 점에서 우수하다고 평가받았다.

〈표 6-8〉 A 초등학교 교과연계 진로교육

<table>
<tr><td>대상</td><td>6학년</td><td>총 차시</td><td>8차시</td><td>수업 모형</td><td>개별활동 수업
미디어 활용 수업
도서 활용 수업
현장체험 활동 수업</td></tr>
<tr><td>수업 주제</td><td colspan="5">음악, 미술, 체육, 사회, 실과 등의 수업과 진로교육 목표와 연계한 수업</td></tr>
<tr><td>통합 성취 기준</td><td colspan="5">• 유명한 화가의 작품을 자신만의 이야기로 패러디하여 그릴 수 있다.
• 음악회를 다녀와서 관련 직업과 연관 지어 소감을 발표할 수 있다.
• 스포츠 스타를 알아보고 나의 운동 계획을 세울 수 있다.
• 대한민국 정부 수립을 위한 인물들을 비교할 수 있다.
• 조선 초기의 역사를 알고 연극으로 표현할 수 있다.
• 이순신 길 걷기를 통해 지역의 중심인물 이순신 장군에 대해 깊이 알 수 있다.
• 나를 이해하고 적성과 흥미에 맞는 미래를 그려 볼 수 있다.</td></tr>
<tr><td rowspan="4">수업 흐름</td><td colspan="4">수업 내용</td><td>진로목표 성취기준</td></tr>
<tr><td colspan="4">• 유명한 화가의 작품을 보고 자신만의 생각으로 패러디하기
-유명한 화가의 작품을 감상하고, 작가의 생각과 의도를 탐색하기
-자신만의 생각으로 작품을 패러디하고 반 전시회 및 감상하기
-그림과 관련된 직업과 연관 짓기</td><td>2015-E I
2.1.3</td></tr>
<tr><td colspan="4">• 음악회를 다녀온 뒤 소감 발표하기
-음악회 관람 예절을 알고, 음악회에서 연주될 음악 미리 알아보기
-친구, 가족과 함께 음악회 다녀오기
-연주자들과 공연장에서 볼 수 있는 직업들과 연관 지어 소감 발표하기</td><td>2015-E II
2.2.2</td></tr>
<tr><td colspan="4">• 스포츠 스타를 알아보고 나의 운동 계획 세우기
-스포츠 스타의 성공과 노력의 과정 알아보기
-스포츠 스타의 노력 과정을 참고하여 나의 운동 계획 세우기</td><td>2015-E II
2.2.1</td></tr>
</table>

	수업 내용	진로목표 성취기준
	• 스포츠 경기를 관람하고 소감문 발표하기 –경기장 관람 질서와 예절 알아보기 –관람한 경기에 대한 정보 및 진행 상황 중계하기 –스포츠 경기 관람 후 관련된 직업 소개와 소감 발표하기	2015-E II 2.2.2
	• 대한민국 정부 수립을 위한 인물 비교하기 –대한민국 정부를 수립하는 과정 알아보기 –김구와 이승만을 비교하여 인물들의 업적 평가하기 –내가 만약 김구, 이승만이라면? (의사결정방법알기)	2015-EIV 1.2.2
	• 조선 시대 역사 연극하기 –내가 읽은 역사 이야기에서 가장 기억에 남는 한 장면 정하기 –결정적 역사 장면에서 나오는 인물들의 대화를 상상해 보기 –줄거리와 대본을 만들고 친구들과 연극으로 표현하기	2015-EIV 1.2.1
	• 지역 중심인물 탐구하기 –친구 또는 가족과 '이순신 길' 걷기 –길을 걸으며 코스별로 찍은 사진, 경험 정리하기 –'이순신 길' 역사 코스를 다녀온 소감문 작성 및 발표하기	2015-E II 2.2.1
	• 나의 역사 기록하기 –친구들과 함께 내가 살아온 생애에 대해 이야기 나누기 –나이별로 중요하거나 기억에 남는 일 정리하기(역사 인물 활용) –미래에 이어질 나의 역사에 대해 상상해 보기	2015-EIV 2.2.2

자료: 주휘정 외. (2018) 재구성.

다음으로 창의적 체험활동 하위영역 간 연계 진로교육으로 사례로, B 초등학교는 창의적 체험활동 중 동아리활동과 진로활동을 연계하여 진로동아리를 운영하였다(김미옥, 2021). 교사들은 사전에 그림책, 커리어넷 자료, 학교 진로교육 목표 및 성취기준, 진로 수업 자료 등 문헌을 탐색하여 진로동아리 프로그램을 기획하였다. 진로동아리는 진로미결정 상태의 5, 6학년 희망 학생 16명으로 구성하였다. 1학기에는 총 7회기 13차시의 진로독서 프로그램을 운영하였고, 2학기 직전 여름방학에는 1주간 4차시 기초 진로개발역량을 기르기 위한 진로 집중 프로그램을 운영하였다(〈표 6–9〉 참조).

B 초등학교의 창의적 체험활동 하위영역 간 연계 진로교육은 초등학생의 수준에 맞는 그림책 자료를 활용하여 진로미결정 학생의 자기이해를 촉진했다는 점에서 초등학교 진로교육 목표 및 성취기준에 부합하는 활동이다. 또한 개발한 프로그램의 활용도 제고를

〈표 6-9〉 B 초등학교 창의적 체험활동 하위영역 간 연계 진로교육 프로그램

<table>
<tr><td rowspan="8">진로독서 프로그램 (진로 동아리)</td><th>회기</th><th>주제</th><th>진로요소</th><th>그림책</th><th>차시량</th></tr>
<tr><td>1</td><td>나의 특성과 장점에서 강점 찾기</td><td>자아 존중</td><td>『슈퍼거북』</td><td>2</td></tr>
<tr><td>2</td><td>맡은 일에 책임 다하기</td><td>배려, 대인관계</td><td>『알 게 뭐야』</td><td>2</td></tr>
<tr><td>3</td><td>내가 좋아하는 일, 꿈꾸는 일</td><td>꿈꾸는 인생</td><td>『꽃을 좋아하는 소 페르디난드』</td><td>2</td></tr>
<tr><td>4</td><td>배움의 의미와 중요성 알기</td><td>나의 강점</td><td>『배운다는 건 뭘까?』</td><td>2</td></tr>
<tr><td>5</td><td>일과 직업의 의미와 역할 알기</td><td>삶의 태도</td><td>『프레드릭』</td><td>2</td></tr>
<tr><td>6</td><td>일에 대한 긍정적 태도 가지기</td><td>꿈, 미래 모습</td><td>『행복한 청소부』</td><td>2</td></tr>
<tr><td>7</td><td>대인관계의 바람직한 자세 알기</td><td>배움</td><td>『쿠키 한 입의 인생수업』</td><td>1</td></tr>
<tr><td rowspan="5">진로탐색 프로그램 (방학캠프)</td><th>회기</th><th colspan="2">주제</th><th>구성 자료</th><th>차시량</th></tr>
<tr><td>1</td><td colspan="2">진로 가치관 경매</td><td>진로 가치 카드</td><td>1</td></tr>
<tr><td>2</td><td colspan="2">흥미 탐색</td><td>홀랜드 진로검사</td><td>1</td></tr>
<tr><td>3</td><td colspan="2">의사결정과 의사소통</td><td>의사결정과 소통 놀이</td><td>1</td></tr>
<tr><td>4</td><td colspan="2">진로자기효능감 높이기</td><td>프리즘 카드</td><td>1</td></tr>
</table>

자료: 김미옥. (2021) 재구성.

위해 차년도 5~6학년 교사 수준 교육과정에 편성하여 학교급 전환기 학생들 전체를 대상으로 적용하려는 노력을 하였고, 다른 학교 교사들도 참여할 수 있는 초등교사 진로 독서 연구회를 조직 및 운영하여 성과 확산을 고려한 점이 우수하다.

마지막으로 마을교육공동체의 인적·물적 자원을 활용한 진로체험 사례로 경기도교육청이 주관하는 '경기꿈의학교'가 있다. 경기꿈의학교의 목적은 학생들의 자아 탐색과 꿈 실현이며, 학생이 만들어 가는 꿈의학교(만꿈), 학생이 찾아가는 꿈의학교(찾꿈), 다함께 꿈의학교(다꿈)의 세 가지 유형으로 운영된다(경기도교육청, 2022). 학생, 학부모, 교사 대상 설문조사를 통해 선정된 IT·인공지능, 과학, 스포츠, 미술, 요리, 인문·사회, 음악, 영상영화, 창업, 뮤지컬·연극, 생태, 진로, 기타의 13개 주제로 2022년 기준 1,940개의 꿈의 학교가 개설되어 운영되고 있다. 학생들은 학교로 배부된 안내장에 따라 웹사이트에 회원가입을 하고 수강 신청을 하며, 주제 중심으로 진로체험 프로그램이 운영된다([그림 6-1] 참조).

경기꿈의학교는 학생들이 자신의 흥미와 적성에 맞는 프로그램을 선택하여 참여하여 학습 동기가 높고, 같은 분야에 관심 있는 학생들 간 지적 교류의 장이 된다. 또한 경기꿈

[그림 6-1] 경기꿈의학교 초등학생 대상 프로그램

자료: 경기마을교육공동체. (n.d.)

의학교에 참여했던 학생 리더, 성인 개인, 비영리단체, 법인, 기업, 기관 등 다양한 주체가 프로그램 공모를 통해 운영에 참여한다는 점에서 지역사회의 풍부한 인적·물적 자원을 활용한 사례로 볼 수 있다.

종합하면, 초등학교 진로교육은 학교 안팎의 교사 전문적 학습공동체의 연구, 외부기관과의 협력을 통해 이루어지고 있음을 알 수 있다. 주목할 점은, 첫째, 진로에 관심이 높은 보직교사 등 교사가 학교 내 전문적 학습공동체 활동을 촉진하고, 이후 연구회 조직 등 학교 밖까지 확산을 도모하여 공동 연구의 중심 역할을 하였다는 것이다. 둘째, 학교 내 자원만으로는 양질의 진로체험 프로그램을 제공하기 어렵다는 문제점을 마을교육공동체를 활용하여 해결한다는 점이다. 초등학생의 진로교육은 진로체험 중심으로 운영할 것이 권장되고 있으며(교육부, 2021), 진로체험이 현직 전문가의 노하우를 녹여 낸 경우 배움의 질이 높았다(경기도교육청, 2022). 이는 향후 초등학교 진로교육에서 진로교육 전담 인력의 중요성과 학교 외에도 다양한 기관의 협력을 통해 진로교육이 이루어져야 한다는 점을 시사한다.

3. 초등학교 진로교육의 문제점 및 개선방안

1) 문제점

초등학교 진로교육의 주요 문제점으로는 진로전담교사의 역할 수행 미비, 진로교육 집중 학년·학기제 운영 미비, 진로체험을 위한 인프라 부족이 있다. 첫째, 교사 차원에서 진로전담교사의 역할 수행이 미비하다. 2016년부터 초등학교에 진로전담교사가 전면 배치되기 시작하였고, 2021년 기준 배치율은 91.9%로 거의 모든 초등학교에 진로전담교사가 있다(김민경 외, 2021). 그러나 초등학교 현장에서는 진로전담교사가 학교 진로교육의 구심점 역할을 수행하지 못하고 있는 것으로 나타났다(조은혜, 이영광, 2022). 이는 초등 진로전담교사는 '선배치 후교육'으로 이루어져 초등학교 1급 정교사 외 진로전담교사가 되기 위한 별도 자격이 요구되지 않는 것과 관련이 있다(정철영 외, 2021). 중등교원 자격과는 달리 초등교원 자격은 표시과목이 없고 부전공이 불가능하기에, 「진로교육법」에서는 초등 진로전담교사 배치 자격을 「초·중등교육법」에 따라 보직교사를 두는 방식으로 배치할 수 있다는 조항을 별도 명시하였다. 이에 교사가 진로전담교사가 되기를 희망하지 않아도 학교 상황에 따라 임명되어, 스스로 진로전담교사보다는 업무 담당교사로 인식하고(김민경 외, 2021) 다음해에 진로전담교사를 맡고 싶어 하지 않는 등 직무의 연속성을 확보하기 어렵다(정남용, 2019). 또한 임명 후 권고되는 연수 시간은 60시간으로 짧은 편이고, 그마저도 이수하지 않는 경우가 있어 전문성 확보에 한계가 있다(이승엽, 2020).

둘째, 학교 차원에서 진로교육 집중학년·학기제의 운영이 미비하다. 학교 차원에서 진로교육 집중학년·학기제를 운영하기 위해 국가 수준 교육과정을 학교 수준 교육과정으로 재구성해야 한다. 그러나 교육과정을 재구성할 때, 국가 수준 교육과정에 제시된 교과별 배당 기준 시수는 쉽게 바꾸기 어렵다. 그러나 단위 학교에서는 창의적 체험활동에 통합 배정된 시수를 학교 행사 및 필수 계기 교육에 우선 배정하고, 학기당 4시수(조은혜, 이영광, 2022) 또는 8시수(주휘정 외, 2018) 등 대략 10시수 내외의 남는 시수를 진로교육에 배정한다. 이처럼 초등학교에서 진로교육은 배정된 시수가 적고, 독립된 교과목이 부재하기 때문에(주휘정 외, 2018) 교육과정 재구성을 통한 교과 연계 진로교육이 필수적이다. 그러나 교육과정 재구성은 교사 한 명이 하기에 힘에 부치는 작업이다. 학교 차원의 진로교육 집중학년·학기제 운영을 위해 학교 구성원들의 공감대 형성과 교원 간 유기적인 협력이 필요하다.

셋째, 지역사회 차원에서 초등학생을 위한 진로체험을 위한 체험처가 부족하다. 진로교육은 실제 직업세계를 다룬다는 특성에 따라 학교 안에서만 이루어지기 어렵다. 그러나 초등학생의 인솔 및 안전 관리의 어려움으로 인해(김재호, 2016) 학교 규모에 따라 진로체험처 확보 정도에 차이가 있다(김민경 외, 2021). 진로체험처에서는 초등학생을 대상으로 활동 중심 진로체험 프로그램을 운영하는데, 인솔 및 안전 관리를 위해 회당 정원(예: 회당 15명 내외)을 제한한다. 또한 학교 밖으로 진로체험학습을 갈 때 학생 15명당 1명의 인솔 인력이 법적으로 권고된다. 「진로교육법」(2015, 법률 제13336호)에 따르면 초·중등학교에서 진로교육을 위한 전문 보조 인력을 확보할 수 있도록 법적 근거가 마련되어 있으나, 실제 초등학교 현장에서는 찾아보기 어렵다(조은혜, 이영광, 2022). 이처럼 학생들의 안전한 진로체험을 위해 많은 인적·물적 자원이 필요함에도 지역사회의 풍부한 자원들을 충분하게 활용하고 있지 못한 실정이다.

2) 개선방안

앞서 살펴본 초등학교 진로교육의 주요 문제점을 개선하기 위해 초등 진로전담교사를 '선교육 후배치'로 확보하는 방안, 전문적 학습공동체를 활성화하여 단위 학교의 진로교육 집중학년·학기제를 내실화하는 방안, 초등학교 진로교육을 위한 지역사회의 인적/물적 자원 협조 활성화를 고려할 수 있다. 첫째, 초등 진로전담교사가 되기 전 전문성을 갖추기 위한 교육이 선행되어야 한다. 초등 진로전담교사의 직무는 진로 중심 학교 교육과정 편성과 운영 및 학교 진로상담 총괄, 교원 및 학부모 대상 진로교육 연수 및 컨설팅, 커리어넷 등의 진로직업 관련 심리검사의 활용 및 컨설팅, 지원 전문인력 관리 및 운영, 지역사회 및 유관 기관의 진로체험 네트워크 관리(교육부, 2016b) 등 높은 전문성이 필요하다. 이처럼 높은 전문성 요구에 대응하여 초등 진로전담교사 제도 시행 초기에는 보직교사로 임명하고 중장기적으로 교육대학원의 진로진학상담 전공 과정 이수 교사를 우선 배치한다는 원칙이 부처 차원에서 제시된 바 있으나(교육부, 2016b), 실제 대학원 전공 신설 양상은 미비한 수준이다. 초등 진로전담교사의 직무역량 강화를 위한 대학원 학과 설치(이승엽, 2020; 정남용, 2019; 주휘정 외, 2021)는 지속적으로 논의된 주제인 만큼, 교육청별 주문식 맞춤형 교육과정 개발 등 체계적인 양성 과정 구축을 위한 노력이 필요하다.

둘째, 전문적 학습공동체를 활성화하여 단위 학교의 진로교육 집중학년·학기제를 내실 있게 운영할 수 있다. 진로교육에 배정된 시수가 적고 독립된 교과가 부재한 초등 진로교육의 특성상, 진로교육 집중학년·학기제 운영을 위해 진로 중심 교육과정 재구성이 필수적이다. 그러나 진로 중심 교육과정 재구성은 단위 학교 및 학습자의 특성을 분석하고, 국가 수준 교육과정, 학교 진로교육 목표 및 성취기준, 학술 논문, 초등학생 대상 진로교육 프로그램, 각종 심리검사, 온라인 플랫폼과 앱 등 각종 실무적·학술적 문헌을 고찰한 후 전문성을 기반으로 수정 및 선택 과정을 거쳐야 하는 복잡한 작업이다(조은혜, 이영광, 2022). 이러한 복잡성으로 인해 교사 개개인이 모든 부담을 지는 것이 아니라, 전문적 학습공동체를 통해 초등교사들이 함께 힘을 합쳐 교육과정을 재구성해 나가는 것이 필요하다. 구체적인 방안으로, 학교 내 전문적 학습공동체를 통해 교과 중심 진로 교육과정 재구성을 한 A 초등학교의 사례(주휘정 외, 2018)나, 다른 학교 교사들도 참여할 수 있는 학교 밖 전문적 학습공동체를 통해 개발한 진로교육 프로그램을 5~6학년 교육과정에 반영하는 등 확산을 위해 노력한 B 초등학교의 사례(김미옥, 2021)를 벤치마킹할 수 있을 것이다.

셋째, 초등학생 수준에 맞는 진로교육을 위해 지역사회의 풍부한 인적·물적 자원 협조를 강화할 수 있다. 초등학생 시기는 구체적 조작기(6~12세)에 해당하여(Piaget, 2000), 흥미 등 진로와 관련된 인식발달에 다양한 직간접적 체험이 매우 중요하다(김봉환, 2017; Sharf, 2016). 인적 차원에서 「진로교육법」에 명시된 진로교육 보조 전문인력인 진로 코디네이터의 양성 및 파견을 고려할 수 있다. 진로 코디네이터는 진로전담교사를 보조하여 초등학생 수준에 적합하고 양질의 체험을 제공하는 진로체험처에 대한 자료 수집, 진로체험활동 계획 수립 및 인솔 및 안전 관리를 지원하는 역할을 수행하여 초등학생의 안전한 진로체험을 활성화하는 역할을 수행할 것이다. 물적 차원에서 지역사회의 장비와 기기를 초등학교 진로체험에 협조할 수 있다. VR 기기, 로봇, 드론 등 고가의 물리적 장비는 단위 학교에서 확보하기 어렵다. 이에 초등교사들은 지역교육청과 기관의 MOU 등 진로체험을 위한 협조 시스템을 구축하여, 단위 학교에서 진로체험을 위한 기기 및 장비를 쉽게 활용할 수 있기를 원했다(조은혜, 이영광, 2022). 또한 활용할 수 있는 진로체험처가 적은 대규모 학교(김민경 외, 2021)에서도 양질의 진로체험 프로그램을 이용할 수 있도록 지역사회의 물적 자원을 활용하여 진로체험 프로그램을 동시 체험 가능한 학생 정원을 확대할 필요가 있다.

논의사항

- 진로교육 이론과 현황을 바탕으로 초등학생의 진로 발달 특징을 진로활동에 반영할 방법을 논의해 보자.
- 대중매체, TV 등 미디어 자료를 초등학교 진로교육 자료로 활용할 때의 장단점을 논의해 보자.
- 교과연계, 창의적 체험활동 간 연계 등을 통해 진로 중심 교육과정 재구성 방안을 논의해 보자.

참고문헌

경기도교육청. (2022). 2022 경기꿈의학교 기본운영계획. 경기도교육청.

경기마을교육공동체. (n.d.). 꿈의학교 탐색: 초등학생. 경기마을교육공동체. https://village.goe.go.kr/school/explore

교육과학기술부. (2009). 2009 개정 교육과정 총론. 교육과학기술부.

교육과학기술부. (2012). 학교 진로교육 목표 및 성취기준. 교육과학기술부.

교육부. (2015). 2015 개정 교육과정 총론. 교육부.

교육부. (2016a). 2015 학교 진로교육 목표와 성취기준. 교육부.

교육부. (2016b). 초등학교 진로전담교사 배치 및 운영 지침. 교육부.

교육부. (2021). 2022 개정교육과정 주요사항. 교육부.

김미옥. (2021). 2021 진로위기청소년 유형별 진로교육 실천과제 결과보고서-진로미결정 부문(광려초). 교육부, 한국직업능력개발원.

김민경, 권효원, 김나라, 박나실, 방혜진, 안유진. (2021). 초 · 중등 진로교육 현황조사(2021)-기초통계표. 한국직업능력연구원.

김봉환. (2017). 진로교육의 개요. 김봉환, 김은희, 김효원, 문승태, 방혜진, 이지연, 조붕환, 허은영(저), 진로교육개론 (pp. 11-37). 사회평론.

김재호. (2016). 초등학교에서의 진로체험 실행 개선 방안. 학습자중심교과교육연구, 16(2), 645-666.

류상희. (2021). 초등학생의 진로성숙에 영향을 미치는 요인. 한국실과교육학회지, 34(2), 83-98.

박진수. (2020). 왜 교사 수준 교육과정인가. 더블북.

박창언, 김재덕, 김태호, 오영재, 김우리, 여상운, 이경진, 이종원, 이효휘, 장경혜, 김미현, 방현철, 이옥희, 정은영, 김정숙. (2018). 진로교육기반 학교교육과정 실무도움서. 교육부, 한국청소년정책연구원.

방혜진, 김봉환. (2020). 텍스트 마이닝을 이용한 중 · 고등학생의 온라인 진로상담 호소문제 분석: 커리어넷 온라인 진로상담 사례를 대상으로. **진로교육연구, 33**(4), 69-99.

배상률, 이창호, 이정림. (2020). **청소년 미디어 이용 실태 및 대상별 정책대응방안 연구 I: 초등학생**. 한국청소년정책연구원.

서유정, 김민경, 류지영, 박나실, 김나라, 안유진, 안중석. (2020). **초 · 중등 진로교육 현황조사(2020)-기초통계표**. 한국직업능력개발원.

양은주, 조경원, 임현식. (2000). 학교교육과정의 교육적 인간상에 대한 비판적 고찰. **교육과정연구, 18**(2), 47-68.

연은모, 최효식. (2019). 초등학교 고학년 자녀와 부모의 자아존중감이 진로성숙도에 미치는 영향. **한국산학기술학회논문지, 20**(1), 236-247.

윤현. (2011). 초등학생의 진로성숙도에 영향을 미치는 요인에 관한 연구. **사회복지 실천과 연구, 8**, 97-124.

이건남. (2021). 초등학생의 개인 및 학교특성이 진로발달에 미치는 영향. **한국실과교육학회지, 34**(4), 185-207.

이승엽. (2020). 초등 진로전담교사 직무수행 경험에 관한 질적 사례연구. **실과교육연구, 26**(4), 115-138.

임정훈. (2021). 진로전담교사 대상 연구 동향. **진로교육연구, 34**(2), 1-23.

장현진. (2019). 미래 직업 변화와 현장 요구에 따른 초등학교 진로교육의 방향 및 실과교과에서의 전개 방안 탐색 연구. **실과교육연구, 25**(3), 165-189.

장현진, 민숙원, 김민경, 류지영, 김재희. (2017). **초 · 중등 진로교육 현황조사-기초통계표**. 한국직업능력개발원.

정남용. (2019). 초등학교 진로전담교사의 실태 분석 및 개선 방안. **실과교육연구, 25**(1), 85-102.

정민하. (2021). **메타버스가 뭐길래… 美 '로블록스' 열풍에 韓 기업도 들썩**. 비즈조선. https://biz.chosun.com/site/data/html_dir/2021/03/15/2021031501872.html

정보통신정책연구원. (2018). **한국미디어패널조사**. 정보통신정책연구원.

정은진, 정윤경, 김나라, 류지영, 김재희, 장현진. (2018). **초 · 중등 진로교육 현황조사(2018)-기초 통계표**. 한국직업능력개발원.

정철영. (2011). 초등학교 진로교육의 새로운 패러다임. **실과교육연구, 17**(4), 1-30.

정철영, 이영광, 이승엽, 김동주, 김기민, 이진규, 김도현. (2022). 우리나라 국가 진로교육 정책 동향. **진로교육연구, 35**(1), 81-109.

정철영, 정진철, 서우석, 임정훈. (2021). **초등학교 진로교육 운영 활성화 방안**. 서울대학교 진로직업교육연구센터.

조은혜, 이영광. (2022). 초등 담임교사의 진로교육 경험에 대한 질적 사례연구: 진로교육 실천사례 연구대회 개인 분과 수상자를 중심으로. **실과교육연구, 28**(2), 21-47.

주휘정, 김영식, 장현진, 류지영, 이윤진, 이윤진 … 최승일. (2018). **진로교육 집중학년 · 학기제 운영 사례집(초등학교)**. 교육부, 한국직업능력개발원.

진로교육법. (2015, 법률 제13336호)

진성미. (2011). 서울시 초 · 중 · 고교생의 진로성숙도 관련변인별 집단 비교. **한국교육문제연구, 29**(2), 133-156.

초 · 중등교육법. (2022, 법률 제15961호)

한국교육개발원. (2012-2021). **교육통계연보**. 한국교육개발원.

한상근, 김민경, 안유진, 안중석, 김다래. (2019). **초 · 중등 진로교육 현황조사(2019)-기초통계표**. 한국직업능력개발원.

한상근, 정윤경, 정지은, 안중석. (2021). **학교 진로교육 목표 및 성취기준 연구**. 한국직업능력연구원.

황매향, 조붕환, 인효연, 여태철, 공윤정, 임경희, 배기연, 정애경, 박진영. (2019). **초등학교 진로교육의 실제**. 사회평론아카데미.

Ginzberg, E., Ginsburg, S. W., Axelrad, S., & Herma, J. L. (1951). *Occupational choice*. Columbia University Press.

Gottfredson, L. S. (2002). Gottfredson's Theory of Circumscription, Compromise, and Self-Creation. In D. Brown (Ed.), *Career Choice and Development* (4th ed., pp. 85-148). Jossey-Bass.

Gottfredson, L. S. (2005). Applying Gottfredson's Theory of Circumscription and Compromise in Career Guidance and Counseling In S. D. Brown & R. W. Lent (Eds.), *Career Development and Counseling: Putting Theory and Research to Work*. John Willey & Son.

Hartung, P. J. (2020). Life-Span, Life-Space Career Theory and Counseling. In S. D. Brown & R. W. Lent (Eds.), *Career Development and Counseling: Putting Theory and Research to Work* (3rd ed., pp. 95-127). Wiley.

Havinghurst, R. J. (1974). *Developmental task and education*. McKay.

Piaget, J. (2000). Piaget's theory of cognitive development: Childhood cognitive development. *The Essential Readings, 2*, 33-47.

Prensky, M. (2001). Digital Natives, Digital Immigrants. *On the Horizon, 9*(5), 1-6.

Savickas, M. L. (2002). Career construction. *Career Choice and Development, 149*, 205.

Savickas, M. L. (2020). Career Construction Theory and Counseling Model. In S. D. Brown & R. W. Lent (Eds.), *Career development and counseling: Putting theory and research to work* (3rd ed., pp. 165-199). Wiley.

Sharf, R. S. (2016). *Applying career development theory to counseling*. Cengage Learning.

Silvia, P. J. (2006). *Exploring the psychology of interest*. Oxford university Press.

Super, D. E. (1953). A theory of vocational development. *American Psychologist, 8*(5), 185-190.

Super, D. E. (1984). Career and life development. In D. Brown (Ed.), *Career Choice and Development* (4th ed., pp. 192-234). Jossey-Bass.

Super, D. E. (1990). A Life-Span, Life-Space Approach to Career Development. In D. Brown & L. Brooks (Eds.), *Career choice and development: Applying contemporary theories to practice* (2nd ed., pp. 197-261). Jossey-Bass.

Super, D. E., Savickas, M. L., & Super, C. M. (1996). The Life-Span, Life-Space Approach to Careers. In D. Brown, L. Brooks, & Associates (Eds.), *Career choice and development* (3rd ed., pp. 121-178). Jossey-Bass.

Tuckman, B. W. (1974). An age-graded model for career development education. *Journal of Vocational Behavior, 4*(2), 193-212.

Vondracek, F., Ford, D., & Porfeli, E. (2014). *A living systems theory of vocational behavior and development*. Sense.

Watson, M., & McMahon, M. (2016). *Career exploration and development in childhood: Perspectives from theory, practice and research*. Taylor & Francis.

Zunker, V. G. (2012). *Career counseling: A holistic approach*. Cengage learning.

제7장

중학교 진로교육

중학교 진로교육은 급격한 신체적 · 인지적 · 사회적 변화를 경험하는 시기인 중학생의 진로개발을 지원함으로써 중학생 시기뿐만 아니라 이후 고등학생 시기 및 성인기의 행복한 삶의 기초를 마련하는 데 기반이 된다는 점에서 중요하다. 또한 이를 위해 가정, 학교, 지역 및 국가가 연계 · 협력하여 중학생의 진로개발을 지원한다는 데 의의가 있다.

이 장은 중학생의 진로 특성을 이해하고 중학교 진로교육 현황과 사례를 이해하는 데 목적이 있다. 이를 위해 중학생 진로 특성에 관한 이론가들의 논의와 정책적 논의를 고찰하고, 중학생의 심리적 · 인지적 · 관계적 특성에 관한 선행연구 논의를 바탕으로 중학생의 진로 특성을 살펴본다. 또한 초 · 중등 진로교육 현황조사 결과를 바탕으로 중학교 진로교육 관련 제도, 진로교육 활동, 인적 · 물적 현황을 확인하며 중학교 진로교육 사례를 고찰함으로써 대면 및 비대면 진로교육이 학교 안팎에서 어떻게 이루어지고 있는지 소개한다. 마지막으로 상기 논의를 바탕으로 중학교 진로교육의 문제점을 진단하고 개선방안을 제안한다.

학습과제

- ▶ 학습과제 1　중학생 진로 특성에 대한 진로 이론가들의 주된 주장을 설명하시오.
- ▶ 학습과제 2　중학생의 심리적 · 인지적 · 관계적 특성을 설명하시오.
- ▶ 학습과제 3　중학생 시기 진로탐색의 특징을 설명하시오.
- ▶ 학습과제 4　중학교 진로교육의 현황과 사례를 설명하시오.
- ▶ 학습과제 5　중학교 진로교육의 문제점과 개선방안을 설명하시오.

1. 중학교 진로교육의 의의 및 이론적 기초

1) 중학교 진로교육의 의의

중학생 시기는 다른 학교급에 비해 신체적 · 정신적 그리고 관계적으로 급격한 변화가 일어나는 변화기이다. 변화기의 중학생들은 내적 · 외적 갈등을 겪게 되며, 특히 학업에 대한 부담, 진로에 대한 고민(이지연 외, 2013)은 중학생들의 내 · 외적 갈등을 더욱 가중시킨다. 다른 학교급에 비해 낮은 학습 동기와 다른 학교급에 비해 희망 직업이 없는 학생들의 높은 비율(김민경 외, 2021), 중학교 진학 이후 급격한 행복도 추락(이봉주, 유민상, 2017) 등의 현상은 오늘날 우리나라 중학생들이 겪는 어려움을 나타낸다. 일부는 이러한 중학생 시기의 내 · 외적 갈등을 '중2병'이라는 표현으로 부정적으로 보기도 한다(김경애 외, 2018).

이러한 변화기에 자신의 진로를 긍정적으로 개발하는 것은 이후 고등학생 시기 및 성인기의 행복한 삶의 기초가 된다는 점에서 매우 중요하다. 진로를 개발한다는 것은 특정한 직업을 선택하는 것에 국한되지 않고 자신의 특성을 이해하고 원활한 사회적 관계를 형성하며 나아가 직업세계에 대한 정보 수집을 바탕으로 자신의 진로를 설계하고 관리하는 것을 의미한다(임효신, 2015). 오늘날 청소년 시기의 주된 고민이 공부(성적, 적성 등), 직업(직업선택, 보수 등), 외모(통계청, 2021)임을 감안할 때, 중학생 시기의 자신을 긍정적으로 이해하고 향후 진로를 탐색 및 설계, 관리하는 것은 앞서 언급한 내 · 외적 갈등과 중학생 시기의 주된 고민에 긍정적인 방향을 제시할 수 있다. 특히 다수의 선행연구(김봉환, 2017; Porfeli & Skorikov, 2010; Savickas, 2002)가 초기 청소년기에 폭넓은 진로정보를 수집하는 전반적인 진로탐색이 중요함을 주장한 바, 중학교 시기에 자신의 소질과 적성, 성격, 흥미 등에 대해 광범위하게 생각해 보고 직업정보를 폭넓게 탐색하여 다양한 진로대안을 마련하는 것이 강조될 필요가 있다.

중학교 진로교육은 중학생의 진로개발을 지원하는 데 기반이 된다. 선행연구 또한 중학교 진로교육이 중학생들의 진로 고민 해결에 도움을 제공할 수 있다고 하였다(김경애 외, 2018; 김봉환, 2017). 이로 인해 교육부는 중학생을 대상으로 다양한 진로교육 관련 정책을 시행하고 있다. 특히 2016년에 전면 시행된 자유학기제는 중학생을 대상으로 한 대표적인 진로교육 관련 정책으로서, 자유학기제로 인해 중학생들은 다양한 진로교육 활동을 경험할 수 있게 되었다. 자유학기제는 자유학년제로 확대되는 추세이며 교육부와 시 · 도교육청은 자유학기 · 학년제뿐만 아니라 진로교육 집중학년 · 학기제를 통하여 중학생의 진로개발 지원을 노력하고 있다. 중학교 진로교육 활성화를 위한 노력은 변화기에 해당하는 중학생이 자신을 올바르게 이해하고 이를 바탕으로 자신의 진로를 계획하며 계획한 진로를 준비하는 것(정철영, 2017)에 밑바탕이 될 수 있다. 뿐만 아니라 중학생 시기에 겪는 심리적 갈등을 극복하는 데에도 긍정적인 영향을 미칠 수 있다. 주목할 점은 중학교 진로교육은 학교만의 역할이 아니라 가정과 지역 그리고 국가의 원활한 연계 · 협력이 중요하다는 것이다(정철영 외, 2022). 즉, 중학교 진로교육은 급격한 변화를 경험하는 시기인 중학생의 진로개발을 지원하는 것에 목적이 있으며, 이를 위해 가정, 학교, 지역 및 국가가 연계 · 협력하여 중학생의 진로개발을 지원한다는 데 의의가 있다.

2) 중학교 진로교육의 이론적 기초

중학생이란 「초 · 중등교육법」(2018, 법률 제15961호)에 명시된 중학교에 재학 중인 학생을 의미한다. 중학생 대상 진로교육은 다수의 이론과 경험 연구 및 정책에서 논의되었으며, 이러한 학술적 · 정책적 담론을 고려할 때 중학생의 진로목표는 '진로에 관한 다양한 정보를 탐색하고 잠정적인 진로목표를 수립'하는 것으로 볼 수 있다. 여기서 진로에 관한 다양한 정보란 소질, 적성 등 자신에 관한 정보와 교육 및 직업세계에 관한 정보를 의미한다. 다수의 진로발달 이론가는 중학교 시기의 진로탐색과 잠정적 진로선택을 강조하였다. Ginzberg 등(1951)이 제시한 진로발달 단계에 따르면 중학생 시기는 환상기에서 벗어나 잠정기로 진입하는 단계로 볼 수 있는데, 이 시기의 중학생들은 자신에 대한 이해를 기반으로 본격적으로 진로탐색의 행동을 수행하게 된다(김봉환 외, 2010 재인용). Super(1973)가 제시한 진로발달 단계에 따르면, 중학생 시기는 탐색기에 해당하고 이 시기의 중학생들은 개인과 직업세계에 대한 정보를 기반으로 자신의 진로를 탐색하기 위한 행동을 수행한다. Tuckman 또한 중학생 시기를 진로를 탐색하는 시기로 보았으며, 이 시기의 학생들은 진로탐색을 통하여 직업관에 관심을 갖기 시작하고 진로결정의 기본요인들을 현실적인 관점에서 탐색한다고 보았다(김봉환 외, 2006 재인용). Savickas(2020)는 아동이 성장함에 따라 점차 잠정적으로 진로목표를 수립 및 선택할 수 있게 되고 목표를 추구하기 위해 자신을 조절할 수 있게 됨을 주장하였다. 즉, 진로 이론가들은 중학생 시기에 진로탐색을 강조할 뿐만 아니라 잠정적인 진로선택 또한 이루어질 수 있음을 주장하였다.

한편, 고등학교 및 성인기의 진로탐색은 자신의 진로 특성을 바탕으로 구체적인 진로정보를 수집하는 심층적 탐색(in-depth exploration)이 강조되는 반면, 중학교 시기의 진로탐색은 폭넓은 정보를 탐색하는 전반적 탐색(in-breadth exploration)이 강조된다. Savickas(2002)는 탐색 단계를 크게 명료화(crystallization), 구체화(specification), 현실화(actualization)의 세 단계로 구분하였다. 이 중 명료화를 잠정적인 사고를 형성하기 위해 폭넓게(broadly) 진로를 탐색하는 것으로 정의하였고, 구체화는 잠정적인 진로선택을 더욱 면밀히(deeply) 탐색하는 것으로 정의하였다. Savickas(2002)가 제안한 탐색 단계에 따르면, 정보를 폭넓게 수집하는 전반적 탐색이 수행되고 나서 심층적 진로탐색이 수행된다. Porfeli와 Skorikov(2010)는 진로탐색을 자신과 직업세계에 대해 폭넓은 정보를 수집하는 전반적 진로탐색(diversive career exploration)과 자신의 특성에 기반한 정보를 수집하는 구체적 진로탐색(specific career exploration)으로 구분하였고 전반적 탐색이 진로발달 과정 초기에 일어남을 주장하였다. 특히 전반적 진로탐색은 다양한 진로대안을 마련하는 데 초점이 있고 구체적 진로탐색은 대안을 줄여 나가는 데 초점이 있다고 하였다. 김봉환(2017) 또한 중학교에서 진로탐색을 할 때는 구체적으로 어떤 직업을 선택하거나 직업적 기능을 길러 준다기보다는 전반적으로 직업과 관련한 정보를 수집하고 분석하는 능력, 그리고 자신의 소질과 적성, 성격, 흥미 등에 대해 광범위하게 생각해 보고 객관적으로 평가할 수 있는 능력에 초점을 두어야 함을 주장하였다.

정책적으로도 중학생의 진로탐색을 강조한다. 교육부(2016)는 중학교의 진로교육 목표를 '초등학교에서 함양한 진로개발역량의 기초를 발전시키고 다양한 직업세계와 교육기회를 탐색하여 중학교 생활 및 이후의 진로를 설계하고 준비한다'로 명시하였다. 또한 세부목표로서 '자신의 흥미, 적성, 성격, 가치관 등 다양한 특성을 탐색'하고 '직업의 역할을 알고 다양한 종류의 직업을 탐색'하며 '고등학교의 유형과 특성에 대한 다양한 정보를 탐색'하는 것을 제안하였고, '자신의 특성을 바탕으로 미래 진로에 대해 잠정적인 목표와 계획을 세우는 것'을 제안하였다. 한상근 등(2021)은 중학교 진로교육 목표를 '자신의 소질과 적성을 파악하고 다양한 직업세계와 교육기회를 탐색하여 진로를 주도적으로 찾는 데 필요한 지식, 기술, 태도를 기른다'로 명시하였다. 세부목표 또한 '나의 진로 특성 탐색', '미래 사회, 직업세계의 변화 및 중학교 이후 진로정보 탐색', '잠정적 진로목표 수립 및 준비'를 명시하였다(〈표 7-1〉 참조).

〈표 7-1〉 중학교 진로교육 목표

구분	영역		세부 목표
교육부 (2016)	자아 이해와 사회적 역량 개발	자아이해 및 긍정적 자아 개념 형성	자아존중감을 발달시켜 자기효능감을 갖도록 노력한다.
			자신의 흥미, 적성, 성격, 가치관 등 다양한 특성을 탐색한다.
		대인관계 및 의사소통 역량 개발	대인관계의 중요성을 이해하고, 대상과 상황에 맞는 대인관계 능력을 함양한다.
			사회생활에서의 의사소통의 중요성을 이해하고, 효과적인 의사소통 방법을 이해하고 활용한다.
	일과 직업 세계 이해	변화하는 직업세계 이해	직업의 역할을 알고 다양한 종류의 직업을 탐색한다.
			사회변화에 따른 직업세계의 변화를 탐색한다.
			창업과 창직의 의미를 이해하고 관련 모의 활동을 해 본다.
		건강한 직업의식 형성	직업 선택에 영향을 주는 다양한 가치를 탐색한다.
			직업인으로서 가져야 할 직업윤리 및 권리를 이해한다.
			직업에 대한 편견과 고정관념을 성찰하고 개선방법을 찾아본다.
	진로 탐색	교육기회의 탐색	진로에서 학습의 중요성을 이해하고 자기주도적 학습 태도를 갖는다.
			고등학교의 유형과 특성에 대한 다양한 정보를 탐색한다.
		직업정보의 탐색	다양한 방법과 체험활동을 통해 구체적인 직업정보를 탐색한다.
			직업에 대해 수집한 정보를 분석하여 직업 이해에 활용한다.
	진로 디자인과 준비	진로의사결정 능력 개발	진로의사결정능력을 함양한다.
			진로를 선택하는 데 영향을 주는 진로장벽 요인을 알아보고 해결 방법을 찾는다.
		진로 설계와 준비	자신의 특성을 바탕으로 미래 진로에 대해 잠정적인 목표와 계획을 세운다.
			진로목표에 따른 고등학교 진학계획을 수립하고 준비한다.
한상근 외 (2021)	자기이해		다양한 직업인의 삶과 특성을 탐색한다.
			나의 진로 특성을 탐색하고 자존감을 기른다.
			건강한 직업의식을 형성한다.
	진로탐색		미래사회의 변화를 탐색한다.
			직업세계의 변화를 탐색한다.
			창업의 특성과 창업가 정신의 중요성을 탐색한다.
			중학교 이후 진로정보를 탐색한다.
	진로설계와 실천		진로의사결정과정을 이해하고 참여한다.
			학습의 의미를 탐색한다.
			잠정적 진로목표를 세우고 준비한다.

자료: 교육부. (2016. pp. 6-7); 한상근 외. (2021). pp. 128-129.

2. 중학생의 특성과 중학교 진로교육 현황 및 사례

1) 중학생의 특성

〈표 7-2〉와 같이, 지난 10년간 중학생 수는 지속적으로 감소하는 추세이다. 교육통계연보에 따르면, 2012년 기준 184만여 명이던 중학생 수는 2019년 약 129만여 명으로 최저치를 기록한 후 소폭 증가하여 2021년 135만여 명을 기록하였다. 2021년과 2012년을 비교하였을 때, 2021년 중학생 수는 10년 전의 73.1% 수준으로 약 26.9%(약 5만여 명) 감소한 것으로 나타났다.

〈표 7-2〉 중학생 수 (단위: 명)

연도	학생 수
2012	1,849,094
2013	1,804,189
2014	1,717,911
2015	1,585,951
2016	1,457,490
2017	1,381,334
2018	1,334,288
2019	1,294,559
2020	1,315,846
2021	1,350,770

자료: 한국교육개발원. (2012-2021) 재구성.

중학교 진로교육 목표가 '초등학교에서 함양한 진로개발역량의 기초를 발전시키고, 다양한 직업세계와 교육기회를 탐색하여 중학교 생활 및 이후의 진로를 설계하고 준비하는 것'(교육부, 2016)임을 감안할 때, 중학생의 진로개발역량 수준을 확인하는 것은 이들의 진로 특성을 이해하는 데 중요하다. 김민경 등(2021)에 따르면, 중학생의 진로개발역량 구성요인 중 진로설계역량 수준은 평균 3.48점, 진로준비역량 수준은 평균 3.70점으로 고등학생에 비해 다소 낮은 수준이었다. 세부적으로 살펴보면, 진로설계역량의 구성요인별 평균

〈표 7-3〉 진로개발역량 수준(2021년 기준) (단위: 점)

구분		중학생(n=8,605)		고등학생(n=7,911)	
		평균	표준편차	평균	표준편차
진로설계역량	전체	3.48	0.84	3.65	0.75
	자기 이해	3.62	0.93	3.70	0.86
	직업 이해	3.62	0.94	3.86	0.82
	진로 탐색	3.38	0.96	3.57	0.88
	진로 계획	3.30	1.00	3.47	0.90
진로준비역량	전체	3.70	0.75	3.78	0.68
	낙관성	3.87	0.85	3.92	0.80
	지속성	3.66	0.92	3.73	0.86
	호기심	3.64	0.90	3.71	0.86
	유연성	3.53	0.90	3.62	0.84
	도전성	3.57	0.98	3.67	0.91
	의사소통	3.93	0.83	4.06	0.77

자료: 김민경 외. (2021). pp. 132-142, 234-244.

은 자기 이해 및 직업 이해(3.62점), 진로 탐색(3.38점), 진로 계획(3.30점) 순으로 높았고 진로준비역량의 구성요인별 평균은 의사소통(3.93점), 낙관성(3.87점), 지속성(3.66점), 호기심(3.64점), 도전성(3.57점), 유연성(3.53점) 순으로 높았다(〈표 7-3〉 참조). 중학생의 진로설계역량 구성요인 중 자기 이해와 직업 이해의 평균이 동일하다는 점이 직업 이해의 평균이 가장 높은 것으로 나타난 고등학생의 진로개발역량 수준과 구분되는 특징이다. 이러한 결과는 중학교 진로교육이 직업에 대한 이해뿐만 아니라 자신에 대한 이해가 균형 있게 다루어져 왔음을 시사한다.

중학생 시기는 신체적 · 인지적 · 사회적 변화가 일어나는 시기로서, 이 시기의 학생은 다른 학교급의 학생에 비해 급격한 변화를 경험한다. 호르몬의 변화로 급격한 신체 변화를 경험하고 인지적 변화로 추상적이고 논리적인 사고를 하게 된다(박지현, 이동혁, 2016). 또한 사회적 관계가 확대됨에 따라 또래의 영향력이 증가하고(박지현, 이동혁, 2016) 부모-자녀 관계가 변화한다(McElhaney et al., 2009). 특히 초등학생 시기와 달리, 중학생 시기는 학업 성취 및 진학의 중요성이 강조되어(임정아, 조아미, 2018) 중학생은 학업량에 대한 부담감과 입시 등의 진로 문제에 대한 고민이 증가한다(이지연 외, 2013). 이러한 중학생 시기의 신체적 · 인지적 · 사회적 변화는 중학생 진로에 직간접적인 영향을 미친다.

신체적 변화와 관련하여, 다수의 선행연구는 중학생의 진로발달에 대한 성차에 관심을 가졌으나 경험 연구 결과는 일관되게 보고되고 있지 않은 실정이다. 이현주 등(2013)은 청소년기 변화에 있어 개인차를 가져오는 대표적인 요인으로 성별을 주장하였고, 장귀숙(2011)은 중학생 시기가 신체적으로 성차가 뚜렷하게 나타나는 시기이며 이러한 개인차를 포괄할 수 있도록 진로교육이 운영되어야 함을 주장하였다. 그러나 경험 연구는 중학생 또는 청소년 시기의 진로발달의 성차가 통계적으로 유의하다는 결과(김예홍, 2015; 최은희, 2015)를 도출한 한편, 성차가 통계적으로 유의하지 않다는 결과(이영광, 2019; 이현주 외, 2013) 또한 도출하였다. 연구의 결과가 일관되게 보고되지 않는다는 점을 감안할 때, Lerner와 Steinberg(2009)가 주장한 바와 같이, 청소년기 성 및 젠더 관련 차이의 결과는 주의해서 해석하는 것이 중요하며 진로발달에 있어 성차와 관련된 충분한 연구가 확보되는 것이 필요하다.

인지적 변화와 관련하여, 중학생 시기는 인지적 발달로 인해 자신과 직업세계에 대한 이해를 증진시킬 수 있고 자신의 감정과 행동을 조절하여 진로목표를 수립할 수 있으며 나아가 변화하는 진로에 적응할 수 있게 되는 시기이다. Piaget(1977)는 청소년기에 문제를 해결하고 계획을 세우는 능력이 점차 발달한다고 하였고, 김봉환(2017)은 중학교 단계에서 지능, 소질, 적성, 성격, 흥미 등 자신의 특성에 대한 객관적인 이해가 성숙되어야 함을 주장하였다. Savickas(2020)는 아동기에서 청소년기로 접어들 때, 이들이 진로목표를 선택할 수 있게 되고 그 목표를 추구할 수 있게 된다고 보았다. 또한 자신의 감정과 행동을 조절하게 되며 점차 진로에 적응할 수 있게 됨을 주장하였다.

사회적 변화와 관련하여 중학생 시기는 또래의 영향이 증가하고 부모-자녀 관계가 변화한다. Savickas(2020)는 아동이 청소년기에 접어들면서 자아를 학교와 공동체로 확장시킨다고 하였고, Laursen과 Collins(2009)는 청소년기의 학생들이 부모-자녀 관계의 질 변화, 물리적 시간의 변화, 갈등, 애착 대상의 변화를 경험함을 주장하였다. 또한 우리나라 중학생들은 학교를 비롯하여 학원, 또래와의 여가 등 가정 밖에서 보내는 시간이 증가하여 부모의 영향만큼이나 또래의 영향이 증가한다(김경애 외, 2018). 중학생 진로발달에 대한 또래 영향에 관한 경험 연구 결과는 일관되게 보고되고 있다. 메타분석을 수행한 공채영과 최윤정(2021)의 연구에서는 긍정적인 또래 애착이 진로정체감에 유의한 정적 영향을 미치는 것으로 나타났고, 특히 긍정적 부모양육태도에 비해 효과크기가 상대적으로 높았다. 박지현(2020)의 연구에서는 또래애착이 진로성숙도에 유의한 정적 영향을 미치는 것으로 나타났고, 김희연과 조규판(2020)의 연구에서도 또래애착이 진로정체감에 유의한 정적 영향을 미치는 것으로 나타났다.

한편, 중학생 시기에 부모-자녀 관계가 변화한다는 점에서 중학생 시기의 부모-자녀 관계 변화에 관한 담론을 심도 있게 살펴볼 필요가 있다. 초기 진로 이론은 논리실증주의(logical positivist worldview)에 기반하여 맥락보단 개인의 합리적인 진로선택에 초점을 두었다(Liu & McMahon, 2017; Patton, 2019). 특히 가족과 같은 관계가 합리적인 진로결정을 방해하는 요인으로 고려되기도 하였다(Schulthesiss, 2003). 이러한 관점은 부모로부터의 점진적인 개별화를 건강한 과정으로 본 초기 정신분석학 관점과 맥을 같이한다(김은정, 2019). 이에 반해, 관계적 관점에 따르면 청소년의 자율성 발달은 자녀의 부모와의 연결이 끊어지는 것을 의미하는 것이 아니며(김은정, 2019), 오히려 부모-자녀 관계의 질에 의해 자율성 발달이 촉진될 수 있음을 주장한다(McElhaney et al., 2009). 최근 구성주의에 기반한 진로 이론(Lent & Brown, 2013; Savickas, 2020)은 개인의 진로발달에 대한 맥락의 영향을 강조하고 있으며, 다수의 경험 연구는 부모가 중학생 자녀의 진로에 긍정적·부정적 영향을 미칠 수 있음을 구명하였다(이영광 외, 2019; 이영광, 하재영, 2022; 정철영, 이영광, 2020). 또한 2021년 초·중등 진로교육 현황조사 결과(김민경 외, 2021)에서도 중학생이 희망 직업을 알게 될 때 부모의 영향이 상대적으로 큰 것으로 나타났다. 즉, 중학생 시기에 부모-자녀 관계의 변화가 일어남에도 불구하고 부모는 여전히 중학생의 진로발달 및 진로개발에 중요한 영향을 미친다.

2) 중학교 진로교육 현황

지난 5년간 진로교육 주요 정책은 〈표 7-4〉와 같다. 2013년 자유학기제가 예비 시행되었으며 2016년에 전면 시행되었다. 2015년에는 「진로교육법」이 제정되어 진로교육의 법적 기반을 마련하였고 이를 기반으로 2016년에 제2차 진로교육 5개년 기본계획(교육부, 2016)을 발표하여 진로교육 활성화를 위한 발판을 마련하였다. 2017년에는 국가 수준의 진로교육 기관인 국가진로교육센터가 한국직업능력개발원(현 한국직업능력연구원) 내에 설치되었다. 2018년도에는 교육부, 고용노동부, 법무부, 여성가족부 등 관계 부처 합동으로 진로교육 활성화 방안을 발표하여 학생 진로탐색 지원 강화, 창업체험교육 활성화, 진로교육 대상 확대, 진로교육 마을공동체 및 부처 간 협력 체계 구축 과제를 제시하였다. 또한 학교 진로교육 추진계획이 발표되어 학교 단위의 진로교육 활성화를 위한 세부 과제가

〈표 7-4〉 중학교 진로교육 주요 정책 현황

연도	주요 정책	세부 내용
2018~2021	학교 진로교육 추진/지원 계획 및 활성화 지원 계획	• 진로교육 기반 학교교육과정 활성화 • 진로교육 및 상담자료 개발 · 보급 • 교원의 진로교육 역량 강화 및 지원 • 소외계층 진로교육 활성화 프로그램 운영 · 지원 • 커리어넷 유지 · 보수 및 (온라인)진로상담 운영 • 시 · 도교육청 특색 · 자율 프로그램 운영 지원 등
2018	진로교육 활성화 방안	• 학생 진로탐색 지원 강화 • 창업체험교육 활성화 • 대학생, 전환기 등 생애 단계별 진로개발 지원 • 진로교육 마을공동체 기반 조성, 부처간 협력 체계 구축
2017	국가진로교육센터 설치	• 국가수준의 진로교육 R&D 강화 • 한국직업능력개발원 지정 및 위탁 운영
2016	제2차 진로교육 5개년 기본계획	• 진로교육 집중학년 · 학기제 도입 • 진로교육 대상 확대 • 진로체험 활성화 및 다양화, 진로교육 인프라 확충
	자유학기제 전면 시행	• 중학생의 보편적인 진로탐색 기회 제공
2015	「진로교육법」 제정	• 진로교육의 법적 기초 수립
2014	자유학기제 예비 시행	• 2013년 자유학기제 예비 시행 • 중학생 진로탐색 기회 제공

자료: 상기 명시된 교육부 진로교육 정책 자료; 이지연. (2017). p. 22; 정철영 외. (2022). pp. 81-109.

제시되었다.

2016년부터 전면 시행된 자유학기제는 중학생의 진로탐색 기회를 확대하는 데 중요한 역할을 하였다. 1학년 1학기, 2학기 및 2학년 1학기 중 1개 학기에 170시간 이상 운영되는 자유학기제는 학생 참여 및 활동 중심의 수업, 과정 중심의 평가, 학생의 요구를 반영한 진로체험 및 활동 등의 특징을 갖는다(교육부, 한국교육개발원, 2018). 현재 자유학기제는 자유학년제로 확대되는 추세이며 자유학년제는 1학년 1년간 221시간 이상 운영된다는 점에서 자유학기제와 차이가 있다.

중학교 진로교육은 주로 수업 중 교과를 활용하여 이루어지거나 진로체험을 통해 이루어진다. 2021년 기준, 중학교 진로활동은 「진로와 직업」 수업(90.0%), 교과수업 중 진로탐색(87.0%), 진로심리검사(84.5%), 진로체험(80.7%), 진로상담(58.0%), 진로동아리(43.7%), 창업가정신 함양 및 창업체험교육(36.8%) 순으로 빈도가 많았다. 이 중 진로체험은 강연 ·

대화형(58.6%), 현장견학형(40.8%), 직업 실무체험형(35.8%), 현장 직업체험형(34.1%), 학과체험형(31.6%), 진로캠프형(27.0%) 순으로 높은 비율을 보였다. 한편, 만족도는 진로체험(3.86점), 진로심리검사(3.83점), 진로상담 및 진로동아리(3.81점), 창업가정신 함양 및 창업체험교육(3.76점), 교과수업 중 진로탐색(3.67점), 「진로와 직업」 수업(3.66점) 순으로 높아, 중학생들은 주로 교과를 활용한 진로 수업보다 교내·외 진로체험에 더 높은 만족도를 보였다. 진로체험 유형의 경우, 현장 직업체험형(3.91점), 진로캠프형(3.85점), 현장견학형(3.84점), 학과체험형(3.83점), 직업 실무체험형(3.82점), 강연·대화형(3.59점) 순으로 도움 정도가 높아, 중학생들은 주로 직업 및 교육 현장에서 경험을 하는 것에 도움을 높게 느낌을 알 수 있다(〈표 7-5〉 참조).

〈표 7-5〉 학교 진로활동 현황 만족도 및 도움 정도(2021년 기준) (단위: %, 점)

구분	전체	지역		학교 규모			학교 소재지			만족도/도움 정도
		수도권	비수도권	대규모	중규모	소규모	대도시	중소도시	읍면지역	
「진로와 직업」 수업	90.0	89.9	91.9	87.9	91.8	93.4	90.8	88.7	91.5	3.66(0.88)
교과수업 중 진로탐색	87.0	87.9	88.0	85.0	88.9	89.2	87.6	86.2	88.0	3.67(0.87)
진로심리검사	84.5	85.3	86.3	83.4	85.2	88.2	86.8	82.5	85.1	3.83(0.87)
진로체험	80.7	82.5	82.4	78.8	82.5	82.9	84.5	77.4	80.8	3.86(0.89)
강연·대화형	58.6	62.8	58.9	57.4	59.0	64.5	59.9	57.2	59.7	3.59(0.91)
현장견학형	40.8	39.2	46.3	37.4	43.4	47.6	43.0	38.2	42.8	3.84(0.89)
직업 실무체험형	35.8	35.5	40.3	31.1	39.3	45.6	38.1	32.7	39.3	3.82(0.90)
현장 직업체험형	34.1	32.3	39.5	30.3	36.8	42.9	36.2	31.7	36.0	3.91(0.90)
학과체험형	31.6	29.7	35.8	28.8	33.5	38.0	31.3	29.9	37.1	3.83(0.90)
진로캠프형	27.0	25.9	33.3	23.8	28.6	38.4	27.2	23.9	35.7	3.85(0.93)
진로상담	58.0	57.9	60.8	54.9	59.2	70..5	61.1	54.0	61.9	3.81(0.91)
진로동아리	43.7	44.3	45.4	42.6	44.0	48.4	46.5	40.5	45.8	3.81(0.92)
창업가정신 함양 및 창업체험교육	36.8	38.5	40.1	34.0	38.8	42.7	40.3	33.0	38.9	3.76(0.95)

주 1) 만족도(7,857명) 및 도움 정도(5,257명)를 제외한 모든 응답은 8,605명을 대상으로 수행됨.
2) 지역(수도권, 비수도권) 현황은 수도권(서울, 경기, 인천) 및 비수도권 지역별 비율의 평균 비율임.
3) 진로체험 유형 중 강연·대화형부터 진로캠프형은 도움 정도 평균 점수임.
자료: 김민경 외. (2021). pp. 77-82 재구성.

세부 현황을 살펴보면, 중학생의 학교 진로활동 참여 수준은 비수도권이 수도권에 비해 높은 편이었고 학교 규모가 소규모일수록 높았다. 2021년 기준, 「진로와 직업」 수업, 교과 수업 중 진로탐색, 진로심리검사, 진로체험, 진로상담, 진로동아리, 창업가정신 함양 및 창업체험교육 모두 비수도권의 비율이 수도권에 비해 상대적으로 높았고 소규모, 중규모, 대규모 순으로 비율이 상대적으로 높았다. 한편, 학교 소재지별로 살펴보면, 대도시와 읍면 지역에 비해 중소도시의 학교 진로활동 참여 비율이 낮았다(〈표 7-5〉 참조).

중학교 진로교육 관련 인적 현황으로서 학교 진로교육 조직 및 조직원, 진로전담교사, 진로전담교사 지원 전문인력의 현황은 〈표 7-6〉과 같다. 2021년 기준 초·중등 진로교육 현황조사에 응답한 400개 학교 중 약 91%의 중학교에 학교 진로교육 조직이 마련되어 있으나 진로교육을 전담하기보다 타 업무를 겸직하고 있다는 응답이 절반 수준이었다. 특히 비수도권 지역의 학교, 규모가 작은 학교, 읍면지역의 학교의 경우, 타 업무가 주되고 진로

〈표 7-6〉 중학교 진로교육 관련 인적 현황

(단위: %)

구분		전체	지역		학교 규모			학교 소재지		
			수도권	비수도권	대규모	중규모	소규모	대도시	중소도시	읍면지역
학교 진로교육 조직(부서) 여부	진로교육만 전담	39.7	61.0	39.9	53.3	44.9	35.3	56.2	37.7	26.7
	진로교육이 주 업무	28.6	22.9	29.3	37.2	30.0	28.2	27.5	38.0	20.9
	타 업무가 주 업무	22.8	11.9	23.1	8.5	20.5	26.9	14.1	20.0	33.3
	없음	8.9	4.2	7.7	1.0	4.7	9.6	2.3	4.3	19.1
학교 진로교육 조직(부서) 조직원 수	0명	2.6	1.1	3.9	0.0	3.2	4.3	0.6	3.4	3.9
	1명	73.3	74.3	74.0	58.3	76.4	83.4	73.5	66.2	80.8
	2명	19.4	21.3	15.9	33.1	17.8	8.3	22.0	24.7	10.8
	3명 이상	4.7	3.3	4.8	8.7	2.6	4.0	3.9	5.8	4.5
진로전담교사의 부장교사 여부		69.1	84.1	69.8	85.9	76.9	40.2	79.4	78.2	47.9
진로전담교사 지원 전문 인력 수		8.7	10.8	9.0	11.4	8.4	6.8	8.8	10.7	6.7

주) 학교 진로교육 조직(부서) 유무, 진로전담교사 지원 전문 인력 여부의 사례 수는 400명이고 학교 진로교육 조직(부서)의 조직원 수, 진로전담교사의 부장교사 여부의 사례 수는 366명임.

자료: 김민경 외. (2021). pp. 364-367 재구성.

교육을 겸하는 부서의 비율이 높았다.

학교 진로교육 조직(부서)은 주로 1~2명의 조직원으로 구성되어 있었다. 2021년 기준 초·중등 진로교육 현황조사에 따르면, 학교 진로교육 조직(부서)의 조직원 수는 1명(73.3%), 2명(19.4%), 3명 이상(4.7%), 0명(2.6%) 순으로 높은 것으로 나타났다. 2021년 기준 중학교 진로전담교사의 배치율이 약 88%임을 감안할 때, 진로전담교사 1인이 학교 진로교육 조직(부서)의 유일한 조직원인 경우가 많음을 알 수 있다. 또한 응답 학교의 약 69%가 진로전담교사가 부장교사로서 역할을 하였으며, 수도권이 비수도권에 비해, 학교 규모가 클수록, 대도시일수록 진로전담교사가 부장교사인 경우가 많았다. 한편, 진로전담교사 지원 전문인력이 있다는 응답은 조사 대상교 중 8.7%에 불과하여, 다수 학교에서 진로전담교사 지원 전문인력을 배치하지 않은 것으로 나타났다.

중학교 진로교육 관련 물적 현황으로서 진로활동실, 진로상담실, 진로체험지원센터 활용 및 진로정보망 활용 현황은 〈표 7-7〉과 같다. 2021년 기준 초·중등 진로교육 현황조사에 응답한 400개 중학교 중 약 70% 이상의 학교는 교내 진로활동실과 진로상담실이 있다고 응답하였다. 반면, 진로활동실이 없다고 응답한 학교는 약 30%였고 진로상담실이 없다고 응답한 학교는 약 23%였다. 진로활동실의 경우 수도권 학교, 소규모 학교, 읍면지역 학교에서 없는 비율이 높았고, 진로상담실의 경우는 비수도권 학교, 소규모 학교, 중소도시 및 읍면지역 학교에서 없는 비율이 높았다.

2021년 기준 초·중등 진로교육 현황조사에 응답한 400개 중학교 중 약 80%의 학교가 진로체험지원센터를 활용하고 있었고, 특히 수도권 학교가 비수도권 학교에 비해, 학교 규모가 클수록, 학교 소재지가 대도시에 위치할수록 진로체험지원센터를 활용하였다. 진로체험지원센터의 도움 정도 또한 약 4.5점으로 상대적으로 높은 도움 정도를 보였다.

2021년 기준 초·중등 진로교육 현황조사에 응답한 400개 중학교 중 약 95% 이상의 학교가 꿈길(99.2%), 커리어넷(98.2%), 워크넷 및 고입정보포털(85.4%)을 활용한 것으로 나타났다. 그 외에 하이파이브(62.2%), 원격 영상 멘토링(45.9%), 어디가(40.3%), YEEP(33.5%), 크레존(24.4%), 프로칼리지(11.9%) 순으로 진로정보망 활용 비율이 높았다. 크레존을 제외한 모든 진로 정보망의 활용 현황은 수도권 학교가 비수도권 학교에 비해 상대적으로 높았다. 고입정보 포털, 하이파이브, YEEP의 경우 대규모 학교와 소규모 학교의 활용 비율 차이가 상대적으로 컸고, 학교 소재지와 관련하여 고입정보 포털, 하이파이브, 어디가의 경우 대도시와 읍면지역의 활용 비율 차이가 상대적으로 컸다.

〈표 7-7〉 중학교 진로교육 관련 물적 현황 (단위: %, 점)

구분		전체	지역		학교 규모			학교 소재지		
			수도권	비수도권	대규모	중규모	소규모	대도시	중소도시	읍면지역
진로 활동실 유무	전용 공간	55.3	63.1	62.3	55.3	63.9	44.1	67.7	57.2	42.5
	복합 공간	15.1	10.2	15.6	10.1	18.0	15.3	12.6	17.0	15.6
	없음	29.6	26.8	22.2	34.4	18.1	40.7	19.7	25.9	41.9
진로 상담실 유무	전용 공간	48.7	50.4	50.7	53.7	51.5	40.9	51.1	51.8	43.7
	복합 공간	27.9	30.1	25.0	24.5	25.6	33.5	27.2	23.8	32.2
	없음	23.5	19.5	24.3	21.8	22.9	25.6	21.7	24.5	24.1
진로체험 지원센터 활용 현황	활용 여부	80.8	88.4	77.6	83.7	83.7	74.7	90.8	76.6	75.6
	도움 정도	4.59 (0.64)	–	–	4.69 (0.56)	4.61 (0.65)	4.47 (0.68)	4.75 (0.59)	4.53 (0.61)	4.47 (0.68)
진로 정보망 활용 현황	커리어넷	98.2	100.0	98.1	98.0	99.4	96.9	100.0	96.9	97.8
	워크넷	85.4	88.8	81.0	85.9	88.2	81.4	86.1	87.5	82.9
	고입정보 포털	85.4	95.1	82.6	92.3	87.3	77.4	91.3	83.7	81.7
	하이파이브	62.2	67.8	60.0	70.6	63.8	53.5	72.0	57.1	58.0
	어디가	40.3	50.2	41.4	48.6	43.8	29.1	43.3	43.8	34.4
	프로칼리지	11.9	12.2	11.1	10.5	12.1	12.8	6.8	14.7	13.9
	꿈길	99.2	99.5	99.4	98.9	100.0	98.4	100.0	99.3	98.4
	YEEP	33.5	39.8	32.6	37.7	35.7	27.4	29.6	38.2	32.8
	원격 영상 멘토링	45.9	49.3	42.9	45.6	48.9	42.2	45.6	47.0	45.2
	크레존	24.4	21.1	25.4	18.0	26.2	27.3	23.0	23.6	26.5

주) 진로활동실 유무, 진로상담실 유무, 진로체험지원센터 활용 현황, 진로교육 관련 사이트 활용 현황의 사례 수는 400명, 도움 정도의 사례 수는 322명임.

자료: 김민경 외. (2021). pp. 370-373, 424-426 재구성.

3) 중학교 진로교육 사례

A 중학교는 자유학기제를 자유학년제로 확대 운영하면서 단순 체험 위주의 진로교육 운영에서 다양하고 깊이 있는 체험을 운영하고 있다(정진철 외, 2019). 특히 대표적인 진로체험 프로그램으로서 소속 지역의 역사를 학습할 수 있는 프로그램을 운영하고 있다. 프

[그림 7-1] A 중학교 자유학기제 프로그램 운영 결과

자료: 정진철 외. (2019). p. 150.

로그램 운영 동안 학생들은 소속 지역의 역사에 대해 학습하며 역사에 대한 이해를 바탕으로 유물을 소재로 한 컵, 핸드폰 케이스 등의 제품 디자인을 한다([그림 7-1] 참조). 디자인한 물건이 실제 제작되고, 제작된 물건은 지역 축제에서 판매되거나 지역 주민들에게 선물한다(정진철 외, 2019).

또한 A 중학교는 전문 직업인 특강을 진행한다. 전문 직업인 특강은 10명의 전문 직업인이 학교에 방문하여 특강을 진행하는 프로그램이다. 이 프로그램의 특징은 전문 직업인이 특강을 하기 전에 학생들이 희망하는 직업 분야에 대해 학습하고 학습하는 과정에서 발생하는 질문들을 취합하여 특강 강사에게 전달한다는 것이다. 사전에 취합된 학생들의 질문을 기반으로 전문 직업인 특강이 진행되며 특강 후에 진로전담교사는 학생들에게 소감문을 작성하도록 지도한다. 전문 직업인의 특강은 2시간이지만 이후 내면화하는 시간이 6시간 동안 지속되어, 전문 직업인 특강 전과 후 모두 학습이 이루어질 수 있도록 설계되었다(정진철 외, 2019).

혁신학교이며 자율학교로 선정된 B 중학교는 다른 학교에 비해 교육과정 운영의 유연성이 높다. B 중학교의 대표적인 프로그램은 학생들이 주도하는 프로젝트 학습이다(정진철 외, 2019). 자원봉사 체험을 하기 전, 학생들은 시청의 자원봉사 관련 업무 담당자를 대상으로 인터뷰를 수행하여 자원봉사와 관련한 업무를 이해한다. 이후 학생들이 스스로 마을 자원봉사를 계획하며 계획을 바탕으로 실제 자원봉사를 실시한다. 이러한 프로젝트 학습은 정규 교과 시간에 이루어지며 여러 교과의 성취기준을 프로젝트 목표와 연계한다. 외부 활동 필요 시, 창의적 체험활동 시간을 활용하여 프로젝트 활동을 지속한다(정진철 외, 2019).

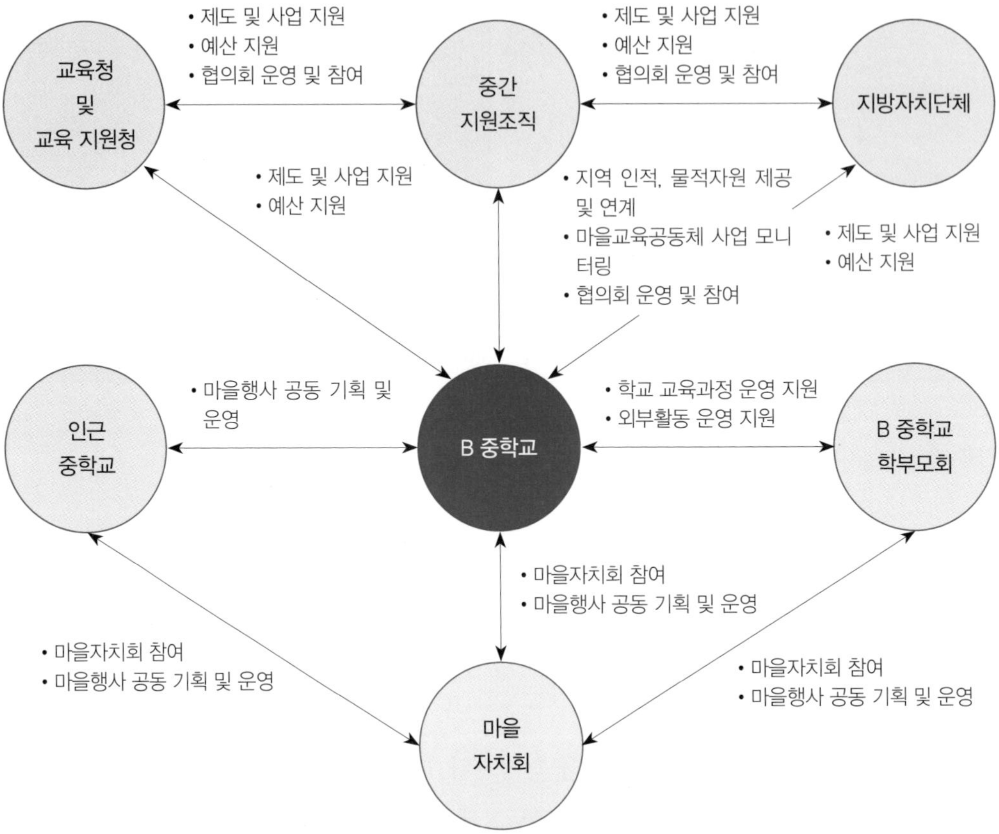

[그림 7-2] B 중학교와 관련 기관 간 협력 현황

자료: 정진철 외. (2019). p. 141 재구성.

이러한 프로젝트 학습을 진행하는 데 기반이 되는 것은 지역 내 유관 기관 간의 연계·협력이다. [그림 7-2]와 같이, B 중학교를 중심으로 지역 내 다양한 유관 기관이 B 중학교의 프로젝트 학습을 지원한다. 예컨대, 프로그램 진행 시 시청, 학부모회, 지역 봉사 시설 등과 협력하여 프로젝트가 운영된다(정진철 외, 2019).

COVID-19로 비대면 진로체험 프로그램에 대한 요구가 높아진 가운데, C 기관은 게이미피케이션 기반 비대면 진로교육 콘텐츠를 제공 및 운영하고 있다. C 기관은 비전 설계, 진로개발역량 함양, 직업체험 등의 목적에 따라 다양한 비대면 진로교육 프로그램을 개발하였다. 모든 교육 프로그램은 가상의 상황을 상정하여 학습목표를 바탕으로 학생들이 완수해야 할 미션을 제공한다. 학생들은 개인 스스로 또는 팀을 이루어 미션을 완수하며, 이때 개발된 진로교육 교구가 활용되어 학생들의 흥미를 강화한다. 전문 강사는 프로그램의 퍼실리테이터로서 학생들이 제시된 미션을 완수하는 데 도움을 제공한다. 특히

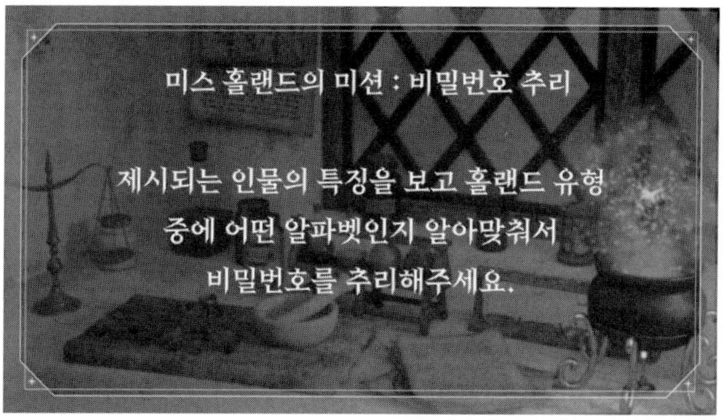

[그림 7-3] C 기관의 게이미피케이션 기반 진로교육 프로그램 사례

COVID-19로 인해 대면 진로교육이 제한된 상황에서 C 기관은 해당 프로그램을 비대면 콘텐츠로 수정·보완하였고 2020년과 2021년 다수 중학교에서 게이미피케이션 기반 비대면 진로체험 프로그램을 운영하였다([그림 7-3] 참조).

3. 중학교 진로교육의 문제점 및 개선방안

1) 문제점

중학교 진로교육의 문제점을 살펴보면 다음과 같다. 첫 번째 문제점은 자유학기제의 효율적 운영의 문제이다. 2016년도부터 중학교 교육과정에 전면 도입된 자유학기제는 중학교에 특화된 진로교육 관련 제도라는 점에 의의가 있다. 한편, '주제선택, 예술체육, 동아리, 진로탐색'의 네 가지 영역의 활동으로 운영되고 있는 자유학기제는 '자율활동, 동아리활동, 진로활동, 봉사활동'의 네 가지 영역의 활동으로 운영(교육부, 2015)되고 있는 창의적 체험활동의 영역과 일부 중복된다. 특히 김희규와 주영효(2022)는 자유학기제와 창의적 체험활동 중 '동아리활동'과 '진로활동'이 중복됨을 주장하였다. 교육부(2021)는 2022 개정 교육과정 총론의 주요 사안을 발표하면서 자유학기제를 주제 선택 및 진로탐색 활동의 2개 영역으로 축소하고 창의적 체험활동을 자율자치활동, 동아리활동, 진로활동의 3개 영역으로 축소할 것임을 발표하였다. 그럼에도 불구하고 여전히 자유학기제의 진로탐색 활동과 창의적 체험활동의 진로활동이 중복된 실정이다(김희규, 주영효, 2022). 또한 교육부(2021)는 2022 개정 교육과정 도입 시 학교급별 전환기인 중학교 3학년 2학기 학생을 대상으로 '안정적 학교 적응, 교과연계 진로교육 활성화, 교과 외 활동 활성화, 기초 학력 보장' 목적의 진로연계학기를 도입할 것임을 명시하였는데, 이로 인해 중학교 1학년 시기의 자유학기제, 3학년 시기의 진로연계학기 그리고 중학교 1, 2, 3학년 전반의 창의적 체험활동이 중복되게 된다.

두 번째 문제점은 중학교 일반 교원의 진로교육 역할 수행의 어려움이다. 중학교의 창의적 체험활동 시간이 지속적으로 확대되고 있고(문진, 소경희, 2016) 자유학기제와 진로교육 집중학년·학기제가 도입되어 진로전담교사뿐만 아니라 진로교육을 위한 일반 교원의 역할이 지속적으로 강조되고 있다. 그러나 문진과 소경희(2016)의 연구에서는 교과연계 진로교육을 실시하는 학교가 감소 추세인 것으로 나타났고, 정진철 등(2021)의 연구에서 중학교 일반 교원은 교과연계 진로체험의 중요도를 높게 인식하였으나 실행도는 저조한 것으로 나타났다. 그리고 이승엽과 이영광(2020)의 연구에서는 교과연계 진로교육에 관한 중학교 교사의 관심 프로파일 중 정보적·개인적 관심 수준은 높은 반면 협동적 관심의 수준이 상대적으로 낮은 것으로 나타났다. 이러한 결과는 중학교 일반 교원이 진로교육 역할 수행에 대한 중요성 인식은 높은 반면 실행 수준은 낮은 것에 따른 결과로 이해될 수 있다.

세 번째 문제점은 제한적인 학부모 진로교육 지원이다. 중학교 시기는 부모-자녀 관계가 변화하는 시기로서 이 시기에 학부모는 혼란을 느끼고(이양희, 조혜경, 2019), 무엇이 최선인지 알 수 없어 막막함을 느끼며(강연희, 김희수, 2020), 자신의 한계를 인식하고 끊임없이 불안해하는 등(유정이, 2009) 자녀 진로지도에 어려움을 호소한다(소수연 외, 2014). 이러한 상황에서 현재 국가 차원에서 제공하는 학부모 진로지원은 드림레터, 진로레시피 등 정보제공 중심의 지원이 제공되고 있고(정철영 외, 2022), 이들의 어려움을 상시 지원할 수 있는 체계는 미비한 실정이다. 최근 학부모 진로교육 내용 체계를 개발하거나(정진철 외, 2021) 시·도교육청 및 단위학교 차원에서 다양한 연수를 제공하는 등 학부모 진로지도 지원을 위한 노력이 다양하게 이루어지고 있으나 단기적이고 연속적이지 못한 지원이 이루어지고 있는 실정이다.

2) 개선방안

자유학기제의 효율적 운영의 문제, 중학교 일반 교원의 진로교육 역할 수행의 어려움, 학부모 진로교육의 한계라는 중학교 진로교육의 세 가지 문제에 대한 개선방안은 다음과 같다. 첫째, 중학교 학년별 진로교육 체계를 마련하는 것이 필요하다. 중학교 1학년 시기의 자유학기제, 향후 도입될 3학년 2학기의 진로연계학기 그리고 중학교 1, 2, 3학년 전반 동안 운영되는 창의적 체험활동 내 진로활동이 중복됨을 앞서 논의한 바, 중학교 학년별 진로교육 체계는 중학생의 진로 특성을 고려하여 학년에 따라 학교 진로교육을 차별화하고 학년 간에 연속적으로 진로교육을 운영하는 것이 필요하다. 중학교 시기는 전반적인 진로탐색이 강조되는 시기이나, 우리나라의 경우 중학교 3학년 시기는 고등학교 입학이라는 진로선택이 이루어지는 시기이기도 하다. 따라서 진로교육의 경우 중학교 1학년 시기는 자신에 대한 이해에 초점을 두고, 중학교 2학년 시기는 폭넓은 직업세계 정보를 수집하는 데 초점을 두며, 중학교 3학년 시기는 고입을 위해 잠정적인 진로선택을 대비하는 데 초점을 두는 등 학년 간에 연속적이고 차별적인 진로교육 체계를 구성하여 자유학기제, 진로연계학기제 그리고 창의적 체험활동을 기획·운영하는 것이 필요하다.

둘째, 중학교 일반 교원의 진로교육 인식 및 역량 함양을 위한 체계적이고 연속적인 지원이 확대되는 것이 필요하다. 그간 일반 교원의 진로지도 역할은 생활지도의 일부로서 논의되어 왔으며(김이경 외, 2005; 정미경 외, 2010) 학교 현장에서 일반 교원의 진로교육 역할에 관한 중요성 인식이 높지 않았다. 비교적 최근 들어 일반 교원의 진로교육 역할에 관한 논의(엄미리, 권정언, 2017; 정진철 외, 2021; 정철영 외, 2014)가 이루어지고 있어, 이러한 논의를 고려하여 향후에는 일반 교원의 진로교육 인식 및 역량 체계를 구축함으로써 예비교원 양성 단계부터 이후 일반 교원 향상 단계까지 체계적이고 연속적인 연수가 개발 및 운영되는 것이 필요하다.

셋째, 중학교 학부모 지원을 다양화하고 체계화하는 것이 필요하다. 현재 교육부와 국가평생교육진흥원의 전국학부모지원센터가 협력하여 학부모 지원을 위한 다양한 역할을 수행하고 있다. 그중 학부모 진로교육을 위해 드림레터, 진로레시피, 드림주니어의 진로교육 텍스트, 음성 및 영상 자료를 제공하고 있다. 특히 교육부와 전국학부모지원센터는 진로레시피를 영상 자료로 개선하고 진로레시피 내 다양한 주제로 영상을 구성하는 등 학부모의 요구를 반영하고자 하는 노력을 하고 있다. 그러나 자료 중심의 지원이 이루어지고 있고 제공되는 자료는 조회 수가 높지 않으며 자녀의 학교급에 따라 자료가 개발되지 못하다는 한계가 존재한다. 따라서 향후에는 자료뿐만 아니라 지원의 방식을 다양화하고 학부모들이 혜택을 받을 수 있도록 홍보 및 인식 개선에 노력하며 나아가 자녀 특성을 고려하여 진로정보 수집이 가능하도록 구성을 체계화하는 것이 필요하다.

논의사항

- 다른 학교급과 구분되는 중학생의 진로 특성은 무엇인지 논의해 보자.
- 중학생의 진로 특성과 중학교 진로교육 현황 및 문제점을 바탕으로 오늘날 중학교 진로교육의 개선방안은 무엇인지 논의해 보자.
- 향후 중학교 진로교육 활성화를 위해 가정, 학교, 지역 및 국가의 역할은 무엇인지 논의해 보자.

참고문헌

강연미, 김희수. (2020). 어머니의 청소년기 자녀 진로관여 경험 연구. **학부모연구, 7**(1), 21-47.

공채영, 최윤정. (2021). 중학생의 진로정체감 발달 관련 변인에 대한 메타분석. **교육혁신연구, 31**(1), 387-408.

관계부처 합동. (2018). **진로교육 활성화 방안**. 관계부처 합동.

교육부. (2015). **2015 개정 교육과정 창의적 체험활동 해설**. 교육부.

교육부. (2016). **2015 학교 진로교육 목표와 성취기준**. 교육부.

교육부. (2021). **2022 개정 교육과정 총론 주요사항(시안)**. 교육부.

교육부, 한국교육개발원. (2018). **자유학년 및 연계학기 운영 가이드**. 교육부, 한국교육개발원.

김경애, 임종헌, 류방란, 안해정, 권희경, 전보미 (2018). **중학생의 성장과정 분석: 학교, 가정, 지역사회를 중심으로(Ⅲ)**. 한국교육개발원.

김민경, 권효원, 김나라, 박나실, 방혜진, 안유진. (2021). **초·중등 진로교육 현황조사(2021)-기초통계표**. 한국직업능력연구원.

김봉환. (2017). 진로교육의 개요. 김봉환, 김은희, 김효원, 문승태, 방혜진, 이지연, 조붕환, 허은영(저), **진로교육개론** (pp. 11-37). 사회평론.

김봉환, 이제경, 유현실, 황매향, 공윤정, 손진희, 강혜영, 김지현, 유정이, 임은미, 손은령. (2010). **진로상담이론: 한국 내담자에 대한 적용**. 학지사.

김봉환, 정철영, 김병석. (2006). **학교 진로상담**. 학지사.

김예홍. (2015). 중학생이 지각한 아버지의 양육태도가 진로태도성숙 및 진로포부에 미치는 영향. 고려대학교 대학원 석사학위논문.

김은정. (2019). 청소년 자녀의 건강한 경계선 형성과 분리-개별화를 위한 부모의 역할. **학부모연구, 6**(3), 1-19.

김이경, 한만길, 박영숙, 홍영란, 백선희 (2005). 교원의 직무수행 실태 분석 및 기준 개발 연구. 한국교육개발원.

김희규, 주영효. (2022). 중학교 자유학기제 운영 현황 분석 및 개선 방안. 한국교원교육연구, 39(2), 117-142.

김희연, 조규판. (2020). 중학생이 지각한 부모양육태도, 또래애착, 교사관계와 진로정체감 간의 관계에서 자아정체감의 매개효과. 학습자중심교과교육연구, 20(23), 225-244.

문진, 소경희. (2016). 중학교 진로교육 운영 실태 분석: 교육과정 우수학교를 중심으로. 진로교육연구, 29(4), 135-155.

박지현. (2020). 중학생의 진로성숙도 영향요인 연구-자아존중감 조절효과를 중심으로. 인문사회 21, 11(3), 329-344.

박지현, 이동혁. (2016). 어머니의 양육행동 결정요인, 어머니의 양육행동과 청소년문제행동 간의 관계. 청소년학연구, 23(6), 201-232.

소수연, 안지영, 양대희, 김경민. (2014). 초기 청소년기의 변화에 대한 부모-자녀의 인식에 관한 연구—청소년, 부모 FGI를 중심으로—. 청소년상담연구, 22(1), 247-279.

엄미리, 권정언. (2017). 일반 교원의 진로지도 및 상담 직무영역에서의 핵심역량 도출에 관한 연구. 고용직업능력개발연구, 20(2), 125-160

유정이. (2009). 청소년 부모의 자녀 진로지도 효능감 척도개발. 아시아교육연구, 10(4), 85-104.

이봉주, 유민상. (2017). 왜 우리 아이들의 행복은 더 빨리 감소할까?-국제적 시각에서 본 초등학교 3학년에서 중학교 1학년까지의 행복감 변화 비교연구. 한국 아동의 삶의질 연구발표 보고서, 63-80.

이승엽, 이영광. (2020). CBAM을 활용한 진로교육 집중학년・학기제에 대한 교사의 관심 단계 분석: 진로교육 연수 참여자를 중심으로. 학습자중심교과교육연구, 20(12), 259-282.

이양희, 조혜영. (2019). 중학생의 진로탐색과 부모의 진로지지를 둘러싼 부모-자녀 상호 인식에 대한 질적 연구. 미래교육학연구, 32(3), 1-29.

이영광. (2019). 중학교 3학년 학생의 진로탐색행동과 부-모 자녀 진로의사결정 관여, 진로결정자기효능감 및 부-모 자녀 의사소통의 관계. 서울대학교 대학원 석사학위논문.

이영광, 양인준, 이승엽. (2019). 청소년 진로선택 및 발달에 영향을 미치는 부모 변인관련 국내 연구동향. 농업교육과 인적자원개발, 51(4), 101-126.

이영광, 하재영. (2022). 잠재프로파일 분석을 활용한 부모양육방식 유형과 청소년 진로정체감의 관계. 진로교육연구, 35(1), 183-208.

이지연. (2017). 제4차 산업혁명 시대를 대비한 진로교육정책과 진로교육의 방향. THE HRD REVIEW, 20(5), 20-39.

이지연, 임건주, 윤수린, 박지윤, 조미현, 허은영, 이강은, 추정민. (2013). 고등학교 입학을 앞둔 중3학생을 위한 전환기 진로지도 프로그램(STP-m) 운영 매뉴얼. 교육부.

이현주, 권희경, 신태섭. (2013). 또래관계와 자아개념 변화, 미래목표인식, 진로성숙의 수준 및 구조적 관계에서 성차. 교육심리연구, 27(1), 99-123.

임정아, 조아미. (2018). 잠재프로파일 분석(LPA)을 이용한 부모양육방식 유형과 삶의 목표와의 관계. **한국청소년연구, 29**(1), 323-346.

임효신. (2015). 중학생 진로개발역량 검사도구 개발. 서울대학교 대학원 박사학위논문.

장귀숙. (2011). 중학교의 진로교육 실천방안. 한국진로교육학회(저), **선진패러다임을 위한 진로교육의 이론과 실제** (pp. 349-384). 교육과학사.

정미경, 김갑성, 류성창, 김병찬, 박상완, 문찬수. (2010). 교원양성 교육과정에 대한 초·중등 교원의 요구 분석. **한국교원교육연구, 28**(3), 287-360.

정진철, 서우석, 임소현. (2019). **진로교육 마을공동체 활성화 방안 연구**. 서울대학교 진로직업교육연구센터.

정진철, 양인준, 이영광, 임소현. (2021). 중등 일반교원의 진로교육 직무 및 교육요구도 분석. **직업능력개발연구, 7**, 123-150.

정철영. (2017). 미래 진로교육의 패러다임. **한국진로교육학회 2017년 추계학술대회 자료집**, 1-21.

정철영, 서우석, 조동섭, 박행모, 정동열. (2014). **교사의 진로교육 이해를 위한 교원양성과정 실태 분석 연구**. 교육부.

정철영, 이영광. (2020). 부모 진로지지 관련 변인과 청소년 진로선택 및 발달 변인에 관한 메타분석. **진로교육연구, 33**(4), 125-151.

정철영, 이영광, 이승엽, 김동주, 김기민, 이진규, 김도현. (2022). 우리나라 국가 진로교육 정책 동향. **진로교육연구, 35**(1), 81-109.

초·중등교육법. (2022, 법률 제15961호)

최은희. (2015). 중학생의 진로태도성숙에 영향을 미치는 요인. **한국콘텐츠학회논문지, 15**(5), 307-316.

통계청. (2021). **2021 청소년 통계**. 통계청.

한국교육개발원. (2012-2021). **교육통계연보**. 한국교육개발원.

한상근, 정윤경, 정지은, 안중석. (2021). **학교 진로교육 목표 및 성취기준 연구**. 한국직업능력연구원.

Ginzberg, E., Axeland, S., & Herma, J. R. (1951). *Occupational choice: An approach to a general theory*. Columbia University Press.

Laursen, B., & Collins, W. A. (2009). Parent-child relationships during adolescence. In R. M. Lerner & L. Steinberg (Eds.), *Handbook of adolescent psychology: Contextual influences on adolescent development* (pp. 3-42). John Wiley & Sons.

Lent, R. W., & Brown, S. D. (2013). Social cognitive model of career self-management: Toward a unifying view of adaptive career behavior across the life span. *Journal of Counseling Psychology, 60*(4), 557-568.

Lerner, R. M., & Steinberg, L. (Eds.). (2009). *Handbook of adolescent psychology, volume 1: Individual bases of adolescent development* (Vol. 1). John Wiley & Sons.

Liu, J., & McMahon, M. (2017). Child career development in family contexts. In M. Watson & M. McMahon (Eds.), *Career Exploration and Development in Childhood* (pp. 101-113). Routledge.

McElhaney, K. B., Allen, J. P., & Stephenson, J. C. (2009). Attachment and Autonomy During Adolescence. In R. M. Lerner & L. Steinberg (Eds.), *Handbook of Adolescent Psychology* (pp. 358-359). John Wiley & Sons.

Patton, W. (2019). Career Theory for Change: The Influecnes of Social Constructionism and Constructivism, and Convergence. In J. A. Athanasou & N. P. Harsha (Eds.), *International Handbook of Career Guidnace* (2nd ed., pp. 73-95). Springer.

Piaget, J. (1977). *The development of thought: Equilibration of cognitive structures* (Trans A. Rosin). Viking.

Porfeli, E. J., & Skorikov, V. B. (2010). Specific and diversive career exploration during late adolescence. *Journal of Career Assessment, 18*(1), 46-58.

Savickas, M. L. (2002). Career construction: A developmental theory of vocational behavior. In D. Brown (Ed.), *Career choice and development* (pp. 149-205). Jossey-Bass.

Savickas, M. L. (2020). Career Construction Theory and Counseling Model. In S. D. Brown & R. W. Lent (Eds.), *Career development and counseling: Putting theory and research to work* (3rd ed., pp. 165-199). WILEY.

Schultheiss, D. E. P. (2003). A relational approach to career counseling: Theoretical integration and practical application. *Journal of Counseling & Development, 81*(3), 301-310.

Super, D. E. (1973). The career development. *British Journal of Guidance and Counselling, 1*(2), 37-50.

제8장

고등학교 진로교육

오늘날 고등학생은 진로와 관련하여 고려해야 할 정보의 양이 많아지고 이를 짧은 시간 내에 파악하여 진로의사결정을 해야 하는 상황에 직면하였다. 고등학교 진로교육은 고등학생의 진로개발역량 함양을 지원함으로써 학생들이 복잡하고 급박한 진로의사결정 상황에 원활히 대처하여 자신의 진로를 효과적으로 개발하는 데 기반이 된다는 점에서 중요하다. 또한 이를 위해 가정, 학교, 지역 및 국가가 연계 · 협력하여 고등학생의 진로개발역량 함양을 지원한다는 데 의의가 있다.

이 장은 고등학생의 진로 특성을 이해하고 고등학교 진로교육 현황과 사례를 이해하는 데 목적이 있다. 이를 위해 고등학생의 진로 특성에 관한 이론가들의 논의와 정책적 논의를 살펴보고 선행연구의 논의를 바탕으로 고등학생의 진로 특성을 세부적으로 살펴본다. 또한 초 · 중등 진로교육 현황조사 결과를 바탕으로 고등학교 진로교육 관련 제도, 진로교육 활동, 인적 · 물적 현황을 살펴보며 고등학교 진로교육 사례를 고찰함으로써 학교 현장에서의 진로교육 실제와 이를 위한 다양한 주체의 역할을 소개한다. 마지막으로 상기 논의를 바탕으로 고등학교 진로교육의 문제점을 진단하고 개선방안을 제안한다.

학습과제

- ▶ 학습과제 1　고등학생의 진로목표를 설명하시오.
- ▶ 학습과제 2　고등학생 진로 특성에 대한 진로 이론가들의 주된 주장을 설명하시오.
- ▶ 학습과제 3　고등학생 시기 진로탐색의 특징을 설명하시오.
- ▶ 학습과제 4　고등학교 진로교육의 현황과 사례를 설명하시오.
- ▶ 학습과제 5　고등학교 진로교육의 문제점과 개선방안을 설명하시오.

1. 고등학교 진로교육의 의의 및 이론적 기초

1) 고등학교 진로교육의 의의

오늘날 고등학생들은 진로와 관련하여 고려해야 할 정보의 양이 많아졌고 이를 짧은 시간 내에 파악하여 진로의사결정을 해야 하는 상황에 직면하였다. 연구선도학교를 통해 2019년부터 운영되기 시작한 고교학점제로 인해, 학생들은 1학년 2학기부터 졸업까지 개인의 진로를 기반으로 교과목을 선택해야 한다. 학생부종합전형과 학교생활기록부 제도 또한 고등학교 학생들의 진로의사결정 시기를 단축하고 그 과정을 복잡하게 하는 데 역할을 하였다. 일반고등학교 학생들의 경우 학생부종합전형을 통해 대학 진학을 하고자 하는 경우가 많아, 이들에게 학생부종합전형과 학교생활기록부 기록은 매우 중요하다(김정미, 2020). 대입에 효과적인 학교생활기록부를 작성하기 위해 체계적이고 일관된 진로를 준비해야 한다는 인식이 확산되어, 학생들은 고등학교에 입학한 1학년 시기부터 진로를 선택하고 일관되게 준비하고자 노력하며 이를 위해 자신의 진로와 관련한 교내활동, 수행평가, 동아리, 독서활동 등 바쁜 일정을 감내한다. 직업계고등학교[1] 학생 또한 고등학교 진학과 동시에 전공 분야를 선택하고 특정 분야에 취업, 진학하기 위해 복잡하고 급박한 진로의사결정을 수행한다. 특히 4차 산업혁명, COVID-19로 인해 직업세계가 급변하는 오늘날의 현상은 직업계고등학교 학생의 진로의사결정 어려움을 더욱 가중시킨다.

진로개발역량은 복잡하고 급박한 진로의사결정 상황에 효과적으로 대응하는 데 기초가 된다는 점에서 매우 중요하다. 진로개발역량은 평생에 걸쳐 진로를 인식 · 탐색 · 준비 · 유지하고 발전시키는 과정에 요구되는 인지적 · 비인지적 측면의 개인 특성으로서(임효신, 2015), 진로개발역량을 함양한다는 것은 자기 자신을 긍정적으로 인식하고 원활한 대인관

---

1) 이 장은 한상근 등(2021)의 고등학교 진로교육 목표 및 성취기준을 바탕으로 고등학교를 일반고등학교와 직업계고등학교(마이스터고등학교, 특성화고등학교, 일반고 직업반)의 두 가지 계열로 구분함.
- 일반고등학교: 특정 분야가 아닌 다양한 분야에 걸쳐 일반적인 교육을 실시하는 고등학교(「초 · 중등교육법 시행령」, 대통령령 제32547호, 2022)
- 마이스터고등학교: 산업계의 수요에 직접 연계된 맞춤형 교육과정을 운영하는 고등학교(「초 · 중등교육법 시행령」, 대통령령 제32547호, 2022)
- 특성화고등학교: 특수 분야의 전문적인 교육을 목적으로 하는 고등학교(「초 · 중등교육법 시행령」, 대통령령 제32547호, 2022)
- 일반고 직업반: 일반고등학교에 특정 분야의 인재 양성을 목적으로 설치한 학과(교육부, 2021)

계를 맺으며 바람직한 직업태도를 바탕으로 진로를 탐색 및 준비할 뿐만 아니라 변화하는 상황에 유연하게 대처할 수 있는 힘을 함양하는 것을 의미한다. 따라서 진로개발역량이 높은 고등학생은 복잡하고 급박한 진로의사결정 상황에 원활히 대처하여 자신의 진로를 개발할 수 있다.

고등학교 진로교육은 고등학생의 진로개발역량을 함양하는 데 기반이 된다. 왜냐하면 우리나라 고등학교 진로교육의 목적이 고등학생의 구체적인 진로탐색과 진로목표 수립 및 진로준비를 위한 진로개발역량을 함양하는 것이기 때문이다(교육부, 2016a; 한상근 외, 2021). 진로교육의 중요성을 바탕으로 교육부는 2016년에 진로교육 집중학년·학기제를 도입하였고 2017년에 고교학점제 추진 방향 및 연구학교 운영계획을 시작으로 고교학점제의 기틀을 다졌다(정철영 외, 2022). 고등학교 진로교육 활성화를 위한 노력은 복잡하고 급박한 진로의사결정에 직면한 고등학생이 자신을 올바르게 이해하고 이를 바탕으로 자신의 진로를 계획하며 계획한 진로를 준비하는 데 밑바탕이 될 수 있다(정철영, 2017). 주목할 점은 고등학교 진로교육은 학생 개인의 주도성을 바탕으로 학교 내·외의 다양한 주체가 원활하게 협력하는 것이 중요하다는 점이다. 우리나라 고등학생은 하루 중 많은 시간을 학교에서 보낸다는 점에서 교사의 영향이 크다고 할 수 있으며 고교학점제하에 진로전담교사뿐만 아니라 담임교사, 그 외 일반 교원 모두의 진로교육 역량이 더욱 중요해졌다(정철영 외, 2021). 학교뿐만 아니라 진로교육 주체로서 가정, 지역 및 국가 간 연계·협력 또한 중요하다(정철영 외, 2022). 즉, 고등학교 진로교육은 학교와 가정, 지역 및 국가가 연계·협력하여 급박한 진로의사결정 과정을 경험하는 고등학생의 진로개발역량 함양을 지원하는 데 의의가 있다.

2) 고등학교 진로교육의 이론적 기초

「초·중등교육법」에 따르면 고등학교는 중학교에서 받은 교육의 기초 위에 중등교육 및 기초적인 전문교육을 하는 것을 목적으로 하는 학교를 의미하고, 고등학생은 고등학교에 재학 중인 학생을 의미한다. 고등학생 대상 진로교육은 다수 이론과 경험 연구 및 정책에서 논의되었으며 이러한 학술적·정책적 담론을 고려할 때 고등학생의 진로목표는 '진로에 관한 구체적인 정보를 탐색하여 진로대안을 좁히고 잠정적인 진로목표를 수립하며 이를 달성하기 위한 준비'를 하는 것으로 볼 수 있다. 여기서 진로에 관한 구체적인 정보란 자신의 특성을 고려한 세부적인 교육 및 직업세계 정보를 의미한다. Savickas(2002)는 진로탐색 단계를 크게 명료화(crystallization), 구체화(specification), 현실화(actualization)의 세 단계로 구분하였고, 이 중 구체화를 잠정적인 진로선택을 더욱 면밀히 탐색하는 것으로 정의하였다. Porfeli와 Skorikov(2010)는 진로탐색을 자신과 직업세계에 대해 폭넓은 정보를 수집하는 전반적 진로탐색(diversive career exploration)과 자신의 특성에 기반한 정보를 수집하는 구체적 진로탐색(specific career exploration)으로 구분하였고, 이 중 구체적 진로탐색은 진로대안을 줄여 나가는 데 초점이 있음을 주장하였다. 김봉환(2017)은 고등학교 시기가 진로의 선택과 준비 단계에 해당되며 흥미, 적성, 가치관 등 자신의 특성에 대한 객관적인 평가를 바탕으로 이에 맞는 직업정보를 수집하고 선택할 수 있어야 한다고 주장하였다. 즉, 선행연구는 다양한 정보를 수집하는 포괄적인 진로탐색 이후에 자신의 특성을 바탕으로 구체적인 직업정보를 탐색하는 구체적 진로탐색이 이루어질 수 있음을 주장하였다. 전반적 진로탐색이 중학생 시기에 강조된다는 점을 고려할 때[2] 고등학생 단계는 구체적 진로탐색이 강조된다.

고등학생 시기는 구체적 진로탐색뿐만 아니라 진로대안을 좁혀 잠정적으로 진로목표를 수립하고 이를 달성하기 위해 준비하는 것 또한 강조된다. Tuckman(1974)은 고등학교 시기를 자신과 직업에 대한 인식을 확고히 하며 진로대안을 점차 줄여 나가는 시기로 보았다(김봉환 외, 2006). 이러한 주장은 진로의사결정이론의 주장과 맥을 같이한다. Reardon 등(2017)이 제안한 진로의사결정 과정에 따르면, 개인은 자신과 직업에 대한 정보를 탐색함으로써 다양한 진로대안을 마련하고 점차 진로대안을 줄여 나가면서 진로에 몰입하게 된다. 즉, 구체적 진로탐색을 통해 개인은 점차 다양한 진로대안을 좁히게 된다. 또한 고등학생 시기는 진로목표 수립과 진로준비가 중요하다. 김봉환(2017)은 고등학교 시기를 진로의 선택과 준비 시기로 보았고, Savickas(2020)는 아동기에서 청소년기로 접어들면서 점차 잠정적으로 진로목표를 수립하고 선택할 수 있게 되고 목표를 추구하기 위해 자신을 조절할 수 있게 됨을 주장하였다.

정책적으로도 고등학생 시기의 구체적인 진로탐색과 진로목표 수립 및 진로준비를 강조한다. 교육부(2016a)는 일반고등학교 진로교육의 목표를 '미래 직업세계 변화에 대한 이해를 바탕으로 자신의 진로목표를 세우고 구체적인 정보 탐색을 통해 고등학교 이후의 진로계획을 수립하고 실천하기 위한 역량을 개발한다'로 명시하였고, 특성화고등학교 진로

2) 제7장 '중학교 진로교육'에서 중학생 시기에 폭넓은 정보를 탐색하는 전반적 탐색(in-breadth exploration)이 강조됨을 논의하였음.

교육의 목표를 '산업수요와 미래 직업세계 변화에 대한 이해를 바탕으로 자신의 진로목표를 세우고 구체적인 정보 탐색을 통해 고등학교 이후의 진로계획을 수립하고 실천하기 위한 역량을 개발한다'로 명시하였다. 한상근 등(2021)은 일반고등학교의 진로교육 목표를 '미래 직업세계 변화에 대한 이해를 바탕으로 진로목표를 정하고, 스스로 학업계획을 세우며 자신의 진로 설계와 실천에 필요한 지식, 기술, 태도를 기른다'로 명시하였고, 직업계고등학교의 진로교육 목표를 '미래 직업세계 변화와 산업 전망에 대한 이해를 바탕으로 진로목표를 정하고 스스로 학업계획을 세우며 전문적인 직업인으로 성장하기 위한 진로 설계와 실천에 필요한 지식, 기술, 태도를 기른다'로 명시하였다. 상기 문헌 모두 고등학생 시기의 구체적인 정보 탐색, 진로계획 수립, 진로준비를 위한 역량개발을 고등학교 진로교육 목표로 제안하였음을 알 수 있다.

한편, 우리나라의 경우 법령을 근거로 고등학교를 일반고등학교, 특수목적고등학교, 특성화고등학교 및 자율고등학교의 네 가지로 구분한다(「초·중등교육법」, 2022). 이는 크게 일반고등학교와 직업계고등학교의 두 가지로 구분할 수 있다(한상근 외, 2021). 고등학교 진로교육 목표와 성취기준을 제안한 교육부(2016a)와 한상근 등(2021) 모두 일반고등학교와 직업계고등학교(또는 특성화고등학교)를 구분하여 일부 성취기준을 제시하였다.[3] 일반

〈표 8-1〉 일반고등학교 및 직업계고등학교의 성취기준 차이(일부)

구분	대영역	목표	성취기준	일반	직업
교육부 (2016a)	자아 이해와 사회적 역량 개발	직업생활에서 의사소통의 중요성을 이해하고, 효과적인 의사소통 능력을 향상시킨다.	직업생활에서 문서, 메일 등을 정확하게 읽고 작성하며, 자신의 의견을 명확히 제시하고, 타인과 의견을 조율할 수 있다.		●
	진로 디자인과 준비	고등학교 이후의 진로 계획을 수립하고 실천하도록 노력한다.	진로목표와 관련된 대학, 학과(전공)를 선택할 수 있다.	●	
			희망 직종의 구인정보를 찾고, 희망 취업처의 근로조건, 해당 직무 등을 이해할 수 있다.		●
			이력서 및 자기소개서 쓰기, 면접 등 구직기술과 방법을 알고 자신에게 알맞게 적용할 수 있다.		●

3) 교육부(2016a)는 직업계고등학교가 아닌 특성화고등학교로 명명하였음.

구분	대영역	목표	성취기준	일반	직업
한상근 외 (2021)	자기 이해	관심 분야 직업인의 삶과 특성을 탐구한다.	관심 분야 직업인의 삶의 모습과 요구되는 특성을 탐구할 수 있다.	●	
			관심 분야의 일과 직업에서 요구되는 의사소통 능력과 협업적 태도를 기를 수 있다.	●	
		전공 분야의 직업인의 삶과 특성을 탐구한다.	전공 분야 직업인의 삶의 모습과 요구되는 특성을 탐구할 수 있다.		●
			전공 분야의 일과 직업에서 요구되는 의사소통 능력과 협업적 태도를 기를 수 있다.		●
	진로 탐색	대학과 전공 정보를 탐구한다.	내가 진학하려는 대학 전공계열과 학과 정보를 탐구하고 설명할 수 있다.	●	
			졸업 이후 진로목표 달성을 위해 필요한 평생교육 기회를 찾을 수 있다.	●	
		취업을 준비하고 교육기회를 탐구한다.	졸업 이후 취업계획을 수립하고, 구직에 필요한 준비를 할 수 있다.		●
			취업 이후 계속 학습 등 고등학교 졸업 이후 자신에게 맞는 교육기회를 찾을 수 있다.		●

주) 일반고등학교 및 직업계고등학교에 차이가 있는 내용 일부를 제시하였음.
자료: 교육부. (2016a). pp. 8-11; 한상근 외. (2021). pp. 130-133.

고등학교 진로교육 성취기준 중 일부가 고등교육 진학에 초점을 둔 반면, 직업계고등학교 진로교육 성취기준의 일부는 졸업 후 취업에 초점을 둔다(〈표 8-1〉 참조).

2. 고등학생의 특성과 고등학교 진로교육 현황 및 사례

1) 고등학생의 특성

지난 10년간 전체 고등학생 수는 감소하는 추세이다. 고등학교 계열별로 학생 수를 본 결과 일반고등학교 학생 수가 전체 고등학생 수의 약 74%로 가장 많았고, 그다음으로는 특성화고등학교 학생 수가 전체 중 약 15%, 자율고등학교 학생 수가 약 6%, 특수목적고등학교 학생 수가 약 5%였다(〈표 8-2〉 참조).

〈표 8-2〉 고등학생 수

(단위: 명, %)

연도	학교 유형				계
	일반고등학교	특수목적고등학교	특성화고등학교	자율고등학교	
2012	1,381,130(71.9)	64,468(3.4)	330,797(17.2)	143,692(7.5)	1,920,087(100.0)
2013	1,356,070(71.6)	67,099(3.5)	320,374(16.9)	149,760(7.9)	1,893,303(100.0)
2014	1,314,073(71.4)	66,928(3.6)	313,449(17.0)	144,922(7.9)	1,839,372(100.0)
2015	1,278,008(71.5)	67,529(3.8)	302,021(16.9)	140,708(7.9)	1,788,266(100.0)
2016	1,256,108(71.7)	67,607(3.9)	290,632(16.6)	138,110(7.9)	1,752,457(100.0)
2017	1,193,562(71.5)	67,960(4.1)	274,281(16.4)	133,896(8.0)	1,669,699(100.0)
2018	1,096,331(71.3)	66,693(4.3)	252,260(16.4)	123,292(8.0)	1,538,576(100.0)
2019	1,001,756(71.0)	65,244(4.6)	230,098(16.3)	113,929(8.1)	1,411,027(100.0)
2020	958,108(71.6)	64,493(4.8)	212,294(15.9)	102,417(7.7)	1,337,312(100.0)
2021	961,275(73.9)	63,181(4.9)	198,668(15.3)	76,846(5.9)	1,299,965(100.0)

자료: 한국교육개발원. (2012-2021).

일반고등학교 진로교육 목표가 '미래 직업세계 변화에 대한 이해를 바탕으로 진로목표를 정하고 스스로 학업계획을 세우며 자신의 진로 설계와 실천에 필요한 지식, 기술, 태도를 기르는 것'이고 직업계고등학교의 진로교육 목표가 '미래 직업세계 변화와 산업 전망에 대한 이해를 바탕으로 진로목표를 정하고 스스로 학업계획을 세우며 전문적인 직업인으로 성장하기 위한 진로 설계와 실천에 필요한 지식, 기술, 태도를 기르는 것'임(한상근 외, 2021)을 감안할 때, 고등학생의 진로개발역량 수준을 확인하는 것은 이들의 진로 특성을 이해하는 데 중요하다. 김민경 등(2021)에 따르면, 고등학생 진로개발 구성요인 중 진로설계역량 수준은 평균 3.65점, 진로준비역량 수준은 평균 3.78점으로 중학생에 비해 상대적으로 높은 수준이었다. 세부적으로 살펴보면, 진로설계역량의 구성요인별 평균은 직업 이해(3.86점), 자기 이해(3.70점), 진로 탐색(3.57점), 진로 계획(3.47점) 순으로 높았고, 진로준비역량의 구성요인별 평균은 의사소통(4.06점), 낙관성(3.92점), 지속성(3.73점), 호기심(3.71점), 도전성(3.67점), 유연성(3.62점) 순으로 높았다(〈표 8-3〉 참조). 중학생의 경우, 자기 이해와 직업 이해 수준이 동일한 반면, 고등학생의 직업 이해 수준은 자기 이해 수준에 비해 상대적으로 높다는 점이 중학생의 진로개발역량 수준과 구분되는 특징이다. 즉, 중학생 시기와 달리 고등학생 시기는 자신의 특성을 바탕으로 구체적인 직업정보를 수집하는 시기임을 알 수 있다.

〈표 8-3〉 진로개발역량 수준(2021년 기준) (단위: 점)

구분		중학생		고등학생							
				전체		일반고등학교 학생		직업계고등학교			
								특성화 고등학교 학생		마이스터 고등학교 학생	
		평균	표준편차	평균	표준편차	평균	표준편차	평균	표준편차	평균	표준편차
진로설계 역량	전체	3.48	0.84	3.65	0.75	3.65	0.73	3.58	0.81	3.76	0.79
	자기 이해	3.62	0.93	3.70	0.86	3.70	0.85	3.64	0.90	3.82	0.86
	직업 이해	3.62	0.94	3.86	0.82	3.87	0.81	3.73	0.88	3.84	0.86
	진로 탐색	3.38	0.96	3.57	0.88	3.57	0.87	3.49	0.94	3.71	0.91
	진로 계획	3.30	1.00	3.47	0.90	3.45	0.90	3.47	0.94	3.68	0.90
진로준비 역량	전체	3.70	0.75	3.78	0.68	3.78	0.67	3.75	0.73	3.96	0.71
	낙관성	3.87	0.85	3.92	0.80	3.92	0.79	3.86	0.84	4.09	0.78
	지속성	3.66	0.92	3.73	0.86	3.71	0.85	3.71	0.90	3.94	0.85
	호기심	3.64	0.90	3.71	0.86	3.69	0.86	3.72	0.88	3.93	0.88
	유연성	3.53	0.90	3.62	0.84	3.62	0.82	3.54	0.91	3.83	0.85
	도전성	3.57	0.98	3.67	0.91	3.66	0.92	3.67	0.91	3.77	0.89
	의사소통	3.93	0.83	4.06	0.77	4.06	0.77	4.00	0.81	4.18	0.70

주) 중학생은 3학년 학생(n=8,605), 고등학생은 2학년 학생(n=7,911)을 대상으로 조사함.
자료: 김민경 외. (2021). pp. 132-142, 234-244.

우리나라 고등학교는 일반고등학교와 직업계고등학교의 두 가지 계열로 구분될 수 있고(한상근 외, 2021), 고등학생들은 소속된 학교 계열에 따라 희망 진로가 다소 차이가 있을 수 있다. 김민경 등(2021)에 따르면, 일반고등학교 학생의 경우 주된 진로계획은 대학 진학(83.0%)이었고 직업계고등학교로서 특성화고등학교 학생(34.1%)과 마이스터고등학교 학생(67.7%)의 경우, 취업을 계획하는 비율이 다른 계열에 비해 상대적으로 높았다. 특성화고등학교의 경우, 대학 진학을 계획한 학생의 비율(41.5%)이 취업을 계획한 학생의 비율(34.1%)에 비해 상대적으로 높은 반면, 마이스터고등학교의 경우 약 68%의 학생이 취업을 희망하였다.

고등학생의 또 다른 진로 특성 중 하나는 고등학교에 진학하면서 진로와 관련한 정보의 양이 많아지고 이를 짧은 시간 내에 파악하여 진로의사결정을 해야 한다는 점이다. 일반고등학교 학생들의 진로선택 과정에 대한 질적 연구를 수행한 박나실(2020)의 연구에 따르면, 일반고등학교에 진학한 학생들은 중학생 시기와 달리 진로 관련 정보의 양적 차이를 경험하는 것으로 나타났다. 특히 일반고등학교 학생이 접하는 진로정보는 성적, 입시, 직업 등 더욱 구체적인 정보인 것으로 나타났다. 이에 따라 일반고등학교 학생들은 중학생 시기와 달리 진로 문제를 고민할 때 고려해 봐야 하는 측면이 여러 갈래로 나뉘어진다는 점을 알게 된다(박나실, 2020). 졸업 후 진로로서 취업을 강조하는 특성화고등학교나 마이스터고등학교 학생 또한 상황은 마찬가지이다. 오늘날 직업세계가 급변하고 취업을 위해서 구체적인 정보가 필요하다는 점을 고려할 때, 특성화고등학교나 마이스터고등학교 또한 고등학교에 진학하면서 진로와 관련된 정보의 양이 많아진다고 볼 수 있다.

한편, 고등학교 학생의 진로의사결정 기간은 이들이 접하는 정보의 양에 비해 상대적으로 짧다. 특히 연구선도학교 운영을 통해 2019년부터 운영되기 시작한 고교학점제는 고등학교 학생의 진로의사결정 시기를 더욱 앞당겼다. 왜냐하면 고등학교 2학년으로 올라가면서 문·이과 계열을 선택했던 과거의 교육과정과 달리, 고교학점제하의 학생들은 1학년 2학기 이전에 학생 개인이 희망하는 과목을 결정하기 때문이다. 학생부종합전형의 입시제도 또한 고등학생이 수행해야 할 다양한 비교과활동을 미리 계획하고 결정하게 함으로써 이들의 진로의사결정 시기를 앞당겼다고 볼 수 있다. 직업계고등학교 학생의 경우에도 고등학교 저학년 시기에 전공을 선택하게 되며 전공역량 강화를 위한 자격증, 교육 등의 의사결정을 수행하게 된다. 즉, 고등학교에 진학하면서 학생들은 진로와 관련한 다양하고 구체적인 정보를 접하게 되지만 진로의사결정까지 충분한 시간이 주어지지는 않은 실정임을 알 수 있다.

고등학생의 진로 특성 중 세 번째 특성은 고등학생 진로에 부모와 교사의 영향이 크다는 점이다. 부모는 고등학생의 진로발달에 영향을 미칠 수 있다. 청소년 시기는 아동기와 달리 자율성이 발달하여 부모로부터의 독립을 추구하고 개별화(individuation) 과정을 겪으며 과거에 전지전능(all-knowing and all-powerful)의 존재로 여겼던 부모를 불완전한 대상으로 인식하기 시작하는 탈이상화(deidealization) 과정을 겪는다(McElhaney et al., 2009). 초기 정신분석학 관점에 따르면, 부모와 청소년 자녀 간 갈등은 자연스럽고 바람직한 현상이며 부모로부터의 점진적인 개별화를 건강한 과정으로 이해한다. 반면, 관계적 관점에 따르면 자율성 발달은 자녀가 부모와의 연결이 끊어지는 것을 의미하는 것이 아니며(김은정, 2019), 부모-자녀 관계의 질에 의해 자율성 발달이 촉진될 수 있다(McElhaney et al., 2009). 즉, 고등학생 시기는 자율성 발달로 인해 부모-자녀 관계가 변화하는 시기이나, 자율성 발달은 부모와의 관계의 단절을 의미하지 않는다. 오히려 부모와의 분리와 연결이 상호

보완적이기 때문에(김은정, 2019) 부모와 자녀 간의 긍정적 관계 형성은 자율성 발달에 기반이 될 수 있고 나아가 성인기 발달까지 영향을 미칠 수 있다(신효정, 이지희, 2018). 한편, 고등학생의 진로에 대한 부모의 영향은 중학생의 그것에 부모의 영향과 차이가 있다. 임소현 등(2020)의 연구에서는 중학생 3학년 학생의 경우 부모양육방식 중 애정이 진로정체성과 가장 높은 관련성을 보인 반면, 고등학교 3학년 학생의 경우 감독(monitoring)이 진로정체성에 상대적으로 높은 영향을 미치는 것으로 나타났다. 이영광과 하재영(2022)의 연구에서는 중학교 1학년 학생이 인식한 부모양육방식과 고등학교 1학년 학생이 인식한 부모양육방식에 차이가 있었고, 특히 고등학교 1학년 학생의 경우 자녀에게 부담을 주지 않기 위한 부모의 노력에 대한 자녀의 인식으로서 이상적 관여형이 도출되었다. 이러한 연구 결과는 고등학생 진로에 대한 부모의 영향은 감독과 같이 간접적인 양육방식이 고등학생 진로에 더욱 효과적임을 시사한다.

교사 또한 고등학교 학생의 진로에 중요한 영향을 미친다. 초·중등 진로교육 현황조사(김민경 외, 2021)에 따르면, 고등학생의 경우(20.3%), 중학생(15.7%)에 비해 학교 교사로부터 진로정보를 획득하는 비율이 상대적으로 높은 것으로 나타났다. 박나실(2020)의 연구에서는 고등학교 3학년 시기에 담임교사의 목소리가 가장 강력하게 작용하는 것으로 나타났고, 특히 담임교사와의 상담을 통해 대학과 학과를 결정하는 것으로 나타났다. 또한 다수의 선행연구(정윤경 외, 2020; 정철영 외, 2020)에서 밝힌 바와 같이, 고교학점제는 고등학생이 필요한 과목을 선택하여 공부하며 이 과정을 통해 자신의 적성과 소질을 발견하고 개척할 수 있도록 지원하는 데 초점이 있는데(정철영 외, 2021), 이 과정에서 학생 진로에 대한 교사의 영향이 더욱 확대된다. 이로 인해 진로전담교사뿐만 아니라 일반 교사의 진로교육 역량의 중요성이 더욱 강조된다(정진철 외, 2021).

2) 고등학교 진로교육 현황

고등학교 진로교육 주요 정책은 〈표 8-4〉와 같다. 진로교육 정책의 대표적인 사건은 「진로교육법」의 제정이라 할 수 있다. 2015년 「진로교육법」 제정을 통하여 진로교육의 법적 기반이 마련되었다. 이를 기반으로 제2차 진로교육 5개년 기본계획이 마련되어 진로교육 활성화를 위한 노력이 지속되었고(교육부, 2016b), 「진로교육법」에 근거하여 2017년에 국가진로교육센터가 한국직업능력개발원에 설치되었다. 2018년에는 교육부, 고용노동부 등 관계부처 합동으로 진로교육 활성화 방안을 마련하여 진로교육의 양적·질적 확대, 진로교육 대상의 확대, 창업체험 강화 등 향후 진로교육의 방향을 마련하였다. 이후 2021년 고교학점제 종합 추진계획에서는 학생들이 진로와 연계된 학업계획을 수립하고 책임 있게 이수할 수 있도록 진로 · 학업설계 지도를 체계화한다는 내용을 발표하였다. 이 외에 교육부에서는 매년 학교 진로교육 추진/지원계획 또는 활성화 지원계획이라는 명칭으로 단위 학교의 진로교육 활성화를 위한 계획을 발표하고 있다. 한편, 2017년에 발표된 '일반고 진로선택 지원 프로그램 운영 계획'과 2019년 일반고 교육역량 강화 방안은 일반고등학교 학생들을 대상으로 진로체험 기회를 확대하고, 진로와 연계된 학업계획을 수립할 수 있게끔 하였다.

고등학교 진로교육은 주로 수업 중 교과를 활용하여 이루어지거나 진로심리검사를 통

〈표 8-4〉 고등학교 진로교육 주요 정책 현황

연도	주요 정책	세부 내용
2017~ 2021	학교 진로교육 추진/ 지원계획 및 활성화 지원 계획	• 진로교육 기반 학교교육과정 활성화 • 진로교육 및 상담자료 개발 · 보급 • 교원의 진로교육 역량 강화 및 지원 • 소외계층 진로교육 활성화 프로그램 운영 · 지원 • 커리어넷 유지 · 보수 및 (온라인)진로상담 운영 • 시 · 도교육청 특생 · 자율 프로그램 운영 지원
2021	고교학점제 종합 추진계획	• 학생들이 진로와 연계된 학업 계획을 수립하고 책임 있게 이수할 수 있도록 진로 · 학업설계 지도 체계화
2019	일반고 교육역량 강화 방안	• 학생의 진로 · 학업설계를 위한 지원 시스템 구축 • 학생 한 명 한 명의 잠재력을 실현하는 맞춤형 교육 제공
2018	진로교육 활성화 방안	• 학생 진로탐색 지원 강화 • 창업체험교육 활성화 • 대학생, 전환기 등 생애 단계별 진로개발 지원 • 진로교육 마을공동체 기반 조성, 부처 간 협력 체계 구축
2017	국가진로교육센터 설치	• 국가 수준의 진로교육 R&D 강화 • 한국직업능력개발원 지정 및 위탁 운영
2017	일반고 진로선택 지원 프로그램 운영계획	• 일반고등학교 학생 대상 직업체험 프로그램 확대
2016	제2차 진로교육 5개년 기본 계획	• 진로교육 집중학년 · 학기제 도입 • 진로교육 대상 확대 • 진로체험 활성화 및 다양화, 진로교육 인프라 확충
2015	「진로교육법」 제정	• 진로교육의 법적 기초 수립

자료: 상기 명시된 교육부 진로교육 정책 자료; 이지연. (2017). p. 22; 정철영 외. (2022). pp. 81-109.

해 이루어진다. 2021년 기준 고등학교 진로활동은 교과수업 중 진로탐색(85.6%), 진로심리검사(84.4%),「진로와 직업」 수업(81.2%), 진로상담(63.2%), 진로체험(57.4%), 진로동아리(53.5%), 창업가정신 함양 및 창업체험교육(30.4%) 순으로 빈도가 많았다. 이 중 진로체험은 강연 · 대화형(63.5%), 학과체험형(30.2%), 진로캠프형(22.6%), 직업 실무체험형(18.4%), 현장견학형(18.2%), 현장 직업체험형(15.0%) 순으로 높은 비율을 보였다. 한편, 만족도는 진로상담(3.84점), 진로심리검사(3.83점), 진로동아리(3.81점), 진로체험(3.78점), 창업가정신 함양 및 창업체험교육(3.77점), 교과수업 중 진로탐색(3.67점),「진로와 직업」 수업(3.64점) 순으로 높아, 고등학생들은 주로 교과를 활용한 진로 수업보다 진로상담 및 심리검사에 더 높은 만족도를 보였다. 진로체험 유형의 경우, 현장 직업체험형(3.97점), 현장견학형 및 직업 실무체험형(3.94점), 진로캠프형 및 학과체험형(3.85점), 강연 · 대화형(3.65점) 순으로 도움 정도가 높아, 고등학생들은 주로 직업 및 교육 현장에서 경험하는 것에 도움을 높게 느낌을 알 수 있다.

세부 현황을 살펴보면, 고등학생의 학교 진로활동 참여 수준은 비수도권이 수도권에 비해 높았고, 특성화고가 일반고나 특목고보다 높았으며, 학교 규모는 중규모-대규모-소규모 순으로 높았고, 학교 소재지는 읍면지역-중소도시-대도시 순으로 높았다. 2021년 기준,「진로와 직업」 수업, 교과수업 중 진로탐색, 진로심리검사, 진로체험, 진로상담, 진로동아리, 창업가정신 함양 및 창업체험교육 모두 비수도권의 비율이 수도권에 비해 상대적으로 높았고, 학교 유형과 학교 규모, 학교 소재지는 활동에 따라 결과가 상이하였다(〈표 8-5〉 참조).

고등학교 진로교육 관련 인적 현황으로서 학교 진로교육 조직 및 조직원, 진로전담교사, 진로전담교사 지원 전문인력의 현황은 다음과 같다. 2021년 기준, 초 · 중등 진로교육 현황조사에 응답한 400개 학교 중 95%의 고등학교에 학교 진로교육 조직이 마련되어 있었고, 그중 진로교육을 전담하는 부서가 설치되어 있는 학교는 절반 수준이었다. 하지만 학교 유형 중 특성화고나 특목고에는 진로교육 전담 부서보다는 타 업무를 겸하는 부서로 구성된 비율이 더 높았고, 학교 규모가 작을수록 타 업무를 겸하는 부서로 구성된 비율이 높았다.

학교 진로교육 조직(부서)은 주로 1~2명의 조직원으로 구성되어 있었다. 2021년 기준 초 · 중등 진로교육 현황조사에 따르면, 학교 진로교육 조직(부서)의 조직원 수는 1명(48.3%), 2명(34.2%), 3명 이상(15.7%), 0명(1.8%) 순으로 높은 것으로 나타났다. 2021년 기준 고등학교 진로전담교사의 배치율이 약 93%임을 감안할 때, 진로전담교사 1인이 학교

〈표 8-5〉 고등학교 진로활동 현황 참여도, 만족도 및 도움 정도(2021년 기준) (단위: %, 점)

구분	전체	지역		학교 유형			학교 규모			학교 소재지			만족도/도움 정도
		수도권	비수도권	일반고	특성화고	특목고	대규모	중규모	소규모	대도시	중소도시	읍면지역	
「진로와 직업」 수업	81.2	76.3	85.5	79.8	91.1	75.0	79.7	85.4	83.7	76.3	83.6	86.7	3.64(0.89)
교과수업 중 진로탐색	85.6	83.9	87.2	85.6	86.0	84.9	85.4	86.8	84.0	83.5	86.8	87.5	3.67(0.85)
진로심리검사	84.4	80.0	88.3	84.7	81.2	87.0	83.7	87.2	86.3	81.0	85.8	88.7	3.83(0.83)
진로체험	57.4	50.7	63.5	57.4	61.3	48.9	56.2	60.2	70.3	54.0	58.3	63.3	3.78(0.89)
강연 · 대화형	63.5	60.0	67.1	63.5	61.5	67.0	62.7	66.2	68.9	63.4	62.4	67.5	3.65(0.89)
현장견학형	18.2	12.5	22.6	16.8	25.7	17.9	16.3	23.8	33.6	16.1	19.4	20.1	3.94(0.90)
직업 실무체험형	18.4	14.8	21.2	17.0	26.1	17.1	16.9	23.0	29.2	17.2	19.0	19.7	3.94(0.89)
현장 직업체험형	15.0	11.4	17.5	13.2	23.9	15.8	13.5	19.5	27.1	13.4	16.0	16.1	3.97(0.89)
학과체험형	30.2	25.7	33.9	29.0	35.4	31.9	28.8	34.6	40.2	27.2	31.1	35.3	3.85(0.88)
진로캠프형	22.6	18.5	25.6	21.1	31.4	19.2	20.9	27.6	35.3	19.1	23.9	27.4	3.85(0.91)
진로상담	63.2	59.5	66.7	62.3	64.4	70.2	61.8	67.7	74.1	61.6	63.3	67.1	3.84(0.85)
진로동아리	53.5	50.7	57.5	54.4	50.3	49.6	53.4	53.1	57.8	53.2	53.3	54.6	3.81(0.88)
창업가정신 함양 및 창업체험교육	30.4	30.8	32.2	28.3	41.2	31.4	29.3	33.2	42.2	30.6	30.5	29.8	3.77(0.93)

주 1) 지역(수도권, 비수도권) 현황은 수도권(서울, 경기, 인천) 및 비수도권 지역별 비율의 평균 비율임.
2) 진로체험 유형 중, 강연 · 대화형부터 진로캠프형은 도움 정도 평균 점수임.
자료: 김민경 외. (2021). pp. 151-156 재구성.

진로교육 조직(부서)의 유일한 조직원으로 배치된 학교가 절반에 가까움을 알 수 있다. 또한 응답 학교의 약 72%가 진로전담교사가 부장교사로서 역할을 하였으며 비수도권이 수도권에 비해 일반고-특목고-특성화고 순으로, 학교 규모가 클수록, 중소도시-대도시 및 읍면지역 순으로 진로전담교사가 부장교사인 경우가 많았다. 한편, 진로전담교사 지원 전문인력 여부는 응답 학교의 11.6%로 다수의 학교에서 진로전담교사 지원 전문인력을 배치하지 않은 실정이다(〈표 8-6〉 참조).

고등학교 진로교육 관련 물적 현황으로서 진로활동실, 진로상담실, 진로체험지원센터 활용 및 진로정보망 활용 현황은 다음과 같다. 2021년 기준 초 · 중등 진로교육 현황조사에 응답한 400개 고등학교 중 교내 진로활동실이 있는 학교는 약 63%, 진로상담실이 있는 학교는 약 79%였다. 진로활동실의 경우 비수도권 학교, 일반고, 대규모 학교, 대도시 학교에서 있는 비율이 높았고, 진로상담실의 경우는 비수도권 학교, 일반고, 중규모 학교, 읍면지역 학교에서 있는 비율이 높았다.

〈표 8-6〉 고등학교 진로교육 관련 인적 현황

(단위: %)

구분		전체	지역		학교 유형			학교 규모			학교 소재지		
			수도권	비 수도권	일반고	특성화고	특목고	대규모	중규모	소규모	대도시	중소도시	읍면지역
학교 진로교육 조직(부서) 여부	진로교육만 전담	50.2	54.3	50.5	57.7	31.8	26.6	57.1	50.2	23.0	45.1	60.8	43.0
	진로교육이 주 업무	25.2	25.6	24.8	25.5	20.7	35.1	27.2	21.3	23.3	24.0	30.0	20.5
	타 업무가 주 업무	19.5	16.1	19.4	13.2	38.3	30.1	13.6	19.8	42.6	25.7	7.7	27.1
	없음	5.1	4.0	5.3	3.6	9.2	8.3	2.1	8.6	11.1	5.2	1.6	9.5
학교 진로교육 조직(부서) 조직원 수	0명	1.8	1.2	1.7	1.1	4.3	2.5	0.8	1.2	7.3	2.1	0.0	3.9
	1명	48.3	43.5	53.2	43.9	65.3	46.8	36.5	64.0	82.8	37.0	44.7	68.1
	2명	34.2	37.7	31.4	38.9	17.6	31.4	44.7	23.8	5.4	34.8	44.0	19.6
	3명 이상	15.7	17.6	13.7	16.2	12.9	19.3	20.1	11.0	4.5	26.1	11.3	8.4
진로전담교사의 부장교사 여부		72.4	73.3	75.7	78.1	50.0	75.9	76.5	75.8	48.8	65.3	84.1	65.3
진로전담교사 지원 전문 인력 수		11.6	17.8	9.2	11.0	12.8	14.5	13.9	11.1	3.3	14.4	13.0	6.3

주) 학교 진로교육 조직(부서) 유무, 진로전담교사 지원 전문인력 여부의 사례 수는 400명이고 학교 진로교육 조직(부서)의 조직원 수, 진로전담교사의 부장교사 여부의 사례 수는 380명임.

자료: 김민경 외. (2021). pp. 486-489 재구성.

한편, 2021년 기준 초·중등 진로교육 현황조사에 응답한 400개 고등학교 중 약 52%의 학교가 진로체험지원센터를 활용하고 있었고, 특히 비수도권 학교가 수도권 학교에 비해, 일반고, 대규모 학교, 대도시 학교에서 더욱 진로체험지원센터를 활용하였다. 진로체험지원센터의 도움 정도 또한 약 4.23점 이상으로 상대적으로 높은 도움 정도를 보였다(〈표 8-7〉 참조).

〈표 8-7〉 고등학교 진로교육 관련 물적 현황 (단위: %, 점)

구분		전체	지역		학교 유형			학교 규모			학교 소재지		
			수도권	비수도권	일반고	특성화고	특목고	대규모	중규모	소규모	대도시	중소도시	읍면지역
진로 활동실 유무	전용 공간	49.2	48.5	59.4	55.4	35.3	25.5	52.3	49.1	37.3	52.3	52.7	40.9
	복합 공간	14.4	14.6	14.2	14.0	13.2	22.8	15.0	15.4	10.6	19.0	8.2	16.8
	없음	36.3	37.0	26.4	30.6	51.5	51.8	32.7	35.5	52.1	28.7	39.1	42.3
진로 상담실 유무	전용 공간	56.1	55.5	59.6	59.8	43.8	53.6	53.1	62.3	57.9	55.2	50.8	63.9
	복합 공간	23.6	24.9	21.6	23.2	25.6	20.9	25.9	21.3	17.8	23.2	27.1	19.4
	없음	20.3	19.6	18.8	16.9	30.6	25.4	20.9	16.3	24.3	21.5	22.0	16.7
진로체험 지원센터 활용 현황	활용 여부	52.2	50.6	55.5	58.7	36.9	29.3	56.9	50.5	36.2	58.7	50.2	46.7
	도움 정도	4.23	4.3	4.1	4.26	4.17	3.75	4.26	4.20	4.10	4.33	4.22	4.08
진로 정보망 활용 현황	커리어넷	97.5	97.9	97.9	99.2	96.1	83.7	98.3	96.9	95.4	98.0	98.8	95.3
	워크넷	90.6	86.1	92.9	92.4	93.6	62.1	93.0	87.6	86.0	91.4	92.8	86.9
	하이파이브	24.1	24.7	23.0	6.2	85.0	29.9	19.4	30.1	33.3	24.4	22.7	25.5
	어디가	93.1	94.0	93.1	99.2	76.9	78.1	95.1	91.4	88.1	93.5	95.5	89.8
	프로칼리지	50.6	67.1	46.2	54.2	52.3	7.4	57.9	45.0	30.8	59.7	50.2	39.9
	꿈길	86.6	83.3	90.6	89.7	82.1	66.7	86.6	86.2	87.0	86.7	86.0	87.2
	YEEP	27.5	30.8	30.2	29.8	25.5	9.8	27.8	26.1	28.9	25.8	30.5	25.9
	원격 영상 멘토링	31.4	34.0	29.0	33.0	29.8	18.7	31.2	34.2	27.7	30.4	29.8	34.5
	크레존	16.5	14.9	18.6	17.6	14.5	10.9	16.4	16.8	16.4	15.0	16.2	18.9

주) 진로활동실 유무, 진로상담실 유무, 진로체험지원센터 활용 현황, 진로교육 관련 사이트 활용 현황의 사례 수는 400명, 도움 정도의 사례 수는 207명임.
자료: 김민경 외. (2021). pp. 492-495, 554-556 재구성.

3) 고등학교 진로교육 사례

이 장에서는 교과연계 진로교육과 진로상담 프로그램 운영 우수사례를 제시한다. 먼저 교과연계 진로교육 프로그램으로 A 고등학교에서는 역사와 진로의 끊임없는 대화의 과정을 '사(史) · 로(路) · 잡(job) · 다(dialogue)'라 명명하며 한국사 교과에서 진로교육을 연계하는 프로젝트를 수행하였다(옥서연, 2020). 사 · 로 · 잡 · 다 프로젝트에서는 진로교육 목표와 성취기준을 한국사 수업에 연계시켜 실천과제 네 가지를 제시하였고, 실천과제에 따

〈표 8-8〉 A 고등학교 교과연계 진로교육 프로그램(한국사) 실천과제별 주제와 활동목표

구분		주제	활동목표
실천과제 1	역사와 진로의 끊임없는 대화 속의 자아 이해와 다양한 직업세계 탐구	역사 속 다양한 직업(job)을 찾아라!	역사 속 다양한 직업을 찾음으로써 직업세계에 대한 이해를 넓힐 수 있다.
		백성들의 삶 속에 살아 있는 직업을 찾아서	백성들의 생활 속 직업을 찾음으로써 직업세계에 대한 이해를 넓힐 수 있다.
실천과제 2	역사와 진로의 끊임없는 대화 속에 알아 가는 진로역량	견훤, 궁예, 왕건 그들은 누구인가?	후삼국시대 주역들의 활약을 통해 지도자가 갖춰야 할 사회적 역량을 파악할 수 있다.
		위인들에게 배우는 대인 관계의 중요성	대인관계의 중요성을 알고 사람을 대하는 나의 태도와 관계를 성찰하는 계기를 마련한다.
실천과제 3	역사와 진로의 끊임없는 대화 속에 깨닫는 진로의식	임진왜란의 민낯, 충신 송상현과 도망자 이각	임진왜란 발발 당시의 시대적 상황을 알고 직업윤리의 의미를 말할 수 있다.
		전태일, 자신을 불살라 세상을 바꾸다	1970년대 대한민국의 노동 현실을 알고 노동자의 법적 권리를 파악한다.
실천과제 4	역사와 진로의 끊임없는 대화 속에 만난 나의 미래	찾아라! 나의 롤 모델(Role model)!	다양한 역사적 사례 속에서 자신의 롤 모델을 찾아보고 진로 역량과 직업 의식을 성장시킬 수 있다.

자료: 옥서연. (2020). pp. 2-3 재구성.

른 주제와 활동목표를 제시하였다(〈표 8-8〉 참조).

A 고등학교에서는 프로그램 운영 효과를 분석하기 위해 진로교육 영역별로 사전-사후 평가를 실시하였다. 자아 이해와 사회적 역량 개발, 일과 직업세계 이해, 진로탐색, 진로디자인과 준비 영역의 긍정 응답 비율이 수업 전에 비해 수업 후 최소 13%에서 최대 35%까지 증가하였다(옥서연, 2020). 이는 한국사 교과에 대한 학생들의 흥미를 제고하는 것뿐만 아니라 한국사 교과에 진로교육을 연계하여 학생들의 진로탐색 및 준비에 도움을 준 사례라고 볼 수 있을 것이다.

한편, 진로상담 프로그램으로 B 고등학교에서는 희망 대학 및 학과를 탐색하고 대입을 준비하기 위한 1:1 맞춤형 개별 상담 프로그램을 제공했다(교육부, 한국직업능력개발원, 2018). 이를 위해 담임교사와 진로전담교사, 외부 상담 전문가로 구성된 전문가 집단이 학생 진로상담과 관련된 과업을 분담하고, 상담 진행 상황을 학생, 학부모, 담임교사에게 제공해 지속적인 상담에 활용될 수 있게 한다([그림 8-2] 참조). 이는 단순 진학 컨설팅이 아닌 소질과 적성에 맞는 진로탐색, 효율적인 학습법 등 진로 문제까지 포괄할 수 있다는 점에서 우수한 평가를 받았다.

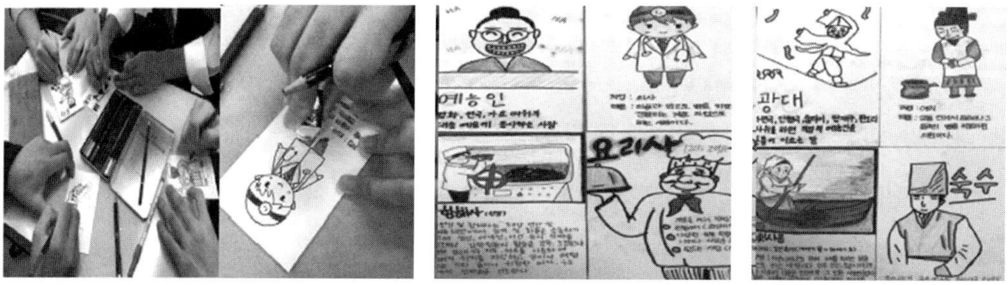

〈활동 중 모습〉 〈현재 모습〉 〈과거 모습〉

[그림 8-1] A 고등학교 교과연계 진로교육 프로그램(한국사) 활동 사진

자료: 옥서연. (2020). p. 13 재구성.

	담임교사	진로진학 상담교사	외부 상담전문가
업무	• 학교생활기록부 기록 · 관리 • 진로 포트폴리오 점검 • 기초 진로상담 • 컨설팅 종료 후 추수상담	• 단위학교 진로상담(지도) 총괄 • 진로진학 컨설팅 연계지원 • 심화 진로상담	• 맞춤형 진로진학컨설팅 • 컨설팅 결과 보고서 제공
특징	상담 학생 추천	컨설팅 대상 학생 지도 및 지원	결과 보고서 작성 및 조언

[그림 8-2] C 고등학교의 진로상담 프로그램의 전문가 집단 업무 및 특징

자료: 교육부, 한국직업능력개발원. (2018). p. 105 재구성.

사례를 종합했을 때, 고등학교 진로교육에서 중요한 것은 진로교육 관련 자원을 얼마나 효율적으로 활용하는가이다. 사례로 제시한 프로그램들에서는 공통적으로 교내 · 교외에서 다양한 인적 · 물적 자원을 활용하고 있었는데, 이는 정부 차원에서 발표되고 있는 진로교육 관련 정책과 맥을 같이하고 있는 것으로 해석할 수 있다. 중학교와 마찬가지로 고등학교 또한 진로교육을 위해서는 여러 자원의 연계 및 협력이 지속해서 이루어져야 할 것이다.

3. 고등학교 진로교육의 문제점 및 개선방안

1) 문제점

고등학교 진로교육의 문제점을 살펴보면 다음과 같다. 첫 번째 문제점은 중학교 '진로와 직업' 교과와의 내용 중복이다. 중학교와 고등학교의 '진로와 직업' 교과를 비교 분석한 조영아와 정지은(2019)에 따르면, 중학교와 고등학교 간 진로와 직업 교과의 일부 내용이 중복되거나 연계성이 부족한 것으로 나타났다. 예컨대, 중학교와 고등학교의 자기효능감 관련 내용은 큰 차이를 보이지 않았고 대인관계 및 의사소통 역량개발 관련 내용 또한 개념, 중요성, 유형, 향상 방법 등이 동일하게 제시되었다(조영아, 정지은, 2019). 임유나(2021) 또한 고등학교의 진로와 직업 과목이 중학교 진로활동과 유사하고 중복되지 않게 진로와 직업 과목만의 특색을 담아내야 함을 주장한 바 있다.

두 번째 문제점은 대학 진학 및 취업 중심의 고등학교 문화이다. 정윤경 등(2021)은 기존의 고등학교 진로교육이 고교 졸업 후 진로와 대학 전공 관련 학습설계에 초점을 두었음을 주장하였다. 대학 신입생을 대상으로 고등학교 시기의 진로진학상담 경험을 연구한 손강숙(2019)의 연구에 따르면, 일부 연구참여자는 성적 중심의 상담에 불편함을 느꼈고, 당시 진로를 선택함에 있어 성적이 중요했기 때문에 진로진학상담이 자신의 진로에 아무런 영향이 없었다고 보고하였다. 직업계고등학교 또한 사정은 비슷하다. 장원섭 등(2014)의 연구에 따르면, 연구참여자인 특성화고 진로전담교사는 학생들의 적성과 흥미를 탐색하는 것보다 연봉 중심의 취업교육을 강조하는 문화로 인해 진로교육에 어려움을 경험하였음을 보고하였다.

세 번째 문제점은 진로전담교사와 일반 교사 간 협력 미흡이다. 선행연구는 진로전담교사와 일반 교사 간 협력의 어려움을 지속적으로 보고하고 있다. 정윤경(2021)은 진로교육 조직과 교육과정 조직이 분절되어 있음을 주장하였다. 유정이 등(2015)은 홀로 진로전담교사 업무를 수행하는 것의 어려움을 보고하였고, 유은선과 이종연(2017), 한현우와 이병준(2015)은 진로전담교사와 일반 교사 간 갈등을 보고하기도 하였다. 특히 2025년 전면 도입될 고교학점제를 고려할 때, 진로전담교사와 일반 교사 간 협력이 더욱 강조될 것으로 전망된다(정철영 외, 2021).

2) 개선방안

중학교 '진로와 직업' 교과의 내용 중복, 대학 진학 및 취업 중심의 고등학교 문화, 진로전담교사와 일반 교사 간 협력 미흡의 세 가지 문제에 대한 개선방안은 다음과 같다. 첫째, 중학교와 고등학교 간 '진로와 직업' 교과의 내용 요소를 명확히 구분하는 것이 필요하다. 조영아와 정지은(2019) 또한 중학교와 고등학교의 '진로와 직업' 교육목표, 핵심 개념, 내용요소 등을 확인하고 학교급 간 차이를 보다 명확히 제시하여 교과서를 개발 및 운영하는 것이 필요함을 주장한 바 있다. 특히 고등학교 시기가 자신에 대한 이해를 바탕으로 심층적인 진로탐색이 이루어지는 시기임을 감안할 때, 고등학교의 '진로와 직업' 교과는 고등학생이 심층적인 진로탐색을 지원하는 것에 초점을 두는 것이 필요하다.

둘째, 고등학교의 진로교육 인식 확산을 위한 지원이 필요하다. 진로정보처리이론(Reardon et al., 2017)의 주장과 같이 자신과 직업세계에 관한 충분한 탐색과 이해가 전제될 때 자신이 선택한 진로에 몰입할 수 있게 된다. 때문에 대학 진학 및 취업의 중요한 진로선택을 수행하는 고등학생 시기는 자신을 이해하고 직업세계를 이해하는 것이 중요하다. 따라서 진로교육의 중요성에 대한 인식이 고등학교에 확산되는 것이 필요하며, 이를 위해 일반 교원 대상의 진로교육 관련 연수를 확대 운영하는 것이 필요하다. 특히 고등학교의 진로교육 인식 확산을 위해 학교장의 역할이 중요하다는 장원섭 등(2014)의 주장을 고려할 때, 학교 관리자 대상 진로교육 인식 함양을 위한 연수가 확대 운영되는 것이 필요하다.

셋째, 고교학점제 도입을 고려하여 진로전담교사와 일반 교원 간 명확한 역할 재확립과 진로교육 역량 함양이 필요하다. 최근의 선행연구는 고교학점제 도입에 따라 진로전담교사의 직무를 재구성하는 연구(정철영 외, 2021)나 향후 과제를 제안하는 연구(정윤경, 2021)가 수행되고 있다. 이들 연구는 공통적으로 고교학점제의 효과적이고 효율적인 운영을 위해 진로전담교사와 일반 교사 간 유기적인 협력이 기반되어야 함을 강조한다. 예컨대, 정철영 등(2021)은 진로전담교사는 일반 교사의 교과연계 진로교육 수업과 창의적 체험활동을 지원하고 일반 교사가 진행한 진로연계 학업설계 및 이수 지도, 진로상담, 진로심리검사를 연계하여 심층적인 상담과 진단을 실시하는 등의 방안을 제안한 바 있다. 특히 고교학점제 도입 시 교과목 개설 및 운영 · 관리, 진로 · 학업계획서 작성 지도, 수강신청 안내, 학생 개인별 진로상담 등 교사가 수행해야 할 업무가 늘어나기 때문에(정윤경 외, 2020) 진로전담교사와 일반 교사 간 명확한 역할 재확립뿐만 아니라 재확립된 역할에 대한 역량개발 지원 또한 함께 이루어지는 것이 필요하다.

논의사항

- 고등학교 계열별(일반고등학교, 특성화고등학교, 특수목적고등학교)로 구분되는 고등학생의 진로 특성은 무엇인지 논의해 보자.
- 고등학생의 진로 특성과 고등학교 진로교육 현황 및 문제점을 바탕으로 오늘날 고등학교 진로교육의 개선사항은 무엇인지 논의해 보자.
- 향후 고등학교 진로교육 활성화를 위해 가정, 학교, 지역 및 국가의 역할은 무엇인지 논의해 보자.

참고문헌

관계부처 합동. (2018). 진로교육 활성화 방안. 관계부처 합동.
교육부. (2016a). 2015 학교 진로교육 목표와 성취기준. 교육부.
교육부. (2016b). 제2차 진로교육 5개년 기본계획(2016-2020). 교육부.
교육부. (2017). 일반고 진로선택 지원 프로그램 운영계획. 교육부.
교육부. (2017-2019). 학교 진로교육 추진계획. 교육부.
교육부. (2019). 고교 서열화 해소 및 일반고 교육역량 강화 방안. 교육부.
교육부. (2020a). 진로교육 만족도 제고를 위한 2021년 진로교육 활성화 지원 계획. 교육부.
교육부. (2020b). 학교 진로교육 지원계획. 교육부.
교육부. (2021). 고교학점제 종합 추진계획. 교육부.
교육부, 한국직업능력개발원. (2018). 진로교육 집중학년 · 학기제 운영 사례집(일반고). 교육부, 한국직업능력개발원.
김민경, 권효원, 김나라, 박나실, 방혜진, 안유진. (2021). 초 · 중등 진로교육 현황조사(2021)-기초통계표. 한국직업능력연구원.
김봉환. (2017). 진로교육의 개요. 김봉환, 김은희, 김효원, 문승태, 방혜진, 이지연, 조붕환, 허은영(저), 진로교육개론 (pp. 11-37). 사회평론.
김봉환, 김은희, 김효원, 문승태, 방혜진, 이지연, 조붕환, 허은영. (2017). 진로교육개론. 사회평론.
김봉환, 이제경, 유현실, 황매향, 공윤정, 손진희, 강혜영, 김지현, 유정이, 임은미, 손은령. (2010). 진로상담이론: 한국 내담자에 대한 적용. 학지사.
김봉환, 정철영, 김병석. (2006). 학교 진로상담. 학지사.
김은정. (2019). 청소년 자녀의 건강한 경계성 형성과 분리-개별화를 위한 부모의 역할. 학부모연구, 6(3), 1-19.

김정미. (2020). 고등학교 학교생활기록부 운영 실제 연구: 일반고 교사들의 인식을 중심으로. 중부대학교 대학원 박사학위논문.

박나실. (2020). 일반고 학생들의 진로선택과정에 대한 질적 연구. 서울대학교 대학원 박사학위논문.

서유정, 김민경, 류지영, 박나실, 김나라, 안유진, 안중석. (2020). 초·중등 진로교육 현황조사(2020) 기초통계표. 한국직업능력개발원.

손강숙. (2019). 대학 신입생의 고등학교 시기 진로진학상담 경험에 관한 합의를 통한 질적 연구: COR-M을 중심으로. 청소년복지연구, 21(3), 95-121.

신선임, 최나래. (2019). 기독교 청소년이 지각한 부모갈등이 진로태도성숙에 미치는 영향: 불안의 매개효과를 중심으로. 한국기독교상담학회지, 30(1), 157-183.

신효정, 이지희. (2018). 부모의 양육태도에 따른 잠재프로파일 분석 및 보호요인과 위험요인의 차이 분석. 한국웰니스학회지, 13(4), 161-173.

옥서연. (2020). [2020년도 진로교육 실천사례 연구발표대회 보고서] 역사와 진로의 끊임없는 대화 속에 나의 미래를 만나다: '사(史)·로(路)·잡(job)·다(dialogue)' 프로젝트를 중심으로. 커리어넷.

유은선, 이종연 (2017). 진로진학상담교사의 직업정체성에 대한 근거이론 연구. 진로교육연구, 30(2), 127-156.

유정이, 홍지영, 김진희 (2015). 고등학교 진로진학상담교사가 지각한 역할수행의 어려움. 학습자중심교과교육연구, 15(2), 1-30.

이영광, 하재영. (2022). 잠재프로파일 분석을 활용한 부모양육방식 유형과 청소년 진로정체감의 관계. 진로교육연구, 35(1), 183-208.

이지연. (2017). 제4차 산업혁명 시대를 대비한 진로교육정책과 진로교육의 방향. THE HRD REVIEW, 20(5), 20-39.

임소현, 이영광, 이승엽. (2020). 의사결정나무 분석 방법을 활용한 중·고등학교 3학년 학생의 진로정체성 예측모형 비교 연구: 개인-환경 상호작용을 중심으로. 청소년학연구, 27(6), 337-365.

임유나. (2021). 고교학점제 도입에 따른 진로와 직업 교육과정의 과제와 개선 방향. 학습자중심교과교육연구, 21(21), 629-643.

임효신. (2015). 중학생 진로개발역량 검사도구 개발. 서울대학교 대학원 박사학위논문.

장원섭, 강예지, 이혜나, 이민영, 최신형. (2014). 특성화고등학교 진로진학상담교사의 직무갈등에 관한 질적 연구. 진로교육연구, 27(2), 65-84.

정윤경. (2021). 고교학점제에서의 진로교육 활성화를 위한 제안. 한국진로교육학회 학술대회지, 129-148.

정윤경, 류지은, 안유진, 곽초롱. (2020). 고교학점제 도입에 따른 진로교육 체제 개편방안. 한국직업능력개발원.

정진철, 양인준, 이영광, 임소현. (2021). 중등 일반교원의 진로교육 직무 및 교육요구도 분석. 직업능력개발연구, 24(2), 123-150.

정철영. (2017). 미래 진로교육의 패러다임. **한국진로교육학회 2017년 추계학술대회 자료집**, 1-21.

정철영, 이영광, 이승엽, 김동주, 김기민, 이진규, 김도현. (2022). 우리나라 국가 진로교육 정책 동향. **진로교육연구**, 35(1), 81-109.

정철영, 정진철, 서우석, 이현민, 이승엽, 이영광, 양인준. (2021). 고교학점제 도입에 따른 고등학교 진로전담교사 직무모형 개발. **진로교육연구**, 34(4), 177-197.

정철영, 정진철, 서우석, 임소현, 이현민. (2020). **고교학점제 도입에 따른 고등학교 진로전담교사 직무 재구조화**. 서울대학교 진로직업교육연구센터.

정철영, 정진철, 이종범, 정동열, 임효신, 이서정, 임정훈. (2015). 우리나라 진로교육 현황 및 발전 방향 연구. **진로교육연구**, 28(3), 155-171.

조영아, 정지은. (2019). 중·고등학교「진로와 직업」교과서 비교 분석 연구. **진로교육연구**, 32(3), 223-246.

진로교육법. (2015, 법률 제13336호)

초·중등교육법 시행령. (2022, 대통령령 제32547호)

한국교육개발원. (2011-2021). **교육통계연보**. 한국교육개발원.

한상근, 정윤경, 정지은, 안중석. (2021). **학교 진로교육 목표 및 성취기준 연구**. 한국직업능력연구원.

한현우, 이병준. (2015). 인문계 고등학교 진로진학상담교사의 직업생애사에 대한 연구. **학습자중심교과교육연구**, 15(6), 575-593.

황혜리, 이은혜, 이세란. (2018). 고등학생이 지각한 부모의 학대 및 방임이 진로정체감에 미치는 영향: 내재적 목표와 외재적 목표의 매개효과. **한국심리학회지: 상담 및 심리치료**, 30(1), 195-216.

Ginzberg, E., Ginzberg, S. W., Axelrad, S., & Herma, J. L. (1951). *Occupational choice: An approach to a general theory*. Columbia University Press.

Lerner, R. M., & Steinberg, L. (Eds.). (2009). *Handbook of adolescent psychology, volume 1: Individual bases of adolescent development* (Vol. 1). John Wiley & Sons.

McElhaney, K. B., Allen, J. P., & Stephenson, J. C. (2009). Attachment and autonomy during adolescence. In R. M. Lerner & L. Steinberg (Eds.), *Handbook of adolescent psychology (pp. 358-359)*. John Wiley & Sons.

Porfeli, E. J., & Skorikov, V. B. (2010). Specific and diversive career exploration during late adolescence. *Journal of Career Assessment, 18*(1), 46-58.

Reardon, R. C., Lenz, J. G., Peterson, G. W., & Sampson, J. P. (2017). *Career development and planning: A comprehensive approach*. Kendall Hunt.

Savickas, M. L. (2002). Career construction: A developmental theory of vocational behavior. In D. Brown (Ed.), *Career choice and development* (pp. 149-205). Jossey-Bass.

Savickas, M. L. (2020). Career Construction Theory and Counseling Model. In S. D. Brown & R. W. Lent (Eds.), *Career development and counseling: Putting theory and research to work* (3rd ed., pp. 165-199). WILEY.

Super, D. E. (1973). The career development. *British Journal of Guidance and Counselling. 1*(2), 37-50.

Tuckman, B. W. (1974). An age-graded model for career development education. *Journal of Vocational Behavior, 4*(2), 193-212.

제9장

대학교 진로교육

대학생 시기는 개인의 진로결정과 노동시장으로의 이행을 본격적으로 준비하는 시기로서, 대학생이 성공적으로 노동시장에 진출하는 것은 국가 · 사회적 측면에서도 중요하다. 하지만 현재까지의 진로교육은 초 · 중등교육 단계에 초점이 맞춰져 이루어져 왔기 때문에 전 생애에 걸쳐 전문적인 수준의 진로교육으로 확장되어야 하며, 그 시작으로 대학교에서 효과적 · 효율적인 진로교육을 제공하는 것은 매우 중요하다고 볼 수 있다. 이 장에서는 대학교 진로교육의 의의와 이론적 기초를 서두에 제시한다. 또한 대학생의 일반적인 특성 및 진로 특성을 설명하기 위해 교육부와 한국직업능력연구원에서 조사한 대학 진로취업지원 현황조사의 내용과 선행연구의 내용을 종합하며, 교육부와 고용노동부 등의 부처에서 제시한 대학교 진로교육 관련 제도 및 정책과 진로지도 및 상담, 취업지도 및 지원, 창업지도 및 지원 측면에서 대학교 진로교육의 실제 사례에 대해 제시한다. 그리고 마지막으로 대학교 진로교육의 문제점 및 개선방안을 제시한다.

학습과제

- ▶ 학습과제 1　대학교 진로교육의 의의를 설명하시오.
- ▶ 학습과제 2　대학생 시기 주요 진로과업에 대하여 설명하시오.
- ▶ 학습과제 3　대학생의 특성을 학교 유형(대학/전문대학)별로 구분하여 설명하시오.
- ▶ 학습과제 4　대학교 진로교육 관련 제도 및 정책을 설명하시오.
- ▶ 학습과제 5　대학교 진로교육의 문제점 및 개선방안에 대해 설명하시오.

1. 대학교 진로교육의 의의 및 이론적 기초

1) 대학교 진로교육의 의의

대학생 시기는 개인의 진로결정과 노동시장으로의 이행을 본격적으로 준비하는 시기로서 학생 개인뿐만 아니라 국가 · 사회적으로 중요한 시기이다(박가열, 2009; 정윤경 외, 2017; 정철영, 1998; 정철영, 김재호, 2011). 최근 대학생들을 둘러싼 사회경제적 환경은 계속해서 급변하고 있으며, 코로나-19 팬데믹 현상에 따른 비대면 사회로의 전환으로 대학생이 경험하는 진로 문제는 과거보다 훨씬 복잡해졌다(이재열 외, 2021; 조규형, 2018). 하지만 우리나라의 대학생은 중등교육 단계에서의 입시 위주의 교육으로 인해 깊은 진로 고민을 하지 못한 채 대학에 진학하는 경우가 많으며, 현재 우리나라는 대졸 이상 취업률이 역대 최저를 기록하는 상황에 처해 있다(BBC NEWS Korea, 2021).

졸업 후 입직을 하고, 그 직업에서 적응 및 성공하는 것까지 진로 개념의 일환으로 봤을 때(정철영 외, 2019), 대학생이 성공적으로 노동시장에 진출하는 것은 대학생 개인적인 측면뿐만 아니라 국가 · 사회적 측면에서도 중요하다. UNICEF에 의하면 만족스럽지 못한 직업세계로 이행하지 못한 청년들은 중년에 이르기까지 우울증의 징후를 보이기도 하며, 청년 중 40%는 나이가 들어도 안정적으로 직업세계로 이행하지 못한다는 결과를 보고하였다(Alam & Diego, 2019). 또한 국가 · 사회적 차원에서 졸업자가 직업세계로 원활히 이행하지 못하는 결과는 필요로 하는 생산적인 인재가 양성되고 적성과 능력에 따라 그들이 적절한 자리에 배치되지 못하는 것을 의미하며, 이는 곧 인적자원 관리 측면에서 문제가 발생하는 것을 의미한다. 따라서 대학교 차원에서 대학생의 진로개발을 위해 지원을 제공하는 것은 중요하다.

현재까지 우리나라의 진로교육은 주로 초 · 중등교육 단계에 초점이 맞춰져 이루어져 왔다. 하지만 이제는 초 · 중등교육 단계 중심의 진로교육에서 전 생애에 걸친 전문적 수준의 진로교육으로 확장되어야 한다(정은진 외, 2018). 이를 위해 청소년에서 성인으로 진입하는 시기인 대학생을 위한 진로교육의 중요성은 매우 크다. 이는 대학생이 자신에 대한 이해를 바탕으로 직업을 이해하고, 자신의 진로를 설계 · 준비할 수 있으며(정철영, 김재호, 2011), 향후 노동시장 이행 후 겪는 조기 퇴사나 이직 등의 현상을 예방하는 데 도움이 될 수 있을 것이다.

2) 대학교 진로교육의 이론적 기초

「고등교육법」에 따르면, 대학은 인격을 도야(陶冶)하고 국가와 인류사회의 발전에 필요한 심오한 학술이론과 그 응용방법을 가르치고 연구하며, 국가와 인류사회에 이바지함을 목적으로 한다. 그리고 전문대학은 사회 각 분야에 관한 전문적인 지식과 이론을 가르치고 연구하며 재능을 연마하여 국가사회의 발전에 필요한 전문직업인을 양성함을 목적으로 한다. 이 장에서 대학교는 4년제 대학과 전문대학을 포괄하는 용어이며, 대학생은 대학과 전문대학에 재적 중인 학생을 의미한다.

대학교 진로교육 목표는 초·중·고등학교와 달리 국가 차원에서 설정되어 있지는 않은 상태이고, 이 장에서는 최동선(2006)의 대학 진로교육 목표와 이종범(2011)의 전문대학 진로교육 목표를 제시한다. 먼저, 대학 진로교육 목표는 다양하게 변화하고 발전하는 현재를 이해하고 미래를 창조할 수 있는 능력을 길러 주는 데 있으며, 궁극적으로 '자신의 진로를 인식하는 인간'을 길러 내는 데 있다. 대학 진로교육 목표의 설정을 위해서는 학생들

〈표 9-1〉 대학 진로교육의 영역 및 목표

영역	세부영역	목표
자신의 이해	자기이해 및 긍정적인 자아개념 형성	자기이해를 심화하고, 자신을 긍정적으로 수용한다.
	다른 사람과의 긍정적인 상호작용	다양한 상황에서 다른 사람과 긍정적으로 상호작용한다.
일과 직업 세계 이해	일과 직업의 이해	사회·경제적인 환경변화가 개인의 삶과 직업에 끼치는 영향을 이해하고 예측한다.
	긍정적인 직업가치와 태도 형성	긍정적인 조직 문화의 형성과 생산적 사회구성원으로서 요구되는 태도와 습관을 기른다.
	진로정보의 탐색·해석·평가·활용	자신의 진로준비에 필요한 정보를 탐색·해석·평가·활용한다.
진로 계획 및 관리	평생학습의 중요성 인식 및 참여	평생학습의 중요성을 이해하고 다양한 학습의 장에 적극적으로 참여한다.
	진로의사결정	진로목표를 구체화하고 이를 달성하기 위한 실천 전략을 계획한다.
	진로계획 및 설계	진로계획의 실천 과정 및 결과를 지속적으로 모니터링한다.
	효과적인 구직·직업유지·전환	구직 및 직업유지·전환을 위해 요청되는 역량을 강화한다.

자료: 최동선. (2006): 한국진로교육학회(2011. p. 451) 재인용.

의 진로발달 과정에 근거해야 하며, 최동선(2006)은 기존 진로목표 관련 연구에 기초해 대학교의 진로발달 단계를 '진로준비' 단계로 규정해 〈표 9-1〉과 같이 대학 진로교육 목표를 설정했다(한국진로교육학회, 2011).

대학과 달리 전문대학 진로교육 목표는 다양한 직업에 대한 경험, 직업능력 배양, 취업가능성 제고를 위한 핵심역량 배양 등과 같이 졸업 후 직업으로의 원활한 이행에 좀 더 초점을 두고 더욱 실질적인 진로계획과 현실적인 진로교육 목표를 설정해야 한다고 설명한다(이종범, 2011). 이종범(2011)은 전문대학 진로교육 목표를 '학생 스스로가 생애역할과 관련된 자기를 이해하고, 직업세계의 이해와 경험을 바탕으로 생애목표에 적합한 진로를 계획하며, 필요한 직업정보를 획득하면서 효과적인 구직활동을 통하여 만족스러운 직업생활을 영위할 수 있는 자기주도적인 고용적합능력을 개발하는 것'으로 제시하였다.

진로발달 이론가들에 따르면 대학생 시기는 청소년에서 성인으로 진입하는 시기에 해당한다. 대학생들은 학교에서 노동시장으로의 성공적인 이행을 위해 자신의 진로를 선택하고 준비하는 일련의 과업들을 수행한다(정철영, 1997; 조규형, 2018). Zunker(2006)는 대학생 시기의 진로발달 과업이 진로목표를 구체화하는 것으로, 진로목표와 관련된 교육을 통해 노동시장 이행을 실행하는 것이 대학생의 진로과업이라고 제시했다. 한편, Super(1957)는 그의 진로발달이론에서 대학생 시기를 탐색기로 정의하고, 이 시기에 잠정기, 전환기, 시행기를 거치면서 자신에 알맞은 진로를 선택하는 것을 강조하였다(김태환, 2019). 이러한 내용을 종합하면, 대학생 시기는 학교에서 노동시장으로의 성공적인 이행을 위해 자신의 흥미, 능력, 가치관과 외부 환경을 분석해 자신에게 적합한 진로를 결정하는 것이 주요 과업이라고 할 수 있다(정철영, 김재호, 2011).

2. 대학생의 특성과 대학교 진로교육 현황 및 사례

1) 대학생의 특성

최근 10년간 대학교의 학생 수는 〈표 9-2〉와 같다. 학생 수를 살펴본 결과, 대학과 전문대학 모두 학령인구 감소로 인해 학생 수가 지속해서 감소하는 추세를 보였다. 대학의 학생 수는 2012년 약 210만 명에서 지속해서 증가하다가 2015년부터 지속적으로 감소하여 2019년에는 200만 명 미만으로 감소하였고, 2021년 기준으로 약 193만 명이 재적 중에 있

〈표 9-2〉 대학생 수 (단위: 명, %)

연도	학교 유형		계
	대학	전문대학	
2012	2,103,958(73.2)	769,888(26.8)	2,873,846(100.0)
2013	2,120,296(73.7)	757,721(26.3)	2,878,017(100.0)
2014	2,130,046(74.2)	740,801(25.8)	2,870,847(100.0)
2015	2,113,293(74.6)	720,466(25.4)	2,833,759(100.0)
2016	2,084,807(74.9)	697,214(25.1)	2,782,021(100.0)
2017	2,050,619(75.2)	677,721(24.8)	2,728,340(100.0)
2018	2,030,033(75.5)	659,232(24.5)	2,689,265(100.0)
2019	1,988,458(75.5)	643,560(24.5)	2,632,018(100.0)
2020	1,964,358(76.0)	621,509(24.0)	2,585,867(100.0)
2021	1,938,254(77.1)	576,041(22.9)	2,514,295(100.0)

자료: 한국교육개발원. (2012-2021) 재구성.

었다. 전문대학의 학생 수 또한 대학의 학생 수와 마찬가지로 2012년부터 지속해서 감소하는 추세로, 2012년 약 76만 명에서 2021년 약 57만 명으로 약 19만 명이 감소하였다.

대학생의 진로 특성과 관련하여 이재열 등(2021)이 조사한 대학 진로취업지원 현황조사에서는 대학생의 입학, 대학생활, 진로계획을 분석했다. 대학생의 입학과 관련하여 대학 선택 시 고려 요인을 대학과 전문대학으로 비교 분석한 결과, 대학 및 전문대학 학생 모두 적성과 흥미에 맞는 학과를 1순위로 고려하고 있었다. 하지만 대학은 2순위로 성적

〈표 9-3〉 대학 선택 시 고려 요인 (단위: %)

구분	대학	전문대학
성적	15.4	7.3
대학의 인지도	15.3	5.7
취업이 잘 되는 학과	14.6	28.8
나의 적성과 흥미에 맞는 학과	47.1	47.6
부모 또는 지인 추천	1.9	2.8
학비	2.2	1.7
대학의 위치(교통, 접근성)	3.3	5.7
기타	0.2	0.2

주) n=44,619(대학: 36,196, 전문대학: 8,423)
자료: 이재열 외. (2021). pp. 115-116 재구성.

(15.4%), 3순위로 대학의 인지도(15.3%)를 고려하였으나, 전문대학은 2순위로 취업이 잘되는 학과(28.8%), 3순위로 성적(7.3%)을 고려하는 것에서 차이가 있었다(〈표 9-3〉 참조).

대학생이 대학 및 학과를 선택할 시 가장 많은 영향을 받았던 인물에 대해 조사한 결과, 대학 및 전문대학 학생 모두 대학 및 학과 선택 시 영향을 준 사람은 '부모님'이라고 응답하였고(대학: 50.6%, 전문대학: 56.1%). 그다음으로는 학교 담임교사 및 친한 교사로 응답하였다(대학: 21.3%, 전문대학: 12.1%). 하지만 3순위로 대학 학생은 학원 강사(13.5%)를 응답한 반면, 전문대학 학생은 친구(10.0%)를 응답하였다(〈표 9-4〉 참조).

〈표 9-4〉 대학 및 학과 선택 시 영향을 받았던 인물 (단위: %)

구분	대학	전문대학
부모님	50.6	56.1
학교 담임교사 및 친한 교사	21.3	12.1
학원 강사	13.5	4.3
친구	4.8	10.0
형제자매	3.9	6.4
친척	2.4	5.9
학교 진로교사	2.1	2.0
기타	1.4	3.2

주) n=44,619(대학: 36,196, 전문대학: 8,423)
자료: 이재열 외. (2021). p. 119.

대학생들이 대학생활을 하는 데 가장 큰 고민이 무엇인지 분석한 결과, 대학과 전문대학 학생의 대학생활 중 가장 큰 고민은 졸업 후 진로(대학: 66.7%, 전문대학: 62.2%)였고, 다음으로는 학업, 경제적 어려움, 대학생활 적응, 전공 불만족이 그 뒤를 이었다(〈표 9-5〉 참조).

〈표 9-5〉 대학생활 고민 (단위: %)

구분	대학	전문대학
졸업 후 진로(취업, 진학, 창업 등)	66.7	62.2
학업(전공 공부 등)	21.0	26.6
경제적 어려움(학비 등)	6.4	8.6
대학생활 적응(인간관계 등)	3.2	3.5
전공 불만족	1.7	1.4
기타	0.9	1.2

주) n=44,619(대학: 36,196, 전문대학: 8,423)
자료: 이재열 외. (2021). p. 126 재구성.

대학 졸업 후 계획을 조사한 결과, 대학과 전문대학 학생 모두 졸업 후 취업을 생각하고 있는 비율이 가장 높았으나(대학: 55.5%, 전문대학: 66.7%), 대학은 2순위로 시험준비(18.5%), 3순위로 대학원 진학(13.6%)을 생각하는 반면, 전문대학은 2순위로 편입(11.8%), 3순위로 시험준비(7.0%)를 생각하고 있었다(〈표 9-6〉 참조).

〈표 9-6〉 대학 졸업 후 계획

(단위: %)

구분	대학	전문대학
취업	55.5	66.7
창업	5.4	5.6
대학원 진학	13.6	3.6
편입	1.0	11.8
시험준비	18.5	7.0
계획 없음	4.6	3.2
기타	1.4	2.1

주) n=44,619(대학: 36,196, 전문대학: 8,423)
자료: 이재열 외. (2021). pp. 127-128 재구성.

졸업 후 취업을 계획하고 있는 학생들에게 희망 취업처를 조사한 결과, 대학과 전문대학 학생 모두 희망 취업처로 대기업을 생각하고 있는 비율이 가장 높았으나(대학: 34.2%, 전문대학: 33.5%), 대학 학생은 2순위로 정부기관(21.9%)을 생각하는 반면, 전문대학 학생은 2순위로 중소기업(29.1%)을 생각하고 있었다. 그리고 전문대학 학생의 경우 3순위는 아직 구체적으로 생각해 보지 않음(14.0%)이었다(〈표 9-7〉 참조).

〈표 9-7〉 희망 취업처

(단위: %)

구분	대학	전문대학
대기업	34.2	33.5
중소기업	19.6	29.1
외국계 기업	7.7	3.6
정부기관(공무원/공공기관)	21.9	12.6
교육기관(대학, 유초중고)	4.5	6.7
구체적으로 생각해 보지 않음	11.5	14.0
기타 또는 무응답	0.4	0.7

주) n=25,711(대학: 20,090, 전문대학: 5,621)
자료: 이재열 외. (2021). pp. 129-130 재구성.

아직 진로를 결정하지 못한 학생들에게 진로계획이 없는 이유를 조사한 결과는 〈표 9-8〉과 같다. 대학과 전문대학 학생 모두 진로계획이 없는 이유로 '구체적으로 어떻게 준비해야 할지 몰라서'(대학: 27.6%, 전문대학: 34.1%)라는 응답이 가장 많았고, '하고 싶은 게 있으나 확신이 들지 않아서'(대학: 24.8%, 전문대학: 27.5%)가 그다음으로 많았다. 하지만 3순위의 경우, 대학 학생은 '나의 흥미와 적성을 몰라서'(23.9%) 응답이 많았던 반면, 전문대학 학생은 '특별한 이유 없음'(16.8%) 응답이 많았다.

〈표 9-8〉 진로계획이 없는 이유 (단위: %)

구분	대학	전문대학
구체적으로 어떻게 준비해야 할지 몰라서	27.6	34.1
하고 싶은 게 있으나 확신이 들지 않아서	24.8	27.5
나의 흥미와 적성을 몰라서	23.9	13.6
특별한 이유 없음	12.6	16.8
진로 · 직업에 대한 정보가 부족해서	10.3	7.0
기타	0.9	1.1

주) n=1,930(대학: 1,657, 전문대학: 273)
자료: 이재열 외. (2021). p. 132.

우리나라 대학생의 진로발달이 생물학적 특성에 따라 차이를 보인다는 결과는 다소 일관되지 않은 결과를 나타낸다(김민선, 2015). 이는 Super가 주장한 성인기 진로발달의 입장을 뒷받침하는 결과로 해석할 수 있다. Super는 성인기 진로발달이 생물학적인 발달과는 거의 관련이 없다고 주장하였는데, 그 이유는 사람들이 성장하면서 보이는 진로발달의 패턴과 속도가 다르기 때문이라고 설명한다(김봉환 외, 2015). Super의 진로발달 단계에 따르면 대학생은 청소년기에서 성인기 사이에 속하므로, 초 · 중등 단계에 비해 생물학적 특성에 따른 진로의 영향은 적다고 볼 수 있다.

Super의 생애진로무지개 모형에 따르면 대학생은 학생 역할뿐만 아니라 여가인, 시민의 역할을 수행하며, 아르바이트 등의 근로활동을 통해 근로자의 역할까지 간간이 수행하기도 한다. 대학생의 진로와 관련해서 주로 학생 역할을 중심으로 연구가 수행됐으며, 일부 연구는 학생의 일 경험과 진로의 관계에 대해 수행됐다. 먼저 학생 관련 연구의 경우, 입학 시 흥미와 적성에 따라 전공을 선택한 학생들이 취업가능성이나 성적, 주위 권유로 전공을 선택한 학생들보다 진로태도성숙 수준이 높았다는 결과(강경연, 2018), 내재적인 동기로 전공을 선택한 학생들이 외재적인 동기로 전공을 선택한 학생들보다 진로를 결정하는 자기효능감에 더욱 큰 영향을 미치고 있었다는 결과(박해임 외, 2017) 등 신입생의 전공 선택 동기 관련 연구가 있었다. 한편, 졸업 후 진로에 대한 불안이 진로준비에 부정적인 영향을 미치거나(백사인, 2011), 졸업을 유예하기도 한다(강경연 외, 2015; 조규형 외, 2016)는 고학년 대상 연구가 있기도 했다. 그리고 코로나-19 이후, 취업에 대한 불안 또는 스트레스가 증가하고(김상남, 김현영, 2021), 진로결정에 부정적인 영향을 미치는 결과가 있다(나라길, 배소영, 2021)는 최근 연구 결과가 보고되기도 했다. 학생 관련 연구 중 전공계열에 따른 연구 또한 활발하게 수행되었다. 전공계열은 인문사회계열, 자연공학계열, 기타계열(교육계열, 의약계열, 예체능계열)에 따라 연구가 수행됐다. 인문사회계열 대학생들은 타 계열에 비해 상대적으로 낮은 취업률로 인해 진로결정에 어려움을 겪고 있었으며, 다양한 방법을 통해 진로준비를 하고 있으나 전공을 살려 노동시장에 진출하는 것이 어렵다는 연구 결과가 있었다(장한별, 박재현, 2018). 자연공학계열에서는 남성 중심 분위기 때문에, 여학생들이 남학생들보다 진로장벽을 더욱 높게 지각하거나(연규진 외, 2013), 전공에 대한 자기효능감이 낮다고 지각한다(이나라, 이항심, 2019)는 연구 결과가 있었다. 그리고 기타계열(교육계열, 의약계열, 예체능계열)은 타 계열에 비해 입학 시 어느 정도의 진로의사결정이 이루어진 상태로 인식되어 연구가 상대적으로 적게 수행되었다. 하지만 교육계열과 예체능계열 학생의 경우, 급변하는 노동시장으로 인해 졸업 후 전공을 살려 진출하는 학생들의 비율이 낮아졌고(한국직업능력개발원, 2017), 졸업 후 진로에 대한 불안을 겪는 모습을 보이기도 했다(김재은, 조홍식, 2014; 유기웅, 2012). 한편, 학생의 일 경험과 관련된 연구는 청년 일자리 문제가 본격적으로 대두되고 정부의 청년고용 정책이 본격적으로 대두된 2010년 이후부터 연구가 수행됐다(이규용, 2015). 일 경험에 따른 개인의 진로 성과를 중심으로 연구가 수행됐다. 일 경험을 한 집단이 그렇지 않은 집단보다 진로계획, 진로 자기효능감, 진로독립성이 높았고(김지영, 이민영, 2018), 대학생의 현장실습 경험은 고용가능성에 정적인 영향을 미쳤다(가혜영, 김보영, 2021). 또한 일 경험의 유형에 따라 노동시장 이행 및 성과가 다르다는 연구 결과가 보고되기도 했는데, 전공 관련 일 경험을 한 학생은 그렇지 않은 학생에 비해 첫 일자리 진입이 빠르고 직무만족도가 높은 것으로 나타났고, 생계를 목적으로 전공과 무관한 일 경험을 한 학생은 일 경험이 없는 학생에 비해 취업 소요 기간은 짧으나 임금은 낮은 것으로 나타났다(이은수, 박가열, 2018).

2) 대학교 진로교육 현황

대학교 진로교육 현황에 관한 내용은 관련 법령이나 제도, 사업 등의 진로교육 정책이나 인프라로 구분할 수 있다. 진로교육 정책 관련 법령으로는 「진로교육법」과 「청년고용촉진특별법」에서 해당 내용을 찾아볼 수 있는데, 「진로교육법」은 2015년 6월에 제정하고 12월에 시행된 법령으로, 제3장에서 '「고등교육법」 제2조에 따른 대학, 산업대학, 전문대학의 장은 진로교육을 실시할 수 있으며, 교육부장관은 대학의 진로교육에 필요한 지원을 할 수 있다'고 명시하고 있다. 그리고 「청년고용촉진 특별법(약칭: 청년고용법)」은 2004년 「청년실업해소특별법」이라는 명칭으로 제정된 법령으로 2009년 「청년고용촉진 특별법」으로 명칭이 변경되었으며, 2021년까지 몇 차례 개정된 법령이다. 이 법령에서는 제2장에서 대학이 청년에 대한 직장체험 기회 제공, 직업지도 프로그램의 개발 · 운영 및 제공 관련 프로그램을 운영할 수 있도록 지원할 수 있다는 내용을 명시하고 있다.

관련 제도에서는 대학교 진로교육에 관한 내용이 2000년대 중반부터 제시되어 있다. 2006년 관계부처 합동에서 발표한 평생진로개발 활성화 5개년 계획(2007~2011)에서는 대학교에서 자기주도적인 진로개발역량 제고를 위한 프로그램이 미흡하여 전반적으로 학교의 진로교육 기능이 미흡하다는 문제의식을 통해 대학생의 원활한 노동시장 이행 진입 지원을 위한 세부과제들을 제시하였다. 이후 대학교 진로교육에 관한 내용은 2016년 교육부에서 발표한 제2차 진로교육 5개년 기본계획(2016~2020)에 보다 자세하게 제시되어 있다. 교육부(2016)는 기존 진로교육 정책의 한계 중 하나로 초 · 중등학생 중심의 진로교육으로 대학생에 대한 진로교육의 필요성이 간과되었다는 것을 언급하며, 대학생 진로교육 지원을 기본계획의 추진과제 중 하나로 제시했다. 추진과제의 세부적인 내용은 〈표 9-9〉와 같다.

〈표 9-9〉 제2차 진로교육 5개년 기본계획(2016~2020) 중 대학교 진로교육 관련 내용

추진과제	세부과제	주요 내용
대학생 진로교육 지원	진로 교육과정 확대	• 진로교육을 대학 내 정규 교육과정으로 편성 유도 • 인턴십(현장실습) 교육과정 운영 확대
	대학생 진로교육 프로그램 확대	• 대학생 진로개발 역량지표 개발 · 보급 • 대학생 진로개발 멘토링 강화 • 현장학습 프로그램 확대
	진로교육 인력 확충 및 역량 강화	• 지도교수제 운영 권장 • 진로교육 지원 교직원 연수 실시
	학생 원스톱 서비스 제공	• 학생 중심의 창업 · 취업 지원 원스톱 서비스 제공

자료: 교육부. (2016). pp. 16-18 재구성.

이러한 추진과제에 따라 대학생을 대상으로 한 진로교육 현황조사, 졸업생 취업통계 조사 및 대학 진로 · 취업컨설팅이 실시되었으며, 대학일자리센터 등 사업을 통해 진로 및 취 · 창업 통합서비스 전달 체계가 어느 정도 구축되었다. 성과를 보다 발전시키기 위해 2018년 11월 여러 관계 부처가 합동하여 발표한 진로교육 활성화 방안에서는 생애주기별 진로교육에서 대학생 시기를 진로설계 단계로 설정하고, '초 · 중등-대학교-고용시장을 연계해 원활한 노동시장 이행을 위한 진로교육 지원 강화'를 보완 필요사항으로 언급하면서 세부 추진과제 중 하나로 대학생의 도전적 진로개발 확대를 제시하였다. 세부 추진과제의 구체적인 내용은 〈표 9-10〉과 같다.

〈표 9-10〉 진로교육 활성화 방안 중 대학교 진로교육 관련 내용

세부 추진과제	주요 내용	세부 내용
대학생의 도전적인 진로개발 지원	학생 진로역량 개발을 위한 교육과정 개선	• 학생 주도 「대학 진로체험학점제」 운영 확산 • 비교과 연계 등 진로교육과정 체계화 • 진로교과 운영을 위한 가이드라인 및 워크북 개발 보급 • 진로 지도교수제 운영 내실화를 위한 매뉴얼 제공
대학생의 도전적인 진로개발 지원	소규모대학 지원 강화 및 취업교육 내실화	• 소규모대학 및 장애대학생 지원 강화 • 대학 현장실습 내실화 방안 마련 • 고등교육기관 졸업생 취업정보 등 진로 · 취업 교육자료 보급 • 진로미결정 졸업생에 대한 진로 · 취업 교육 지원
	통합적 관점의 진로교육 지원 체제 구축	• 대학 내 조직 및 인력 정비

자료: 관계부처 합동. (2018). pp. 15-18 재구성.

이후 2020년 코로나-19 팬데믹 사태가 발생하였고, 이에 대응하기 위하여 교육부는 2020년 9월 디지털 기반 고등교육 혁신 지원방안을 발표하였다. 여기에서 교육부는 주요과제 중 미래 역량을 기르는 고등직업교육 내실화 내 세부 추진과제로 대학생 진로 · 취업 지원을 확대한다는 내용을 제시하였다. 구체적으로 대학생의 진로탐색 지원을 위해 대학생이 스스로 진로탐색 활동을 수행하고 평가를 거쳐 학점을 받을 수 있는 '대학 진로탐색 학점제' 지원을 확대하고, 학생 개인별 맞춤형 진로설계 및 경력개발을 지원할 수 있도록 '진로탐색 표준모델'을 개발하여 대학에 보급한다는 내용을 발표하였다. 또한 취업준비생의 취업지원을 위해 신기술 분야 등 유망 교육과정 관련 우수 프로그램을 발굴하여 안내한다는 내용을 발표하였고, 졸업 후 미취업자 및 실직자 재취업 지원을 위해 전문대 조기취업형 계약학과를 신설하여 의지와 역량이 있는 미취업자, 실직자의 단기간 직무교육 및 채용연계를 지원한다는 내용을 제시하였다(〈표 9-11〉 참조).

〈표 9-11〉 디지털 기반 고등교육 혁신 지원방안 중 대학 진로교육 관련 내용

추진과제	세부과제	주요 내용
대학생 진로 · 취업 지원 확대	대학생 진로탐색 지원	• 대학 진로탐색학점제 지원 확대 • 진로탐색 표준모델 개발 · 보급
	취업준비생 취업 지원	• 신기술 분야 등 유망 교육과정 관련 우수 프로그램 발굴
	졸업 후 미취업자 및 실직자 재취업 지원	• 전문대 조기취업형 계약학과 신설

자료: 교육부. (2020). pp. 13-14 재구성.

진로교육 정책에 따라 각 부처에서는 대학교 진로교육 관련 사업을 수행하고 있다. 교육부에서는 대학 · 전문대학 글로벌 현장학습 사업, 한 · 미 대학생 연수(WEST) 프로그램, 산업연계 교육활성화 선도대학 사업(PRIME), 여성공학인재양성사업(WE-UP), 사회맞춤형 산학협력 선도대학 사업(LINC+), 파란사다리 사업, 진로탐색학점제 지원 사업을 수행하고 있고, 고용노동부에서는 청년취업아카데미, 일학습병행제, 대학일자리플러스센터 사업, 중소기업탐방 프로그램, 온라인청년센터 및 오프라인청년센터 사업을 수행하고 있다. 부처별 사업 내용은 〈표 9-12〉와 같다.

〈표 9-12〉 부처별 대학교 진로교육 관련 사업 내용

부처	사업	사업 내용
교육부	대학 · 전문대학 글로벌 현장학습 사업	• 해외기업에 약 16주의 해외현장학습 제공
	한 · 미 대학생 연수(WEST) 프로그램	• 미국 어학연수, 인턴십 등 지원
	산업연계 교육활성화 선도대학 사업(PRIME)	• 우수 지역 인재 유치와 사회 진출을 위한 진로교육 강화
	여성공학인재양성사업(WE-UP)	• 여성 공대 졸업생의 리더십 개발을 위한 멘토링 프로그램 지원
	사회맞춤형 산학협력 선도대학 사업(LINC+)	• 산업체와 연계한 PBL, 현장실습, R&D 인턴십 등을 통해 현장 밀착형 교육 제공
	파란사다리 사업	• 경제 · 사회적 취약계층 대학생 대상 해외 진로탐색 경험을 제공
	진로탐색학점제 지원 사업	• 학기 동안 대학생이 자기주도적 진로 활동을 설계 · 수행하고, 이를 평가하여 학점을 인정하는 제도 운영

부처	사업	사업 내용
고용노동부	청년취업아카데미	• 취업, 창직 · 창업활동과 연계할 수 있는 교육 제공
	일학습병행제	• 현장에서 가르치고 필요에 따라 학교 등 교육훈련기관에서 이론교육을 보완하여 숙련 근로자로 양성 지원
	대학일자리플러스센터 사업	• 취 · 창업 상담 및 프로그램 등의 서비스 제공
	중소기업탐방 프로그램	• 우수 중소 · 강소기업을 방문해 시설견학, 현장체험 등의 프로그램 제공
	온라인청년센터 및 오프라인청년센터	• (온라인) 중앙 · 지자체 청년정책 · 공간 정보 및 정책안내 · 상담을 제공하는 홈페이지를 통한 고용서비스를 제공 • (오프라인) 지역별 청년친화 공간을 활용해 정책 연계를 강화하고, 취업지원 프로그램 등을 제공

자료: 정철영 외. (2021). pp. 75-76 재구성.

대학교 진로교육 정책을 잘 수행할 수 있도록 진로교육 인프라가 조성되어 있는지 조사하기 위해 이재열 등(2021)은 진로 및 취 · 창업지원 담당조직 현황을 분석하였다. 전국의 대학과 전문대학의 담당조직 평균과 표준편차 값을 구한 결과, 대학의 담당조직 개수는 평균 3.10개였고, 전문대학의 담당조직 개수는 평균 2.46개였다. 대학교의 진로 및 취 · 창업지원 담당조직 운영을 진로지도 및 상담 기능, 취업지도 및 지원 기능, 창업지도 및 지원 기능 등 개별적으로 하는지, 진로 및 취 · 창업 종합 기능 조직으로 운영하는지를 조사한 결과, 대학과 전문대학 모두 진로 및 취 · 창업이 종합된 형태로 조직하여 운영하고 있다는 응답이 가장 많았고, 창업지도 및 지원 기능 조직, 진로지도 및 상담 기능 조직, 취업지도 및 지원 기능 조직이 그 뒤를 이었다(〈표 9-13〉 참조).

〈표 9-13〉 대학교 진로 및 취 · 창업지원 담당조직 현황 (단위: 개)

구분	대학		전문대학	
	평균	표준편차	평균	표준편차
진로지도 및 상담 기능 조직	0.39	0.62	0.47	0.56
취업지도 및 지원 기능 조직	0.43	0.77	0.32	0.58
창업지도 및 지원 기능 조직	0.86	1.14	0.50	0.60
진로 및 취 · 창업 종합 기능 조직	1.43	1.25	1.17	0.79
총계	3.10	2.29	2.46	1.32

주) n=324(대학: 192, 전문대학: 132)
자료: 이재열 외. (2021). p. 46.

대학교 내 진로 및 취·창업지원 담당조직 인력 구성을 조사한 결과는 〈표 9-14〉와 같다. 담당 인력을 정규직과 비정규직으로 구분하여 조사한 결과, 대학이 전문대학보다 정규직 및 비정규직 인력 수가 많았으나, 정규직보다 비정규직이 다소 많았다. 그리고 전문대학의 경우, 담당조직의 인력 수가 대학의 절반에 가까웠다.

〈표 9-14〉 대학교 진로 및 취·창업지원 담당조직 인력 구성[1] (단위: 조직 수, 명)

학교 유형	사례수	정규직[2]		비정규직		계	
		평균	표준편차	평균	표준편차	평균	표준편차
대학	596	3.07	3.00	3.30	3.94	6.37	5.62
전문대학	325	2.01	1.53	1.42	1.15	3.43	2.17

주 1) 응답 일반대학 수: 191개교, 응답 전문대학 수: 132개교
2) 무기계약직 포함
자료: 이재열 외. (2021). p. 16, 195 재구성.

대학교에서 진로 및 취·창업지원 교과목이 얼마나 운영되고 있는지를 분석한 결과는 〈표 9-15〉와 같다. 교과목을 진로지도 및 상담, 취업지도 및 지원, 취업지도 및 지원, 진로 및 취·창업 종합으로 구분하여 평균과 표준편차를 제시한 결과, 대학과 전문대학 모두 창업지도 및 지원 과목이 가장 많았고(대학: 15.57개, 전문대학: 11.73개), 취업지도 및 지원 과목이 그 뒤를 이었다(대학: 12.74개, 전문대학: 4.35개). 하지만 대학은 3순위가 진로 및

〈표 9-15〉 대학교 진로 및 취·창업지원 교과목 현황 (단위: 개)

구분	대학		전문대학	
	평균	표준편차	평균	표준편차
진로지도 및 상담	4.19	7.21	3.69	10.63
취업지도 및 지원	12.74	27.58	4.35	15.21
창업지도 및 지원	15.57	15.15	11.73	13.10
진로 및 취·창업 종합	4.69	13.16	2.41	4.43

주 1) n=324(대학: 192, 전문대학: 132)
2) 진로지도 및 상담: 학생의 자기이해, 심리검사, 진로·직업정보 탐색, 진로설계, 진로상담의 제공을 주된 목적으로 하는 교과목
3) 취업지도 및 지원: 기업 및 취업처 제공, 이력서·자기소개서·면접 등 구직역량 향상 프로그램 및 서비스 운영, 취업특강, 취업박람회, 현장실습, 인턴십 등이 제공을 주된 목적으로 하는 교과목
4) 창업지도 및 지원: 기업가정신, 창업역량 향상 교과목 운영, 창업 실천 프로그램 및 서비스 운영, 창업특강, 창업동아리 지원 등의 제공을 주된 목적으로 하는 교과목
자료: 이재열 외. (2021). p. 58.

취 · 창업 종합(4.69개), 4순위가 진로지도 및 상담(4.19개)이었던 반면, 전문대학은 3순위가 진로지도 및 상담(3.69개), 4순위가 진로 및 취 · 창업 종합(2.41개)으로 차이가 있었다.

3) 대학교 진로교육 사례[1]

이 장에서는 대학교 진로교육과 관련하여 고용노동부와 한국고용정보원(2020)의 우수 사례 중 3개 사례를 진로지도 및 상담, 취업지도 및 지원, 창업지도 및 지원으로 구분해 제시한다. 먼저 진로지도 및 상담 사례로 A 대학교는 코로나-19로 인해 전면 비대면 수업이 진행됨에 따라 진로 프로그램 참여 및 대면상담 기회가 제한되는 신입생을 위해 신입생 오리엔테이션과 연계한 진로상담 및 특강을 제공하였다. 이를 위해 A 대학교에서는 강의실에서 상담부스를 운영하여 순환식 소규모 대면 진로상담을 진행하거나, 직업카드, 강점카드 등을 활용하여 청년 특성을 고려한 맞춤형 상담을 진행하였고, 오리엔테이션 외 별도의 시간을 배정하여 학과와 전공을 고려한 맞춤형 진로설계 특강을 실시하였다. 이러한 상담 및 특강 참여를 독려하기 위해 A 대학교에서는 대학일자리센터, 학생상담센터 등 진로 · 취업 관련 부서 안내, 홍보물을 배포하였다(〈표 9-16〉 참조).

〈표 9-16〉 진로지도 및 상담 사례: 신입생 오리엔테이션과 연계한 진로상담 및 특강

구분	내용
주요 추진내용	• 상담 운영 -강의실에서 상담부스를 운영하여 순환식 소규모 대면 진로상담 진행 -직업카드, 강점카드 등을 활용하여 청년 특성을 고려한 맞춤형 상담 진행 • 특강 운영 -오리엔테이션 외 별도의 시간을 배정하여 학과와 전공을 고려한 맞춤형 진로설계 특강 실시
활동 사진	 

자료: 고용노동부, 한국고용정보원. (2020). p. 190 재구성.

1) 고용노동부, 한국고용정보원(2020)의 『2020 대학일자리센터 우수사례집』의 내용을 발췌 및 재구성함.

취업지도 및 지원 사례로, B 대학교는 청년이 취업하고 싶어 하는 주요 기업 및 직무 현직자 선배로부터 기업정보, 직무, 취업 준비 방법 등을 공유하는 온라인 멘토링 프로그램을 진행하였다. B 대학교에서는 취업한 졸업생 선배 30~40명을 멘토로 하여 재학생 및 구직자에게 기업 및 직무특징 소개, 효과적인 진로 · 취업준비 전략 등에 대한 멘토링을 할 수 있도록 하였다. 이때 멘티는 월 단위로 희망자를 신청 접수하게 하였고, 운영 시간은 멘토가 퇴근한 후나 주말 등 시간 제약 없이 1회 2시간을 진행하였다(〈표 9-17〉 참조).

〈표 9-17〉 취업지도 및 지원 사례: 졸업생 선배 온라인 멘토링

<table>
<tr><th>구분</th><th>내용</th></tr>
<tr><td>주요
추진내용</td><td>• 멘토링 내용: 기업 및 직무특징 소개, 효과적인 진로 · 취업준비 전략 등
• 운영 방법: 재학생 및 구직자가 멘토링을 신청하면 취업한 청년과 시간을 조율하여 진행 (화상 프로그램 활용으로 공간 제약 없이 진행 가능)
–멘토: 취업선배 30~40명 상시 운영
–멘티: 월 단위로 청년희망자 신청접수
* 청년 한 명이 여러 명의 멘토에게 멘토링 신청 가능
• 운영 시간: 취업선배멘토 퇴근 후, 주말 등 시간 제약 없이 진행(1회 2시간)</td></tr>
<tr><td>활동
사진</td><td>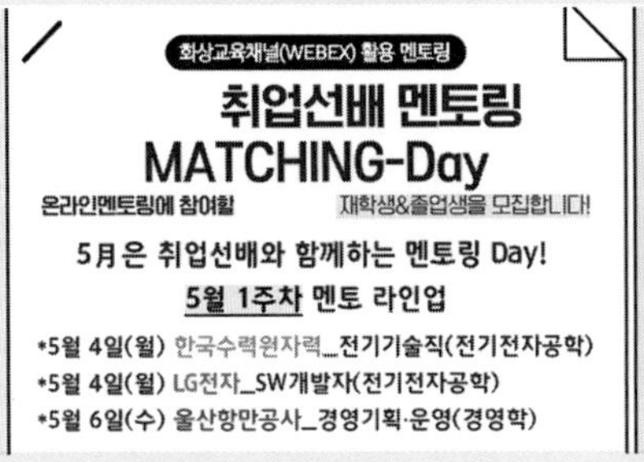

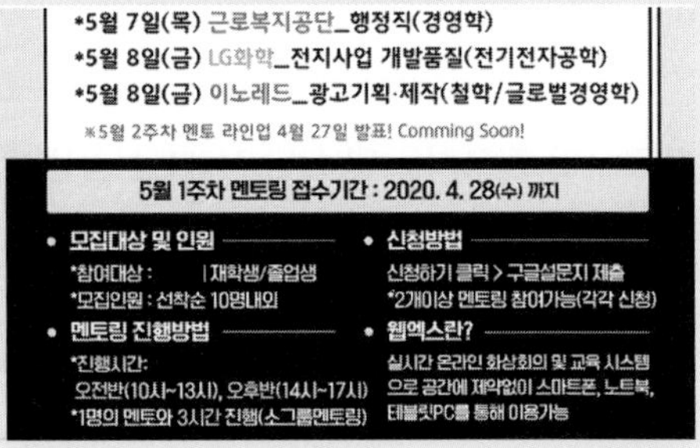
</td></tr>
</table>

자료: 고용노동부, 한국고용정보원. (2020). p. 129 재구성.

창업지도 및 지원 사례로, C 대학교는 '방구석 챌린지 온라인프로그램' 창업에 대한 흥미 및 기본역량을 강화하기 위해 창업에듀를 활용한 언택트 비교과 프로그램을 개설하였다. C 대학교는 창업에듀의 온라인 강의를 대학의 특성에 맞춰 커리큘럼화하였고 구글 독스를 활용해 참여자를 모집하였다. 그리고 해당 프로그램 참여를 독려하기 위해 C 대학교에서는 인스타그램, 홈페이지, DID 영상송출 등을 통해 홍보를 진행하였다(〈표 9-18〉 참조).

〈표 9-18〉 창업지도 및 지원 사례: 창업지원 프로그램

구분	내용
주요 추진내용	• 창업에듀의 온라인 강의를 대학의 특성에 맞춰 커리큘럼화 • 창업 프로그램 진행 방법 지원 –홍보는 인스타그램, 홈페이지, DID 영상송출 등으로 진행
활동 사진	 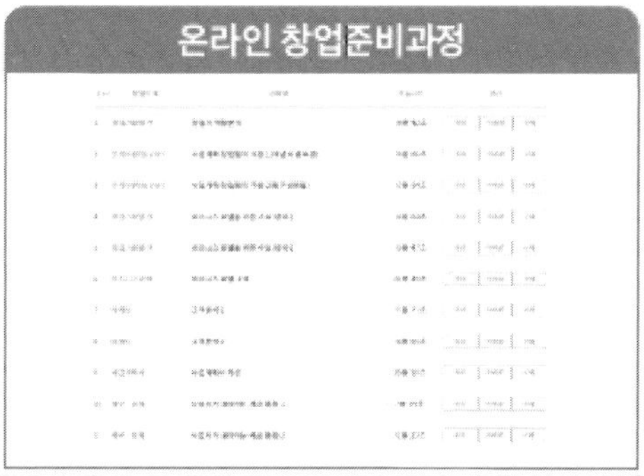

자료: 고용노동부, 한국고용정보원. (2020). p. 151 재구성.

3. 대학교 진로교육의 문제점 및 개선방안

1) 문제점

청소년에서 성인으로 진입하는 시기에 있는 대학생을 위한 진로교육의 중요성은 매우 크다. 이러한 중요성에 따라 대학교 진로교육과 관련한 정책은 「진로교육법」에 관련 조항이 추가된 이후 계속해서 기획 및 운영되고 있다. 하지만 이와 같은 움직임에도 불구하고 대학교 진로교육은 다음과 같은 문제점이 있다.

첫째, 공식적인 진로교육 목표가 부재하다는 문제가 있다. 초·중등 진로교육의 경우, 교육부에서 진로교육 목표와 성취기준을 제공하고, 이에 따라 진로교육이 이루어지고 있다. 하지만 대학교는 공식적인 진로교육 목표가 부재한 상태로, 대학마다 진로교육 목표를 설정하고 있기도 하나 진로교육의 방향성이 모호하기 때문에 목표를 설정하는 데 어려움이 있는 실정이다.

둘째, 진로교육 전문성을 갖춘 인력 확보가 어렵다. 대부분의 대학교에서는 진로 및 취·창업지원 담당조직을 운영하고 있지만, 진로교육과 관련한 전문적인 역량을 보유한 인력을 확보하기 어려운 상황이다. 한편, 진로교육을 운영하는 데 교원도 중요한 역할을

수행하고 있지만, 대부분의 교원 또한 진로교육과 관련한 전문성을 갖추지 못하고 있으며, 교원 및 직원 등 진로교육 담당 인력의 전문성 개발을 위한 국가 및 단위 학교 차원의 지원도 부족한 상태이다.

셋째, 부처 간 진로교육 사업 내용의 중복성 문제가 있다. 대학교 진로교육과 관련하여 교육부와 고용노동부에서는 사업을 운영하고 있다. 하지만 일부 사업은 지원 내용이 다소 중복된 상황이며, 두 부처의 사업을 동시에 운영하는 대학교에서는 부처별로 요구하는 내용에 맞춰 다소 비효율적으로 진로교육을 운영하고 있다.

2) 개선방안

첫째, 대학교에서 추구해야 하는 진로교육의 목적을 설정하기 위한 공식적인 지침이 필요하다. 대학교 진로교육이 효과적이고 효율적으로 운영되기 위해서는 대학교에서 추구하는 진로교육이 무엇이며, 진로교육을 통해 달성하고자 하는 것이 무엇인지 설정하기 위하여 국가 차원에서 지침을 제공해야 할 필요가 있다. 이는 학교 현장에서 이루어지는 진로교육 관련 교과 및 비교과 프로그램, 진단 및 상담의 방향성을 설정하는 데 도움을 줄 수 있을 것이다.

둘째, 진로교육 전문인력 확보를 위한 기준을 마련하고 전문성 강화를 위해 지원할 필요가 있다. 먼저 기준 마련의 경우, 교내 진로교육 관련 부서에 관련 전공 석사 이상 인력을 배치하는 기준을 마련할 수 있을 것이다. 그리고 전문성 강화 지원의 경우, 국가 차원에서는 교원 및 직원을 대상으로 진로교육의 중요성과 진로교육의 전문성을 위한 교육 프로그램을 제공하고, 진로교육협의회를 구축하여 대학별 진로교육 우수사례 대회, 성과발표회 등을 공유할 수 있는 장을 마련해야 할 것이다. 그리고 대학 차원에서는 학교 내 자원뿐만 아니라 학교 밖 인적·물적 자원을 활용하여 네트워크를 구축하고 학교 유형, 지역 등 학교 특성에 맞는 진로교육 전문성 강화 지원방안을 모색해야 할 것이다.

셋째, 부처별 진로교육 정책의 초점을 명확히 할 필요가 있다. 대학교 진로교육이 자기이해부터 시작하여 진로탐색, 진로의사결정, 진로계획 및 준비 등 고용까지 다룬다는 점에서 교육부와 고용노동부의 정책 내용이 다소 중복될 수 있다. 하지만 보다 효과적이고 효율적인 대학교 진로교육 운영을 위해서 교육부에서는 '교육', 고용노동부에서는 '고용'에 초점을 맞추어서 정책을 기획하고 운영해야 할 것이다.

논의사항

- 대학생의 특성 및 대학교 진로교육 현황에서 대학과 전문대학이 다른 양상을 보이는 것의 원인이 무엇인지 논의해 보자.
- 대학교 진로교육 관련 정책의 주요 특징은 무엇인지 논의해 보자.
- 국가 차원에서 대학교 진로교육 목표는 설정되어야 하는지, 설정되어야 한다면 목표는 어떻게 기술되어야 하는지 논의해 보자.

참고문헌

가혜영, 김보영. (2021). 현장실습경험이 대학생의 진로자신감에 미치는 영향에 관한 연구. 벤처창업연구, 16(2), 143-152.

강경연. (2018). 대학 신입생의 전공선택이유에 따른 진로태도성숙 요인의 수준 차이. 청소년시설환경, 16(3), 201-209.

강경연, 박숙경, 이제경. (2015). 대학생 졸업유예 경험에 대한 질적 분석. 직업교육연구, 34(2), 31-51.

강희순. (2010). 대학생의 사회인구학적 변인, 스트레스 대처전략, 진로준비행동 간의 관계. 진로교육연구, 23(3), 141-155.

고등교육법. (2017, 법률 제15332호)

고용노동부. (2019). 청년, 일할기회 늘리기. http://www.moel.go.kr/policy/policyinfo/young/list.do

고용노동부, 한국고용정보원. (2020). 2020년 대학일자리센터 우수사례집. 고용노동부, 한국고용정보원.

관계부처 합동. (2006). 평생진로개발 활성화 5개년('07~'11) 계획안. 관계부처 합동.

관계부처 합동. (2018). 진로교육 활성화 방안. 관계부처 합동.

교육부. (2016). 제2차 진로교육 5개년 기본계획(안)(2016-2020). 교육부.

교육부. (2020). 디지털 기반 고등교육 혁신 지원방안. 교육부.

김민선. (2015). 대학생들의 진로미결정과 진로결정 어려움 관련 정서 · 성격에 따른 잠재프로파일 분류 및 영향요인 검증. 교육학연구, 53(4), 131-157.

김상남, 김현영. (2021). 코로나19 이후 4학년 간호대학생의 취업 스트레스 경험. 학습자중심교과교육연구, 21(22), 141-152.

김봉환, 이제경, 유현실, 황매향, 공윤정, 손진희, 강혜영, 김지현, 유정이, 임은미, 손은령. (2015). 진로상담이론. 학지사.

김재은, 조홍식. (2014). 사범대학 체육교육전공 대학생의 갈등에 관한 탐색. 학습자중심교과교육연구, 14(4), 229-247.

김지영, 이민영. (2018). 대학생의 일 경험에 따른 진로발달이 직업가치관에 미치는 영향. **진로교육연구**, 31(3), 135-157.

김태환. (2019). 대학생의 진로선택몰입과 가족지지, 취업불안, 진로탐색행동, 자율적 진로탐색 동기의 구조적 관계. 서울대학교 대학원 박사학위논문.

김진희, 김미란, 양승실, 권진희, 이영민, 이희원. (2017). **대학생의 생활과 문화: 학업과 진로를 중심으로**. 한국교육개발원.

나라길, 배소영. (2021). 코로나19로 인한 우울감과 취업불안이 호텔관광전공 대학생들의 진로미결정에 미치는 영향. **관광레저연구**, 33(7), 275-291.

박가열. (2009). 대학생 진로개발 역량을 위한 교육요구 분석. **진로교육연구**, 22(2), 181-198.

박해임, 천성문, 조은미. (2017). 대학 신입생의 내재적·외재적 전공선택동기와 진로결정자기효능감 및 사회적자기효능감, 대학생활적응에 관한 구조적 관계. **학습자중심교과교육연구**, 17(24), 1-21.

백사인. (2011). 대학 졸업반 학생의 취업장애 인식에 따른 진로준비행동에 관한 연구: 진로결정 자기효능감의 매개효과를 중심으로. **취업진로연구**, 1(2), 91-109.

양정승. (2017). 지난 10년간 4년제 대졸자 노동시장의 변화. KRIVET Issue Brief, 1-4. 한국직업능력개발원.

연규진, 양지웅, 이정선, 장애경, 김정기. (2013). 학부생과 대학원생의 성별에 따른 진로장벽의 차이: 이공계 대학을 중심으로. **한국심리학회지: 여성**, 18(2), 295-316.

유기웅. (2012). 사범대생들의 진로변화 과정에 관한 연구. **교원교육**, 28(2), 1-22.

이규용. (2015). 청년층 일자리정책의 방향 모색. **월간 노동리뷰**, 2015(7), 15-30.

이나라, 이항심. (2019). 이공계열 대학생이 지각하는 진로장벽, 공학 자기효능감, 학업지속의향의 구조적 관계: 성별 차이를 중심으로. **청소년학연구**, 26(8), 231-258.

이민욱, 정지은, 정동열. (2018). **대학의 진로체험학기제 운영 사례 및 정책화 방안 연구**. 한국직업능력개발원.

이은수, 박가열. (2018). 4년제 대학 재학 중 일 경험 유형이 초기 노동시장 이행에 미치는 영향 분석. **진로교육연구**, 31(3), 115-133.

이재열, 장주희, 최수현, 류지영, 이윤진, 박봉남. (2021). **대학 진로취업지원 현황조사(2021)**. 교육부, 한국직업능력연구원.

이종범. (2011). 전문대학의 진로교육 실천방안. 한국진로교육학회 (저), **선진 패러다임을 위한 진로교육의 이론과 실제** (pp. 423-440). 교육과학사.

장한별, 박재현. (2018). 인문계열 대학생의 진로준비행동에 대한 질적 연구. **청소년복지연구**, 20(3), 27-46.

정윤경, 나현미, 이지은, 임해경. (2017). **고등교육단계의 진로교육 정책 방향과 과제**. 한국직업능력개발원.

정은진, 정윤경, 김나라, 류지영, 김재희, 장현진. (2018). **대학 진로취업지원 현황조사**. 한국직업능력개발원.

정철영. (1997). 진로지도의 의의와 실태. **교육개발**, 110, 28-31.

정철영. (1998). 농학교육의 효율성 제고를 위한 농학계 대학생에 대한 진로교육 및 지도 방안에 관한 연구. **농업교육과 인적자원개발**, 30(4), 1-23.

정철영, 김재호. (2011). 대학의 진로교육 실천방안. 한국진로교육학회 (저), **선진 패러다임을 위한 진로교육의 이론과 실제** (pp. 441-462). 교육과학사.

정철영, 서우석, 임정훈. (2021). **대학 맞춤형 진로교육과정 설계를 위한 진로탐색 모델 개발 연구**. 교육부.

정철영, 임정훈, 김태환, 임한려, 임소현, 이영광. (2019). 진로교육 성과평가를 위한 개념적 모형 개발. **진로교육연구**, 32(3), 285-307.

조규형. (2018). 대학생의 진로의사결정 수준 검사도구 개발. 서울대학교 대학원 박사학위논문.

조규형, 임정훈, 송수종, 정철영, 김진모. (2016). 서울지역 대학생의 자발적 졸업연기에 대한 질적 연구. **농업교육과 인적자원개발**, 48(2), 105-128.

진로교육법. (2015, 법률 제13336호)

청년고용촉진 특별법. (2021, 법률 제16195호)

최동선. (2006). **생애단계별 진로교육의 목표와 내용**. 한국직업능력개발원

통계청. (2018). **2017년 12월 및 연간 고용동향**. 통계청.

한국교육개발원. (2012-2021). **교육통계연보**. 한국교육개발원.

한국직업능력개발원. (2017). **지난 10년간 4년제 대졸자 노동시장의 변화**. 한국직업능력개발원.

Alam, A., & Diego, M. E. (2019). *Unpacking School to Work Transition: Data and evidence synthesis*. Office of Global Insight and Policy.

BBC NEWS KOREA. (2021). **청년실업: 코로나 첫해 대졸 취업률 역대 최저… 더 심해진 '문송합니다'**. https://www.bbc.com/korean/news-59806593

Super, D. E. (1957). *The psychology of careers*. Harper & Row.

Zunker, V. G. (2006). *Career Counseling: A Holistic Approach*. (7th ed.). Thomson Brooks/Cole.

제 III 부

성인 및 취약계층 진로지도

제10장

학교 밖 청소년 진로지도

청소년이라고 하면 흔히 학생을 떠올리곤 하지만, 모든 청소년이 학교에 속한 것은 아니다. 여러 가지 이유로 학교에 속하지 않은 청소년을 '학교 밖 청소년'이라고 부른다. 학교 밖 청소년은 학교에 소속된 청소년과 다른 경험을 가지기 때문에 학교 밖 청소년의 진로지도를 위해서는 이들의 고유한 특성과 맥락에 대한 이해가 선행되어야 하며, 학교 밖 청소년이 자신의 삶을 개척하고 성장을 지속하기 위해서는 이들을 위한 진로지도의 역할이 중요하다. 이 장에서는 학교 밖 청소년 진로지도의 의의를 고찰하고, 학교 밖 청소년의 개념 및 유형과 학교 밖 청소년의 심리사회적 발달을 설명할 수 있는 대표적인 이론을 소개한다. 또한 학교 밖 청소년 관련 현황을 제시하고, 관련 법률과 정책을 통해 학교 밖 청소년 지원 체계 및 진로지도 관련 사업을 소개하며 학교 밖 청소년 진로지도를 위한 국내·외 프로그램 사례를 싣는다. 마지막으로 학교 밖 청소년 진로지도와 관련된 문제점과 개선방안을 탐구하면서 논의를 확장할 수 있도록 장을 구성한다.

학습과제

- ▶ 학습과제 1 학교 밖 청소년 진로지도의 의의에 대해 설명하시오.
- ▶ 학습과제 2 학교 밖 청소년의 개념을 설명하고 유사 개념과 비교하시오.
- ▶ 학습과제 3 학교 밖 청소년의 현황에 대해 설명하시오.
- ▶ 학습과제 4 학교 밖 청소년 진로지도 관련 정책 및 지원체계에 대하여 설명하시오.
- ▶ 학습과제 5 학교 밖 청소년 진로지도의 문제점과 개선방안을 제시하시오.

1. 학교 밖 청소년 진로지도의 의의 및 이론적 기초

1) 학교 밖 청소년 진로지도의 의의

학교 밖 청소년은 다양한 이유로 정규학교에 다니지 않는 청소년으로, 매년 4~6만여 명의 청소년이 학교를 떠나고 있다. 그럼에도 여전히 우리 사회에는 '청소년은 곧 학생'이라는 인식이 만연하여 학교 밖에서 학습할 수 있는 대안적 경로가 충분히 마련되어 있지 않다(김경애, 2014). 학교 밖 청소년은 진로를 찾는 과정에서 어려움을 겪게 될 뿐만 아니라 적절한 직업능력을 갖추지 못한 상태로 노동시장에 진입하게 된다. 이로 인해 불안전한 고용 상태에 놓이거나 취업 후에도 다시 실업 상태로 이어질 가능성이 높다(변숙영 외, 2009).

학교 밖 청소년을 둘러싼 문제는 개인 차원에서 그치지 않고 국가 · 사회적 차원으로 확대될 수 있다. 학교 밖 청소년이 학교를 벗어난 사회 환경에 적응하지 못하는 경우, 인적자원 손실, 범죄율 증가 등에 따른 사회적 비용이 발생하게 된다. 학교 밖 청소년이 방치되어 우리 사회가 부담하게 될 손실을 경제적으로 산출하면 약 11조 5,902억 원에 이를 것으로 추산된다(관계부처 합동, 2015; 최상근, 2010).

학교 밖 청소년이 자신의 삶을 개척하고 성장을 지속하기 위해서는 이들을 위한 진로지도의 역할이 중요하다. 학교 밖 청소년이 진로목표를 설정하고 이를 준비할 수 있도록 지원함으로써 학교 밖 사회에 원활히 적응하기 위한 발판을 마련할 수 있다. 학교 밖 청소년을 위한 진로지도는 국가 · 사회적 차원에서도 중요성을 가진다. 이를테면 학교 밖 청소년과 정규학교에 다니고 있는 학생 간의 교육 격차 및 불평등을 해소하는 데 기여할 수 있다. 또한 학교 밖 청소년이 노동시장에 무사히 정착하고 사회환경에 적응할 수 있도록 방향을 제시함으로써 인적자본의 손실을 줄이고 사회적 비용을 절감할 것으로 기대된다.

2) 학교 밖 청소년 진로지도의 이론적 기초

(1) 학교 밖 청소년의 개념

「학교 밖 청소년 지원에 관한 법률(약칭: 학교밖청소년법)」에 따르면, 학교 밖 청소년은 '초등학교 · 중학교 또는 이와 동일한 과정을 교육하는 학교에 입학한 후 3개월 이상 결석하거나 취학의무를 유예한 청소년, 고등학교 또는 이와 동일한 과정을 교육하는 학교에 진학하지 않거나, 제적・퇴학처분을 받거나 자퇴한 청소년'으로 정의된다. 이때 청소년은 「청소년기본법」에 따라 '9세 이상 24세 이하인 사람'을 의미한다.

법률상으로 정의되기 전에는 학교 밖 청소년을 비롯하여 중퇴청소년, 등교거부 청소년, 중도탈락 청소년, 위기청소년, 학업중단 청소년 등의 다양한 용어가 혼용되고 있었다(구본용, 유제민, 2003; 금명자, 2008; 박현선, 2003; 서정아 외, 2006; 황선미, 신현숙, 2007). 그러나 이러한 용어들 자체에 학교 부적응, 비행 등 다소 부정적인 관점이 내포되어 있다는 비판이 잇따르면서 학교 밖 청소년을 지칭하는 용어는 가치중립적인 관점을 견지하는 방향으로 변화해 왔다. 학교 밖 청소년은 개념상 대상에 대한 관점이나 범위에 있어 다른 용어들과는 구별되므로, 유사 용어들의 개념을 살펴보고 학교 밖 청소년과 비교할 필요가 있다.

2002년 이전까지는 학교중도탈락이라는 용어가 널리 사용되었다. 교육부에서는 1996년에 학교중도탈락자 예방 종합대책을 발표하며, 중도탈락을 '청소년 자신, 가정, 학교 그리고 전체 사회에 존재하는 다변적인 요인들이 복합적으로 작용하여 학교공부를 중단하게 되는 일종의 사회일탈 현상'이라고 정의하였다(교육부, 1996). 학교중도탈락은 일탈, 탈락이라는 용어를 사용함으로써 학업이라는 궤도에서 비자발적이고 피동적으로 이탈하게 되었다는 의미를 반영하고 학교를 떠나는 것을 부정적으로 바라보는 시선을 내포하고 있다.

학업중단은 현상 자체에 초점을 두어 가치중립적인 관점을 반영하고자 제안된 용어이다(권이종, 2010). 2002년 학업중단청소년 종합대책 수립 이후, 학업중단 청소년이라는 용어를 공식적으로 사용하게 되었다. 당시 법령상 학업중단 청소년의 정의는 고등학교에 진학하지 않은 청소년을 포함하지 않는다는 점을 제외하면 학교 밖 청소년과 동일하였다. 그러나 학교를 떠난 청소년이 검정고시나 대안시설에서 학업을 지속한다면 이를 학업중단으로 볼 수 없다는 지적이 제기됨에 따라(금명자, 2008), 현재는 학교라는 물리적 장소에 초점을 둔 학교 밖 청소년이 대안적 용어로 사용되고 있다.

위기청소년 또한 법률상 학교 밖 청소년과 관련이 있다. 위기청소년은 「청소년복지지원법」에 따라 가정 문제가 있거나 학업 수행 또는 사회 적응에 어려움을 겪는 등 조화롭고 건강한 성장과 생활에 필요한 여건을 갖추지 못한 청소년으로 정의된다. 위기청소년은 정규학교 진학 여부와 관계없이 학업, 가정, 사회 적응 등 다방면에 어려움을 겪고 있는 청소년을 지칭하고 있어 학교 밖 청소년과 중첩되는 측면이 있다.

NEET라고 불리는 무업청소년 또한 학교 밖 청소년과 중첩되는 개념이다. NEET는 'Not

in Education, Employment or Training'의 약자로, '만 15~29세이며, 학생 혹은 취업 상태가 아니면서, 지난 1주간 주된 활동에서 정규교육기관, 입시학원, 취업을 위한 학원 및 기관 통학 경험자가 아닌 자'로 정의된다(윤철경 외, 2017). 다만 NEET는 연령 범위 내에서 재학 중인 학생, 취업자, 학원에 다니는 자를 모두 제외하고 있으나 학교 밖 청소년은 초·중·고교에 재학 중인 학생만을 제외하고 있다는 점에서 차이가 있다.

학교 밖 청소년의 특성은 매우 다양하게 나타나는데, 선행연구에서는 학교 밖 청소년의 유형화를 시도하여 이들의 특성을 보다 체계적으로 파악하고자 하였다(〈표 10-1〉 참조). 학교 밖 청소년의 유형은 크게 학교를 떠나기 전 혹은 이후 중 어느 시기에 초점을 맞추었

〈표 10-1〉 학교 밖 청소년의 유형

<table>
<tr><th>기준</th><th colspan="2">내용</th><th>출처</th></tr>
<tr><td>학업중단의 자발성</td><td colspan="2">• 자발적 학업중단유형: 학교 교육을 무의미하다고 보고 적극적·자발적으로 학교를 중단하는 경우
• 비자발적 학업중단유형: 학교가 가기 싫어서 부등교가 장기화되어 퇴학을 당한 경우</td><td>조혜정 (1996)</td></tr>
<tr><td>학업중단 사유</td><td colspan="2">• 능동형: 자신이 처한 상황에서 제기되는 문제를 적극적으로 해결하기 위해 중퇴한 경우
• 도피형: 학교 상황에서 탈출하기 위해 뚜렷한 대안 없이 학교를 그만두는 경우
• 불가피형: 학교를 이탈할 수밖에 없는 상황에서 중퇴
(예) 집안형편상 계속 학업에 전념할 수 없는 경우 등</td><td>홍봉선, 남미애 (2007)</td></tr>
<tr><td rowspan="2">진로결정 여부</td><td>진로 결정형</td><td>• 학업형: 학력 취득을 주목적으로 대안학교, 학원 등과 같은 교육시설에 다니거나 검정고시 준비 등을 하는 청소년
• 근로형: 근로 및 취업을 주목적으로 직업훈련을 받거나 근로(경제활동)를 하는 청소년</td><td rowspan="2">백혜정 외 (2015)</td></tr>
<tr><td>진로 미결정형</td><td>• 유예형: 아직 진로를 결정하지 않은 상태에서 미래에 대한 계획이나 준비 없이 일상을 보내는 청소년
• 비행형: 아직 진로를 결정하지 않은 상태에서 비행 등과 같은 문제행동을 일으키는 청소년</td></tr>
<tr><td>생활실태</td><td colspan="2">• 학업형: 검정고시 공부, 대학입시 준비, 복교 등을 하는 경우
• 무업형: 특정목표 없이 아무것도 하지 않는 경우
• 직업형: 직업기술을 배우거나 아르바이트, 취업 등을 하는 경우
• 비행형: 가출하거나 보호시설·사법기관의 감독을 받는 경우
• 은둔형: 사회적 관계를 맺지 않고 집에서 나오지 않는 경우</td><td>관계부처 합동 (2015)</td></tr>
</table>

자료: 관계부처 합동. (2015); 백혜정 외. (2015); 조혜정. (1996); 홍봉선, 남미애. (2007).

는지에 따라 구분될 수 있다. 이전 시기에 초점을 맞춘 연구에서는 학업중단의 자발성(조혜정, 1996) 혹은 학업중단 사유(홍봉선, 남미애, 2007)에 따라 구분하였다. 이후 시기에 초점을 맞춘 경우, 진로결정 여부(백혜정 외, 2015) 혹은 생활실태(관계부처 합동, 2015)에 따라 학업형, 무업형, 직업형, 비행형, 은둔형으로 구분하였다.

(2) 학교 밖 청소년 관련 이론

청소년기에는 학교를 통해 인격을 형성하고 자신만의 세계를 구축하며 동시에 타인과 더불어 살 수 있는 사회화 과정을 거친다(김승호, 2013; 정용선, 김선희, 2015). 그러나 학교 밖 청소년은 학교라는 공간에서 벗어나 있기 때문에 대부분의 청소년과는 다른 경험을 하게 된다. Erikson의 자아정체감이론에 따르면 흔히 청소년기는 혼란과 질풍노도의 시기로 일컬어진다. 이 시기는 아동기와 성인기의 과도기적 단계로, 부모로부터의 의존을 끊고 독립적 자아로서 성장하고자 한다. Erikson은 청소년기의 주요 과업이 자신과 타인에 대한 탐색을 통해 자아개념을 형성하여 자아정체감을 확립하고, 정체감 혼란에서 벗어나는 것이라고 하였다. 그에 따르면, 청소년기는 아동기까지 형성된 자아의식과 상반되는 또 다른 자아상을 모색하면서 향후 성인으로서 갖게 될 통합된 일반적 자아를 형성하게 되는 매우 중요한 시기이다(Rice & Dolgin, 2009).

청소년기에 건강한 자아정체감을 형성하지 못한 사람들은 수치심, 자아존중감의 결여, 자율성 상실, 소외 등의 부적응 증상을 나타내거나, 반사회적 영웅들과 자신을 동일시하는 모습을 보이며 비행이나 범죄에 가담할 가능성이 높다(이은희, 정순옥, 2006). 학교 밖 청소년은 학교에서 주어지는 다양한 역할을 경험하거나 진로나 미래를 구체화할 기회를 획득하기 어렵다. 또한 학교 밖 청소년을 정상의 범주에서 벗어났다고 보는 사회의 편견으로 인해 학교 밖 청소년은 사회적 관계 형성에서 한계에 봉착하게 된다(조규필, 2013). 이러한 한계들은 학교 밖 청소년이 자아정체감을 확립하고 성인기로의 이행을 완수하는 데 있어 장애 요인이 될 수 있으므로 진로지도 시 주의를 기울일 필요가 있다.

학교 밖 청소년은 학교를 그만둔 후 사회구성원으로서의 적응에 어려움을 겪곤 하는데, 이는 낙인이론을 통해 설명할 수 있다. Goffman(1963)의 사회적 낙인이론에 따르면 낙인(stigma)이란 '특정한 방식으로 사회적 신임을 잃게 되는 특성, 행동, 평판'으로서, 한 개인을 정상적이고 받아들일 수 있는 집단이 아닌 바람직하지 않은 집단으로 분류하여 인식하게 한다. 낙인은 특정 집단에 대해 일반 대중이 가지는 사회적 낙인(public stigma)과 특정 집단의 사람이 스스로에게 가지는 낙인(self stigma)으로 구분할 수 있다(Corrigan & Watson,

2002). 낙인은 사회에서 지속적으로 표현되고 전달되면서 하나의 문화적 규범으로 작용하게 된다(이인옥, 2007). 개인은 소속된 사회에 적응하는 과정에서 본인의 의지와 관계없이 문화를 통해 낙인을 학습하게 되고, 결국 지각된 낙인은 내면화되어 자아개념을 형상화하는 과정에 영향을 미치고 자아존중감을 저하시킨다. 뿐만 아니라 주위에서 어떤 사람이나 상황에 대해 낙인을 찍게 되면 낙인을 지각한 개인은 주위로부터 부정적 평가를 예상하고 주변과의 관계에서 위축된다. 그 결과, 관계에서 철수하거나 자진하여 사회적 지지로부터 멀어지게 된다(민혜진, 정원철, 2016; Mickelson, 2001).

실제로 학교 밖 청소년은 학교를 떠난 후 본인들의 의지와는 상관없이 부정적인 사회적 낙인을 부여받는다. 학교를 떠난 청소년은 일탈적 존재로 여겨져 차별과 편견의 대상이 되며, 이러한 낙인으로 인해 학업중단 이후 청소년은 미안한 마음, 주위 사람들의 편견, 적응을 잘 못하고 있는 것 같은 불안 등의 어려움을 호소한다(조병주 외, 2004; 홍나미 외, 2013). 사회적 낙인이 내면화되면 역경을 딛고 회복할 수 있는 능력인 회복탄력성이 저하되고 부정적인 자아개념을 형성하게 된다(이화명, 김영미, 2017; Kwon, 2020). 이처럼 학교 밖 청소년에 대한 낙인은 진로장벽으로 작용하여 진로발달을 방해할 수 있다(박지원, 문성호, 2020). 따라서 학교 밖 청소년의 진로지도에서는 지각된 낙인에 의한 어려움을 해소하고 건강한 자아개념을 형성할 수 있도록 도움을 줄 필요가 있다.

마지막으로 생태학적 관점을 통해 학교 밖 청소년을 둘러싼 사회문화적 환경 속에서 이들의 발달을 설명할 수 있다. 개인의 발달은 개인이 성장하고 있는 문화 및 사회체계에 의해 큰 영향을 받게 된다. Bronfenbrenner(1979)는 인간발달의 과정과 발달을 둘러싼 다차원적 환경 간의 상호작용 및 상호연계성을 규명하여 개인을 이해하고자 하는 생태학적 관점에서 [그림 10-1]과 같은 모델을 개발하였다(윤종희, 1994; Bronfenbrenner, 1979). 생태학적 모델은 개인과 개인을 둘러싼 4단계의 체계로 구성되어 있다. 먼저, 미시체계(microsystem)는 가족, 또래, 학교 등 개인에게 가장 즉각적으로 영향을 주는 요소들은 포함한다. 중간체계(mesosystem)는 미시체계들 사이의 관계로 구성된다. 외체계(exosystem)는 개인과 직접적으로 연관되어 있지 않지만, 여전히 영향을 미치는 요소들을 포함한다. 거시체계(macrosystem)는 외체계에서 한 단계 더 나아가 개인이 속한 문화에서의 특정한 이념, 관습, 제도 등으로 구성된다.

청소년 또한 자신을 둘러싼 환경을 중심으로 겹겹이 구조화된 체계 속에서 발달하고 있어 청소년을 이해하는 데에 생태학적 관점은 유용하다. 특히 학교 밖 청소년을 이해하기 위해서는 미시체계에서 거시체계까지 전체적인 맥락에서 균형 잡힌 시각과 폭넓은 조망

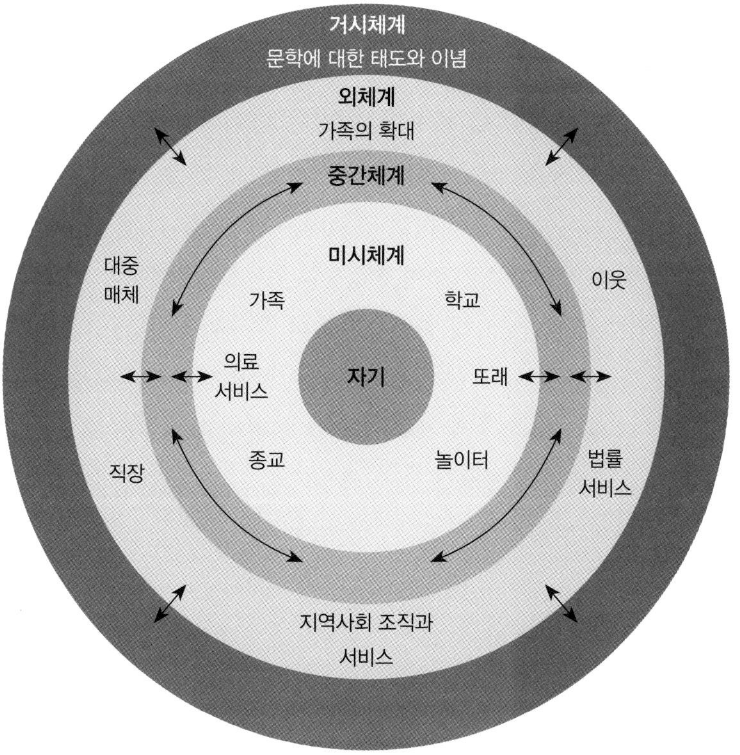

[그림 10-1] Bronfenbrenner의 생태학적 모델

자료: Bronfenbrenner, U. (1979) 재구성.

을 가지고 접근할 필요가 있다(류진아, 2015). 이를테면 학업중단의 원인, 학교 밖 청소년의 발달 양상과 어려움을 이해하는 데에 있어 가족, 또래, 학교, 지역사회, 문화 및 관습, 국가의 사회 · 경제적 상황 등을 복합적으로 고려해야 한다.

2. 학교 밖 청소년의 현황과 학교 밖 청소년 진로지도 관련 정책 및 사례

1) 학교 밖 청소년의 현황

2019년 기준 학교 밖 청소년의 규모는 39만여 명으로 추산된다(허민숙, 2020). 이 수치는 주민등록인구통계상 학령인구, 교육통계상 학생 수 등을 이용하여 추정된 것이다. 학교 밖 청소년의 규모는 명확히 파악하기 어렵기 때문에, 다른 통계수치를 이용하여 추정하거나 학업중단율을 통해 간접적으로 확인할 수 있다.

2020년까지의 학교급별 학업중단율 추이는 〈표 10-2〉와 같이 나타난다. 전반적으로 고등학교에서 가장 높은 학업중단율을 보이며, 2010년 2.0%에서 2015년 1.3%까지 감소하였다가 이후 2019년 1.7%까지 상승하였으나 2020년에는 1.1%로 하락하였다. 중학교와 초등학교는 모두 1.0% 이하 수준을 유지하고 있으며, 두 학교급 간 학업중단율 격차는 점차 감소하여 2020년 기준 학업중단율은 중학교 0.5%, 초등학교 0.4%로 거의 차이가 없었다. 2020년도에는 전체적으로 전년도보다 학업중단율이 많이 감소한 것을 확인할 수 있다.

학업중단 사유는 학교급에 따라 다르게 나타난다. 의무교육 범주에 있는 초등학교와 중학교의 경우, 질병·발육 상태 등 부득이한 사유로 취학이 불가능한 의무교육대상자에 대하여는 취학의무를 면제하거나 유예할 수 있다는 「초·중등교육법」의 규정에 따라 학업중단 사유를 크게 유예와 면제로 구분한다. 2020학년도 기준, 초등학교와 중학교 모두 해

〈표 10-2〉 학교급별 학업중단율 추이 (단위: %)

구분	초등학교	중학교	고등학교
1980	0.1	1.2	2.5
1985	0.0	1.1	3.0
1990	0.0	1.0	1.9
1995	0.0	1.0	2.5
2000	0.4	1.0	2.5
2005	0.5	0.8	1.3
2010	0.6	1.0	2.0
2011	0.6	0.9	1.9
2012	0.6	0.9	1.8
2013	0.6	0.8	1.6
2014	0.5	0.7	1.4
2015	0.5	0.6	1.3
2016	0.6	0.6	1.4
2017	0.6	0.7	1.5
2018	0.7	0.7	1.6
2019	0.7	0.8	1.7
2020	0.4	0.5	1.1

자료: 한국교육개발원. (2021). p. 69.

외출국으로 인한 학업중단(면제)이 가장 많았다(교육부, 한국교육개발원, 2021). 고등학교의 학업중단 사유는 자퇴(질병, 가사, 부적응, 해외 출국 및 기타), 퇴학(품행), 제적, 유예, 면제 등으로 구분할 수 있으며, 그중에서 부적응(학업 관련; 대인관계, 학교규칙, 기타)으로 인한 자퇴가 가장 많이 나타났다. 초등학교 및 중학교에 비해 고등학교 시기에 학업중단이 증가하였는데, 이는 고등학교가 의무교육에 해당하지 않아 자퇴, 퇴학 및 제적 등의 학적변동이 가능하기 때문이라고 볼 수 있다.

보다 구체적인 학교 밖 청소년의 실태를 파악하기 위해 여성가족부에서는 학교 밖 청소년 실태조사를 실시하고 있다. 2021 학교 밖 청소년 실태조사를 바탕으로 학교 밖 청소년의 학업중단 관련 사항, 학업중단 이후 경험, 진로성숙도와 진로계획에 대해 살펴보면 다음과 같다.

먼저, 학교를 그만둔 이유로는 학교에 다니는 게 의미가 없기 때문이라는 응답이 가장 많았고(37.2%), 다른 곳에서 원하는 것을 배우기 위해(29.6%), 심리 · 정신적인 문제로 인해(23.0%) 그만두었다는 응답이 뒤를 이었다. 연령대별로는 만 9~15세의 경우, 다른 곳에서 원하는 것을 배우기 위해 학교를 그만둔 비율이 가장 높았고, 만 16세 이상에서는 학교에 다니는 게 의미가 없기 때문이라는 응답 비율이 가장 높았다(〈표 10-3〉 참조).

〈표 10-3〉 학교를 그만둔 주요 이유 (연령별, 단위: %)

구분	상위 3순위 응답					
만 9~12세	다른 곳에서 원하는 것을 배우려고	48.0	내 특기를 살리려고	21.7	학교에 다니는 게 의미가 없어서	19.5
만 13~15세	다른 곳에서 원하는 것을 배우려고	39.5	학교에 다니는 게 의미가 없어서	28.5	검정고시 준비	23.9
만 16~18세	학교에 다니는 게 의미가 없어서	38.9	다른 곳에서 원하는 것을 배우려고	28.3	심리 · 정신적 문제로	25.2
만 19세 이상	학교에 다니는 게 의미가 없어서	45.9	심리 · 정신적 문제로	25.5	공부하기 싫어서	21.4

자료: 여성가족부. (2022b). p. 3.

학교를 그만둔 이후의 경험으로는 검정고시 준비가 가장 많았고(78.9%), 그다음으로는 진로상담(39.7%), 대안학교 재학(32.5%) 순이었다. 검정고시 준비를 하고 있다는 응답은 2015년부터 지속적으로 증가하는 것으로 나타났으나, 진로상담을 받는다는 응답은 감소하는 추세이다. 학교를 그만둔 후 겪는 어려움으로는 사람들의 선입견, 편견, 무시(26.1%),

진로찾기 어려움(24.2%), 의욕 없음(22.5%) 등이 가장 많이 꼽혔으나 2015년부터 그 비율이 감소하고 있다. 어려움이 없었다는 응답은 36.6%로, 그 비율이 점점 증가하고 있다.

학교 밖 청소년의 진로성숙도는 평균 2.81점으로 나타났다. 하위요인별로는 진로독립성이 3.27점으로 가장 높았으며, 진로준비성 2.91점, 진로확신성 2.60점, 진로결정성 2.54점 순이었다. 향후 진로에 대한 계획에서는 아직 결정하지 못했다는 응답이 가장 많았는데(35.7%), 특히 남자 청소년의 진로미결정 비율은 41.6%로 여자 청소년(29.8%)에 비해 높았다. 그 외에도 전반적으로 정규학교 복학(24.9%), 검정고시 준비(11.4%)를 계획하고 있다는 응답이 많았다.

자신에 대한 생각 및 심리 상태와 관련하여 자아존중감이 3.00점, 자기효능감이 3.01점으로 대체로 긍정적이었고, 우울감은 2.25점, 불안감은 2.09점으로 나타났다(〈표 10-4〉 참조). 성별에 있어서는 여자 청소년이 남자 청소년에 비해 자아존중감, 자기효능감, 정서조절은 낮고, 우울감과 불안감은 높은 것으로 나타났다.

〈표 10-4〉 자신에 대한 생각 및 심리 상태 (단위: 점, 4점 만점)

구분	자아존중감	자기효능감	정서조절	우울감	불안감
전체	3.00	3.01	2.57	2.25	2.09
남자	3.12	3.10	2.70	2.12	1.93
여자	2.88	2.93	2.43	2.38	2.25

자료: 여성가족부. (2022b). p. 15.

2) 학교 밖 청소년 진로지도 관련 정책

학교 밖 청소년을 위한 진로지도는 「학교 밖 청소년 지원에 관한 법률」에 제도적 기반을 두고 있다. 이 법률은 「청소년기본법」 제49조 제4항에 따라 학교 밖 청소년 지원에 관한 사항을 규정함으로써 학교 밖 청소년이 건강한 사회구성원으로 성장할 수 있도록 하는 것을 목적으로 2014년 제정되었다.

주요 조항을 살펴보면, 제5조에서는 「청소년기본법」에 따른 연도별 시행계획에 학교 밖 청소년 지원 관련 사항이 포함되어야 한다는 점을 명시하고 있다. 또한 제6조에서는 여성가족부장관이 2년마다 학교 밖 청소년에 대한 실태조사를 실시 및 공표하여야 한다고 명시하고 있다. 제8조, 제9조, 제10조는 각각 학교 밖 청소년을 위한 상담지원, 교육지원, 직업체험 및 취업지원에 관한 내용으로, 지원 · 훈련 내용 및 방법에 필요한 사항은 여성가족부령으로 정한다는 규정이 있다. 제12조와 제13조는 학교 밖 청소년 지원센터의 지정 취소 등, 제14조는 지원센터와 지역사회 청소년 통합지원체계와의 연계에 대한 내용을 다루고 있다. 제15조에서는 학교 밖 청소년을 지원센터로 연계하여야 함을 명시하고 있다.

학교 밖 청소년 지원에 관한 정책은 유관 부처 및 기관의 연계·협력을 통해 추진되고 있다. 우선 부처 간 협업추진체계를 살펴보면, [그림 10-2]와 같이 여성가족부를 중심으로 교육부와 협력하는 체계를 이루고 있다. 교육부에서는 학업중단 숙려제를 운영하여 학교를 통해 학업중단 위기에 놓인 학생의 예측 및 관리 등을 총괄한다. 여성가족부에서는 학교 밖 청소년 지원센터를 거점으로 하여 학업을 중단한 학교 밖 청소년의 발굴 및 지원을 총괄한다. 즉, 교육부는 학업중단 위기 학생을 지원하여 학업중단을 예방하고자 한다면, 여성가족부는 학업중단 이후 학교 밖 청소년을 지원한다.

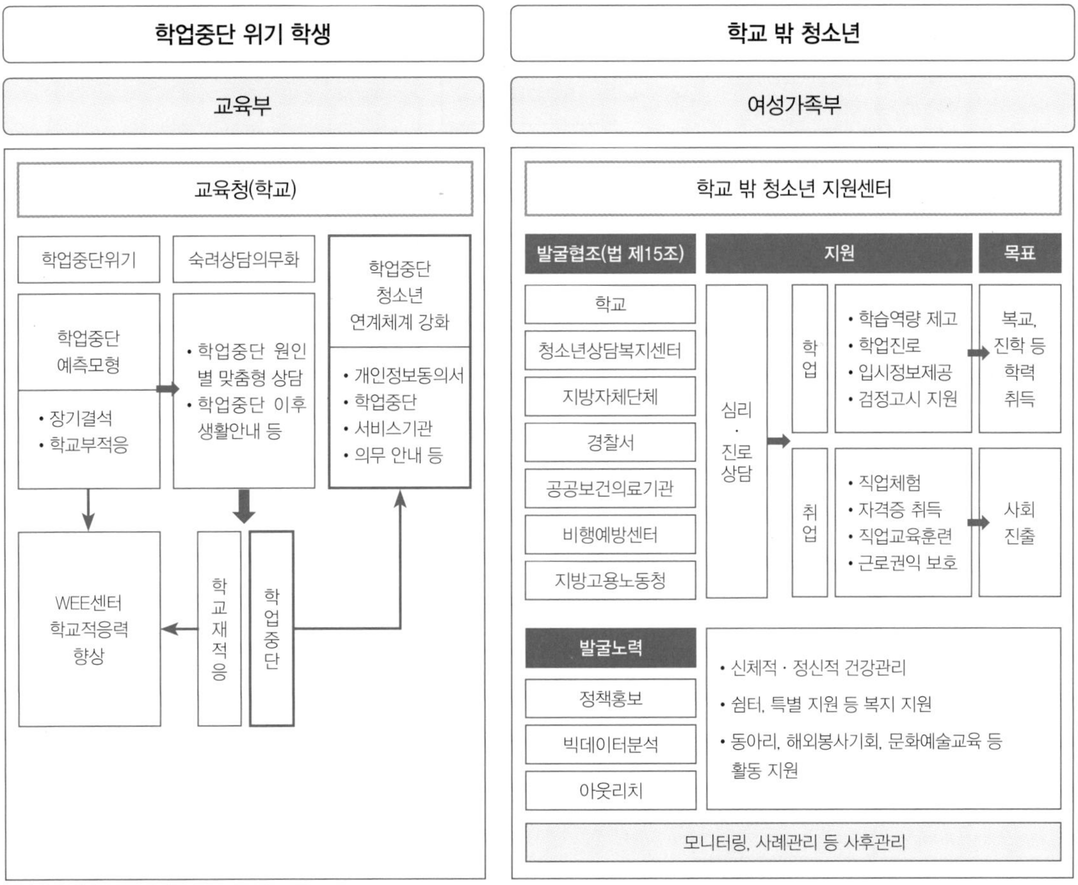

[그림 10-2] 부처 간 학교 밖 청소년 지원체계

자료: 관계부처 합동. (2015). p. 17.

학교 밖 청소년 지원기관과 정부 간 협업추진체계는 [그림 10-3]과 같다. 중앙지원기관-시 · 도 센터-시 · 군 · 구 센터와 중앙정부-지방자치단체가 서로 연계 · 협력하는 체계를 갖추고 있다. 중앙지원기관인 한국청소년상담복지개발원은 프로그램 개발 · 보급 및 지역 센터 사업지원 등의 업무를 추진하며 중앙정부의 여성가족부와 협력한다. 각 지방자치단체에서는 학교 밖 청소년에 관한 조례를 제정하고 자체적으로 지원계획을 수립하여 시행하는데, 이때 각 시 · 도 및 시 · 군 · 구의 학교 밖 청소년 지원센터와 협력한다.

학교 밖 청소년 지원계획은 청소년정책 기본계획을 바탕으로, 매년 각 지방자치단체에서 수립하게 된다. 제6차 청소년정책 기본계획(2018~2022)에서는 정책목표 중 청소년 자립 및 보호지원 강화에서 비진학, 미취업 청소년의 사회진출 지원을 다루고 있는데, 이는

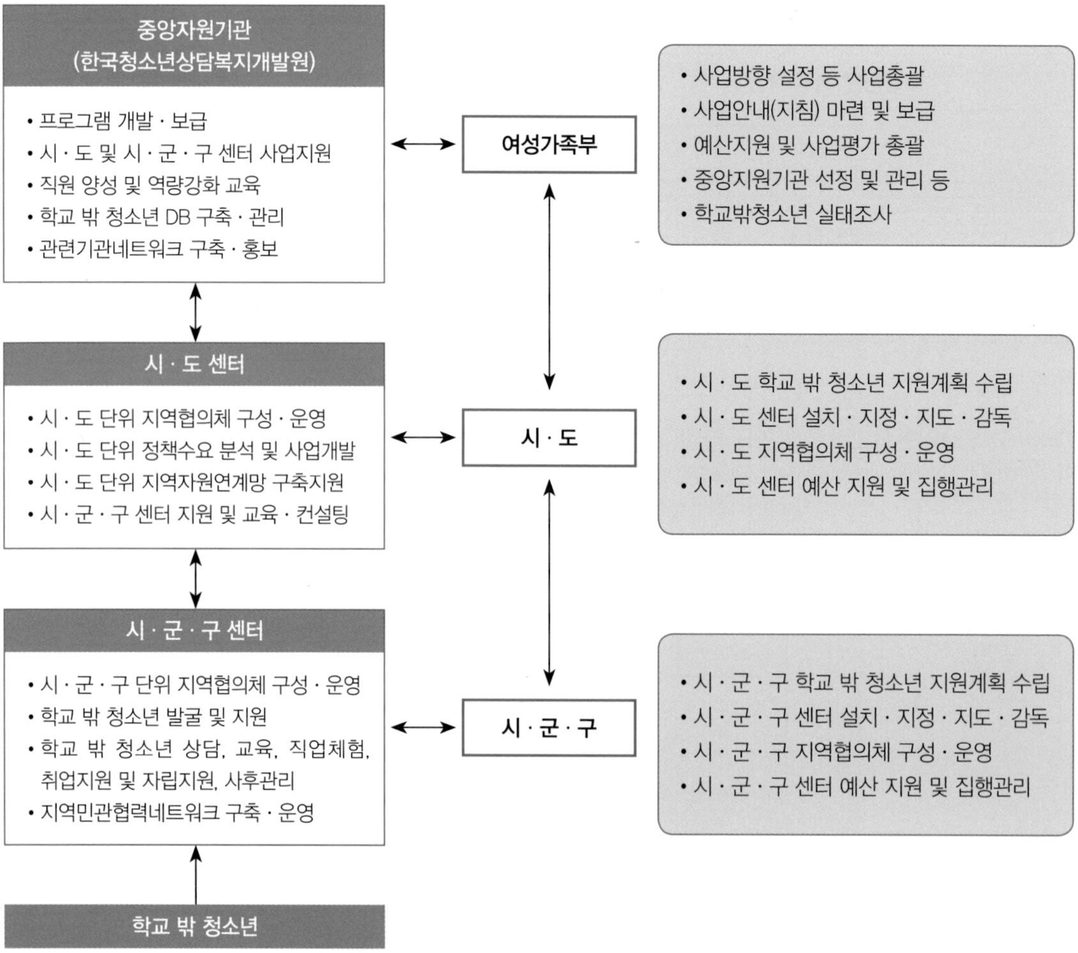

[그림 10-3] 정부-학교 밖 청소년 지원기관 협업추진체계

자료: 여성가족부. (2022a). p. 554.

무업형 학교 밖 청소년의 지원과 관련이 있다. 정책목표 중 청소년 주도의 활동 활성화에는 학교 밖 청소년 대상 진로교육에 관한 내용이 포함되어 있다. 구체적으로 첫째, 청소년 작업장 활성화를 통해 학교 밖 청소년에게 관련 기술 습득 및 직업체험 기회 제공, 둘째, 내일이룸학교 운영 활성화를 통한 전문직업훈련 및 맞춤형 직업교육 지원, 기업 맞춤훈련 과정 운영 및 해당 기업 취업 연계 지원, 취업동기 제고를 위한 금전적 지원 등 제공, 셋째, 학교 밖 청소년 유형별 특성을 고려한 진로탐색과 설계 지원 및 민관협력을 통한 진로체험 활동 강화 등에 대한 내용이 있다.

학교 밖 청소년 관련 사업은 여성가족부, 교육부, 교육청 등에서 수행되고 있다. 우선 여성가족부 주요 사업으로 학교 밖 청소년 지원센터인 꿈드림과 내일이룸학교가 있다. 꿈드

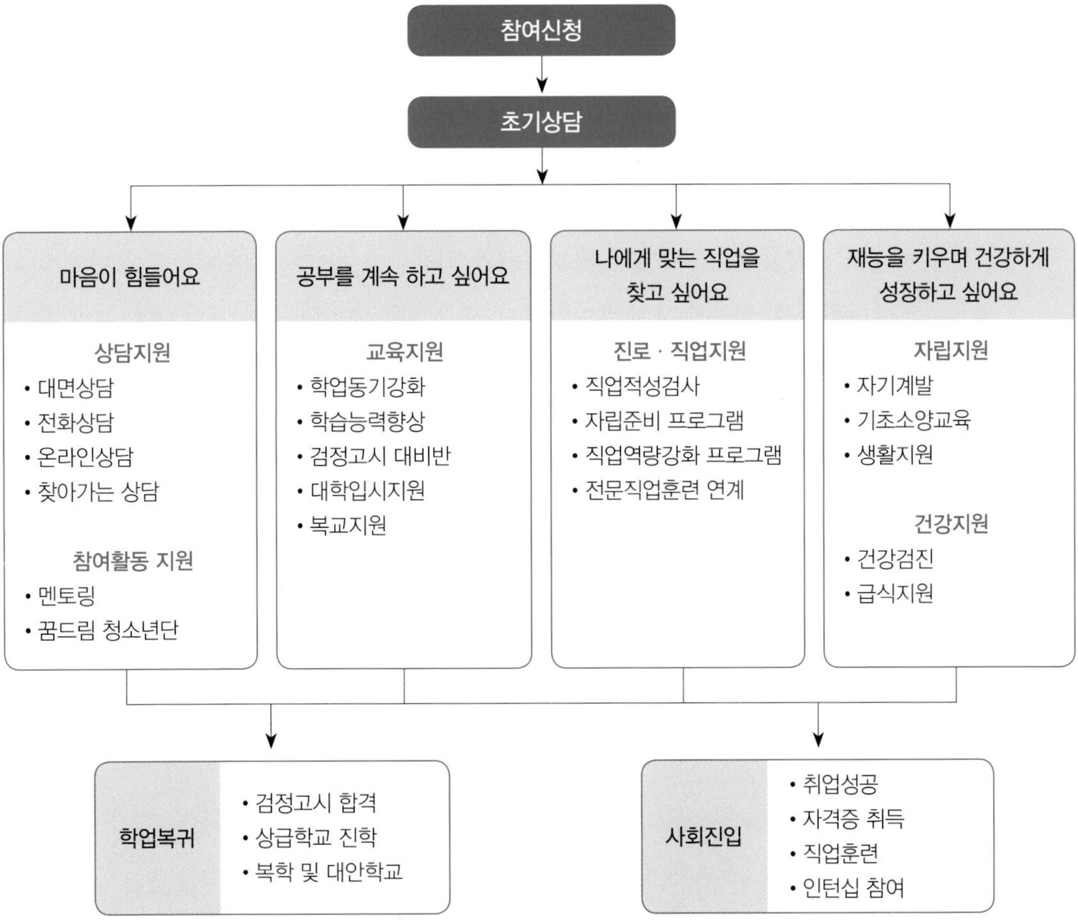

[그림 10-4] 꿈드림 서비스 흐름도

자료: 여성가족부, 교육부. (2021). p. 4.

림은 「학교 밖 청소년 지원에 관한 법률」 제12조에 따라 학교 밖 청소년 지원사업을 시행하기 위해 여성가족부와 한국청소년상담복지개발원에서 운영하는 기관으로, 2021년 기준 총 220개가 설립 · 운영되고 있다. 꿈드림은 학교 밖 청소년에게 상담, 교육, 직업체험 및 취업, 자립지원 등의 프로그램을 통하여 학교 밖 청소년이 건강한 사회구성원으로 성장할 수 있도록 지원하는 데 목적을 두고 있다. 지원 대상은 9~24세 학교 밖 청소년으로, 필요한 경우 잠재적 학교 밖 청소년(학업중단숙려대상) 지원이 가능하다. 꿈드림은 초기면접을 통해 청소년의 상황과 욕구를 파악하고 이에 맞는 프로그램들을 맞춤형으로 지원하고 있으며, 세부 프로세스는 [그림 10-4]와 같다.

내일이룸학교(구 취업사관학교)는 여성가족부가 주관하여 사회 · 경제 · 심리적 지원이 필요한 만 15~24세의 학교 밖 청소년에게 인성교육, 맞춤형 직업훈련 등을 제공하고 건전한 자립을 지원하는 기관이다. 2022년 기준 전국에 12개소 훈련기관이 있으며, 과정당 모집인원은 보통 20명 내외이다. 훈련 과정은 '예비학교→직업훈련 + 특화 프로그램→취업지원'으로 구성된다. 내일이룸학교에서는 무료 전문 직업훈련 및 취업처 연계, 훈련생 자립장려금 지급, 검정고시 지원을 통한 학력취득, 직종 관련 자격증(기능사) 취득, 문화체험 및 심리상담 등을 지원한다.

교육부에서는 시 · 도교육청 및 한국교육개발원과 함께 2017년부터 의무교육 단계 미취학 · 학업중단학생 학습지원 사업(꿈이음)을 시범운영하고 있다. 의무교육단계 학교 밖 청소년들에게 온 · 오프라인의 학교 밖 학습 프로그램을 제공하고 이를 통해 학력 인정의 기회를 제공한다. 2021년 기준 총 16개의 시 · 도교육청에서 운영 중이다.

각 시 · 도교육청에서도 학교 밖 청소년 지원사업을 시행한다. 서울, 대구, 강원도에서는 학교 밖 청소년 도움센터인 '친구랑'을 통해 교육, 진로, 정서, 복지 · 건강지원을 제공하고 있다. 그 외 지역에서도 학력취득 및 진로진학 지원, 직업체험 프로그램 운영 등의 사업을 시행하고 있다(허민숙, 2020).

3) 학교 밖 청소년 진로지도 사례

(1) 꿈드림

꿈드림에서는 학교 밖 청소년을 대상으로 직업적성검사, 자립준비 프로그램, 직업역량 강화 프로그램, 전문직업훈련 연계 등의 진로 · 직업지원을 제공하고 있다. 이중 직업역량 강화 프로그램은 진로탐색→진로설계→진로체험→직업훈련 및 취업연계로 이어지는 체계적인 진로지원을 제공한다(여성가족부, 교육부, 2021). 구체적인 프로그램은 지역별 혹은 센터별로 다양하게 운영되고 있는데, 그중 진로지도 관련 사례는 다음과 같다.

서울 서초구 꿈드림에서는 2021년 체험형 기업가정신 교육인 '앙트십 프로젝트'를 운영하였다(꿈드림, 2021). 이는 기존 기업가 정신 교육의 경우 단기적인 실물경제 체험에 그쳐 실제 학교 밖 청소년이 사회진입 후에도 기업가 정신을 유지·강화하기에는 부족함이 있다는 문제의식에서 추진되었다. 따라서 창업체험활동에 학교 밖 청소년이 직접 참여함으로써 4차 산업혁명 시대에서 요구되는 문제해결력과 도전정신을 체득할 수 있도록 하는 프로그램을 운영하였다. 프로그램은 자아 및 세상에 대한 이해와 기업 탐색 및 이해를 시작으로, 만원으로 문제를 해결하여 수익을 창출하는 만원 프로젝트를 수행하여 기회 발견 능력 및 창의적 문제해결능력을 기른다. 이후 피드백을 거쳐 비판적 사고 및 문제해결 능력을 함양하고, 자신의 미래를 설계하는 앙트십 프로젝트를 통해 진로결정 자기효능감을 강화한다. 프로그램 참여를 통해 의사소통 및 협력, 기회발견 및 활용능력, 자아존중감, 미래 진로직업 준비를 위한 역량 등이 향상되는 성과가 나타났다.

경기도꿈드림에서는 2018년 학교 밖 청소년 대상으로 한 진로박람회인 '꿈울림 진로박람회'를 개최하였다(꿈드림, 2019). 꿈울림이란 명칭은 도내 31개 학교 밖 청소년 지원센터가 어울려 꿈을 울린다는 의미를 담고 있다. 꿈울림 진로박람회의 주요 목적은 진로교육의 사각지대에 놓여 있는 학교 밖 청소년에게 진로탐색의 기회를 제공하는 데에 있었다. 6개의 존(홍보존, 진학존, 취업존, 체험존, 특별관, 공연관)으로 나뉘어 운영되었으며, 전문직업인의 특강, 직업인들과의 만남, 다양한 직업체험, 검정고시 맞춤 입시설명회 등이 진행되었다. 진로박람회를 통해 학교 밖 청소년 맞춤형 진로계획 수립을 지원하고, 도내 학교 밖 청소년의 자율적인 창업 부스 운영을 통한 성취감 및 소속감을 강화하였으며, 다양한 지역의 학교 밖 청소년 간 교류의 장을 마련하였다는 점에서 의의가 있다.

(2) 미국 Job Corps

미국의 경우 학교 밖 청소년을 가출청소년(runaway youth), 거리청소년(homeless youth) 등과 같이 규정하고 있어 학교 밖 청소년을 바라보는 시각은 한국 사회에서의 시각과 다를 수 있다. 미국에서는 학교 밖 청소년이 사회적 보호망에서 벗어나 있어 비자발적으로 학교를 다니지 못한다고 이해하는 경향이 강하다. 아울러 국내의 경우와 마찬가지로 정규학교를 그만두는 중도탈락 청소년(dropout student/youth) 또한 학교 밖 청소년의 개념에 포함되어 있다. 미국 내 중도탈락률은 인종이나 이민 여부에 따라 격차가 존재하고 있어, 정책적 방안에 대한 요구가 강력히 제기되고 있다(백혜정 외, 2015).

미국 노동부에서 추진하는 'Job Corps'는 위기청소년(at-risk youth)을 위한 대표적인 직업훈련 프로그램으로 손꼽힌다. 'Job Corps'는 16~24세 저소득층 위기청소년들에게 진로 직업 훈련과 취업지원을 제공하는 프로그램으로 미국 전역에서 매년 약 6만여 명의 청소년이 이 프로그램을 이용하는 것으로 추산된다.

'Job Corps'는 훈련 대상자에게 직업훈련, 학업교육, 그 외 여러 서비스를 제공한다(Schochet et al., 2008). 가장 큰 특징은 훈련 대상자들이 1년 동안 합숙을 하며 업무 기반 학습교육과 학업교육을 동시에 받는다는 것이다. 즉, 검정고시 준비와 함께 실용적인 직업훈련을 통해 직업을 준비한다. 뿐만 아니라 'Job Corps'는 주택, 보육, 교통수단 등 다양한 전환지원서비스를 제공한다(U.S. Depart of Labor, 2019). 'Job Corps'는 실제로 위기청소년의 자립에 긍정적인 도움을 주는 것으로 나타났는데, Schochet 등(2008)의 연구에서는 'Job Corps'를 이수하는 경우 교육 성취, 임금, 고용 확률이 높아지는 반면 범죄율이 낮아지는 효과가 있음이 확인되었다(Schochet et al., 2001).

(3) 호주 Flexible Learning Program

호주에서도 학교 밖 청소년이 증가하고 있으며, 호주의 청소년 중 5명 중 1명이 학교를 중단하고 있는 실정이다. 학교 중단의 대책 중 하나로 'Flexible Learning Program'이 제공되고 있다. 호주 전역에서 900개 이상의 'Flexible Learning Program'이 운영되고 있으며, 매년 7만 명 이상의 청소년이 프로그램을 이용하고 있다(Te Riele, 2014).

'Flexible Learning Program'의 주요 목적은 학교생활을 유지하기 어려운 청소년을 지원하는 것이다. 지원 내용에는 학습지원, 직업능력개발 및 취업지원, 재정 문제해결, 미래 설계 등이 있다. 유형은 운영 주체에 따라 크게 세 가지로 구분되며, 주류 학교에서 운영되는 프로그램, TAFE나 ACE에서 운영되는 프로그램, 독자적인 프로그램이 있다. 'Flexible Learning Program'의 대표적인 사례로 맥클리랜드 컬리지에서 운영하는 'Hands on Learning'이 있다. 'Hands on Learning'은 학교중단 위기에 놓인 학생들을 지원하기 위한 교내 연계 프로그램으로, 주요 목적은 자기존중감과 자신감을 향상시키고, 학교중단 위기에 놓인 학생들에게 성공적 사고방식을 고취시키는 것이다. 'Hands on Learning'을 통해 사회경제적 측면에서 긍정적인 순효과가 나타났으며, 사전-사후 검사 결과 문해력과 수리력의 증진 효과가 나타났다(Te Riele, 2014).

'Flexible Learning Program'은 수준별 성장지원, 맞춤형 학습과 자격취득 경로 제시, 지역사회 환원 등 기존 제도에서 취약했던 부분을 채워 주며, 공교육과정 이수율 향상이라는 정부의 목표 달성에도 기여한다(김서연, 2018). 여러 주체에 의해 다양한 형태로 프로그램이 운영되고 있는 것은 강점이자 동시에 약점이 될 수 있다. 단발적으로 운영되는 소규모 프로그램은 하나의 큰 교육 영역으로 자리 잡기 어려우며, 재정난과 같은 운영상의 어려움을 겪는 경우가 많다. 이에 대한 대응책으로 'Flexible Learning Program' 운영과 관련한 네트워크가 지속적으로 구축되고 있다. 네트워크에서는 자체 성과평가와 우수사례 공유를 통해 발전을 위한 노력을 거듭하고 있다.

3. 학교 밖 청소년 진로지도의 문제점 및 개선방안

1) 문제점

학교 밖 청소년에 대한 사회적 관심이 높아지면서 다각적인 지원방안의 필요성이 제기되어 왔으며 그 일환으로 진로지원을 위한 정책 또한 추진되고 있다. 그러나 다음과 같은 몇 가지 한계점이 존재한다.

첫째, 수혜 대상인 학교 밖 청소년의 발굴이 원활히 이루어지지 못한다는 점이다. 현재는 사전동의 절차 없이도 학교를 그만둔 의무교육 대상 청소년이라면 그 정보를 학교에서 지원센터로 전달할 수 있다. 그러나 전체 학교 밖 청소년 중 꿈드림 등 지원기관을 이용하는 청소년의 비중은 극히 소수이며 그 외 학교 밖 청소년은 진로지도의 사각지대에 놓여 있다. 학교 밖 청소년 실태조사에서 학교를 그만둔 후 진로찾기에 어려움을 겪는다는 응답이 24.2%, 향후 진로를 아직 결정하지 못했다는 응답이 35.7%를 차지했다는 결과는, 이들을 위한 진로지도서비스 접근성을 강화할 필요가 있다는 사실을 방증한다.

둘째, 학교 밖 청소년 진로지도를 위한 프로그램이 여전히 부족하다. 대표적인 학교 밖 청소년 지원기관인 꿈드림 홈페이지에서는 상담지원, 직업체험 및 직업교육 훈련지원에 대한 정보는 발견할 수 있지만, 진로와 관련된 구체적인 정보는 찾아보기 어렵다. 몇몇 지역별 꿈드림 센터에서는 진로적성검사, 진로체험, 진로진학 멘토링 등 관련 프로그램을 운영하나, 절대적인 수가 부족한 데다가 대부분 단발적인 운영에 그쳤다. 표준화된 프로그램이 부재한 상황에서 지역 꿈드림 센터의 개별적인 프로그램에만 의존한다면 결국 진로지도 격차의 확대로 이어질 우려가 있다.

셋째, 학교 밖 청소년 진로지도를 위한 전문인력도 부족한 실정이다. 이 문제는 학교 밖 청소년 지원센터 인력 충원 및 종사자 처우 개선이 필요하다는 목소리가 계속해서 제기되어 오는 것과 무관하지 않다. 학교 밖 청소년 지원센터를 이용하는 학교 밖 청소년의 비중이 극소수를 차지함에도 이들에게마저 개별적으로 진로지도를 제공하기는 어려운 상황이다.

2) 개선방안

이상에서 살펴본 바와 같이 학교 밖 청소년 진로지도는 대상자 발굴의 어려움, 표준화된 프로그램 및 전문인력 부족이라는 문제점이 존재한다. 각각의 문제점에 대한 개선방안을 제안하면 다음과 같다.

첫째, 학교 밖 청소년 진로지도를 위한 서비스 접근성을 제고할 필요가 있다. 먼저 학교에서는 학업중단 시 해당 청소년에게 충분한 진로 관련 정보를 제공해야 한다. 또한 진로지도 서비스 제공을 위한 온·오프라인 홍보 채널을 다각화하여 학교 밖 청소년 지원센터를 이용하지 않는 청소년이라도 손쉽게 서비스에 관한 정보를 얻을 수 있도록 해야 한다. 제도적으로는 의무교육 대상이 아닌 청소년에 관한 정보도 연계될 수 있도록 자동연계 대상 범위를 넓히는 방안을 고려하여 사각지대 해소에 힘써야 한다. 연계기관 간 통합적인 서비스 전달체계를 구축하는 것도 하나의 대안이 될 수 있다.

둘째, 학교 밖 청소년 진로지도를 위한 다양한 프로그램을 개발할 필요가 있다. 학교 밖 청소년의 진로지도 요구를 파악하고 유형별로 정리하여, 학교 밖 청소년의 다양한 특성을 아우를 수 있는 표준화된 프로그램을 마련해야 한다. 동시에 유형별 맞춤형 진로지도 프로그램을 개발하여 꿈드림뿐만 아니라 대안학교와 같이 학교 밖 청소년이 주로 소속되어 있는 기관에서 활용할 수 있도록 해야 한다. 이때 단발성의 프로그램으로 구성할 것이 아니라, 각 진로발달 단계에 맞춰 체계적으로 진로를 탐색·설계할 수 있도록 장기적 관점에서 프로그램을 고안하여야 한다. 각 지역사회 인프라를 활용하여 지역사회와 연계한 진로체험 및 직업훈련 프로그램 운영 모델을 구축하는 것 또한 중요하다. 지역사회 연계형 프로그램은 지역사회 자원을 활용할 수 있다는 장점 외에도 학교 밖 청소년이 지역사회의 일원으로서 효과적으로 적응하고 성장할 수 있도록 할 뿐만 아니라, 학교 밖 청소년에 대한 인식개선에도 도움을 줄 수 있기 때문이다.

셋째, 학교 밖 청소년의 진로지도 전문인력 확충이 필요하다. 학교 밖 청소년은 경험이나 요구 등에 있어 학교에 소속된 청소년과는 차이를 보인다. 이러한 학교 밖 청소년에 대한 풍부한 이해를 바탕으로 학교 밖 청소년에게 실질적인 도움을 줄 수 있는 전문인력을 확보해야 한다. 이를 위해서는 우선적으로 예산 확보 및 지원인력 처우 개선 등 기본적인 여건을 강화할 필요가 있다. 또한 신규 전문인력을 충원하는 것 외에도 기존 인력의 역량 향상을 위한 지원방안을 마련할 필요가 있다. 전문인력 확충은 더욱 많은 학교 밖 청소년에게 진로지도서비스를 제공할 수 있을 뿐만 아니라 각 개인에게 더욱 질 높은 진로지도를 제공할 수 있다는 점에서 중요성이 강조된다.

논의사항

- 학교 밖 청소년 진로지도 관련 이론을 다양한 관점에서 논의해 보자.
- 학교 밖 청소년 진로지도 관련 정책의 한계와 발전방향에 관하여 논의해 보자.
- 학교 밖 청소년은 유형에 따라 상이한 특성을 보이는데, 이를 고려하여 유형별 맞춤형 진로지도 방안을 어떻게 설계할 수 있을지 논의해 보자.

참고문헌

관계부처 합동. (2015). 학교 밖 청소년 지원대책. 관계부처 합동.

관계부처 합동. (2018). 제6차 청소년정책 기본계획(2018-2022). 관계부처 합동.

교육부. (1996). 학교 중도 탈락자 예방 종합 대책. 교육부.

교육부, 한국교육개발원. (2021). 2021 교육통계연보. 교육부, 한국교육개발원.

구본용, 유제민. (2003). 중퇴에 관한 위험 및 보호요인의 신경망 모형. 한국심리학회지: 건강, 8(1), 133-146.

권이종. (2010). 학업중단 아동과 청소년의 문제점과 해결방안. 한국아동청소년가족포럼 정책토론회 자료집, 11-42.

금명자. (2008). 우리나라 학업중단청소년에 대한 이해. 한국심리학회지: 사회문제, 14(1), 299-317.

김경애. (2014). 학교 밖 청소년을 위한 교육복지 방안 연구: 생애진로개발을 중심으로. 한국교육개발원.

김서연. (2018). 호주의 대안교육 현황. 교육정책네트워크 정보센터. https://edpolicy.kedi.re.kr/frt/boardView.do?strCurMenuId=54&pageIndex=1&pageCondition=10&nTbBoardArticleSeq=818147

김승호. (2013). 학교의 의미 탐색. 教育論叢, 50(1), 17-28.

꿈드림. (2019.3.12.). [2월, 경기도] 2018년 꿈울림 진로박람회. https://www.kdream.or.kr:446/user/sub/list.asp?bid=bid_305

꿈드림. (2021.8.9.). [5월, 서울 서초구] 학교 밖에서 스스로 내 길을 찾는 '앙트십 프로젝트'. https://www.kdream.or.kr:446/user/sub/list.asp?bid=bid_305

류진아. (2015). 도농복합지역 청소년 학업중단에 대한 질적연구: 생태체계적 요인 및 결정적 사건을 중심으로. 청소년복지연구, 17(1), 163-187.

민혜진, 정원철. (2016). 정신장애인 가족의 낙인감이 자아존중감에 미치는 영향. 재활복지, 20, 65-86.

박지원, 문성호. (2020). 학교 밖 청소년의 사회적 낙인이 자아존중감을 매개로 진로장벽에 미치는 영향: 부모애착의 조절된 매개효과. 청소년문화포럼, 63, 5-30.

박현선. (2003). 청소년의 학업중퇴 적응과정에 대한 현실기반이론적 접근. 한국사회복지학, 53.

백혜정, 송미경, 신정민 (2015). 학교 밖 청소년 지원 정책 체계화 방안 연구. 한국청소년정책연구원.

변숙영, 이수경, 이종범. (2009). 취약청소년의 직업능력향상을 위한 실태와 과제. 한국직업능력개발원.

서정아, 권해수, 정찬석. (2006). 학교밖 청소년의 실태와 정책적 대응방안. 한국청소년정책연구원.

여성가족부. (2022a). 2022년 청소년사업 안내. 여성가족부.

여성가족부. (2022b). 학교 밖 청소년 84% "교통비 지원 희망"[보도자료]. http://www.mogef.go.kr/nw/enw/nw_enw_s001d.do?mid=mda700

여성가족부, 교육부. (2021). 학교 밖 청소년 지원 안내서. 여성가족부, 교육부.

윤종희. (1994). 아동 · 가족연구에 대한 생태학적 접근의 적용. 생활과학대학 창립, 30, 47-70.

윤철경, 성윤숙, 최홍일, 유성렬, 김강호, 박예슬, 윤효문. (2017). 학교 밖 청소년 이행경로에 따른 맞춤형 대책연구 II. 한국청소년정책연구원.

이은희, 정순옥 (2006). 청소년이 지각한 부모의 양육행동 및 친구관계와 우울 간의 관계에서 자아정체감의 매개효과 : 공변량 구조분석. 한국청소년연구, 17(2), 213-239.

이인옥. (2007). 지체장애인을 위한 지각된 낙인 측정도구 개발. 서울대학교 대학원 박사학위논문.

이화명, 김영미. (2017). 학교 밖 청소년의 사회적 낙인과 심리사회적 적응 간의 관계: 자기개념 명확성의 조절효과. 한국콘텐츠학회논문지, 17(9), 549-562.

정용선, 김선희. (2015). 집단미술치료가 학교 밖 청소년의 자아정체감과 자아존중감에 미치는 효과. 청소년학연구, 22(6), 105-130.

조규필. (2013). 학업중단 청소년 대책을 위한 정책제안. 학교 밖 청소년 문제 대책 마련 토론회 자료집, 74-82.

조병주, 소수연, 오충광, 정민재, 박성호. (2004). 학교를 떠난 청소년의 어려움에 대한 분석과 이해. 청소년상담심포지엄.

조혜정. (1996). 학교를 거부하는 아이, 아이를 거부하는 사회. 또 하나의 문화.

최상근. (2010). 학업 중단 위기 학생의 실태와 지원 방안 연구. 한국교육개발원.

학교 밖 청소년 지원에 관한 법률. (2021, 법률 제17974호)

한국교육개발원. (2021). **교육통계분석자료집: 유 · 초 · 중등교육통계편**. 한국교육개발원.

허민숙. (2020). 학교 밖 청소년 지원사업 현황과 개선과제. **NARS 현안분석**, 151. 국회입법조사처.

홍나미, 신문희, 박은혜, 박지현. (2013). 학업중단 청소년의 학업복귀 과정에 관한 근거이론 접근. **청소년복지연구**, 15(1), 121-153.

홍봉선, 남미애. (2007). **청소년복지론**. 공동체.

황선미, 신현숙. (2007). 고등학생과 진로적응훈련 중인 중퇴청소년의 진로준비행동, 진로장애 및 진로결정의 관계모형 검증. **상담학연구**, 8(1), 229-245.

Bronfenbrenner, U. (1979). *The ecology of human development*. Harvard University Press.

Corrigan, P. W., & Watson, A. C. (2002). Understanding the impact of stigma on people with mental illness. *World psychiatry, 1*(1), 16-20.

Goffman, E. (1963). *Stigma: Notes on the management of spoiled identity*. Prentice-Hall.

Kwon, T. (2020). Social stigma, ego-resilience, and depressive symptoms in adolescent school dropouts. *Journal of Adolescence, 85*, 153-163.

Mickelson, R. A. (2001). Subverting Swann: First- and second-generation segregation in the Charlotte-Mecklenburg schools. *American Educational Research Journal, 38*(2), 215-252.

Rice, F. P., & Dolgin, K. G. (2009). **청소년 심리학** (정영숙, 신민섭, 이승연 역). 시그마프레스.

Schochet, P. Z., Burghardt, J. A., & Glazerman, S. (2001). *National Job Corps Study: The impacts of Job Corps on participants' employment and related outcomes*. US Department of Labor, Employment and Training Administration, Office of Policy and Research.

Schochet, P. Z., Burghardt, J., & McConnell, S. (2008). Does job corps work? Impact findings from the national job corps study. *American Economic Review, 98*(5), 1864-1886.

Te Riele, K. (2014). *Putting the jigsaw together: Flexible learning programs in Australia*. Final report. The Victoria Institute for Education, Diversity and Lifelong Learning.

U.S. Depart of Labor. (2019). *Job Corps*. https://www.dol.gov/agencies/eta/jobco

제11장

경력단절여성 진로지도

많은 여성은 결혼, 출산, 육아 및 가사 등으로 인해 경력단절 현상을 겪고, 이로 인해 노동시장에서 이탈한다. 대부분의 기혼여성은 자녀가 성장한 후 비로소 자신의 삶을 돌아보고 다시 경제활동에 참여하려는 관심을 두게 되지만 전문성 및 정보의 부족 등으로 인해 역량을 발휘하기 어려운 현실에 부딪힌다. 이에 대한 대응으로 경력단절여성을 위한 진로지도가 강조되는 것이 중요하다. 이 장에서는 경력단절여성 진로지도의 필요성에 대하여 살펴보고, 경력단절여성 진로지도의 개념과 관련 이론을 소개한다. 또한 경력단절여성의 특징을 파악할 수 있는 현황을 살펴보고, 경력단절여성을 위한 국가 차원의 정책을 파악하며, 관련 사례를 제시한다. 마지막으로 경력단절여성 진로지도에 관한 문제점 및 개선방안을 제시한다.

학습과제

- ▶ 학습과제 1 경력단절여성 진로지도의 의의에 대해 설명하시오.
- ▶ 학습과제 2 경력단절여성의 개념과 관련 이론에 대해 설명하시오.
- ▶ 학습과제 3 경력단절여성의 현황에 대해 설명하시오.
- ▶ 학습과제 4 경력단절여성 진로지도를 위한 정책과 사례에 대해 설명하시오.
- ▶ 학습과제 5 경력단절여성 진로지도의 문제점 및 개선방안에 대해 설명하시오.

1. 경력단절여성 진로지도의 의의 및 이론적 기초

1) 경력단절여성 진로지도의 의의

여성의 경력개발은 여성의 경제활동에 대한 사회적 인식 변화, 여성의 지위와 권리에 대한 인식 확장, 교육기회 확대 등으로 인해 어느 때보다 그 중요성이 강조되고 있다(김희령, 2015). 2021년 기준 우리나라 여성의 경제활동참가율은 53.3%, 고용률은 51.2%로 나타났으며(통계청, 2022), 지난 10년 동안 여성의 경제활동참가율 및 고용률은 꾸준히 증가하였다. 2020년 기준 국회의원 및 장관 중 여성은 각각 19.0%, 33.3%로 역대 가장 높은 비율을 기록하였고, 2019년 여성 관리자 비율은 19.8%로 10년 전보다 5.7% 증가, 그리고 4급 이상 국가직 공무원 중 여성 비율은 16.2%로 10년 전보다 10.4% 상승하였다(통계청, 2022). 또한 여학생은 대학 진학률이 74.5%로 남학생(66.6%)보다 7.9% 높았다(교육부, 한국교육개발원, 2020). 이처럼 다양한 수치를 통해 여성의 경제활동이 양적으로 발전한 것을 알 수 있다.

하지만 경제활동을 하는 여성은 사회 구조적 어려움을 겪게 되는데, 대표적인 예가 경력단절 현상이다. 경력단절 현상은 여성이 결혼, 출산, 육아 및 가사로 인해 노동시장에서 자의적 혹은 타의적으로 이탈되는 것을 말한다. 경력단절여성의 노동시장 이탈은 국가 차원의 경제적·사회적 자본 손실 관점에서 재취업을 위한 교육·훈련비와 여성의 경력단절 전·후 임금손실액 등 막대한 사회적 비용을 초래한다(신연하, 2018). 이러한 사회적 비용을 줄이기 위한 방안으로 경력단절 이전의 여성이 경력을 유지 및 개발할 수 있는 정책 및 제도가 요구된다. 또한 국가 경쟁력 제고를 위해 노동력을 확대하고 저출산·고령화로 인한 경제활동 인구가 점차 감소하는 문제 등을 극복하기 위해서 경력단절여성을 위한 진로지도가 강조되는 것이 중요하다.

여성 개인의 경력개발 관점에서 기혼여성은 자녀가 성장한 후 비로소 자신의 삶을 돌아보고 다시 경제활동에 참여하려는 관심을 두게 되지만, 전문성 및 정보의 부족 등으로 인해 역량을 발휘하기 어려운 현실에 부딪히게 된다. 또한 기혼여성은 자아실현 및 자기개발을 희망하더라도 생활비 및 자녀교육비를 충당하기 위한 재취업을 하는 경우가 더욱 높은 것으로 나타났다(여성가족부, 2019). 경력단절여성은 단순히 생계를 위한 재취업을 하는 것보다 경력단절 이전의 전공 혹은 희망 분야로 다시 진입하여 취업에 대한 자기효능감을 높이고, 자신의 경력계획을 달성하여 자아실현을 할 수 있도록 국가 차원의 진로지도가 이루어져야 할 필요가 있다.

2) 경력단절여성 진로지도의 이론적 기초

(1) 경력단절여성의 개념

여성의 경력개발 과정에서 직업생활을 지속할 수 없는 장벽(barrier)이 발생하였을 때, 이를 경력단절, 경력차단, 경력이탈 등으로 정의한다(이지연 외, 2004). 경력단절여성의 법적인 정의는 「여성의 경제활동 촉진과 경력단절 예방법(약칭: 여성경제활동법)」 제2조 제1항에서는 '경력단절여성 등이란 혼인, 임신, 출산, 육아와 가족구성원의 돌봄 또는 근로조건 등을 이유로 경제활동을 중단한 여성 중에서 취업을 희망하는 여성 혹은 경제활동을 한 적이 없는 여성 중에서 취업을 희망하는 여성'에 해당하는 사람이다.

경력단절여성 관련 선행연구에서의 학술적 정의를 살펴보면 다음과 같다. 정철영 등(2009)의 연구에서는 미혼 혹은 기혼 여성이 자신의 경력을 지속적으로 개발하지 못하고 가사, 육아, 노동시장 구조 등 환경적인 요인에 의해 경력개발 과정이 단절된 상태로 정의하였다. 임다희(2017)의 연구에서 경력단절여성은 노동시장에 참여했지만 다양한 이유로 인하여 노동시장 참여에 단절을 겪은 여성들이며, 구직 의사가 있지만 환경적 요인 등으로 인해 경제활동에 참여하지 못하는 비자발적 실업 상태에 있는 여성을 의미한다. 경력단절여성의 자기효능감 향상을 위한 모델 개발 연구를 수행한 박지현(2022)은 경제활동을 하던 중에 결혼, 육아, 임신 등의 사유로 경제활동을 중단하였지만 재취업의 의사가 있는 기혼 여성으로 정의하였다.

이를 종합하면, 경력단절여성은 경력개발 과정에서 구직 의사가 있지만 혼인, 임신, 출산, 육아, 가사, 노동시장 구조 등의 이유로 경제활동에 참여하지 못하여 비취업 상태에 있는 여성을 의미한다.

(2) 경력단절여성 관련 이론

여성의 경제활동 참여 및 경력전환에 대해 사회 구조적 관점에서 설명할 수 있는 이론으로는 이중노동시장이론(dual labor market theory)이 있다. Doeringer와 Piore(1971)의 이중노동시장이론은 개인 및 가족이 아닌 노동시장의 구조적인 차원에 의해 여성의 경제활동 참여 및 경력전환이 영향받고 있음을 설명한다. 이 이론에 따르면 노동시장은 1차 노동시장과 2차 노동시장으로 구분되는데, 1차 노동시장은 상대적으로 고임금, 좋은 근로 조건,

다양한 승진기회 및 고용안정성이 보장된다. 반면, 2차 노동시장은 1차 노동시장에 비해 저임금, 열악한 근로 조건, 고용불안정성이 강하다는 특징이 있다. 여성, 청소년, 이민자 등은 2차 노동시장에 속할 가능성이 높을 것으로 예측되며, 여성의 경우 인적자원의 수준으로 임금이 결정되기보다 고용주의 차별적 기준에 의해 평가된다. 이러한 노동시장의 구조적 체계로 인하여 여성의 경제활동 참여는 영향을 받게 된다고 보며(김가율, 2007), 이 중 노동시장과 관련하여 임금 수준이 낮고 승진기회가 제한적이며 단순반복적인 업무가 특징인 직종은 여성의 노동시장 재진입을 저해하는 요인으로 본다.

경력단절 현상을 설명할 수 있는 이론으로 성역할이론, 만화경 경력이론 등이 있다. 여성의 가족 내 역할에 초점을 두고 여성의 경제활동참여에 관해 설명하는 성역할이론의 내용은 다음과 같다. 성역할이란 성별에 따라 문화권 내에서 인식되고 기대되는 생활양식, 태도, 인성 등을 포함하는 행동 기준을 말한다(조윤경, 1988). 이는 가족 내에서 남성과 여성의 역할은 본질적으로 이분화되어 있어 성에 의해 역할이 고정되어 있다고 보면 전통적 태도라고 보고, 융통성 있게 역할 분담을 할 수 있는 것이라고 보면 현대적 태도라고 보는 관점이다. 즉, 성역할 태도가 전통적일 경우 가정 내 여성의 역할이 강조되어 경제활동참가율이 낮아지고 경력이탈이 촉진되며 노동시장 재진입이 점차 어려워진다.

만화경 경력이론(kaleidoscope career theory)은 Mainiero와 Sullivan(2005, 2006)에 의해 정립된 이론으로, 만화경을 흔들 때마다 바닥의 무늬가 달라지듯이 여성은 경력을 선택하고 결정할 때 생애주기에 따라 각기 다른 요인에 영향을 받는다는 것을 의미한다. 만화경 경력이론에서 여성의 초기 경력에는 도전(challenge), 중기에는 균형(balance), 후기에는 진정성(authenticity)이 주요 의사결정 요인이라고 제시하고 있다. 반면에 남성은 경력 초기에는 도전, 중기 경력에는 진정성, 후기 경력에는 균형에 중점을 두는 경력 패턴, 즉 알파 만화경 경력 패턴(alpha kaleidoscope career pattern)이 나타난다. 초기 경력 여성에게 충분한 도전과 기회의 제공 여부가 중요한 사항이지만, 여성 근로자는 남성에 비해 상대적으로 도전적인 업무기회가 조금 주어지고 승진에 대한 전망이 불투명하여 도전 요인에 민감한 경향을 보인다. 경력 중기는 여성의 생애 단계에서 결혼, 임신, 출산, 육아 등이 맞물리기 때문에, 선택한 경력에 따른 일과 가정의 양립, 일과 삶의 균형이 가능한지 여부가 중요한 사항이다. 마지막으로 경력 후기에는 선택한 경력이 나의 진정성을 유지할 수 있는지가 중요하다. 이를 통해 여성은 경력을 선택할 때 삶 전체의 조화와 통합을 지향하고 여성의 생애 단계와 관련된 이슈, 관련된 사람들을 고려하므로 관계를 중요하게 여기는 것을 알 수 있다.

2. 경력단절여성의 현황과 경력단절여성 진로지도 관련 정책 및 사례

1) 경력단절여성의 현황

경력단절여성의 현황을 살펴볼 수 있는 자료는 통계청의 지역별 고용조사, 여성가족부의 경력단절여성 등의 경제활동실태조사 등이 있다. 경력단절여성의 특성을 알아보기 위하여 경력단절여성의 현황을 규모, 연령별 분포, 경력단절 영향 요인, 경력단절 당시 일자리 분위기, 위기 극복 요인, 구직목적 및 재취업 성공 요인, 경력단절 당시의 일자리 관련 내용 및 취업여성 현재 일자리 관련 내용으로 구분하여 살펴보면 다음과 같다. 2017년부터 2021년까지 15~54세 기혼여성의 수는 감소하는 경향을 보였고, 결혼, 임신 및 출산, 육아, 자녀교육, 가족돌봄 등의 사유로 직장(일)을 그만둔 경력단절여성은 2021년 기준 144만 8,000명으로 나타났다(〈표 11-1〉 참조).

〈표 11-1〉 경력단절여성 전체 규모(2017~2021) (단위: 천 명)

구분	15~54세 이하의 기혼여성	비취업여성	경력단절여성
2017	9,159	3,574	1,831
2018	9,005	3,457	1,847
2019	8,844	3,366	1,699
2020	8,578	3,420	1,506
2021	8,323	3,240	1,448

자료: 통계청. (2017~2021).

여성가족부의 경력단절여성 등의 경제활동실태조사에 따르면 연령대별 여성의 경력단절 비율은 40대(35.8%)가 가장 높았고, 30대(30.9%), 50대(18.7%), 25~29세(14.6%) 순으로 나타났다(〈표 11-2〉 참조).

경력단절 영향 요인은 〈표 11-3〉에서 확인할 수 있는 것과 같이 결혼(53.1%)의 비율이 가장 높았고 30대 경력단절여성 가운데 임신 · 출산의 사유도 적지 않음을 알 수 있다. 육아 및 자녀교육으로 인해 경력단절이 발생한 여성 가운데 78.1%는 육아 · 자녀교육 문제가 해결되었다면 그만두지 않았을 것이라고 응답하였다.

〈표 11-2〉 2019년 연령별 경력단절여성 분포 (단위: %)

구분		사례수(명)	25~29세	30~39세	40~49세	50~54세
전체		11,406,087	14.6	30.9	35.8	18.7
교육 수준	중졸 이하	327,177	3.2	9.9	37.2	49.8
	고졸	4,436,162	7.8	17.9	43.4	30.8
	전문대졸	2,408,769	22.2	37.0	30.9	9.9
	대졸 이상	4,233,979	18.2	42.5	30.6	8.7
혼인 상태	유배우	6,474,386	6.5	32.8	40.6	20.2
	무배우	4,931,701	25.2	28.4	29.6	16.8

자료: 여성가족부. (2019). p. 91 재구성.

〈표 11-3〉 연령별 경력단절 영향 요인 (단위: %)

연령	사례수(명)	결혼	임신 · 출산	가족돌봄	육아/자녀교육
전체	3,989,577	53.1	32.3	3.5	11.1
25~29세	210,477	51.8	42.3	0.3	5.6
30~39세	1,220,696	41.5	40.7	3.1	14.7
40~49세	1,696,895	54.0	1.1	3.7	11.1
50~54세	861,510	68.0	20.1	4.5	7.3

자료: 여성가족부. (2019). p. 111 재구성.

경력단절 당시 일자리 분위기 혹은 상황에 대하여 6개의 문항으로 조사한 결과는 〈표 11-4〉와 같다. 이 결과를 통해 개인이 결혼, 임신, 출산, 육아/양육으로 인한 경력유지의 어려움에 대하여 조직(일자리) 분위기 혹은 국가 차원의 정책지원의 필요성이 보다 분명하게 드러남을 확인할 수 있다. 또한 자녀 유무에 따른 경력단절 경험은 확연한 차이를 드러내는데, 자녀가 있지만 경력단절 경험이 없는 여성의 현재 일자리에 대한 인식은 경력단절 경험이 있는 여성에 비해 경력유지에 대한 부정 응답의 비율이 두 배(자녀 유, 경력단절 유: 62.3%, 자녀 유, 경력단절 무: 34.3%) 가까이 차이나는 것을 알 수 있다.

경력단절 당시 일자리와 경력단절 이후 첫 일자리의 특성과 근로 조건 변화를 비교하였다. 경력단절 이후 첫 일자리에 진입하기까지의 소요 기간은 평균 약 7.8년으로 나타났다. 재취업 소요 기간의 분포 가운데 3년 미만(30.1%), 10년 이상(32.3%) 양극단에 가장 많이 몰린 것으로 나타났고, 연령에 따른 차이는 재취업 소요 기간이 길어질수록 연령이 높아지는 경향을 보였다.

〈표 11-4〉 경력단절 당시 일자리 분위기('그렇다' 비율) (단위: %)

연령	결혼·임신을 하면 직장을 계속 다니기 어려움	여성이 아이를 키우며 직장생활 할 수 없음	휴가를 자유롭게 사용하기 어려움	직장 내 성역할로 경력상 성공이 어려움	장시간 근로가 좋은 평가를 받을 수 있음	여성의 인사관리에서 불이익
전체	62.3	60.3	59.6	51.4	50.0	45.9
25~29세	63.7	61.1	67.0	53.4	53.4	38.7
30~34세	54.0	48.9	45.1	38.3	35.9	33.9
35~39세	57.3	51.2	60.2	44.6	45.6	40.1
40~44세	59.8	60.5	58.3	47.4	45.5	41.3
45~49세	66.3	67.2	61.2	58.2	59.0	52.1
50~54세	70.3	68.3	65.4	62.5	57.6	59.3

자료: 여성가족부. (2019). p.114 재구성.

경력단절 당시 취업한 일자리의 직종분포를 보면 사무 종사자가 39.7%로 가장 높은 비율을 보였지만, 경력단절 후 첫 일자리 직종분포는 판매 종사자가 23.5%로 가장 높았다. 사무 종사자는 16.6%p가 줄어 가장 큰 폭으로 감소세를 보였고, 반면에 가장 큰 폭으로 증가세를 보인 직종은 판매 종사자로 10.6%p 증가하였다. 산업분포에서도 차이를 보였는데, 경력단절 당시 여성은 주로 도소매업(21.3%), 제조업(18.9%), 교육서비스(10.2%), 보건복지업(8.4%), 건설업(7.1%)에 종사하였으나, 비교적 접근성이 용이한 산업 중심으로 재취업하여 도소매업(21.3% → 24.7%)과 숙박음식점업(4.6% → 10.9%)에서 크게 증가한 것을 알 수 있다.

경력단절의 경험 없이 경력을 유지 중인 여성을 대상으로 경력단절의 위기가 있었는지, 위기가 있었다면 극복 요인이 무엇인지에 대한 내용과 경력단절 이후 재취업한 여성의 특성을 분석한 결과를 살펴보면 다음과 같다. 경력단절 사유로 일자리를 그만둔 적이 없는 여성 가운데 경력단절의 위기가 있었다고 응답한 여성은 전체 573만 명 중에 약 24만 명, 즉 전체의 4.1%로 나타났다. 이들이 경력단절 위기를 극복할 수 있었던 중요한 요인을 혼인 상태와 연령별로 분석한 결과는 〈표 11-5〉, 〈표 11-6〉과 같다.

발전가능성이 있는 일이라면 힘들어도 극복할 수 있다고 응답한 비율이 38.4%로 가장 높게 나타났다. 유배우자의 경우, 일의 발전가능성(41.7%), 가족 구성원의 양육지원(32.7%), 일-가정 양립이 가능했던 직장 문화(14.6%) 순으로 나타났다. 무배우자의 경우, 보육시설 이용(68.8%)이 압도적으로 높은 비율을 차지하고 있었고 일의 발전가능성

〈표 11-5〉 경력유지 여성의 경력단절 위기 극복 요인(혼인 상태별) (단위: %)

구분	전체	유배우	무배우	미혼
가족 구성원의 양육지원	25.8	32.7	12.1	12.7
일과 양육을 병행할 수 있었던 직장 문화	11.6	14.6	0.0	10.8
지금 힘들어도 발전이 있는 일과 미래	38.4	41.7	14.7	46.9
아이를 믿고 맡길 수 있는 좋은 보육시설 이용	15.9	7.6	68.8	0.0
내 아이를 안심하고 돌봐 준 전문돌보미	2.6	2.8	4.4	0.0
기타	5.7	0.0	0.0	29.7
전체	100.0	100.0	100.0	100.0

자료: 여성가족부. (2019). p. 127 재구성.

〈표 11-6〉 경력유지 여성의 경력단절 위기 극복 요인(연령별) (단위: %)

구분	25~29세	30~34세	35~39세	40~44세	45~49세	50~54세
가족 구성원의 양육지원	48.2	32.0	25.5	24.9	44.1	35.7
일과 양육을 병행할 수 있었던 직장 문화	0.0	14.7	20.3	24.4	5.2	5.9
지금 힘들어도 발전이 있는 일과 미래	43.3	51.1	14.9	41.3	43.8	53.8
아이를 믿고 맡길 수 있는 좋은 보육시설 이용	8.5	1.6	29.9	5.5	5.6	0.0
내 아이를 안심하고 돌봐 준 전문돌보미	0.0	0.6	5.4	3.9	1.3	4.5
기타	0.0	0.0	4.0	0.0	0.0	0.0
전체	100.0	100.0	100.0	100.0	100.0	100.0

자료: 여성가족부. (2019). p. 128 재구성.

(14.7%), 가족 구성원의 양육지원(12.1%) 순이었다. 이는 다시 한번 양육지원의 필요성 및 중요성을 강조하는 결과로, 아이를 맡길 수 있는 인프라가 있어야 경력단절이 이루어지지 않음을 확인할 수 있었다.

연령에 따른 경력유지 여성의 경력단절 위기 극복 요인의 결과를 살펴보면, 30~34세, 40~44세, 50~54세는 일의 발전가능성과 미래 전망에 대한 응답 비율이 가장 높은 것으로 나타났다. 25~29세, 45~49세는 가족 구성원의 양육지원이 가장 높았고, 35~39세는 아이를 믿고 맡길 수 있는 보육시설 이용이 가장 높게 나타났음을 확인할 수 있었다. 연령이 높아질수록(40~44세: 41.3%, 45~49세: 43.8%, 50~54세: 53.8%) 일의 발전가능성이 더욱 중요한 것으로 나타났다.

경력단절 경험 이후 재취업에 성공한 여성이 구직한 이유를 질문한 결과(〈표 11-7〉 참

〈표 11-7〉 경력단절 이후 재취업한 여성의 구직 목적

(단위: %)

구분	생계 책임	자녀 교육비	재산 증식	생활비 마련	자아실현 및 자기개발	기타	계
전체	14.3	17.2	5.6	46.2	16.3	0.4	100.0
만 25~29세	4.0	2.9	15.4	56.1	21.6	0.0	100.0
만 30~34세	7.1	19.8	3.7	41.0	27.9	0.5	100.0
만 35~39세	9.6	20.4	7.0	39.3	22.9	0.6	100.0
만 40~44세	11.5	16.4	3.5	52.0	16.2	0.5	100.0
만 45~49세	16.5	17.8	5.1	42.4	17.7	0.5	100.0
만 50~54세	20.0	16.7	6.4	48.0	8.7	0.2	100.0
유배우	5.9	19.7	6.7	48.1	19.1	0.5	100.0
무배우	45.3	7.7	1.4	39.2	6.3	0.0	100.0

자료: 여성가족부. (2019). p. 132 재구성.

조), 생활비 마련(46.2%), 자녀 교육비(17.2%), 생계 책임(14.3%) 등 경제적인 이유가 가장 큰 것으로 나타났다. 반면에 자아실현 및 자기개발을 위하여 구직한 여성은 16.3%에 그친 것을 알 수 있다.

재취업 성공 요인은 적극적 구직활동 방법(내용) 및 도움 정도로 예측할 수 있는데, 적극적 구직활동을 했던 여성 가운데 취업지원기관 등록자는 주로 워크넷(36.9%)을 이용하고 있었고, 민간기관 혹은 포털(35.1%), 고용 관련 기관(예: 고용복지+센터, 중장년내일센터 등)(23.1%), 여성취업지원센터(18.8%) 순으로 나타났다.

가장 많이 이용한 서비스는 다양한 구인처 정보제공(68.0%)이었고, 그 외 심리검사를 통한 직업선호 및 역량 확인(38.7%), 취업역량교육 및 서비스 제공(32.9%), 정부에서 제공하는 취업지원제도 제공(31.2%), 직업교육훈련서비스 소개 및 훈련기관 알선(30.4%), 창업지원서비스 제공(21.4%) 순으로 나타났다(〈표 11-8〉 참조). 도움 정도에서는 조금 차이를 보였는데, 다양한 구인처 정보 제공 및 자신의 직업선호와 역량을 확인하는 것은 동일하게 도움 정도에서도 높은 비율을 차지하고 있었고, 직업교육훈련 소개 및 훈련기관 알선은 지원받은 비율에 비하여 유용하고 도움 받았다고 생각하는 비율이 매우 높게 나타났다. 반면에 취업역량교육 및 서비스 제공, 정부의 취업지원제도 제공 및 창업지원서비스 제공에 대한 응답 비율은 상대적으로 낮았음을 확인할 수 있었다.

다음으로 사업체 규모 및 시간제 근로 비중과 임금 수준에 대해서 비교해 보면, 10인 미

〈표 11-8〉 경력단절여성의 재취업 성공 요인(내용 및 도움 정도) (단위: %)

구분	다양한 구인처 정보 제공	다양한 심리검사를 통한 직업선호 및 역량 확인	취업역량교육 및 서비스 제공	정부의 취업지원제도 제공	직업교육훈련 소개 및 훈련기관 알선	창업지원 서비스 제공
지원받음	68.0	38.7	32.9	31.2	30.4	21.4
도움받음	88.0	67.6	38.9	32.7	69.4	11.1

자료: 여성가족부. (2019). p. 136 재구성.

만 소규모 사업체 근로 비중이 52.0%에서 62.7%로 증가한 반면 100~299인 비중과 300인 이상은 절반 가까이 줄어든 것으로 나타났다(〈표 11-9〉 참조). 이는 여성의 중소기업 취업 쏠림 현상이 더욱 강화된 경향이 있다는 것을 보여 준다.

〈표 11-9〉 경력단절 전 · 후의 사업체 규모분포 변화 (단위: %)

사업체 규모	경력단절 당시 일자리	경력단절 이후 첫 일자리
1~4명	30.4	45.6
5~9명	21.6	17.1
10~29명	16.5	16.1
30~99명	14.0	11.4
100~299명	7.6	4.7
300명 이상	6.8	3.5

자료: 여성가족부. (2019). p. 143 재구성.

경력단절 당시 일자리의 시간제 근로 비중은 5.4%에 불과하였으나, 경력단절 이후의 비중은 16.7%로 크게 증가하였다. 그 이유는 재취업 일자리가 시간제밖에 없거나, 전일제 일자리를 찾을 수 없어서 혹은 육아 및 가사, 자녀돌봄 이유 등이었다. 마지막으로 일자리 근로 조건의 대표 지표 가운데 하나인 임금 수준을 살펴보면 〈표 11-10〉과 같다. 경력단절 전 · 후의 월평균 임금과 시간당 평균임금 및 시간당 중위임금 모두 경력단절 당시의 일자리 수준에 미치지 못하여 전체적으로 임금 수준이 하락한 것으로 나타났다. 임금분포는 약 절반 정도 중위임금 이하에 분포되어 있고 경력단절 당시 일자리에 비해 저임금에 몰린 수준이 소폭 줄어들었지만, 고임금도 1.6%p 감소한 양상을 보이고 있다. 즉, 경력단절 후 첫 일자리는 경력단절 당시 일자리에 비해 저임금은 중저임금으로, 고임금은 중고임금으로 이동하여 중위임금으로 집중된 현상을 보인다.

〈표 11-10〉 경력단절 전 · 후의 임금 수준 변화

구분	경력단절 당시 일자리	경력단절 이후 첫 일자리
월 평균임금(만원)	218.5	191.5
시간당 평균임금(원)	11,441	10,827
시간당 중위임금(원)	10,267	9,683
임금분포 전체(%)	100.0	100.0
저임금	20.5	18.2
중저임금	30.4	34.0
중고임금	32.8	33.1
고임금	16.3	14.7

주 1) 임금은 무급가족종사자를 제외한 취업자를 대상으로 계산했으며, 0값을 포함하고 1989년 이전 일자리는 분석대상에서 제외함. 또한 2018년 기준 물가를 적용하여 실질화하였음.
2) 임금분포는 상대적 기준에 따라 중위임금을 기준으로 중위임금의 2/3 미만을 저임금, 2/3 이상~중위임금까지를 중저임금, 중위임금~2/3 이하를 중고임금, 중위임금의 2/3 초과를 고임금으로 정의함.
자료: 여성가족부. (2019). p. 146 재인용.

2) 경력단절여성 진로지도 관련 정책

경력단절여성 진로지도를 위한 법적 근거는 2008년 6월 5일 제정된 「경력단절여성등의 경제활동 촉진법」으로, 경력단절여성 등의 경제활동 촉진을 통하여 여성의 경제적 자립과 자아실현 및 국가 경제의 지속적 발전에 이바지함을 목적으로 한다. 「경력단절여성등의 경제활동 촉진법」 제3조는 국가 등의 책무를 제시하고 있는데, 국가와 지방자치단체는 경력단절여성 등의 경제활동 촉진을 위한 종합적인 시책을 세우고, 그 추진에 필요한 행 · 재정적 지원방안 등을 마련해야 함을 명시하고 있다. 이 법령은 「여성의 경제활동 촉진과 경력단절 예방법(약칭: 여성경제활동법)」으로 2021년 12월 7일 전부개정, 2022년 6월 8일부터 시행되었다.

이 법이 개정된 이유는 보다 근본적인 여성의 경제활동 촉진을 위해서 현재 경제활동을 하고 있는 여성도 주요 정책 대상에 포함하여 애초에 경제활동의 중단을 방지하는 '예방' 기능의 중요성을 강조하기 위함이다. 「여성경제활동법」 제3장에서 그 내용을 구체적으로 제시하고 있는데, 제10조 일자리창출 지원 등, 제11조 구인 · 구직 정보의 수집 등, 제12조 생애주기별 여성 경력설계 및 개발 상담 등, 제13조 직업교육훈련, 제14조 일경험 지원, 제15조 경력단절 예방 사업 등이다.

그리고 중앙여성경제활동지원센터(이하 중앙지원센터)는 「여성경제활동법」 제16조에

따라 ① 경력단절 예방에 관한 상담, 교육 등 사업 프로그램의 개발 · 보급, ② 경력단절 예방에 관한 사회문화적 인식 개선 및 홍보 사업, ③ 취업 · 창업지원 등의 상담, 교육 등 사업 프로그램의 개발 · 보급, ④ 경력단절여성등의 직장 조기 적응 프로그램 개발 · 보급, ⑤ 여성의 경제활동 촉진과 경력단절 예방을 위한 관련 기관, 기업과의 전국단위 네트워크 구축 · 운영, ⑥ 제17조에 따른 여성경제활동지원센터에 대한 평가 및 컨설팅, ⑦ 제17조에 따른 여성경제활동지원센터 인력에 대한 교육훈련 및 근로환경 조사, ⑧ 그 밖에 공동부령으로 정하는 사항의 여덟 가지 역할을 수행한다.

특별시 · 광역시 · 특별자치시 · 도 · 특별자치도 또는 시 · 군 · 구(자치구를 의미함) 단위에서는 여성경제활동지원센터(이하 지원센터)를 지정 운영할 수 있는데 「여성경제활동법」 제17조에 따라 ① 혼인 · 임신 · 출산과 휴직 후 복귀 등에 관한 상담, 정보제공 및 경력관리, ② 생애주기별 경력개발교육, 멘토링 및 네트워크 형성 등 경력단절 예방 프로그램 지원, ③ 취업 · 창업 정보 제공 및 상담, ④ 직업교육훈련, 취업알선 및 취업 후 직장적응 지원, ⑤ 보육 지원 등 복지서비스 제공 및 연계, ⑥ 여성의 경제활동 촉진과 경력단절 예방을 위한 관련 기관, 기업과의 지역단위 네트워크 구축 · 운영, ⑦ 그 밖에 여성의 경제활동 촉진과 경력단절 예방을 위하여 필요한 사업의 일곱 가지 역할을 수행한다.

여성의 경력단절 예방 및 경제활동 촉진을 위한 사업 추진체계([그림 11-1] 참조)에 따르면 국가 차원에서 여성가족부와 고용노동부는 여성새로일하기센터(약칭: 새일센터)의 지정계획 및 사업지침 수립, 사업 운영 총괄, 지정심사위원회 구성 · 운영, 평가시스템 구축 · 운영, 여성 유망 직종 발굴 및 교육훈련 과정 개발, 여성 구인 · 구직 DB 구축 및 관리, 취업상담사, 직업상담사 등 종사자 역량강화 지원 등의 역할을 수행하고 있다. 지방자치단체는 지역 실정에 맞는 자체 사업 계획 수립 및 시행, 현장 민원 적극 대응 및 처리 현황 보고, 취업상담사 · 직업상담사 등 종사자 현황 관리, 새일센터의 신청기관 현장 실사, 조직 · 인사 · 급여 · 회계 기타 운영 관리 규정 승인, 사업 추진 실적 및 사업비 정산 보고를 한다.

「여성경제활동법」 제5조에 의거하여 여성가족부와 고용노동부는 공동으로 5년마다 '여성의 경제활동촉진과 경력단절 예방 기본계획(이하 기본계획)'을 수립하고, 동법 제6조에 따라 기본계획에 따른 연도별 시행계획을 세우고 추진하여야 한다. 기본계획에는 ① 정책의 기본 목표와 추진방향, ② 여성의 경제활동 참여 및 경력단절 현황과 전망, ③ 여성의 경제활동 촉진과 경력단절 예방에 관한 주요 시책, ④ 그 밖에 여성의 경제활동 촉진과 경력단절 예방 등에 필요한 사항으로서 대통령령으로 정하는 사항을 포함해야 한다. 제1차

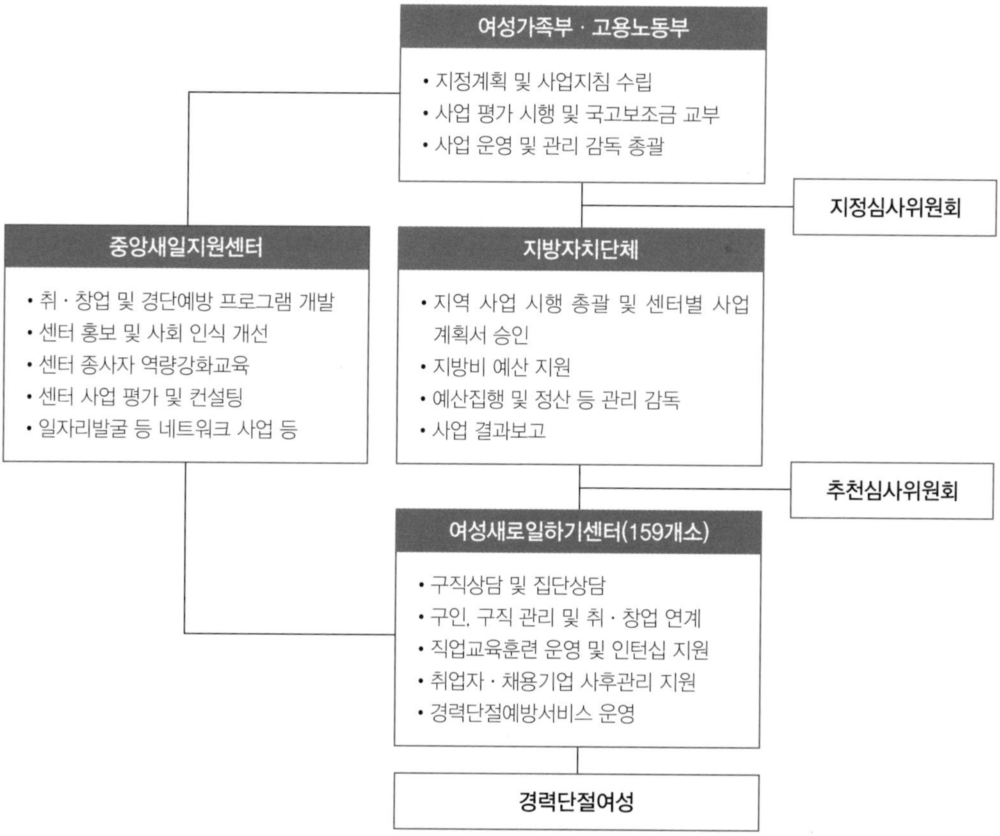

[그림 11-1] 여성의 경력단절 예방 및 경제활동 촉진을 위한 사업 추진체계

자료: 여성가족부, 고용노동부. (2022). p. 12.

(2010~2014), 제2차(2015~2019), 제3차(2020~2024년) 기본계획의 특징을 살펴보면 다음과 같다. 제1차 기본계획은 경제활동 참여를 활성화하기 위하여 취업지원서비스 기반을 구축하고 자녀 양육에 대한 부담을 완화할 수 있는 제도 및 서비스를 확충하고자 하였다. 또한 일-가정 양립 환경을 조성할 수 있도록 시간선택제 일자리를 도입하고 가족친화인증기업을 확대하는 등 제도적 지원 기반을 마련하였다. 이후 제1차 기본계획의 성과 및 정책 환경과 수요 변화를 고려하여 제2차 기본계획(2015~2019)을 수립하였다. 제1차 기본계획 추진결과보다 맞춤형 취업지원서비스를 강화하고 모성보호제도의 실효성을 제고하여 30대 여성의 경력단절 문제 해소 등 가시적 성과를 달성하는 것을 강조하였고, 일-가정 양립 문화 정착에 민간 기업 참여를 독려하기 위한 인센티브를 강화해야 한다는 요구가 있었다.

제2차 기본계획의 특징은 '재직여성 등의 경력단절 예방'의 신규 영역을 설정하여 청년 · 재직여성의 경력개발 및 모성보호, 여성관리자 양성 등을 포괄하였으며, 경력단절여성의 취업지원서비스 내실화에 초점을 두어 '경력단절여성 재취업 활성화'를 위한 과제를 보완하였다는 데 있다. 하지만 여전히 여성의 경제활동참가율 · 고용률이 증가 추세임에도 불구하고 경력단절 현상은 발생하고 있으므로 지속적인 예방정책 강화가 요구된다. 변화하는 직업세계에 대응하여 창업, 플랫폼 일자리, 독립 계약, 프리랜서와 같은 다양한 일자리 지원 방안을 마련하는 것이 필요하다. 일과 생활, 일과 가정이 균형을 이룰 수 있도록 문화를 조성하는 지원은 확대되었으나, 재직 중인 여성이 활용하기에 용이한 출산 · 육아기 등의 맞춤형 지원 및 사회 여건 조성은 여전히 부족하여 이러한 점이 보완된 제3차 기본계획이 수립되었다. '여성의 경력유지와 역량개발을 위한 사회지원 시스템 구축'이라는 목표를 달성하기 위한 5대 영역 13개 중점과제가 [그림 11-2]와 같이 구성되었다.

제3차 경력단절여성 등의 경제활동촉진 기본계획의 특징은 ① 그동안의 성과인 여성 고용률 증가에서 여성 고용의 질 제고를 위한 일하는 환경 및 인프라 개선에 중점을 두고 추

비전	여성의 경제활동 참여 확대로 공정 · 포용 사회 구현	
목표	여성의 경력유지와 역량개발을 위한 사회지원 시스템 구축	
정책 과제	5대 영역 13개 중점과제	
	재직여성 경력단절 예방 내실화	• 출산 · 육아기 근로자 지원 강화 • 일 · 생활 균형 제도 정착을 위한 기업 지원 • 경력단절 예방 대책 내실화 • 능력개발 및 성평등한 직장문화 확산
	경력단절여성 재취업 강화	• 여성 취업 희망자 역량 강화 • 여성 취업 지원 강화 • 여성 창업 지원 서비스 강화
	다변화되는 일 방식 · 영역 대응	• 다양한 형태의 일자리 지원 • 사회적경제 분야의 여성 지원 강화
	돌봄 지원 체계 강화	• 맞벌이 가구 · 취업모의 자녀돌봄 사각지대 해소 • 지역사회 돌봄체계 구축
	경력단절여성 정책 추진 체계 정비	• 경력단절여성 지원을 위한 전달체계 개선 • 제도개선 및 협력체계 구축

[그림 11-2] 제3차 경력단절여성 등의 경제활동촉진 기본계획 개요

자료: 관계부처 합동. (2019). p. 22.

진, ② 대상별 · 경제활동 시기별 경력단절 예방 정책을 추진하여 일하는 여성의 경력유지 체계 강화, ③ 30대와 40대 경력단절여성의 특성과 일자리 다양성을 반영하여 특화된 지원 체계 개편 및 맞춤형 사례관리 서비스 내실화, ④ 새로운 일자리 유형, 사회적 경제 기반의 수요를 고려한 선제적 취 · 창업 지원, ⑤ 기존의 정책과제인 경력단절여성 재취업 지원, 돌봄 지원 등을 강화하는 것이다.

여성가족부에서 제공하는 경력단절여성을 위한 지원 정책은 크게 두 가지로, ① 새일센터 운영, ② 온라인경력개발센터(이하 꿈날개) 운영이다. 새일센터는 경력단절여성 등에게 '상담 → 직업교육훈련 → 취업연계 → 사후관리'의 재취업 지원 과정을 통해 종합적인 취업서비스를 제공한다([그림 11-3] 참조). 개별상담뿐만 아니라 집단상담 프로그램을 통해 구직자의 취업 의욕을 고취시키고, 구직기술을 향상시키며 진로지도 및 경력개발을 위한 집단상담을 진행한다. 직업교육훈련을 통해 구직자의 직무역량 향상을 위하여 기업체 인력 수요와 여성의 선호직종을 고려하여 맞춤형 교육과정을 운영한다. 취업연계는 동행 면접, 직업 알선, 구인 · 구직 매칭, 인턴십을 연계해 주는 단계이며, 새일센터를 통해 여성을 채용하고 직장적응 기회를 제공한 기업에게 1인 380만 원의 지원금을 지급한다. 마지막으로 취업자와 채용기업을 대상으로 고용유지를 위하여 직장적응교육, 멘토링, 성평등교육 및 여성친화적 기업문화 조성 등의 교육을 통해 사후관리를 지원한다.

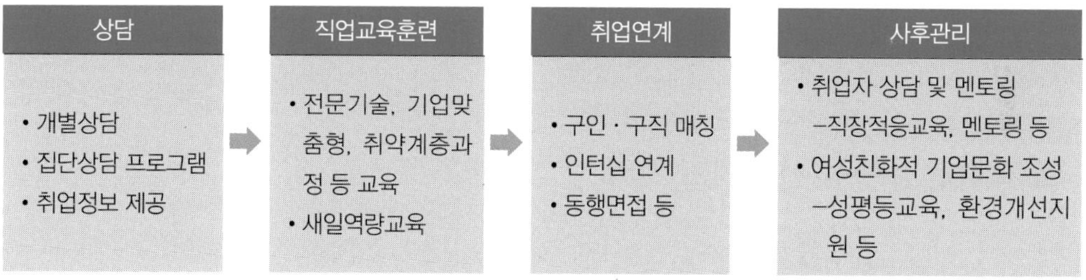

[그림 11-3] 경력단절여성의 재취업 지원 과정

꿈날개(http://www.dream.go.kr)는 경기도가 여성가족부와 함께 온라인으로 취업역량 진단, 취업상담, 온라인 교육 등 맞춤형 취업지원서비스를 제공하는 포털서비스이다([그림 11-4] 참조). 진단시스템에서는 취업기본진단, 직업의식진단, 직업적성진단, 직업역량진단을 통해 결과를 종합하여 최종 취업가능성 점수를 도출하고, 직업 추천 및 역량개발 가이드를 제공한다. 온라인 교육시스템은 여성 취업희망 직종, 여성 창업 등 다양한 교육을 운영하고, 커리어코칭 시스템은 온라인커리어상담사(EM)를 통한 진로상담, 경력개발 코

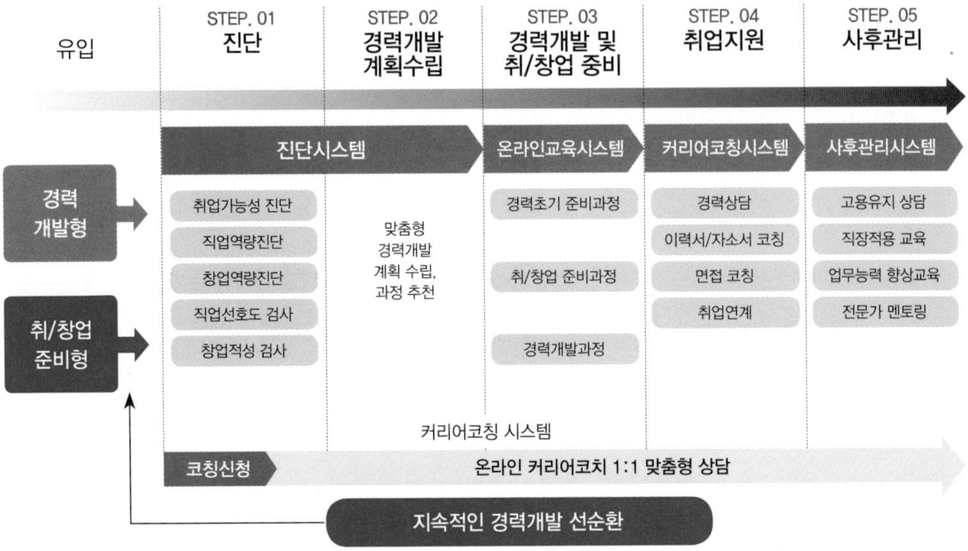

[그림 11-4] 꿈날개 온라인 맞춤형 취업지원서비스 제공 과정

칭, 이력서 및 면접 컨설팅, 취업 알선 등의 서비스이다. 온라인 사후관리 시스템은 온라인 직장적응 상담서비스로 노무, 법률, 심리, 육아, 보육 등 고용유지 관련 상담 및 관리, 직장 적응 교육 등 온라인 상담 및 멘토링 서비스를 제공한다. 꿈날개는 지속적인 경력개발 및 관리의 선순환 구조를 통해 경력단절을 예방하고 경력단절여성 등의 재취업, 창업 준비를 할 수 있도록 도움을 준다.

3) 경력단절여성 진로지도 사례

(1) 여성새로일하기센터

여성새로일하기센터(이하 새일센터)는 경력단절여성 및 구직여성 등을 대상으로 직업상담, 구인/구직관리, 직업교육, 인턴십, 취 · 창업지원, 취업 후 사후관리, 경력단절예방 등을 종합적으로 지원하는데, 새일센터 유형 및 지역에 따라 세부 프로그램은 약간 상이할 수 있다. 새일 우수사례 공모전을 통해 구인처발굴, 경력단절예방, 경력이음, 새일인턴, 직업교육훈련, 집단상담, 창업, 취업 등 성공사례를 발굴하고 있으며, 그중 2021 새일 우수사례 공모전에 소개됐던 사례를 소개하고자 한다(여성새로일하기센터, 2022).

정○○ 씨는 코로나-19로 인해 6년 이상 근무했던 여행업계를 30대 중반에 떠나 종로새일센터 경력이음 사례관리 프로그램을 통해 무역사무의 경력을 이어 갈 수 있었다. 정○○ 씨는 하루 아침에 그동안 쌓았던 경력이 쓸모없어지고 실업급여를 받으면서 막막하던 차에 종로새일센터에서 무역실무 수업을 수강하게 되었다. 무엇인가 다시 해 볼 수 있다는 생각에 열심히 수업을 들었지만, 현실은 매우 다름을 느꼈고 반복되는 실패 경험에 자신감이 하락하고 우울하여 회사에 지원하는 일조차 스트레스를 받고 있었다. 경력이음 사례관리를 통해 상담사와 심층상담을 수행하고 심리검사 도구를 통해 나의 흥미, 성격, 가치관, 성향 등 객관화된 자료로 나 자신을 파악해 볼 수 있는 시간을 보내면서 점차 자신감을 회복하고 취업을 위한 전략을 상담사와 함께 수립하게 되었다. 결과적으로 취업에 성공하게 되었고 적지 않은 나이에 새로운 직무를 할 수 있다는 것과 아침에 눈을 뜨면 갈 곳이 있다는 것, 나를 필요로 하는 곳이 있고 이 세상에 나 자신이 유용한 존재가 될 수 있다는 것을 느끼게 되었다.

경력이음 사례관리에서의 심층 상담을 통해 진로를 탄탄하게 재설계할 수 있었던 성공 사례를 살펴볼 수 있다.

(2) 스타벅스 코리아, 포스코, 쿠팡

스타벅스 코리아는 2013년부터 출산지원정책 가운데 하나인 'Return mom program'을 운영하고 있다. 이는 과거 점장 또는 부점장으로 근무한 이력이 있는 사람을 대상으로 출산 혹은 육아 등의 이유로 퇴사했던 직원을 서류 및 면접 전형을 거쳐 재고용하는 프로그램이다(최기성, 2022). 지난 10년 동안 172명의 경력단절여성이 복귀할 수 있었으며, 이 프로그램은 주 5일 하루 4시간 근무하고 상여금과 성과급, 학자금 지원 등 동일한 복리후생을 누릴 수 있고 개인이 원할 경우 풀타임 근무로 전환이 가능하다(조성아, 2022). 스타벅스 관계자는 이 프로그램이 스타벅스 코리아에서 자체적으로 개발한 전 세계 최초로 실시한 프로그램으로 세계 여성의 날에 글로벌 '스타벅스 여성 포럼'에서 우수사례로 소개되었다고 하였다.

포스코(포스코 프레스룸 보도자료, 2020년 6월 24일)는 저출산 문제에 대한 관심을 가지고 있는 기업 가운데 하나로 2017년 난임치료, 출산장려, 육아지원을 체계화한 신 포스코형 출산장려제도를 도입하여 운영 중이다. 인공수정 등 난임치료를 위해 연간 최대 10일까지 휴가 사용이 가능하고, 출산장려금도 첫째는 100만 원, 둘째 이상은 500만 원으로 대폭 늘렸으며 포스코 및 그룹사 · 협력사 자녀를 위한 상생형 어린이집을 설립하여 운영하고 있다. 또한 저출산 문제의 해결을 위하여 '6대 기업시민 대표사업' 중 하나로 '저출산 해법을 위한 포스코형 롤모델 제시'를 선정한 바 있고 관련 학회와 함께 '저출산 심포지엄'을 개최하는 등 적극적인 노력을 기울이고 있다.

포스코는 국내기업 최초로 '경력단절 없는 육아기 재택근무제'를 2020년 7월부터 시행하고 있다. 이는 만 8세 또는 초등학교 2학년 이하 자녀가 있는 직원이면 직무 여건에 따라 전일(8시간) 혹은 반일(4시간) 재택근무를 신청할 수 있고 급여도 동일하게 지급된다. 전일 재택근무 혹은 전환형 시간선택제 반일 재택근무는 재직 중 최대 2년까지 사용할 수 있고, 육아기 근로시간 단축제 반일 재택근무는 육아휴직과 합산해 자녀당 최대 2년까지 사용할 수 있다. 반일 재택근무는 국가가 시행하고 있는 육아지원제도인 육아기 근로시간 단축제와 포스코가 시행 중인 전환형 시간선택제에 재택근무를 연계한 형태이며 근무시간을 8~12시, 10~15시, 13~17시 중 육아 환경에 맞게 선택할 수 있도록 하였다. 이 제도를 적극 활용하면 육아기 자녀 1명이 있는 직원은 전일 또는 (전환형 시간선택제) 반일 재택근무 2년에 (육아기 근로시간 단축제) 반일 재택근무 2년을 더해 최대 4년까지 재택근무로 전환 가능하고, 자녀가 2명일 경우는 최대 6년까지 사용 가능하다. 포스코는 재택근무 기간에도 급여, 복리후생, 승진 등을 일반적인 근무 형태의 직원과 동일하게 적용해 그동안 경력단절과 가계 소득감소 등으로 육아휴직을 고민하고 있던 직원들이 이 제도를 적극 활용하기를 바라고, 향후 '경력단절 없는 육아기 재택근무제'를 그룹 차원으로 점차 확대할 것이라고 발표하였다. 이러한 제도 덕분에 2020년 육아휴직 후 복직률이 95%를 넘고 육아휴직을 활용하는 남성 직원의 비율도 점차 증가하는 추세임을 확인할 수 있었다.

마지막으로 쿠팡은 2020년 현장 여성 근로자를 위하여 물류 및 배송 산업 현장의 여성이 일하면서 겪을 수 있는 어려움을 살피고 개선책을 만들기 위한 '쿠프렌드 커뮤니케이션'이라는 전담조직을 만들었다. 이 조직은 여성 근로자가 임신, 출산, 육아 등의 모성 기능에 관하여 보호받을 수 있도록 '모성보호제도'를 적극적으로 알리고 사용할 수 있도록 독려하고 있어 2020년부터 2022년까지 현장직 여성 근로자가 6배 증가했다(쿠팡, 2022). 쿠팡의 모성보호제도는 야간, 휴일, 연장근무는 제한되고 임신 12주 이내, 임신 36주 이후에 1일 최대 2시간 단축근무가 가능하며 태아검진휴가, 출산휴가 및 육아휴직 등을 지원하고 있다. 뿐만 아니라 평등과 다양성 및 포용성을 추구하는 쿠팡의 자발적인 여성 모임인 'Coupang Rocket Engagement for Women(CREW)'을 통해 여성을 위한 네트워크 형성, 임원에 의한 경력개발 지원 및 모임을 진행하고 있다. 이 밖에도 여성 테크 리더로의 성장을 돕는 'Women-in-Tech@Coupang' 커뮤니티가 있는데, 이는 쿠팡 내 여성 임직원의 역량 개발 및 리더십 강화를 위한 모임이다. 2021년 발족한 이 모임은 강의와 리더십 트레이

닝 등 다양한 활동을 통해 여성이 조직 내에서 스스로 목소리를 낼 수 있도록 하여 궁극적으로 쿠팡은 멋진 여성과 함께 고객을 감탄시키는 'Wow the Customer'를 실천하겠다는 목표를 가지고 있다.

(3) 영국 STEM Returners Programme

2022년 3월 8일 세계 여성의 날, 영국의 여성부장관(Minister for Women)은 여성의 고용 기회를 높이고 노동시장의 성별 소득 격차를 줄이기 위한 이니셔티브 가운데 하나로 'New Returners' Programme'을 발표하였다. 이 프로그램은 정부와 다양한 기관이 협업하여 25개의 STEM 분야에서 종사했던 경력단절 경험이 있는 사람을 대상으로 한 사업으로 성별 관계없이 모든 사람을 대상으로 하고 있지만, 특히 경력단절여성의 참여율을 높여 성별 불균형을 해소하고자 하는 목적을 가지고 있다. STEM 분야에 중점을 둔 이유는

〈표 11-11〉 STEM Returners Programme 개요

구분	SDA Engineers	DE&S Safety Engineers	DE&S Systems Engineers
제공기관	Submarine Delivery Agency	Defence Equipment & Support	Defence Equipment & Support
전문성(전공)	환경, 전기/전력, 기계, 해군 건축, 원자력, 품질 보증, 안전, 과학, 센서, 소프트웨어 및 사이버, 시스템 및 무기 관련 전문성	안전 엔지니어링	시스템 엔지니어링
지역	Filton, Bristol or Barrow-in-Furness, Cumbria	Filton, Bristol	Filton, Bristol
제도 기간	12개월(연장 기회 포함)	6개월(연장 기회 포함)	6개월(연장 기회 포함)
지원 요구사항	• 18개월 이상 경력단절 • 기술적인 조언 제공 및 엔지니어링 결과를 성공적으로 제공한 경험이 있는 경우 • 공학 분야의 레벨 4 이상의 자격(예: 고등 국가 자격증) • 2023년 1월부터 SDA로 시작할 수 있는 사람 • 영국 국민에 한하여 제공	• 24개월 이상 경력단절 • 기술적인 조언 제공 및 엔지니어링 결과를 성공적으로 제공한 경험이 있는 경우 • 공학 분야의 레벨 4 이상의 자격(예: 고등 국가 자격증) • 2023년 2월부터 SDA로 시작할 수 있는 사람	• 24개월 이상 경력단절 • 기술적인 조언 제공 및 엔지니어링 결과를 성공적으로 제공한 경험이 있는 경우 • 공학 분야의 레벨 4 이상의 자격(예: 고등 국가 자격증) • 2023년 2월부터 SDA로 시작할 수 있는 사람

2021년 STEM 복직자 조사(2021 STEM returners index survey) 결과에서 STEM 분야 경력단절여성 가운데 61%가 재취업을 시도하지만, 그 과정이 어렵다고 인식하고 있고 그 장벽의 원인은 자녀 돌봄(양육)에 있음을 제시하였기 때문이다. 영국 국방부[Ministry of Defence(Defence Equipment and Support: DE&S)] 홈페이지(https://des.mod.uk/careers/stem-returners/)에서 프로그램에 대한 보다 자세한 내용을 확인할 수 있다. 2022년 3월부터는 안전 관련 엔지니어로 복직 또는 재교육을 희망하는 사람을 위한 STEM Returners 제도를 시작하였다. 이 제도는 경력단절 이전의 STEM 경력을 효과적으로 전환할 수 있도록 설계되었으며 소프트 스킬 및 기술 역량 개발에 대한 교육·훈련이 모두 지원된다. 이 제도에 대한 간략한 개요는 〈표 11-11〉과 같다.

3. 경력단절여성 진로지도의 문제점 및 개선방안

1) 문제점

경력단절여성 진로지도는 외부의 영향 요인으로 단절된 여성의 경력을 개발하거나 전문성을 이어 감으로써 개인의 자아실현을 이룰 수 있도록 한다. 「여성의 경제활동 촉진과 경력단절 예방법」으로 개정되어 재취업 중심의 정책에서 경력단절을 예방하고 여성의 경력이 유지되는 것을 지원하고자 하는 사전적 대응의 중요성을 강조했다는 점에서 의의가 있다. 다만 경력단절 현상이 감소하기 위해서 사회 구조적으로 개선해야 할 점과 재취업 지원 강화, 경력단절 장기화 예방에 대한 다음과 같은 한계가 존재한다.

첫째, 여성이 가정에서 돌봄의 일차적 책임자라는 성차별적 인식과 산전·산후 휴가 및 육아휴직을 사용하기 어려운 회사 분위기 등 사회 구조적으로 개선되어야 한다. 김윤주(2021)가 언급한 '모성보호 갑질 보고서' 자료에 따르면 2018년부터 2020년까지 육아휴직자 31만 6,431명 가운데 34.1%는 복직 후 6개월이 지나야 받을 수 있는 육아휴직 사후지급금을 받지 못하였다. 여전히 산전·산후 휴가 또는 육아휴직을 사용했다는 이유로 권고사직을 통보받거나 진급에서 누락되는 경우 그리고 산전·산후 휴가 및 육아휴직을 신청하는 단계에서부터 불이익을 주는 경우도 많았다는 내용이 함께 보고되었다고 밝혔다.

둘째, 영국의 사례에서 살펴본 것과 같이 자신의 전문성을 기반으로 재취업 혹은 직장으로의 복귀를 원활하게 할 수 있도록 재교육 및 훈련 기간과 적응 기간을 두는 것이 필요하다. 민간 기업에서 자체적으로 프로그램을 시행하는 경우가 있지만, 각 기관의 특성에 맞게 시행하되 기업마다 복직자 프로그램을 시행할 수 있는 재취업 관련 법적 제도를 마련하는 것이 필요하다.

셋째, 가족 돌봄으로 경제활동을 중단한 여성의 경우 경력단절 기간이 장기화되고 이는 재취업에 부정적인 영향을 미치는 것으로 확인되었다(국미애, 이화용, 2017). 육아 및 양육으로 인해 불가피하게 경력단절을 겪은 여성의 경우, 돌봄의 책임으로 인해 노동시장으로의 재진입이 점차 어려워지는 것이다. 또한 이전 근로 조건 혹은 근무 환경에 비해 낮은 수준의 일자리로 진입하게 되는 우려가 발생한다. '육아휴직'이라는 제도만으로 여성의 경력 유지가 가능한 것인지 점검할 필요가 있다.

2) 개선방안

이상에서 논의한 바와 같이 경력단절 현상의 주된 문제점은 경력단절 현상에 대한 사회구조적 문제, 조직 차원의 재취업 지원 제도 부족, 여성의 경력단절 장기화로 요약할 수 있다. 각 문제점에 관한 개선방안을 제안하면 다음과 같다.

첫째, 근로 조건을 개선하여 제도적으로 경력단절 현상을 완화하려는 노력을 기울여 왔지만, 오래된 구조적 차별과 장시간 근로 관행, 산전 · 산후 휴가 및 육아휴직을 사용하기 어려운 분위기 등의 조직문화를 개선하고자 조치를 취했는지 점검할 필요가 있다. 조직문화의 변화에 기반을 둔 평등한 일터 환경이 조성되어야 하는데, 여성뿐만 아니라 남성도 산전 · 산후 휴가 및 육아휴직으로 인한 불이익을 줄이기 위하여 이로 인한 해고 금지 기간을 확대하고, 인사상의 불이익(진급 누락, 다른 부서로의 배치, 임금 수준 변화 등)이 있을 시 처벌할 수 있는 법 조항을 신설하는 것이 필요하다. 또한 고용 평등 및 차별금지에 대한 조직구성원의 인식이 개선될 수 있도록 조직문화 변화 차원의 정책적 개입이 강화되어야 한다. 이를테면 산전 · 산후 휴가 혹은 육아휴직을 사용한 다음 퇴사율이 높은 사업장을 강도 높게 감독하는 등의 장치를 마련하는 것이 필요하다.

둘째, 스타벅스 코리아, 포스코, 쿠팡 사례와 같이 기업 차원에서 프로그램을 운영하는 것도 바람직하지만, 육아휴직 후 복귀 노동자(복직자) 지원을 강화하는 제도적 개선이 요구된다. 공공기관 및 대기업을 중심으로 산업의 특성을 반영한 복직자 프로그램을 의무적으로 실시해야 한다. 가족친화기업 인증과 같은 제도와 같이 복직자 프로그램 활성화 정도에 따른 인센티브 제공 등을 통해 민간 기업에서 복직자 프로그램을 조성하고 정착할 수 있도록 해야 한다.

셋째, 경력단절 기간에 따른 재취업 지원이 필요하다. 경력단절 기간이 상대적으로 긴 여성의 경우, 인턴십 혹은 징검다리 일자리와 같은 형태의 일 경험을 재취업 이전에 할 수 있도록 지원하는 것이 필요하다. 직접적인 경험은 노동시장으로 재진입하는 데 실질적인 도움이 되므로 다양한 형태의 일자리 경험을 제공하는 것이 요구된다. 경력단절 기간에 따라 차별화된 교육·훈련, 상담을 포함한 재취업 지원을 제공하는 것 또한 중요할 것으로 예상된다.

논의사항

- 여성의 경제활동 참여 및 경력전환을 사회 구조적 관점에서 설명하는 이중노동시장이론과 경력단절 현상을 설명하는 성역할이론 및 만화경 경력이론의 차이에 대하여 논의해 보자.
- 경력단절여성 진로지도를 위한 정책을 경력단절 예방 차원과 경력단절 이후의 창업 및 재취업 방안 차원으로 구분하여 논의해 보자.
- 경력단절여성이 다시 노동시장으로 진입하고자 할 때, 경력단절 전·후의 일자리 특성 및 근로 조건의 차이를 줄이기 위한 방안에 대해서 논의해 보자.

참고문헌

여성의 경제활동 촉진과 경력단절 예방법. (법률 제18549호)

관계부처 합동. (2019). 제3차 경력단절여성등의 경제활동촉진 기본계획(2020~2024). 관계부처 합동.

교육부, 한국교육개발원. (2020). 2020년 교육기본통계 조사. 한국교육개발원.

국미애, 이화용. (2017). 서울시 여성의 경력단절 경로 및 영향요인 분석. 서울시여성가족재단.

김가율. (2007). 비취업여성의 고용상태 변화와 결정요인에 관한 연구: 생애주기별 분석. 이화여자대학교 대학원 박사학위논문.

김윤주. (2021). '복직해보니 내 자리 없어' 육아휴직자 3명중 1명 '불이익'. https://www.hani.co.kr/arti/society/society_general/1011373.html

김희령. (2015). 대기업 기혼여성 근로자의 일-가족 갈등, 유리천장지각, 조직경력관리지원이 주관적 경력성공에 미치는 영향. 서울대학교 대학원 석사학위논문.

꿈날개. (n.d.). 홈페이지. https://www.dream.go.kr/dream/index.do

박지현. (2022). 경력단절여성의 자기효능감향상코칭모델 개발: RETURN 코칭모델. 숭실대학교 대학원 석사학위논문.

신연하. (2018). 사회적지지가 경력단절여성의 노동시장 재진입만족도에 미치는 영향요인 분석. 건국대학교 대학원 박사학위논문.

여성가족부. (2019). 2019년 경력단절여성 등의 경제활동실태조사. 여성가족부.

여성가족부, 고용노동부. (2021). 2021년도 여성새로일하기센터 사업지침. 여성가족부.

여성가족부, 고용노동부. (2022). 2022년도 여성새로일하기센터 사업지침. 여성가족부.

여성새로일하기센터. (2022). 성공사례. https://saeil.mogef.go.kr/hom/center/case.do

이지연, 윤형한, 은혜경. (2004). 경력차단여성의 취업지원 프로그램 개발. 한국직업능력개발원.

임다희. (2017). 경력단절여성 재취업 정책의 효과분석: 직업교육훈련과 집단유형의 차이분석을 중심으로. 성균관대학교 대학원 박사학위논문.

조성아. (2022). "기업들은 출산 장려중"…육아 지원 복지로 앞서간다. http://www.upinews.kr/newsView/upi202204290063

조윤경. (1988). 가사노동 사회화 태도에 관한 연구: 성역할 태도 및 가사노동가치 인식을 중심으로. 이화여자대학교 대학원 석사학위논문.

정철영, 김재호, 이성식, 한승완, 조단비. (2009). 경력단절여성 취업지원을 위한 취업설계사 운영 사례 분석 및 활성화 방안. 농업교육과 인적자원개발, 41(2), 101-126.

최기성. (2022). "경단녀 172명 복귀"…스타벅스, 리턴맘 프로그램 효과 톡톡. https://www.mk.co.kr/news/society/view/2022/03/224905/

쿠팡. (2022). 'Wow the Customer'을 만들어가는 쿠팡의 여성들. https://www.coupang.jobs/kr/life-at-coupang/coupang-news/wow-the-customer-%EC%9D%84-%EB%A7%8C%EB%93%A4%EC%96%B4%EA%B0%80%EB%8A%94-%EC%BF%A0%ED%8C%A1%EC%9D%98-%EC%97%AC%EC%84%B1%EB%93%A4/

포스코. (2020). '경력단절 없는 육아기 재택근무제' 시행. 포스코. https://newsroom.posco.com/kr/%ED%8F%AC%EC%8A%A4%EC%BD%94-%EA%B2%BD%EB%A0%A5%EB%8B%A8%EC%A0%88-%EC%97%86%EB%8A%94-%EC%9C%A1%EC%95%84%EA%B8%B0-%EC%9E%AC%ED%83%9D%EA%B7%BC%EB%AC%B4%EC%A0%9C-%EC%8B%9C%ED%96%89/

통계청. (2017-2021). 지역별 고용조사. 통계청.

통계청. (2022). 경제활동인구조사. 통계청.

통계청, 여성가족부. (2020). 2020 통계로 보는 여성의 삶. 통계청.

Doeringer, P. B., & Piore, M. J. (1971). *Internal labour markets and manpower analysis*. Lexington, DC Heath.

Mainiero, L. A., & Sullivan, S. E. (2005). Kaleidoscope careers: An alternative explanation for the opt-out revolution. *Academy of Management Executive, 19*, 106-123.

Mainiero, L. A., & Sullivan, S. E. (2006). *The opt-out revolt: Why people are leaving companies to create kaleidoscope careers*. Davies-Black Publishing.

STEM Returner's Programme. (2022). https://des.mod.uk/careers/stem-returners/

The STEM Returner's Index. (2021). https://www.stemreturners.com/the-stem-returners-index-2021/

제12장

고령자 진로지도

2017년 가장 빠른 속도로 고령사회에 진입한 국내의 상황 속에서 고령자 진로지도의 중요성은 지속적으로 강조되고 있다. 평균수명 연장으로 고령자에 대한 이미지가 변화하는 시대적 흐름에 따라서, 지금의 고령층은 과거 세대보다 '젊은 노년'과 '활기찬 노년'을 추구하며 적극적으로 다양한 활동에 참여하고 있다. 이러한 활동을 독려할 수 있는 고령자 진로지도는 개인의 발달과업 성취를 도와주고, 노후 불안감을 완화할 수 있으며 성공적 노화에 이바지할 수 있을 것이다. 이 장에서는 고령자 진로지도의 의의와 이론적 기초를 살펴보고, 연령을 기준으로 하는 고령자의 개념과 고령자를 설명할 수 있는 이론을 소개한다. 그리고 고령자의 현황 및 국가 차원의 고령자 진로지도 관련 정책을 제시한다. 또한 고령자 진로지도의 사례에 대하여 국내, 미국과 일본의 사례를 소개하고 고령자 진로지도 관련 제도 및 정책의 문제점과 개선방안을 제시한다.

학습과제

- ▶ 학습과제 1 고령자 진로지도의 의의를 설명하시오.
- ▶ 학습과제 2 고령자의 개념을 설명하시오.
- ▶ 학습과제 3 고령자 진로지도와 관련된 이론을 설명하시오.
- ▶ 학습과제 4 고령자 진로지도 관련 정책을 설명하시오.
- ▶ 학습과제 5 고령자 진로지도 관련 제도 및 정책의 문제점과 개선방안을 설명하시오.

1. 고령자 진로지도의 의의 및 이론적 기초

1) 고령자 진로지도의 의의

우리나라는 2018년도에 65세 이상 고령자의 비율이 14.2%에 이르면서, 공식적으로 고령사회에 진입했다[1)](통계청, 2019). 우리나라는 고령화 사회에서 고령사회로 진입하는 데 18년이 소요되어, 세계적으로 가장 빠르게 고령사회로 진입하였다고 평가된다(김문정, 2017; 백용운, 2016). 2021 고령자 통계에 따르면, 우리나라 인구 중 65세 이상 고령자는 16.5%이며, 2025년이면 고령자 비중이 20%를 넘는 초고령사회에 진입할 것으로 전망된다. 특히 고령자 가구 3가구 중 1가구는 고령자 혼자 살고 있는데, 2037년이면 고령자 1인 가구 수가 현재의 2배에 이를 것으로 전망된다. 이런 추세를 반영하여, 현대의 고령사회에서는 평균수명 연장으로 고령자에 대한 이미지가 변화하고 있다. 지금의 고령층은 과거 세대와 비교했을 때 '젊은 노년'과 '활기찬 노년'을 추구하며 적극적으로 다양한 활동에 참여하고 있다. 그러나 고령화와 관련하여 밝은 면뿐만 아니라 어두운 면도 동시에 존재한다. 고령화로 인한 노인 빈곤율과 노인 자살률의 증가는 중요한 사회적 문제로 부각되고 있다. 2021년 통계청의 조사에 따르면, 비록 우리나라의 노인 빈곤율이 점차 감소하는 추세이지만, OECD 평균인 13.5%(2019년 기준)의 약 3배 정도인 것으로 보고되었다(서한기, 2022; 통계청, 2021b).

우리나라의 미비한 노후 소득보장제도와 높은 노인 빈곤율과 같은 사회적 특성에 기인해 볼 때, 정부와 민간의 고령자 진로지도는 더욱 중요해질 전망이다. 진로지도를 통한 고령자의 노동시장 참여는 거시적으로 노동력의 양적 증가와 경제활동인구 기반 확대 및 노년부양비(dependency ratio)[2)] 감소에 긍정적인 영향을 미치며(방하남 외, 2005). 기업의 숙련인력 활용 및 세대 간 기술 전수로 생산성을 향상할 수 있다. 또한 개인적으로 고령자의

1) 국가통계포털(http://kosis.kr) 주민등록인구통계에서는 2017년 고령화율이 14.0%로 제시되며, 장래인구추계에서는 2018년 고령화율이 14.2%로 발표됨. 이 글에서는 본문에서 활용되는 자료와의 통일성을 위해 '통계청'(2019) 자료를 활용함. 고령화 수준에 따른 사회 구분에 의하면, 고령화율이 7%를 넘으면 고령화사회(aging society), 14% 이상이면 고령사회(aged society), 20%를 넘는 경우 초고령사회(super aged society)로 구분함.

2) 노년부양비는 생산가능인구인 15~64세 인구 100명당 65세 이상 인구의 비율로, 2018년 기준으로 19.6명에서 저출산·고령화의 영향으로 2060년에는 82.6명으로 증가할 전망임.

경제활동 참여는 가계 안정에 도움을 줄 뿐 아니라 사회적 관계망 형성을 도와주어 사회적 고립, 고독사, 노인 빈곤, 자살과 같은 각종 사회 문제를 예방할 수 있다(방하남 외, 2009; 이아라 외, 2019; 통계청, 2021b). 특히 개인 차원에서도 고령자 진로지도는 일을 통하여 삶의 만족감을 높이며 삶의 질을 결정한다는 측면에서 중요한 의미가 있다(지은정, 2018). 전 생애 발달 관점 측면에서 고령자가 지금까지의 인생을 긍정적으로 받아들일 때, 자아의 통합을 통한 발달단계의 완성이 성취된다(장휘숙, 2007). 따라서 고령자 진로지도는 개인의 발달과업 성취를 도와주고, 노후 불안감을 완화시킬 수 있으며, 성공적 노화에 기여할 수 있기에 우리나라가 고령사회에 진입한 상황에서 그 중요성이 더욱 강조된다.

2) 고령자 진로지도의 이론적 기초

(1) 고령자의 개념

고령자의 개념을 정의하기 전에, 고령화와 관련된 개념에 대해 살펴볼 필요가 있다. 고령화와 관련하여 크게 연령주의(ageism)와 활동적 노화(active ageing)의 두 가지 개념으로 설명할 수 있다. 연령주의는 인구 변화와 사회・경제적 발전의 상호관계를 고려하지 않고 고령화를 부정적 측면에서 바라보면서 사회・경제적 영향에 초점을 맞추어 고령자의 비효율성에 대한 편견과 고정관념으로 정의된다. 연령주의에서 사회적 이슈는 고령자에 대한 의료와 돌봄, 노후소득 보장 등과 같은 사회적 비용의 증가 등이 있다. 연령주의에서 경제적 이슈는 노동력의 수급 불균형과 고령화, 내수 시장 위축과 잠재성장률 둔화, 산업 구조 변화, 금융시장의 장수 리스크 우려, 주택 수요 감소 및 수요 변화 등의 변화를 초래할 것으로 예측하는 것이다. 반면, 활동적 노화는 고령화에 대한 적극적 대응책의 일환으로 제안된 개념으로, 생산적이고 활기찬 고령사회를 목표로 한다(김교성, 김수연, 2014; 지은정, 2018). 즉, 활동적 노화란 사람이 고령화되어 가면서도 사회와 경제 체제 속에서 생산적인 삶을 이끌 수 있도록 하는 역량이라고 정의한다(지은정, 2018). OECD는 고령화와 관련하여 정책의 기본방향을 생산적이고 활기찬 고령사회를 목표로 설정하였다. 구체적으로 OECD에서는 보편적인 은퇴 연령기에 이루어지는 일에서 퇴직으로의 이행에 대해 부정적인 측면을 견지하면서, 일과 퇴직 간 이행에 있어서 유연한 선택과 노동시장에 남아 있기로 선택한 노인들이 사회와 경제에 미치는 긍정적 기여에 주목하는 정책을 펼치고 있다(김교성, 김수연, 2014).

EU에서 정의하는 활동적 노화의 개념은 '더 오랫동안 일하고, 더 늦게 은퇴하며, 은퇴

후에 건강한 생활양식의 실천과 함께 자원봉사나 돌봄 제공과 같은 사회적으로 생산적인 활동들에 관여함으로써 성취되는 장기적인 경제적 활동'이다(Avramov & Maskova, 2003). 활동적 노화 개념은 고령화를 더욱 광범위한 측면에서 조망하면서, 노동시장에의 참여, 가사 혹은 돌봄 제공과 같은 일에 대한 기여, 자원봉사 등을 통한 지역사회 참여, 그리고 적극적인 여가활동 등까지 포함하고 있다. EU의 활동적 노화 정책 패러다임은 지난 10여 년 동안 초기에 논의되었던 경제활동 중심의 '생산적 모델'에서 노후 생활의 다양한 측면을 포괄하는 '통합 모델'로 전환되는 과정 속에서 논의되고 있다(박영란, 2013). EU는 활동적 노화 개념을 정착하기 위해서 고령자들의 인식 개선, 고령자를 위한 보다 다양한 사회참여 기회 확대를 위하여 당사자들 간의 지속적인 협력을 추진하고 있다.

일반적으로 우리나라에서 고령자를 정의할 때 고령자에 대한 기준은 연령 기준을 의미하며 법령에서 정하는 고령자의 범위는 다양하다(박종희 외, 2008). 고용노동 분야에서는 고용정책의 대상이라는 측면에서 고령자를 55~64세로 규정하고 있다(김문정, 2017). 반면, 사회복지 분야에서는 고령화의 개념을 설명하기 위한 '고령화 · 고령 · 초고령사회'를 판단하는 기준을 제시하면서, 고령자를 65세 이상인 자로 제시하고 있다. 또한 통계청에서 발표하는 고령자 통계 또한 65세 이상을 고령자로 규정하고 있다. 이에 이 장에서는 고령자 개념의 기초가 되는 기준에 따라 고령자를 65세 이상인 자로 규정한다.

(2) 고령자 관련 이론

고령자 관련 이론은 1986년 미국 노년사회학회(Gerontological Society America)에서 성공적인 노화의 개념을 제안한 이후에 생물학, 의학과 사회과학 등 각각의 학문 영역 안에서 성공적 노화에 대한 논의가 활발히 전개되고 있다. 성공적 노화를 설명하는 이론 자체가 성공적 노화를 위한 전략이 될 수 있으나 성공적 노화에 이르는 방법은 각기 다양하게 전개되고 있다(장휘숙, 2007). 성공적 노화 개념은 발달과업이론, 사회 · 정서적 선택이론(socioemotional selectivity theory)과 보상을 수반한 선택적 최적화 이론(selective optimization with compensation theory) 등으로 설명할 수 있다.

첫째, 발달과업이론은 개인과 환경의 상호작용과 발달 창출자로서의 개인의 역할을 강조하면서 인간발달은 전 생애 동안 달성된다고 주장한다(Baltes, 1994). 전 생애 발달의 관점에서 고령자는 학습을 통해서 자신을 잠재력을 발전시키고 삶의 질을 개선하는 것의 발달과업에 초점을 두게 된다(Baltes et al., 1999). 예를 들어 Erikson(1980)의 8단계 발달단계 중 마지막 단계인 '자아통합 대 절망'은 노년기의 중요한 발달과업이다. 이 단계에서 인간은 갈등을 조화롭게 다루고 인격이 성숙한 경지에 도달하게 되며, 이 시기의 성공은 개인이 신체적 · 사회적 퇴보를 어떻게 받아들이는가에 달려 있다. 만일 개인들이 이 단계에서 인생의 의미를 찾고 보람을 느끼는 것으로 인지한다면 인생에 대한 참다운 지혜를 획득하며 자아통합을 달성하지만, 반대로 실패한 것으로 인지한다면 지금까지 살아온 삶을 후회하거나 염세적인 태도를 보인다. 결과적으로 노년기 발달과업을 달성한 개인은 현재 상황과 과거의 사건을 통합하고 자아를 초월하여 조화로운 죽음을 맞이할 수 있으므로 발달심리학적으로 성공적으로 노화한 사람에 해당한다(장휘숙, 2007).

둘째, 사회 · 정서적 선택이론(socioemotional selectivity theory)은 친밀한 사람과의 정서적인 관계를 형성하고 유지하는 것이 성공적 노화를 가능하게 한다고 주장한다(Carstensen et al., 1999). 사회 · 정서적 선택이론에 따르면, 고령자에게 시간(time)은 '인생에서 남아 있는 기간(left in life)'으로 인식되기에 나이가 들수록 사람은 현재 지향적인 목표를 설정하고, 다른 사람과의 정서적인 관계를 지향한다(Carstensen et al., 1999). 사회 · 정서적 선택이론은 노년으로 넘어가는 환경적 변화와 내부적 변화를 경험하는 인간이 시간의 인식과 정서에 대한 인식의 변화를 경험한다고 설명한다. 이 시기의 인식 변화는 노년의 삶을 지각하는 새로운 요소가 되며, 개인이 노년의 자연스러운 변화를 긍정적으로 인식하는 것이 심리적 만족에 영향을 미친다(이민영 외, 2015). 이 시기의 개인들은 정서적 만족을 중요시하기 때문에 친밀한 개인들과 더 많은 시간을 보냄으로써 정서적 위험을 최소화하고 긍정적 정서 경험을 극대화하는 전략을 활용하게 된다.

셋째, 보상을 수반한 선택적 최적화 이론(selective optimization with compensation theory)은 개인의 삶에서 노년기의 상실이 현저하게 일어날 때 효과적으로 적용될 수 있는 이론으로 선택(selection) · 최적화(optimization) · 보상(compensation)의 세 가지 요인이 성공적 노화와 관련되어 있다고 설명한다(Baltes & Baltes, 1990). 실제로 상실은 노년기의 특징적 현상이기는 하지만, 상실의 본질을 인식하는 개인차가 존재하기에 개인 수준의 관심, 가치, 건강, 기술 및 심리적 혹은 물질적 자원 상태에 따라 독특한 형태의 선택과 최적화 및 보상이 형성된다(장휘숙, 2007). 여기서 선택이 의미하는 것은 연령증가와 함께 기능의 감소나 감퇴가 일어나면 몇몇 특정 영역을 선택하고 다른 영역은 무시하여 높은 수행을 유지하려는 책략이다. 최적화는 자신의 잠재능력을 활성화하고 효율성을 유지하기 위하여 선택한 영역의 수행을 최대화하는 행동이다. 그리고 보상은 사회적 · 생물학적 · 인지적 그리고 정신적 기능의 상실로 문제해결 상황에 대한 효율성이 떨어질 때 특정한 학습 행동이나 다른 방법으로 발달적 쇠퇴를 보상하기 위하여 사용하는 책략들이라고 설명할 수 있다(장휘숙, 2007).

2. 고령자의 현황과 고령자 진로지도 관련 정책 및 사례

1) 고령자의 현황

고령인구는 2020년 815만 명에서 2030년에 1,300만 명을 돌파하고, 2070년에는 1,747만 명까지 증가할 전망이다. 2020년에 이미 65세 이상 고령인구는 학령인구보다 많아졌으며, 2030년에는 청년인구보다 많아질 것으로 전망된다(〈표 12-1〉 참조).

〈표 12-1〉 연령별 인구 구조(2020~2070) (단위: 천 명)

구분	학령인구(만 6~17세)	청년인구(만 19~34세)	고령인구(만 65세~)
2020	5,478	10,956	8,152
2030	4,068	8,978	13,056
2040	3,291	7,094	17,245
2050	3,569	5,213	19,004
2060	2,972	5,287	18,683
2070	2,276	4,988	17,473

자료: 통계청. (2021a).

[그림 12-1]을 통해서 살펴보면, OECD 국가 고령층(65세 이상)에서 한국의 고령층 고용률은 OECD 국가들 가운데에서도 상위권이며 연령층이 높아질수록 순위가 상승한다. 한국의 65세 이상 고용률은 OECD 평균(14.7%)보다 두 배(34%) 정도 높은데(2020년 기준), 비슷한 양상을 보인 나라들의 특징은 일 중심 문화가 강하고 노후보장제도가 미비하여 제도

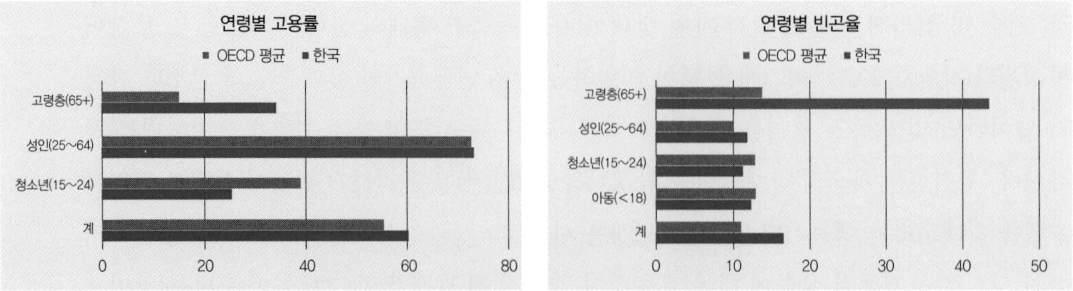

[그림 12-1] 한국과 OECD 평균을 비교한 65세 이상 인구 고용률과 빈곤율

자료: 저출산 · 고령사회위원회. (2021).

적 정년제보다 늦은 시기까지 노동시장에 머물기 때문이다.

[그림 12-2]에 따르면, 우리나라 고령층 고용률은 OECD 국가들에 비해 높은 수준을 보였지만 고령층의 빈곤율(43.4%, 1위)은 OECD에서 가장 높은 것으로 조사되었다. 또한 OECD 국가에 비해 고용불안정(31.3%, 1위)이 가장 높은 것으로 조사되었다.

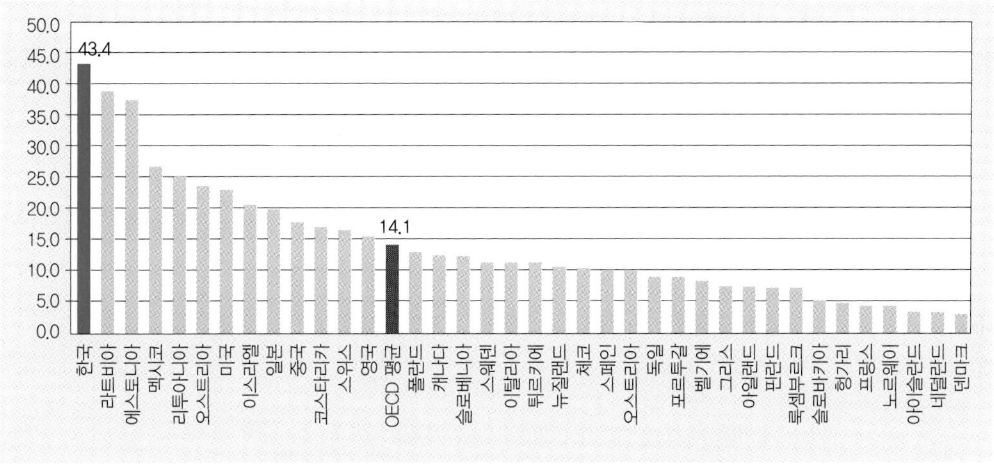

[그림 12-2] OECD 국가별 빈곤율 비교(66~75세)

자료: 유진성. (2022). p. 10.

2020년 65세 이상 고령자를 대상으로 배우자와의 관계 만족도에 대해 조사한 결과, 남자와 여자 모두 절반 이상이 만족한다고 응답하였으나, 그 비율은 차이가 있었다. 만족 비율의 경우, 남자(68.8%)가 여자(52.5%)보다 16.3% 높았으며, 보통 비율은 여자(36.7%)가 남자(27.4%)보다 9.3% 낮았다. 그리고 불만족 비율은 여자(10.8%)가 남자(3.8%)보다 7.0% 높았다(〈표 12-2〉 참조).

2020년 19세 이상 성인 중 인권침해나 차별을 가장 많이 받는 집단에 대해 조사한 결과,

〈표 12-2〉 배우자와의 관계 만족도(2020) (단위: %)

구분	남자	여자
만족	68.8	52.5
보통	27.4	36.7
불만족	3.8	10.8

자료: 통계청. (2021b). p. 3.

고령자에 해당하는 노인이라고 생각하는 사람은 7.7%로, 장애인(21.9%), 경제적 빈곤층(17.9%), 여성(13.8%) 다음으로 높은 순위로 조사되었다. 이 외에 인권침해나 차별을 받는 집단으로는 학력/학벌이 낮은 사람(6.8%), 이주민(6.6%), 전과자(6.0%), 비정규직(5.8%) 등이 있었다(〈표 12-3〉 참조).

〈표 12-3〉 인권침해 · 차별을 많이 받는 집단(2020) (단위: %)

구분	비율
장애인	21.9
경제적 빈곤층	17.9
여성	13.8
노인	7.7
학력/학벌이 낮은 사람	6.8
이주민	6.6
전과자	6.0
비정규직	5.8
아동 · 청소년	4.8
성소수자	3.6
한부모 가족	2.5
병력(질병)이 있는 사람	1.7
기타	0.9

자료: 국가인권위원회. (2020). p. 41.

〈표 12-4〉에 따르면, 2020년 전반적인 생활 및 가정생활에서의 스트레스 인식 정도는 혼자 사는 고령자가 전체 고령자에 비해 4% 이상 낮았다. 남자가 여자보다 스트레스 인식 정도가 높은 경향을 보였으며 전체 고령자와 비교하면 스트레스 인식 정도가 낮은 경향이 있으나 극단적인 스트레스를 느끼는 비중은 오히려 혼자 사는 고령자가 높았다. 이들 고령자 1인 가구는 전체 고령자보다 노후 대비, 건강, 스트레스 등에서 더 열악한 상태에 놓여 있는 것으로 나타났다.

〈표 12-5〉에 따르면, 고령자의 주관적 건강평가에서는 2020년 65세 이상 고령자 중 건강이 좋다고 응답한 비중은 24.3%로 2년 전에 비해 1.5% 증가하였다. 구체적으로 건강이 좋다고 응답한 남자는 32.0%, 여자는 18.5%로 남자가 여자보다 13.5% 더 높았으며, 건강이 좋다고 응답한 비중은 10년 전에 비해 남자는 3.3%, 여자는 3.8% 더 높아졌다.

〈표 12-4〉 고령자의 스트레스 인식 정도 (단위: %)

구분	전반적인 생활		가정생활	
	전체 고령자	혼자 사는 고령자	전체 고령자	혼자 사는 고령자
매우 많이 느낌	6.2	6.8	7.2	7.3
느끼는 편임	36.6	31.7	32.8	28.2
느끼지 않는 편임	44.5	45.5	45.0	45.2
전혀 느끼지 않음	12.8	16.0	15.1	19.2

자료: 통계청. (2021b). p. 1. 재구성.

〈표 12-5〉 고령자의 주관적 건강평가(65세 이상) (단위: %)

구분	남자	여자
2008	28.4	13.6
2010	28.7	14.7
2012	26.3	14.7
2014	27.8	16.0
2016	30.2	16.6
2018	28.9	18.3
2020	32.0	18.5

자료: 통계청. (2021b). p. 27.

2) 고령자 진로지도 관련 정책

정부는 향후 급격하게 진행될 고령화에 대응하기 위하여 노후소득 보장, 건강한 노후 보장 등 관련 제도를 다각화하고 있다. 대표적인 고령자 관련 정책 중 하나인 제4차 저출산 · 고령사회 기본계획의 기본방향과 주요 과제는 [그림 12-3]과 같다. 제4차 저출산 · 고령사회 기본계획의 특징은 개인을 노동력 · 생산력의 관점에 기반한 국가 발전 전략에서 개인 삶의 질 제고 전략으로의 전환이다. 모든 국민이 생애주기에 따른 개별화된 삶의 권리를 보장받음으로써 '모든 세대가 함께 행복한 지속 가능 사회'를 구현한다는 비전하에 '개인의 삶의 질 향상', '성평등하고 공정한 사회', '인구변화 대응 사회 혁신'이라는 목표를 설정하였다. 특히 건강한 노후의 기본생활 보장과 고령자의 능동적 역할 지원을 위해서 소득보장 사각지대 해소, 노인 일자리 확대 및 자산의 안정적 소득화 기반 조성과 건강한 고령화를 위한 사전 예방적 보건 · 의료서비스 확충 및 예방 정책을 제시하였다. 또한 고

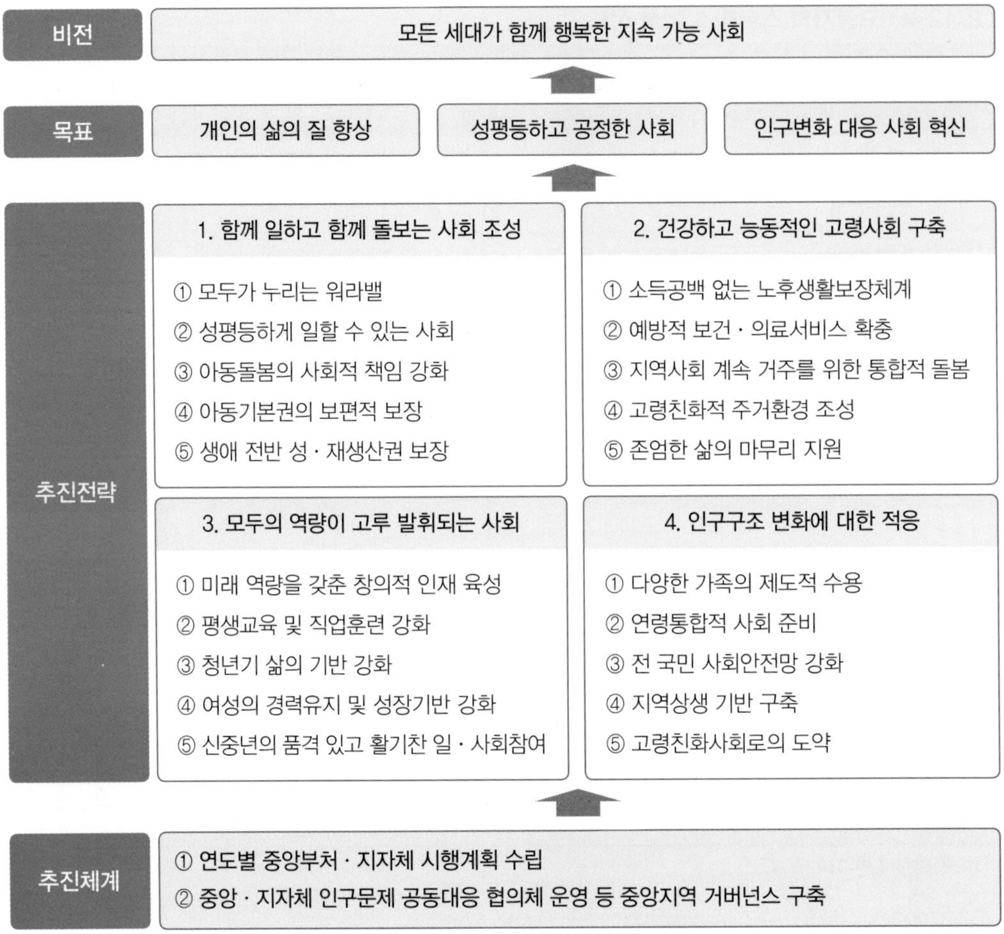

[그림 12-3] 제4차 기본계획의 정책체계도

자료: 저출산·고령사회위원회. (2020). p. 38.

령자를 위한 안전하고 편안한 주거·교통 여건 조성 및 고령친화커뮤니티 확산을 통한 고령친화적 거주 환경 조성체계를 형성하기 위한 기본계획을 제시하였다.

고령자 관련 대표적인 법 및 종합계획은 〈표 12-6〉에서 제시한 바와 같이, 고용노동부와 관련하여 「고용상 연령차별금지 및 고령자고용촉진법」, 보건복지부와 관련하여 「노인복지법」과 중앙정부와 관련하여 「저출산·고령사회기본법」과 계획 등으로 구분할 수 있다. 「고용상 연령차별금지 및 고령자고용촉진법」은 고령자를 55세 이상으로 규정하고 있으며 연령을 이유로 한 고용차별을 금지하고 고령자의 취업지원을 촉진하는 것을 지원한다. 「노인복지법」은 노인의 보건복지 증진과 노인 사회참여를 지원하고 노인의 지역봉사활동 기회, 노인에게 적합한 직종 개발 및 보급과 일할 기회 제공을 지원한다. 또한 「노인

〈표 12-6〉 고령자 관련법 및 종합대책

부처	법 · 대책	주요 내력	주요 내용
고용노동부	고용상 연령차별금지 및 고령자고용촉진법	1991.12.31. 제정 (총 15회 개정)	• 고령자 55세 이상(준고령자 50~54세) • 연령을 이유로 한 고용차별 금지, 고령자의 취업 지원 · 촉진
보건복지부	노인복지법	1981.06.05. 제정 (총 47회 개정)	• 노인의 보건복지 증진 • (제23조) 노인 사회참여 지원 • 노인의 지역봉사 활동 기회, 노인에게 적합한 직종 개발과 보급과 일할 기회 제공
		전면개정① (1989.12.30.)	• 노인복지의 증진을 도모하는 데 필요한 제도를 보완 · 개선
		전면개정② (1997.08.22.)	• 연금적용대상에서 제외된 65세 이상 노인 중 경제적으로 생활이 어려운 노인에 대한 적극적인 소득지원과 노인취업 활성화 도모
대한민국 정부	저출산 · 고령사회 기본법	2005.05.18. 제정	• 저출산 · 고령사회 정책의 기본방향 수립 및 추진체계에 관한 사항 규정 • (제11조) 고용과 소득보장 • 일할 의욕과 능력이 있는 고령자가 일할 수 있는 환경조성 • 노인에게 적합한 일자리 창출, 경제적으로 안정된 노후 생활 지원
	저출산 · 고령사회 기본계획	제1차 (2006~2010)	• 활동적인 노인 사회참여 여건 조성 • 고령 인력 활용을 위한 생산적 고령화 시스템 구축
		제2차 (2011~2015)	• 고령자의 사회참여 촉진(정년연장 등)
		제3차 (2016~2020)	• (사회참여 확대) 고령자 자원봉사 지원체계 강화, 고령자 공익활동 내실화 • (중 · 고령자 근로 기반 확대) 정년 후에도 은퇴 없이 일할 수 있도록 이모작 고용체계 확립
		제4차 (2016~2020)	• 소득공백 없는 노후생활보장체계 • 예방적 보건 · 의료서비스 확충 • 지역사회 계속 거주를 위한 통합적 돌봄 • 고령친화적 주거환경 조성 • 존엄한 삶의 마무리 지원

자료: 저출산 · 고령사회위원회. (2020); 지은정. (2018).

복지법」은 연금적용 대상에서 제외된 65세 이상 노인 중 경제적으로 생활이 어려운 노인에 대한 적극적인 소득지원과 노인취업 활성화를 지원한다. 「저출산 · 고령사회기본법」은 일할 의욕과 능력이 있는 고령자가 일할 수 있는 환경조성을 골자로 하여 1차, 2차, 3차, 4차 기본계획이 수립되었다. 특히 제4차 기본계획에서는 소득공백 없는 노후생활보장체계, 예방적 보건 · 의료서비스 확충, 지역사회 계속 거주를 위한 통합적 돌봄, 고령친화적 주거환경 조성, 존엄한 삶의 마무리 지원의 다섯 가지로 목표를 설정하였다.

〈표 12-7〉에서 보면, 정부는 활기차고 건강한 노후생활을 영위할 수 있도록 공익활동, 일자리, 재능나눔 등 다양한 사회활동을 지원하기 위한 노인 일자리 및 사회활동 지원 정

〈표 12-7〉 노인일자리 사업 유형

<table>
<tr><th colspan="2">유형</th><th>정의</th><th>예시</th></tr>
<tr><td colspan="2">공공형</td><td>노인이 자기만족과 성취감 향상 및 지역사회 공익 증진을 위해 자발적으로 참여하는 봉사활동</td><td>노노케어(취약노인 안부확인) 취약계층지원, 보육시설 봉사 등 공익 증진을 위한 프로그램</td></tr>
<tr><td colspan="2">사회서비스형</td><td>노인의 경력과 활동역량을 활용하여 사회적 도움이 필요한 영역(지역사회 돌봄, 안전 관련 등)에 서비스를 제공</td><td>가정 및 세대 간 서비스, 취약계층 전문서비스, 공공전문 서비스(공공행정업무지원) 등</td></tr>
<tr><td colspan="2">사회서비스형
선도모델</td><td>지역사회가 보유한 자원과 기업 등의 외부자원을 활용하여 신규 노인일자리 아이템 개발, 창출</td><td>돌봄, 안전, 환경문제 등 지역사회가 당면한 현안을 해소하는 일자리 등</td></tr>
<tr><td rowspan="4">시장형</td><td>시장형사업단</td><td>노인에게 적합한 업종 중 소규모 매장 및 전문 직종 사업단 등을 공동으로 운영하여 노인일자리 창출</td><td>식품제조 및 판매, 매장운영(실버카페), 운송(실버택배) 등</td></tr>
<tr><td>취업알선형</td><td>일정 교육을 수료하거나 관련 업무 능력 있는 자를 수요처로 연계하여 근무기간에 대한 일정 임금을 지급받을 수 있는 일자리</td><td>시험감독 보조, 경비원 시설관리자, 가사도우미 등</td></tr>
<tr><td>시니어인턴십</td><td>노인에게 기업 인턴 연계 후 인건비 지원 계속 고용 시 기업에 인건비 추가 지원</td><td>한식조리, 매장관리원, 영화관 보조원, 자동차 검사대행원 등</td></tr>
<tr><td>고령자친화기업</td><td>노인의 경륜을 활용하여 경쟁력을 갖추고 양질의 노인일자리를 창출할 수 있는 기업의 설립 및 운영지원</td><td>공모심사에 따른 기업 모집</td></tr>
</table>

자료: 박경하 외. (2021) 재구성.

책을 설계하였다. 공공형은 만 65세 이상 기초연금 수급자가 대상이며, 사회서비스형은 일부 사업에서 60세 이상도 참여 가능하며, 시장형은 만 60세 이상이 사업에 참여하는 대상이 된다.

고령자 인력개발을 위한 추진체계는 보건복지부 → 시 · 도 → 시 · 군 · 구를 통해 이루어지며, 노인일자리 사업 추진체계는 [그림 12-4]와 같다. 보건복지부는 정책을 결정하고, 사업 시행 전반에 관한 총괄 기능을 수행하며, 사업의 종합계획 및 사업 운영 안내를 수립하며, 운영기관에 업무를 위탁하여 지도 관리하고 예산을 지원한다. 한국노인인력개발원은 성과평가, 동향분석 및 조사연구와 DB 구축 등을 통해 보건복지부가 제 기능을 수행할 수 있도록 제반 사항을 마련하는 임무를 수행한다. 운영기관은 실제 사업을 수행하며, 참여자를 모집 · 등록 · 선발 · 교육하고 근무 상황을 파악하여 보수를 지급한다(국회예산정책처, 2016).

고령자 진로지도를 위한 기본계획은 60세 이상을 대상으로 취업률 제고와 함께 삶의 보람 있는 사회활동을 지원하는 것으로 이를 통해 60세 이상의 삶이 제2의 전성기가 되어(encore life) 궁극적으로 활기찬 노화(active aging)가 실현되도록 지원한다([그림 12-5] 참조).

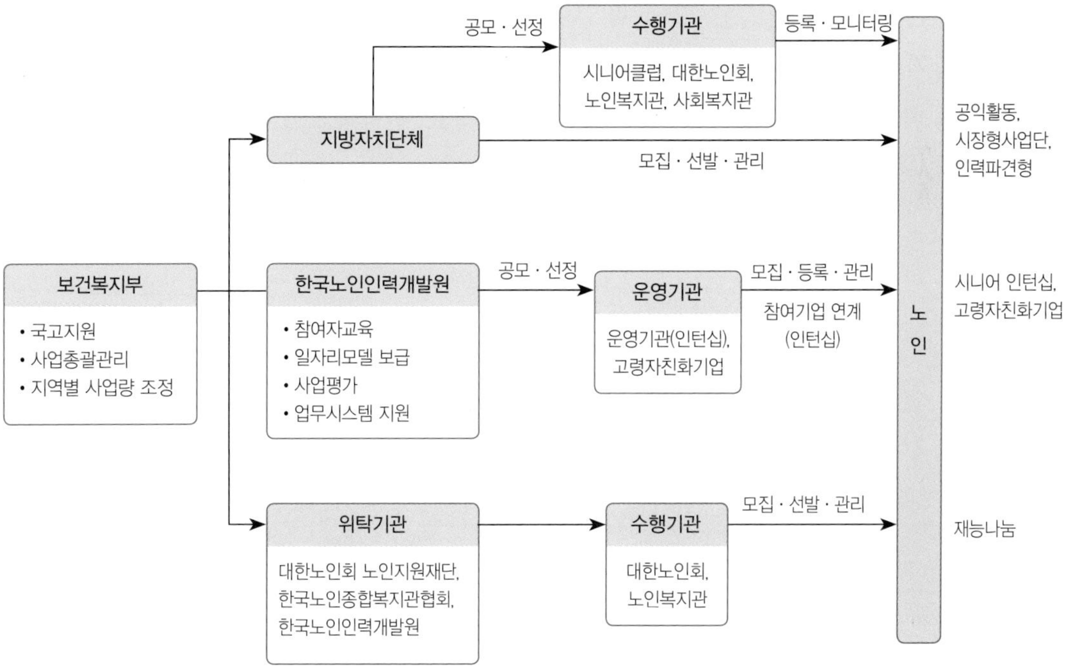

[그림 12-4] 노인일자리 사업 추진 절차

자료: 국회예산정책처. (2016). p. 38.

<table>
<tr><td></td><td colspan="7">활기찬 노화(Active Aging)</td></tr>
<tr><td></td><td colspan="2">보장</td><td colspan="2">건강</td><td colspan="3">참여</td></tr>
<tr><td>구분</td><td>소득보장</td><td>일자리</td><td colspan="2">건강보호</td><td colspan="2">봉사</td><td>교육 / 여가</td></tr>
<tr><td rowspan="5">3대 영역</td><td rowspan="2">공적연금 강화 (기초연금, 국민연금)</td><td rowspan="2">역량강화</td><td>치매 예방</td><td>MMSE-DS 검진</td><td rowspan="2">봉사</td><td>전문</td><td>실버 프로보노 · 재능나눔</td></tr>
<tr><td>체력 유지</td><td>노인기초체력 매년 검사</td><td>일반</td><td>공익활동</td></tr>
<tr><td rowspan="2">국기법 부양의무자 단계적 폐지</td><td rowspan="2">활동기반 구축</td><td rowspan="3">산재 예방</td><td rowspan="2">작업장 안전시설 강화</td><td colspan="2" rowspan="2">교육</td><td>평생교육 확대강화</td></tr>
<tr><td>직무교육 확대강화</td></tr>
<tr><td>특수직역연금 사각지대 해소</td><td>안정된 일자리</td><td>안전 · 건강가이드 매뉴얼 공급</td><td colspan="2">여가</td><td>취미활동 · 여행 등 여가지원</td></tr>
</table>

[그림 12-5] 활기찬 노화의 3대 주요 영역과 Encore Life Plan

자료: 지은정. (2018). p. 81.

고령자 진로지도의 중추적 역할을 담당하는 한국노인인력개발원은 고령자 진로지도를 위하여 일자리의 개발 · 보급과 교육 · 훈련 및 평가 등을 담당하는 전담기관으로 보건복지부 산하기관이다. [그림 12-6]과 같이, 한국노인인력개발원은 '노인일자리 활성화를 통한 활기찬 고령사회 구현'을 미션으로 하고 '1,000만 노인시대, 100만 노인일자리 선도기관'을 비전으로 하여 경영방침, 핵심가치, 경영목표, 전략목표, 15대 전략과제를 설정하고 있다.

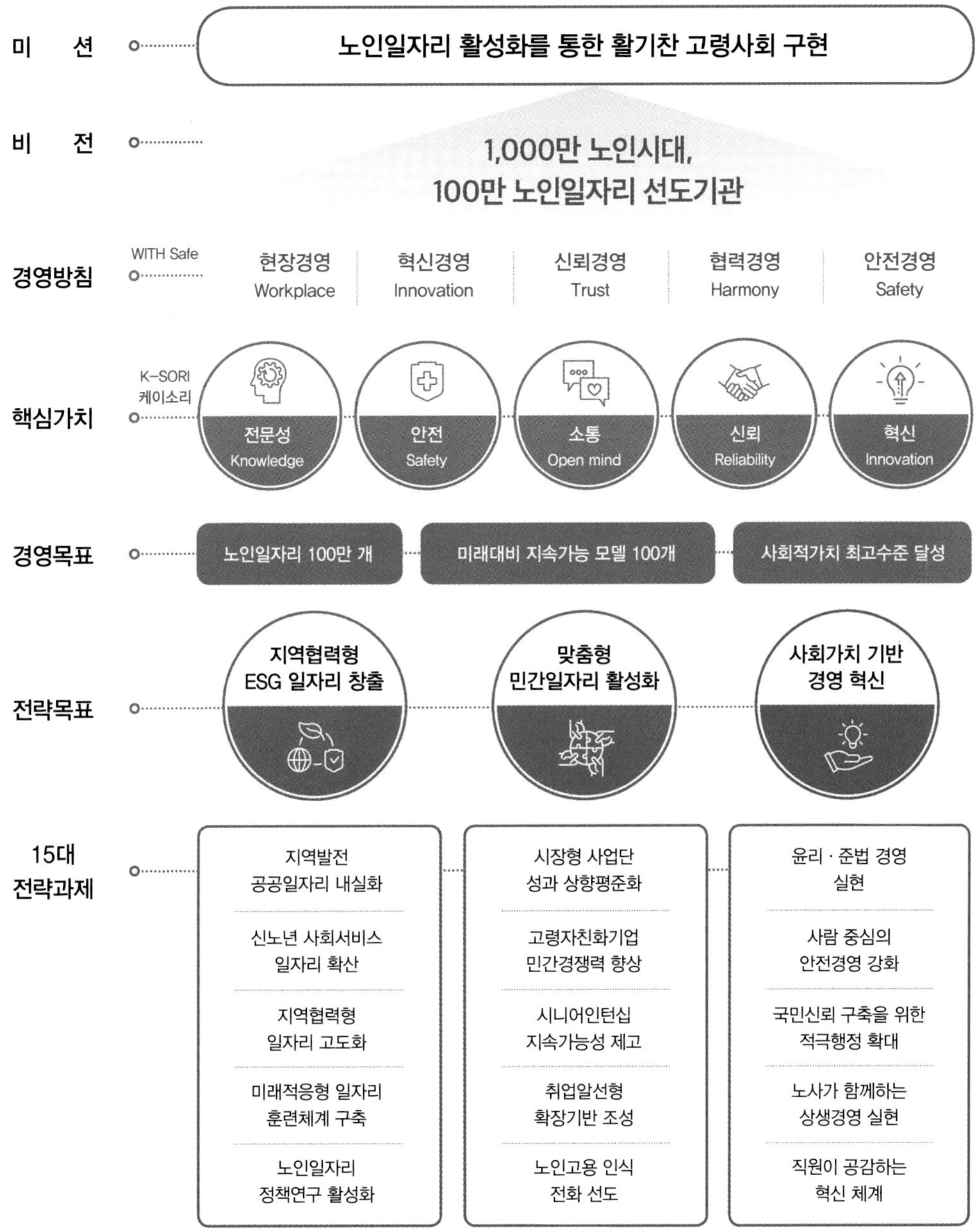

[그림 12-6] 한국노인인력개발원의 미션 및 비전

자료: 한국노인인력개발원. (n.d.).

3) 고령자 진로지도 사례

(1) 노인복지관

우리나라의 노인복지관은 「노인복지법」에 근거하여 지방자치단체 시 · 군 · 구별로 지역 실정에 따라 최소 1개소 이상 설치하며 고령자의 여가, 건강, 일자리, 자원봉사 및 사회참여 등 고령자의 다양한 복지 욕구에 따른 서비스를 체계적 · 복합적으로 제공하는 기관이다(강소랑 외, 2017). 노인복지관은 60세 이상 노인을 대상으로 한글 교실, 외국어 교실, 교양 교실, 정보화 교육, 인문학 교육과 예비노인 은퇴 준비 프로그램 등을 운영하고 있다. 노인복지관은 읍 · 면 · 동 행정복지센터와 서비스 제공기관 등과 연계하여 사업을 추진하며 지방자치단체는 노인복지관 설치 후 운영 능력이 있는 사회복지법인 또는 비영리법인과 위탁계약을 체결하여 사업을 운영하고 있다. 2017년 기준으로, 전국에 약 350개의 노인복지관이 운영되고 있으며 구체적으로 평생교육과 취미 · 여가활동과 함께 위기 및 독거노인 지원사업, 노인주거 개선사업과 고용 및 소득지원사업 등 고령자의 삶의 질 향상을 위해 다양한 사업이 진행되고 있다(강소랑 외, 2017).

(2) 미국의 전미은퇴자협회(AARP)

평균수명의 증가와 이로 인한 고령자들의 노동시장 참여 욕구 증가로 미국의 고령자 경제활동참가율은 꾸준히 증가하고 있다. 미국의 고령자 관련 정책과 사업은 정부뿐 아니라 민간 차원에서도 활발히 진행되고 있으며, 정년연장과 은퇴한 고령자의 고용을 위한 재교육 등 다양한 프로그램이 진행되고 있다(이재홍, 2010). 미국의 대표적인 고령자 이익단체인 '전미은퇴자협회(AARP)'는 은퇴한 베이비붐 집단을 다섯 개의 하위집단으로 구분하여 특징을 제시하였다(박시내, 심규호, 2010). 첫째는 절박한 사람들(9%)이다. 이들은 소득이 가장 낮은 집단으로 저축할 자금이 없고, 여성의 비중이 높다. 둘째는 불안한 사람들(23%)이다. 이들은 은퇴 자금에 대해 만족하지 않으며, 계속 일하기를 원하고 은퇴에 대해 비관적이다. 셋째는 전통주의자(25%)이다. 이들은 정부의 사회보장 프로그램을 강력히 믿고 신뢰하는 집단으로 사회보장과 의료보험이 잘 될 것이라고 확신한다. 넷째는 독자적으로 행동하는 사람들(30%)이다. 이들은 고학력 · 고소득자이며, 투자에 적극적인 집단으로 은퇴 자금에 만족한다. 마지막 유형은 은퇴에 열광하는 사람들(13%)이다. 이들은 은퇴에 대해 낙관적이며, 은퇴 후 일하기를 원하지 않는다.

AARP는 50세 이상 미국인들로 구성된 민간단체로서 주로 은퇴자들의 이익을 대변하고 다양한 정치 · 사회활동을 전개하고 있다(강소랑 외, 2017). 미국 전역에 약 2,400여 지부가 있으며 자원봉사를 포함해 다양한 지역사회 활동과 교육 프로그램을 주관하며 은퇴 계획과 관련된 다양한 정보를 제공하고 있다. 2013년부터 '새로 얻은 삶(life reimagined)' 캠페인을 전개하면서 제2의 인생 설계와 준비를 통한 삶의 전환을 위한 다양한 지원활동을 펼치고 있다. '새로 얻은 삶' 프로젝트는 베이비붐 세대들의 은퇴와 고령화가 단순히 돌봄이 필요한 노년으로의 진입만을 의미하는 것이 아니라 새로운 삶의 단계에서 자신과 사회를 위해 만족스럽고 긍정적인 삶을 펼치는 기회가 되도록 지원하는 것이다. 또한 AARP Experience Corps는 저소득층 학교 학생들의 읽기 · 쓰기 능력을 향상하기 위해 은퇴자가 교사로 참여하는 봉사활동 프로그램도 진행하고 있다(강소랑 외, 2017).

(3) 일본의 고령자협동조합

일본은 이미 2006년 초고령사회에 진입하였고, 2014년 현재 고령화율이 25.9%로 세계 최고 수준이며, 긍정적으로 고령화를 인식하기 위한 노력을 전개하고 있다(방하남, 이다미, 2015). 일본 고령화의 특징을 살펴보면, 일본의 고령 가구는 1980년대 경제성장기를 주도한 세대로 상대적으로 여유로운 경제력을 보유하고 있다. 또한 현재 일본에서는 은퇴 후 소비 집단으로 전락하던 이전의 실버 세대와는 달리 정년퇴직과 동시에 제2의 활동을 시작하는 생산적 고령자인 골드 세대[3)]가 늘고 있다. 일본의 베이비붐 세대는 일본의 제조업을 발전시키는 데 중요한 역할을 했으며, 2004년 「고령자고용안정법」을 개정하여 이들이 보유하고 있는 기능 및 기술을 차세대에 전수할 수 있는 노력을 전개하였다.

일본의 고령자협동조합은 고령자 일자리에 관한 혁신적인 사례를 제시해 준다(강소랑 외, 2017). 고령자 생협에서 수행하는 4대 사업은 복지, 취업, 삶의 보람 · 문화 활동과 생활 · 요양 상담이다. 고령자 생협은 노동자협동조합의 하나의 형태로서 지역사회와 연계하여 고령자들이 조합원으로서 수혜자이며 동시에 노동자로 참여하는 형태로 운영된다. 고령자 생협은 일 · 복지 · 보람의 세 가지 활동을 목표로 '거동할 수 있는 한 일한다', '건강한 고령자가 더 건강하게'라는 비전을 제시하고 있다. 또한 지역 복지 사업소와 함께 고령자의 사회참여와 지역 복지를 연계하여 사업을 수행하고 있으며 고령자의 연설 대회, 장례 연구회, 건강 증진과 취미 교류 등 고령자 자신이 주체적으로 참여하여 노인 동료와 다른

---

3) '실버 세대'가 아닌 '골드 세대'라고 불리는데, 고령자들이 좀 더 적극적이고 활기 있게 생활했으면 하는 바람에서 그렇게 명명함.

세대와의 교류 및 연대를 통하여 고령자의 삶의 질 향상을 꾀하고 있다.

3. 고령자 진로지도의 문제점 및 개선방안

1) 문제점

우리나라는 2025년 인구 중 65세 이상 고령자가 20%에 달하는 초고령사회에 진입할 전망이기에, 고령자 진로지도는 우리의 미래를 함께 만들어 간다는 관점에서 사회적 관심이 요구되는 중요 과제이다. 이 장에서는 고령자 관련 이론과 개념을 소개하면서 고령자 현황, 정부 정책과 고령자 진로지도의 국내외 사례를 소개한다. 이 장에서 설명한 내용을 기반으로 고령자 진로지도는 고령자 개인의 발달과업 성취를 도와주고, 노후 불안감을 완화시킬 수 있으며 성공적 노화에 기여할 수 있는 것을 확인하였다. 그러나 현재의 고령자 진로지도 관점은 예전의 연령주의의 관점에서 벗어나기를 시도하고 있지만, 여전히 어려움이 존재하기에 다음과 같이 문제점을 정리하고 개선방안을 제시한다.

첫째, 국내의 고령 근로자들의 고용 · 소득 실태는 OECD(경제협력개발기구) 국가와 비교했을 때 매우 열악한데, 비록 지금까지 정책적인 측면에서 고령자 진로지도가 경제적 문제와 일자리에 초점을 맞춰 수행되었지만, 여전히 인간으로서 기본적인 삶을 영위할 수 있는 최소한의 근로소득을 포함한 경제적인 안전망은 부족한 실정이다. 고령자들은 많은 나이까지 일하고 있으나 안정적인 주된 일자리에서의 은퇴는 빨라지고, 비정규직 고용, 퇴직-연금수령 시기 불일치 등으로 고용불안정과 빈곤 문제가 심화되고 있다. 이런 현상은 급속한 경제발전과 초고령화 사회를 목전에 두고 있는 우리나라의 독특한 사회적 현상으로, 이를 진로지도 현장에서 수용자 특성에 따라서 세밀하게 반영한 진로지도 정책이 요청된다.

둘째, 이제까지 고령자들의 진로지도는 개인의 특성과 다양성보다는 제도적 개선에 관심을 두고 정부 주도적으로 수행되었기에, 수용자인 고령자 개인의 정서, 인간적 성장과 성숙에 관심을 두지 않고 진로지도가 수행되었다. 예를 들어, 고령자가 취업 과정에서 제기한 어려움은 기대와 자신들의 정서에 맞지 않는 취업시장이었다. 고령자들의 취업과 관련해서 「고령자고용촉진에 관한 법률」 등이 제정되고 노인일자리취업센터 등의 기관을 중심으로 노인 일자리의 측면에서 고령자 진로지도를 접근하였다. 그러나 고령자들은 원하는 일자리는 찾아보기 어렵다고 인식하였고 일자리 자체의 부족뿐 아니라 복지나 형태,

근무 내용 등에 있어 그들의 눈높이에 맞는 일자리가 양적 혹은 질적으로 여전히 부족하다고 생각하였다.

셋째, 고령자들은 경제적 어려움뿐 아니라 관계적 두려움과 인간발달 단계의 마지막 단계로서 성숙에 이르지 못한 내적 측면의 어려움을 경험하고 있었지만, 이제까지의 고령자 진로지도는 교육과 상담의 통합적인 지원과 교육이 부족한 실정이다. 고령자들은 나이 듦으로 인한 인지적 측면에서 내적 통제감을 상실하면서, 정서적 거절로 인한 두려움과 수치스러움을 경험하였다. 이런 경험은 고령자들을 위축되게 만들며 점점 소극적으로 행동하도록 변해 가게 하였다. 따라서 고령자 내면의 갈등과 어려움들은 경제적인 어려움을 가중시키고 이로 인한 좌절감과 무기력함을 증가시켰다(이아라 외, 2019).

2) 개선방안

첫째, 초고령사회의 고령자 진로지도는 고령자 개인이 원하는 일과 삶을 향유할 수 있도록 도와야 한다. 이전의 출생아 수 100만 명 이상 · 고령화율 10% 미만이었던 인구 · 경제 팽창기에 도입된 교육 · 고용 · 사회보장 시스템은 현재 고령사회의 소득 불평등과 격차로 이어지고 있기에 급속한 인구 구조 변화에 대응해서 새롭게 다가오는 초고령사회에 적합한 진로지도 정책이 요청된다. 따라서 고령자를 위한 고용 관련 지원정책의 양과 질을 대폭 개선해야 하며 고령자들의 취업률을 높이기 위해서는 취업 관련 상담과 교육에서 고령자들이 취업의 전 과정에서 경험하는 정서의 내용을 이해하고, 이를 건강하게 지원하는 진로지도 정책이 필요하다.

둘째, 초고령사회의 고령자 진로지도는 사회 · 문화적 연령통합 관점이 필요하다. 우리 경제의 저성장과 인구 고령화 추세를 고려할 때, 일과 삶에 있어서 연령이 제약이 되지 않는 유연한 사회 환경을 조성할 필요가 있다. 연령에 대한 차별과 편견을 없애기 위한 노력과 함께 연령통합 사회 구축을 위해서는 실천적 의지가 중요하기에 초고령사회를 이루려는 사회 · 문화적 노력이 요청된다. 지금까지 정부의 고령자 진로 및 고용지원 정책은 경제적 · 복지적 관점에 머물렀기에 연령통합 사회 구축을 위해 세대와 분야를 아우르는 통합적인 추진체계 및 법적 · 제도적 정비도 필요하다. 예를 들어, 연령에 유연한 고용 환경을 촉진하며 고용유지 · 재진입 및 점진적 퇴직이 보다 활성화될 수 있도록 계속고용 의무화, 직무급 임금체계 등의 도입을 고려하는 진로지도를 시도해야 한다.

셋째, 고령자 진로지도의 목표를 취직을 돕는 일차원적인 수준을 넘어서, 고령자들이 건전한 사회구성원이 될 수 있도록 인간발달의 마지막 단계로서 사회적 역할을 충실히 완성하는 것을 돕는 장기적인 관점으로 재설정해야 한다. 이는 평생교육 관점에서 고령자 진로지도가 취업과 고용 관련 기술뿐 아니라 심리적 지원과 함께 이뤄져야 한다는 측면에서도 중요하다. 따라서 고령자들이 건전한 사회인으로서 온전한 인간 성숙의 마지막 단계로서 맞이하는 어려움을 해결하기 위해서는 고령자 진로지도에서도 통합적이고 심리적인 관점이 필요하다. 이러한 정서적 개입은 고령자와 관련한 다양한 프로그램에 적용될 수 있는데, 일자리 제공과 직업훈련 시에 고령자의 심리적 욕구를 파악하고 스트레스에 대처하며 고령자들의 불안과 무기력감, 수치심을 다루는 교육 및 상담 프로그램으로 개입할 수 있다.

논의사항

- 고령자 진로지도 관련 이론을 성공적 노화 이론의 관점에서 논의해 보자.
- 고령자 관련 법 및 종합대책을 고용노동부, 보건복지부와 중앙정부로 구분하여 논의해 보자.
- 고령자는 개인의 특성에 따라서 진로지도의 목적과 방향이 달라지는데, 고령자 고용촉진과 삶의 질 향상을 위하여 개인의 특성을 고려한 구체적인 진로지도 방안은 무엇인가 논의해 보자.

참고문헌

강소랑, 정혜윤, 송창용, 최일선, 유선치, 임승연. (2017). 국내 · 외 정부 및 민간의 50+정책 · 사업 실태 연구. 서울특별시50플러스재단.

국가인권위원회. (2020). 2020 국가인권실태조사. 국가인권위원회.

김교성, 김수연. (2014). 활동적 노화에 관한 다차원적 측정과 국가 간 비교. 사회복지정책, 41(1), 1-32.

김문정. (2017). 고령자 노동 생산성 기초 연구. 한국노인인력개발원.

국회예산정책처. (2016). 노인일자리사업 평가. 국회예산정책처.

김정석, 조현연. (2017). 인구 고령화 시대, '생산적 노화' 담론에 대한 비판적 검토. 사회과학연구, 24(2), 7-28.

박경하, 서정희, 유병선, 김문정, 박병현, 조광자, 박준혁. (2021). 위드코로나 시대에 대응한 새로운 노인일자리 정책방향 연구. 한국노인인력개발원.

박시내, 심규호. (2010). 베이비붐 세대의 현황 및 은퇴 효과 분석. 한국통계개발원.

박영란. (2013). 초고령사회 대비 EU의 '활동적 노화'(active ageing) 정책 패러다임. 유럽연구, 31(1), 135-158.

박종희, 김미영, 강선희, 차동욱. (2008). 고령자 고용촉진을 위한 노동시장 법제 개선방안 연구. 노동부.

방하남, 강석훈, 신동균, 안종범, 이정우, 권문일. (2009). 점진적 은퇴와 부분연금제도 연구 정책자료. 한국노동연구원.

방하남, 신동균, 김동헌, 신현구. (2005). 인구 고령화와 노동시장 변화 및 노동정책과제. 한국노동연구원.

방하남, 이다미. (2015). 동아시아의 인구 고령화와 노동시장의 변화. 한국인구학회, 38(4), 1-32.

백용운. (2016). 노년학 개론. 공동체.

서한기. (2022). 노인빈곤율 38.9%로 하락…첫 30%대 기록은 기초연금 효과. 연합뉴스. https://www.yna.co.kr/view/AKR20220307098400501

신종각, 안준기, 김경희, 김은영, 권윤섭. (2017). 2016 고령화연구패널(KLoSA) 기초분석보고서. 한국고용정보원.

유진성. (2022). 중 · 고령층 재취업의 특징 및 요인분석과 시사점, 22(02). 한국경제연구원.

이민영, 이유우, 한주희. (2015). 문화예술 활동과 중년 여성의 심리적 웰빙: 스트레스와 성격의 조절적 매개역할. 여가학연구, 13, 1-24.

이아라, 현지수, 류지현, 이주영. (2019). 고령자가 경험하는 취업 준비 어려움에 대한 질적연구. 열린교육연구, 27(1), 241-270.

이재홍. (2010). 미국의 고령자 고용 동향과 고용정책. 국제노동브리프.

장휘숙. (2007). 성공적 노화. 스트레스연구, 14(4), 325-330.

저출산 · 고령사회위원회, 보건복지부. (2019). 제3차[2016~2020] 저출산 · 고령사회 기본계획(수정). 저출산 · 고령사회위원회, 보건복지부.

저출산 · 고령사회위원회. (2020). 제4차 저출산 · 고령사회 기본계획. 관계부처 합동.

저출산 · 고령사회위원회. (2021). 모두를 위한 일과 삶, 제9차 연령통합 · 세대연대 정책포럼.

지은정. (2018). 노인일자리 종합계획(2018~2022) 수립에 관한 연구(앙코르 라이프 플랜). 한국노인인력개발원.

통계청. (2019). 장래인구특별추계: 2017~2067년. 통계청.

통계청. (2021a). 장래인구추계: 2020~2070년. 통계청.

통계청. (2021b). 2021 고령자 통계 보도자료. 통계청.

한국노인인력개발원. (n.d.). 미션 및 비전. 한국노인인력개발원. https://www.kordi.or.kr/content.do?cmsId=129

Avramov, D., & Maskova, M. (2003). *Active ageing in Europe*. Council of Europe Publishing.

Baltes, M. M. (1994). Aging well and institutional living: A paradox? In R. P. Abeles, H. C. Gift, & M. G. Ory (Eds.). *Aging and Quality of Life* (pp. 185-201). Springer.

Baltes, P. B., & Baltes, M. M. (1990). Psychological perspectives on successful aging: The model of selective optimization with compensation. *Successful aging: Perspectives from the Behavioral Sciences, 1*(1), 1-34.

Baltes, P. B., Staudinger, U. M., & Lindenberger, U. (1999). Lifespan psychology: Theory and application to intellectual functioning. *Annual Review of Psychology, 50*, 471-507.

Carstensen, L. L., Isaacowitz, D. M., & Charles, S. T. (1999). Taking time seriously: A theory of socioemotional selectivity. *American Psychologist, 54*(3), 165-181.

Erikson, E. H. (1980). *The life cycle completed*. Norton Publishers.

제13장

다문화가족 진로지도

다문화가족 구성원은 우리 사회를 구성하는 구성원이자 인적자원으로, NHRD(국가인적자원개발) 관점에서 다문화가족 진로지도는 중요하게 다루어져야 할 필요가 있다. 이 장에서는 다문화가족 진로지도의 의의를 설명하고, 다문화가족의 개념, 유형, 관련 이론 등의 이론적 기초를 살펴보는 것을 장의 앞부분에 제시한다. 또한 다문화가족의 규모 및 다문화가족 구성원의 특성과 중앙정부 · 지방정부의 다문화가족 진로지도 정책을 제시하고, 국내 · 외 다문화가족 진로지도의 사례를 소개한다. 그리고 현행 다문화가족 진로지도 관련 제도 및 정책의 문제점과 개선방안을 탐구함으로써 향후 관련 제도 및 정책의 방향을 가늠할 수 있도록 구성한다.

학습과제

- ▶ 학습과제 1　다문화가족 진로지도의 의의를 설명하시오.
- ▶ 학습과제 2　다문화가족의 개념 및 유형, 관련 이론을 설명하시오.
- ▶ 학습과제 3　다문화가족의 규모 및 다문화가족 구성원의 특성을 설명하시오.
- ▶ 학습과제 4　다문화가족 진로지도 관련 정책을 중앙정부 · 지방정부 차원으로 구분하여 설명하시오.
- ▶ 학습과제 5　다문화가족 진로지도의 문제점과 개선방안을 설명하시오.

1. 다문화가족 진로지도의 의의 및 이론적 기초

1) 다문화가족 진로지도의 의의

'다문화사회'란 한 국가 내에 여러 문화가 공존하는 상태로, 다양한 인종과 민족이 각자의 문화적 · 사회적 배경에 의해 차별받지 않고 국민으로서 기본 권리를 향유하는 사회를 의미한다(Martiniello, 1997). 세계적으로 자원 및 인적교류가 활발해지고 다인종 간의 공존과 접촉 빈도가 늘어나면서 우리나라도 다문화사회에 진입하게 되었다(김판준, 2013).

세계화의 영향으로 국가 간 이주가 가속화되면서 한국 역시 외국인 주민의 수가 증가하고 있다. 외국인 주민의 수는 최초 조사 연도인 2006년 53만 명에서 2017년 186만 명으로 2006년에 비해 약 3.5배 증가하였다. 통상적으로 학계에서는 총인구의 외국 태생 인구 거주 비율이 5%를 상회하면 다문화사회로 간주하고 있다(서광석, 2010). 국내에 거주하는 외국인 주민의 수는 2017년 11월 기준 186만 1,084명(3.6%)으로 다문화사회와 가까운 구조라고 볼 수 있다(행정안전부, 2018). 한국의 경우 1990년대 산업연수생을 비롯한 외국인 근로자, 2000년대 이후 결혼이민자 및 북한이탈주민 유입이 증가하였고, 저출산 · 고령화 추세로 인해 한국 사회에서 외국인 주민이 차지하는 비율은 더욱 높아질 것으로 예측되었다(원진숙 외, 2010).

한편 선행연구에서 다문화가족 자녀의 경우 학교에서 한국어 능력의 부족과 낮은 학업성취, 교우관계의 어려움, 집단 따돌림 등의 문제를 겪고 있는 것으로 나타났다(설동훈, 윤형식, 2012). 다문화가족 자녀의 소외 문제 해결을 위해 교육기회의 보상적 배분을 통한 격차 해소와 다문화 이해 교육의 필요성이 대두되었다(오성배, 2010). 진로지도의 관점에서 다문화가족 청소년의 경우 상대적으로 진로의식 수준이 낮고 정보 부족이나 경제적 어려움 등 진로장벽이 높으며, 학년이 올라갈수록 진로 프로그램 요구도가 높아지는 것으로 나타났다(양계민, 2016; 여성가족부, 2016).

따라서 다문화가족 진로지도는 다문화가족 구성원의 사회적응을 촉진하고, 다문화가족 구성원이 자립적 사회구성원으로서 성공적인 개인의 삶을 영위하는 데 이바지한다는 측면에서 중요한 의의가 있다.

2) 다문화가족 진로지도의 이론적 기초

(1) 다문화가족의 개념

'문화'란 한 사회의 구성원들이 가지고 있는 공통의 생활양식을 의미하는데, 여러 유형의 이질적인 문화가 제도권에서 형성된 것을 다문화라고 지칭한다(Storey, 1996; Williams, 1983). 우리나라 표준국어대사전(2018)에 따르면 '다문화'란 한 사회 안에 여러 민족이나 여러 국가의 문화가 혼재하는 것을 의미한다. '다문화'라는 용어는 1957년 스위스에서 처음 사용되었으며, 1960년대 후반 캐나다, 미국, 호주, 뉴질랜드 등의 영어권 국가를 중심으로 확산하였다.

「다문화가족지원법」(2020)을 바탕으로 다문화가족의 개념을 살펴보면 '다문화가족'이란 ① 결혼이민자와 대한민국 국민으로 이루어진 가족, ②「국적법」에 따라 인지 또는 귀화로 대한민국 국적을 취득한 자와 대한민국 국민으로 이루어진 가족을 의미한다. 대한민국 국민과 사실혼 관계에서 출생한 자녀를 양육하고 있는 다문화가족 구성원에 대해서도 다문화가족 지원 규정이 적용된다(「다문화가족지원법」, 2020).

〈표 13-1〉에서 다문화가족의 유사 개념을 살펴보았다. 다문화가족의 유사 개념으로 다문화가정, 다문화가구가 있다. 다문화가정은 우리와 다른 민족 또는 다른 문화적 배경을 가진 사람이 포함된 가족이 주거하는 집, 생활공동체 등 장소의 개념이고, 다문화가족은 부부, 입양, 혈연 등으로 이뤄진 집단 또는 그 구성원에 중점을 둔 개념이다(서광석, 2010). 다문화가구에서 가구는 법률용어로서 현실적으로 주거 및 생계를 같이하는 사람의

〈표 13-1〉 다문화가족, 다문화가정, 다문화가구의 개념

용어	내용	근거
다문화가족 (Multicultural Family)	• 결혼이민자와 대한민국 국민으로 이루어진 가족 • 인지나 귀화의 방법으로 대한민국 국적을 취득한 자와 대한민국 국민으로 이루어진 가족	다문화가족 지원법
다문화가정 (Multicultural Home)	• 광의: 자국 내에 거주하는 모든 외국인 가족을 포함 • 협의: 가족 중 한 명이 우리나라 국적을 취득하여 구성된 가정	김남경 외(2018)
다문화가구 (Multicultural Household)	• 귀화의 방법으로 국적을 취득한 자 또는 외국인이 한국인(귀화자 포함) 배우자와의 혼인으로 이루어진 가구 또는 그 자녀가 포함된 가구	통계청(2018)

집단을 의미한다(표준국어대사전, 2018). 두 가족 이상의 다문화가족이 하나의 가구를 이룰 수도 있다. 최근 통용되는 다문화가정의 개념은 한국 사람과 결혼한 이주 여성 또는 남성의 가정을 말하며, 이주노동자나 유학생 또는 북한이탈주민 등을 포함하여 그 범위가 확대되고 있다(김남경 외, 2018; 서광석, 2010; 원진숙 외, 2010). 이상의 내용을 바탕으로, 이 장에서는 다문화가족으로 용어를 통일하여 사용한다.

(2) 다문화가족의 유형

「다문화가족지원법」(2020)에 따르면 다문화가족 유형은 ① 결혼이민자 가족, ② 인지 또는 귀화자 가족의 두 가지로 분류할 수 있다. 그리고 다문화가족 자녀란 다문화가족 구성원 중 자녀들을 의미하며, 「다문화가족지원법」에 따라 [그림 13-1]과 같이 유형화할 수 있다.

먼저, 부모의 특성에 따라 결혼이민자 가족과 인지 또는 귀화자 가족으로 분류할 수 있고, 각각 아버지가 외국인이거나 인지 또는 귀화자인 경우와 어머니가 외국인이거나 인지 또는 귀화자인 경우로 분류할 수 있다. 자녀의 경우 그 특성에 따라 국내출생 자녀와 중도입국 자녀로 구분할 수 있다. 중도입국 자녀란 외국인 부모의 본국에서 성장하다 국내로

[그림 13-1] 다문화가족 자녀의 유형

입국한 자녀를 의미한다. 결혼이민자가 한국인 배우자와 재혼하여 본국의 자녀를 데려온 경우와 국제결혼가정의 자녀 중 외국인 부모의 본국에서 성장하다 청소년기에 재입국한 청소년이 있다. 중도입국 자녀와 유사한 집단으로 외국인근로자가정 자녀, 탈북청소년, 제3국 출생 북한이탈주민 자녀가 있는데, 「청소년복지지원법」 제18조에서는 이들을 이주배경청소년으로 정의하고 있다.

(3) 다문화가족 관련 이론

다문화사회의 진행 단계에 따라 정부의 정책적 관점에 관한 이론을 [그림 13-2]와 같이 차별적 배제주의, 동화주의, 다문화주의 모형으로 분류할 수 있다. 그러나 현실에서는 이론적 관점이 복합적으로 나타나기도 한다(김미나, 2009).

김미나(2009)의 연구에서 다문화정책 유형별, 국가별 비교를 실시한 결과 독일, 일본, 한국은 다문화 주요 정책이 자민족 우위의 차별 배제적 관점을 중심으로 형성되고 있는 것으로 나타났다. 국제결혼가족을 대상으로 하는 정책에서는 동화와 통합을 위한 이주민 적응 및 지원 정책들을 주요 내용으로 하고 있다. 이를 통해 상대적으로 동화주의적 요소가 가미되어 있음을 알 수 있다. 선진국의 경우에는 다문화정책과 이민정책이 긴밀하게 연계되어 두 영역 간의 일관된 정책목표를 달성하기 위해 프로그램들이 상호 유기적으로 운영되

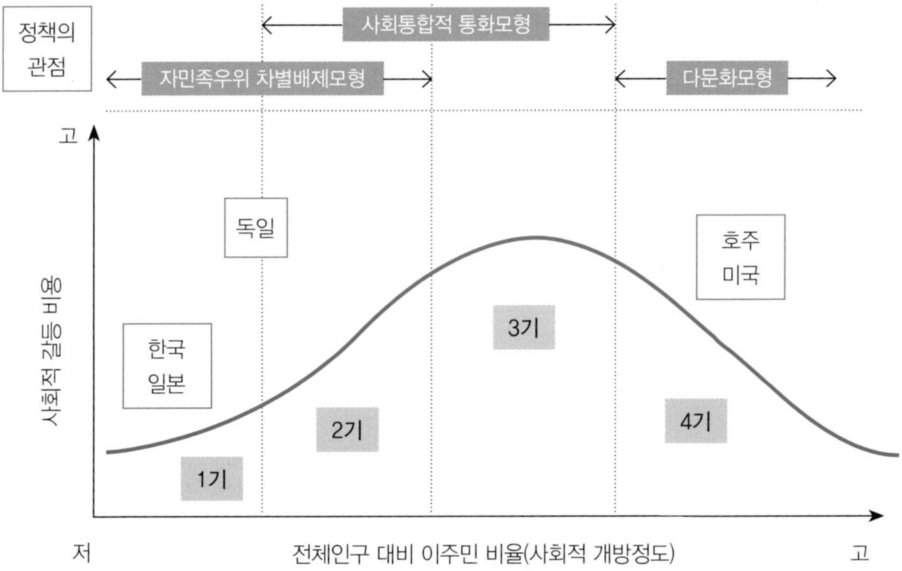

[그림 13-2] 다문화정책의 관점

자료: 김미나. (2009). p. 201.

고 있다. 반면에 한국은 영역 간 상호 연계성이 상대적으로 부족한 편으로, 정책이 분절적으로 운영되고 있다는 한계점이 있는 것으로 나타났다(〈표 13-2〉 참조).

국가별로 정부의 다문화정책에 대한 이론적 관점을 이해하는 것은 다문화가족의 진로지도 정책을 이해하는 데 중요한 의의를 갖는다. 다문화가족 진로지도는 다문화가족에 대한 전반적인 정책 기조에 따라 영향을 받게 되기 때문이다. 예컨대, 다문화주의적 관점을 바탕으로 다문화정책을 수립하고 실행하는 국가에서는 다문화가족이 사회의 구성원으로

〈표 13-2〉 국가별 다문화정책의 이론적 관점 및 특징 비교

비교 영역	호주	미국	독일	일본	한국
정책의 이론적 관점	다문화주의적 관점		자민족 우위의 차별 배제적 관점		
형성 배경	• 1970년대 중반부터 급증하는 이민 인구의 압력	• 1620년 이민자들이 들어오면서 많은 갈등 야기	• 1960년대 외국인 노동자의 적극적 유입정책으로 형성	• 1980년대 이후 경제의 글로벌화로 외국인 증가	• 1990년대 산업연수생 제도, 한중 수교 이후 외국인노동자 및 국제결혼자 유입 급증
기본 방향	• 조화롭게 살기 • 공평한 정부 서비스	• 속지주의 • 소수자 우대정책	• 가족 프로젝트 차원에서 국가 장기 과제	• 다문화 공생사회의 실현	• 여성결혼이민자의 사회통합, 열린 다문화사회 실현
주체별	• 국가 행정기구를 독립적으로 운영	• 연방정부의 법적 근거가 마련된 후에 주정부가 실제적으로 집행	• 정부 주도적 • 이주난민연방청의 통합프로그램으로 23개 사무소를 통해 시행	• 정부보다 시민사회 운동 중심 • 지자체, 공민관이나 국제교류센터	• 정부 주도적 • 부처별 정책과 지자체, 민간단체를 통한 집행 기능 수행
다문화가족 자녀 교육정책 방향	• 다문화사회에서 필요한 지식과 기능, 가치 함양을 위한 학교 개혁	• 다민족주의 지향 • Head Start 서비스	• 이주민 적응교육 • 문화적 정체성 및 모국어 교육 • 문화 간 이해교육	• 주류 문화 적응 및 통합교육중심	• 다문화가정 자녀의 교육격차 해소 및 사회 통합 • 글로벌 인재 육성
특징	• 만민평등이데올로기 강조 • 이주민공동체 재생산	• 주정부마다 다른 교육체제와 법령(주정부마다 자율적, 독자적으로 운영) • 이주민공동체 재생산	• 독일사회를 위한 인적자원으로 성장하는 학교교육, 직업교육, 언어교육 강조 • 이주민공동체 형성	• 다문화에 관한 정부의 보수적 태도 • 지자체와 민간단체 중심의 지원 • 이주민 증가 및 가시화	• 관련 주체의 혼재정책 중복성 • 이주민 증가 및 가시화

자료: 김미나. (2009). p. 219 재구성.

서 자신의 진로를 탐색하고 선택하며 직업생활을 영위할 수 있도록 지원하기 위해 진로지도를 적극적으로 수행할 가능성이 상대적으로 높다. 반면, 자민족 우위의 차별 배제적 관점에 따라 진로지도를 실시하면 다문화가족을 내국인보다는 외국인 노동 인력으로 바라보고 이들을 산업 현장에서 활용하는 방안에 더 집중할 가능성이 상대적으로 높을 수 있다. 따라서 다문화가족 진로지도 실태를 이해하기 위해서는 다문화가족 정책에 대한 이해가 선행되어야 한다.

다문화가족 관련 이론에 따른 특성은 다음과 같다. 먼저 다문화가족 유형 중 가장 많은 수를 차지하는 베트남, 중국, 일본 결혼이민여성의 가족생활 문화와 자녀 양육 특성을 살펴본다. 통상적으로 베트남, 중국(조선족과 한족), 일본 여성들은 동일한 문화권에서 왔다고 생각하지만, 실제 이들이 내면화하고 있는 가족주의 가치관에는 다소 차이가 있는 것으로 나타났다(서울대학교 생활과학연구소, 2017). 부계적 가족중심성을 질문한 가족주의 가치관과 전통적 성역할 태도를 살펴보면, 베트남 결혼이민여성들은 가족주의 가치관 성향이 한국인 남편보다 높고, 조선족이나 한족 결혼이민여성들은 남편과 비슷한 수준인 것으로 나타났다. 일본 결혼이민여성은 나머지 집단보다 훨씬 낮은 수준이었다. 가족주의 가치관 점수가 높거나 전통적인 성역할 태도 점수가 높을수록 한국생활 문화적응 수준이 높은 것으로 나타났다. 한편 결혼이민여성은 결혼과 동시에 우리나라에 입국하여 미처 한국 사회의 언어와 문화에 제대로 적응하지 못한 상태에서 자녀를 낳아 키우는 경우가 대부분이기 때문에, 결혼이민여성과 그들의 자녀가 경험하는 각종 어려움과 문제점이 꾸준히 제기되고 있다.

한편, 다문화가족 자녀의 학교적응, 심리 · 사회적응, 정체성, 문제행동, 문화적응, 진로 관련 특성을 한국청소년정책연구원(2017)의 보고서와 다문화가족 진로지도 관련 연구 동향을 분석한 내용을 바탕으로 살펴보았다.[1] 다문화가족 자녀 관련 연구 중 학교생활 적응에 대해 살펴보면, 다문화가족 청소년들의 학교생활 중 학업과 관련하여 어려움을 겪고 있고 취약하다는 연구 결과가 나타났다. 다문화가족 청소년들의 학교생활 적응에는 가정 · 경제적 요인이 큰 영향을 미치는 경향이 있었다. 다문화가족 청소년의 심리 · 사회적응에 관해 집단 간 비교를 한 초기 연구들은 다문화가족 청소년들이 비다문화가족 청소년

1) 7개 영역 중 학교적응, 심리 · 사회적응, 정체성, 건강, 문제행동, 문화적응은 한국청소년정책연구원(2017)의 보고서 내용을 바탕으로 작성했으며, 진로 영역은 해당 보고서 이외에 추가로 다문화가족 진로지도 관련 연구동향 분석을 실시한 결과를 바탕으로 작성하였음.

에 비해 심리 · 사회적응 수준이 낮다는 결과를 보이고 있으나, 최근에는 다문화가족 청소년의 경우에도 학교, 가족, 친구 요인이 영향을 미치는 것으로 나타나고 있어서 다문화가족 청소년 역시 청소년의 발달에 영향을 미치는 요인을 공통적으로 가지고 있음을 시사하고 있다.

다문화가족 청소년의 '자아정체성' 개념은 일반적으로 사람들이 생각하는 '나는 누구인가'에 해당하는 정체성과 자아개념을 대상으로 한 연구들이 있고, 다른 하나는 한국인 정체성, 또는 다문화 정체성에 대한 연구의 두 가지로 구분되어 있다. 일반적인 개념의 자아정체성 요인에서 다문화가족 청소년이 비다문화가족 청소년과 다르다고 가정할 근거는 없으며, 다문화가족 청소년의 정체성 문제는 정체성의 여러 영역 중 국가정체성, 민족정체성, 한국인 정체성, 이중정체성 등이 중요하게 다루어져 왔다. 심리 · 사회적응의 경우 문화적응의 주제는 사실상 국내출생 다문화가족 청소년에게는 크게 해당되지 않는 주제로, 실제 연구도 대부분 외국에서 출생하여 입국한 중도입국 청소년과 외국인근로자 자녀를 중심으로 이루어진 연구들이 대부분인 것으로 나타났다. 다문화가족 청소년의 건강, 특히 심리적 건강과 관련된 연구에서 이주노동자 자녀와 비다문화가족 청소년의 건강에 대한 인식, 자존감, 사회적 지지는 비다문화가족 청소년들이 다문화가족 청소년들보다 높았고, 자기효능감은 다문화가족 청소년이 더 높은 것으로 나타났으며 몽골이주아동의 경우 연령이 증가함에 따라 운동을 하는 비율은 높아졌지만 비다문화가족 청소년들은 감소하는 경향이 있음을 보여 주었다(박현주 외, 2010). 다문화가족 청소년의 문제행동를 살펴봤을 때, 청소년기 성장 환경이 중요한 영향을 미치는 것이라고 볼 수 있다. 예컨대, 다문화가족 청소년 부모의 학대적 양육태도가 증가할수록 다문화가족 청소년의 비행행동이 증가하였고, 지역의 사회적 지원이 다문화가족 청소년의 지위비행, 재산비행 및 폭력비행을 완화시키는 영향이 있는 것으로 나타났다(아영아, 2016).

한편, 국내출생 다문화가족 청소년과 중도입국 청소년 및 외국인가정 청소년의 경우 학교생활 적응에서 차이가 있을 수밖에 없음에도 이들을 하나의 집단으로 간주하는 것은 다문화가족 청소년에 대한 객관적 이해에 도움이 되지 않을 수 있다. 다문화가족 청소년 내에는 국내출생자, 중도입국 청소년, 외국인근로자가정 자녀 등의 다양한 유형이 존재하며, 성장배경에 따라 이들의 발달 양상이 다름에도 불구하고 '다문화'라는 용어에 묶어서 결과를 산출한 결과 여러 유형의 특징이 혼재되어 정확한 발달 특성을 반영하지 못할 수 있다는 한계가 있다.

다음으로 다문화가족 자녀의 진로 관련 선행연구를 살펴보고, 이를 바탕으로 다문화가족 자녀의 진로 관련 특성을 살펴본다. 초등학생의 직업가치관의 경우, 직업의 가치로 자신의 기쁨이나 만족 등 내적인 심적 지향에 비중을 두는 내재적 직업가치관은 일반 가정 학생들이 더 높게 나타났으나, 직업의 가치로 직업이 주는 외부로부터의 결과물과 보상에 더 큰 의미를 두는 외재적 직업가치관은 다문화가족 학생들이 더 높게 나타났다(김남경 외, 2018). 내재적 직업가치관의 하위영역별 이타성, 대가성은 다문화가족 학생들이 더 높고, 독창성, 만족성, 안정성은 일반 가정 학생들이 더 높게 나타났다.

진로인식과 관련하여 초등 다문화가족의 진로인식 차이를 비교 분석한 연구(김민정, 정미경, 2014)에서는 다문화가족 학생들의 자아인식 중 긍정적인 인식이 낮게 나타났으며, 진로교육과 직업선택의 기준, 직업에 대한 태도 및 가치관 인식의 영역에서 유의미한 차이를 보였다. 또한 조붕환(2012)의 연구에서는 진로흥미와 진로인식의 상관관계는 일반 가정 초등학생이 보다 뚜렷하고, 진로흥미가 진로인식에 미치는 영향력은 일반 가정 초등학생이 더 큰 것으로 나타났다. 직업인식으로 초등학교 고학년과 중학생 다문화가족 자녀를 대상으로 연구한 김영은 등(2012)은 직업인식이 비다문화가족 자녀들에 비해 낮고, 특히 직업이 무슨 일을 하는지에 대해 인식하는 수준 차이가 유의미하게 나타났다.

진로대안 영역의 경우, 초등학생보다 중학생의 경우에 좁아지고, 직업포부 지위 수준은 비다문화가정 자녀에 비해 낮은 것으로 나타났다. 자아인식, 학업·진로탐색, 진로계획을 살펴보면, 진로발달의 주요 세 영역인 자아인식, 학업·직업탐색, 진로계획이 다문화가족 학생들에게서 모두 낮게 나타났다(남부현, 최충옥, 2012). 자아개념과 진로발달의 상관관계는 다문화가정 초등학생의 경우 약간 더 높고, 학업적 자아개념은 다문화가정 초등학생이 갖는 영향력이 더 높게 나타났으며, 학업·직업탐색 영역에서 일반 가정 초등학생이 더 높게 나타났다(조붕환, 2010).

진로발달의 학업·직업탐색, 진로계획 및 진로발달은 다문화가족 여부에 따라 효과크기의 차이가 나타났고 일반 가정 학생의 평균이 더 높았으며, 학습흥미가 진로발달에 미치는 영향력은 다문화가정 학생보다 일반 가정 학생에게 더 크게 나타났다(조붕환, 2011). 의사소통, 부모애착, 자기효능감, 진로장벽을 살펴본 결과, 다문화가정 중학생은 일반 가정 중학생에 비해 부모와의 의사소통, 부모애착, 자기효능감 및 진로장벽의 요인에서 유의미하게 부정적인 경험을 한다고 나타났다(이지민, 오인수, 2013). 청소년 연령기에 속한 다문화가족 자녀의 경우, 일반 청소년에 비해 상대적으로 진로의식 수준이 낮고, 정보 부족이나 경제적 어려움으로 진로장벽이 더 높으며, 학년이 올라갈수록 진로 프로그램의 요구도가 꾸준히 높아지는 것으로 나타났다.

선행연구를 바탕으로 다문화가족 청소년의 진로 특성을 살펴보면 다음과 같다. 첫째, 다문화가족 집단과 비다문화가족 집단의 비교 연구에서는 진로계획과 진로발달, 직업이해 및 진로탐색 등에서 다문화가족 청소년보다 비다문화가족 청소년들이 더 높은 점수를 보인다는 결과들이 대부분인 것으로 나타났다. 둘째, 다문화가족 청소년들의 진로의식에 부모가 중요한 영향을 미치는데, 부모가 자녀에게 미치는 영향력의 차이도 다문화가족 청소년 집단에 비해 비다문화가족 청소년 집단에서 더 크게 나타나는 것으로 보고되어 왔다. 이는 모든 다문화가족 청소년이 일률적으로 진로발달에서 비다문화가족 청소년에 비해 낮다고 말할 수는 없으며, 다수의 다문화가족 청소년이 사회적으로 낮은 계층에 속해 있다는 사실을 고려할 때, 다문화가족 청소년들은 진로발달 수준이 비다문화가족 청소년에 비해 낮고, 그 결과 사회적으로 진로격차를 발생시킨다면 그것은 추후에 사회통합에 저해 요소로 작용할 수 있다. 셋째, 중도입국 청소년의 진로에 관한 어려움과 관련하여 낯선 환경에 대한 적응의 어려움과 정보의 부족, 언어의 장벽 등은 중도입국 청소년의 한국 사회 적응을 어렵게 만들고, 이는 진로의식에 영향을 주는 것으로 나타났다.

2. 다문화가족의 현황과 다문화가족 진로지도 관련 정책 및 사례

1) 다문화가족의 현황

2020 지방자치단체 외국인 주민 현황 자료를 바탕으로 외국인 주민 및 다문화 구성원의 수를 살펴보았다. 〈표 13-3〉에 따르면 2017~2020년의 4년 동안 외국인 아내와 출생기준 한국인 남자의 다문화 혼인 비율은 지속해서 증가하는 경향을 보였다(통계청, 2021).

〈표 13-3〉 다문화 혼인 유형별 규모 및 비율 (단위: 명, %)

구분	외국인 아내	외국인 남편	귀화자	전체
2017	14,245(65.0)	4,294(19.6)	3,378(15.4)	21,917(100.0)
2018	15,933(67.0)	4,377(18.4)	3,463(14.6)	23,773(100.0)
2019	17,136(69.3)	4,260(17.2)	3,325(13.5)	24,721(100.0)
2020	10,737(66.4)	3,024(18.7)	2,416(14.9)	16,177(100.0)

주) 외국인 아내: 출생기준 한국인 남자+외국인 여자, 외국인 남편: 출생기준 한국인 여자+외국인 남자, 귀화자: 남자 또는 여자 어느 한쪽이 귀화자 또는 남녀 모두 귀화자

〈표 13-4〉에서 2021년 교육기본통계를 바탕으로 국내 다문화학생 현황을 살펴보았다. 2021년 기준으로 총 16만 58명의 다문화학생이 있으며, 전체 학생의 3.0%를 차지하고 있었다. 세부적으로 초등학생이 11만 1,371명(69.6%), 중학생 3만 3,950명(21.2%), 고등학생 1만 4,308명(8.9%), 각종학교 429명(0.3%)이 있었으며, 다문화가족의 유형을 기준으로 구분해 보면 국제결혼가정 중 국내에서 출생한 학생들이 12만 2,095명(76.3%), 국제결혼가정 중 해외에서 중도입국한 학생들이 9,427명(5.9%), 외국인으로 구성된 가정의 학생들이 2만 8,536명(17.8%)이었다.

〈표 13-4〉 국내 다문화학생 현황(2021) (단위: 명, %)

구분	국제결혼 가정		외국인 가정	전체
	국내출생	중도입국		
초등학교	86,399(77.6)	4,953(4.4)	20,019(18.0)	111,371(100.0)
중학교	25,368(74.7)	2,773(8.2)	5,809(17.1)	33,950(100.0)
고등학교	10,183(71.2)	1,519(10.6)	2,606(18.2)	14,308(100.0)
각종학교	145(33.8)	182(42.4)	102(23.8)	429(100.0)
계	122,095(76.3)	9,427(5.9)	28,536(17.8)	160,058(100.0)

자료: 교육부. (2021).

다음으로 〈표 13-5〉에서 부모의 출신 국적별 초·중등학교에 재학 중인 다문화학생의 수를 제시하였다. 다문화학생 중 베트남 출신 부모를 가진 학생이 5만 1,532명(32.2%)으로 가장 많았으며, 중국(한국계 제외) 3만 7,805명(23.6%), 필리핀 1만 5,935명(10.0%), 중국(한

〈표 13-5〉 부모의 출신 국적별 초·중등학교에 재학 중인 다문화 학생 수 및 비율 (단위: 명, %)

국가	다문화 학생 수	비율
베트남	51,532	32.2
중국(한국계 제외)[1)]	37,805	23.6
필리핀	15,935	10.0
중국(한국계)	13,175	8.2
일본	8,286	5.2
기타[2)]	33,323	20.8
계	160,056	100.0

주 1) 법무부 출입국·외국인 통계본부에서는 '중국인'을 '중국(인)'과 '한국계 중국(인)'으로 구분(이승은, 2016).
2) 기타: 태국, 몽골, 러시아, 미국, 대만, 인도네시아, 유럽, 아프리카, 오세아니아, 중앙아시아 등
자료: 교육부. (2021).

국계) 1만 3,175명(8.2%), 일본 8,286명(5.2%), 기타 3만 3,323명(20.8%)으로 동북 및 동남아시아 출신 다문화 학생의 비율이 높은 것을 확인할 수 있다.

2) 다문화가족 진로지도 관련 정책

(1) 중앙정부 차원

다문화가족과 관련된 법, 정책 및 제도를 중앙정부와 지방정부 차원으로 구분하여 살펴보고, 국가별 다문화정책의 비교를 통해 한국의 다문화정책의 특징을 살펴본다. 중앙정부에서 제정한 다문화가족과 관련된 대표적인 법은 「다문화가족지원법」이다. 다문화가족 자녀가 국내 학교에 재학 중일 경우 「진로교육법」의 적용을 받고, 청소년일 경우는 「청소년복지지원법」의 적용 대상이 된다는 점에서 법률의 내용을 함께 살펴본다.

「다문화가족지원법」은 다문화가족 구성원이 안정적인 가족생활을 영위하고, 사회구성원으로서의 역할과 책임을 다할 수 있도록 함으로써 삶의 질 향상과 사회통합에 이바지함을 목적으로 2008년 제정되었다. 진로지원과 관련하여 해당 법률에는 '진로'와 관련된 내용이 직접적으로 명시되어 있지는 않으나, 직업교육 · 훈련과 관련된 내용(제6조 제1항), 일자리 정보제공(제12조 제4항의 5), 사회적응 및 교육프로그램 제공(제6조 제1항, 제10조 제2항) 등의 내용을 통해 간접적으로 진로지원과 관련된 내용을 명시하고 있었다. 그리고 「진로교육법」에서는 장애인, 북한이탈주민, 저소득층 가정의 학생 및 학교 밖 청소년 등 사회적 배려대상자를 위한 진로교육 시책을 마련하여야 한다(제5조 제2항)는 내용이 명시되어 있으나, 다문화학생 대상 진로지도에 관한 내용이 따로 명시되지는 않았다. 「청소년복지지원법」에서는 다문화가족의 청소년을 위한 사회적응 및 학습능력 향상을 위한 상담 및 교육 시책을 마련하고 시행하여야 한다고 명시되어 있어 다문화가족 청소년이 해당 법률의 적용을 받을 수 있음을 밝히고 있으나, 진로와 관련된 내용은 직접적으로 명시되어 있지 않았다.

다문화가족 담당 부처를 살펴보면, 우리나라의 외국인 사회통합정책은 법무부와 여성가족부가 주로 담당하고 있다. 법무부는 외국인의 출 · 입국, 체류, 귀화 등과 같은 외국인 통제정책을 담당하는 반면, 여성가족부는 결혼이주여성의 인권보호 차원에서의 지원서비스를 포함한 다문화가족 정책을 총괄하고 있었다(최영준, 2018). 다문화가족 지원정책의 토대를 살펴보면, 중앙정부는 2006년부터 다문화가족 지원정책을 수립하고 추진하여 다문화가족 지원정책의 토대를 구축하였으나, 기관 간 역할 분담을 통한 체계적인 접근의 미흡, 정책 내용에 있어서 다문화가족의 증가 추세 및 수요 변화를 반영한 중장기적 지원 대책 부족, 일반 국민의 다문화 이해 제고와 인식 개선을 위한 정책 부족 등의 문제점 및 한계를 극복하기 위해서 2010년부터 다문화가족과 관련된 정책 기본계획을 수립하고 시행하게 되었다(여성가족부, 관계부처 합동, 2011). 중앙정부 차원의 다문화가족 및 다문화가족

〈표 13-6〉 다문화가족정책 기본계획 변화

구분	다문화가족지원정책 기본계획 (2010~2012)	제2차 다문화가족정책 기본계획 (2013~2017)	제3차 다문화가족정책 기본계획 (2018~2022)
비전	• 열린 다문화사회로 성숙한 세계국가 구현	• 활기찬 다문화가족, 함께하는 사회	• 참여와 공존의 열린 다문화사회
목표	• 다문화가족의 삶의 질 향상 및 안정적인 정착 지원 • 다문화가족 자녀에 대한 지원 강화 및 글로벌인재 육성	• 사회발전 동력으로서의 다문화가족 역량 강화 • 다양성이 존중되는 다문화사회 구현	• 모두가 존중받는 차별없는 다문화사회 구현 • 다문화가족의 사회 · 경제적 참여 확대
추진 과제 및 세부 내용	• 5대 영역, 61개 세부과제 추진 ① 다문화가족지원정책 추진체계 정비 ② 국제결혼중개 관리 및 입국전 검증시스템 강화 ③ 결혼이민자 정착 지원 및 자립역량 강화 ④ 다문화가족 자녀의 건강한 성장환경 조성 ⑤ 다문화에 대한 사회적 이해 제고	• 6대 영역 86개 세부과제 추진 ① 다양한 문화가 있는 다문화가족 구현 ② 다문화가족 자녀의 성장과 발달지원 ③ 안정적인 가족생활 기반 구축 ④ 결혼이민자 사회경제적 진출 확대 ⑤ 다문화가족에 대한 사회적 수용성 제고 ⑥ 정책추진체계 정비	• 5대 영역, 70개 세부과제 추진 –총과제 984개(중앙부처 117개, 지자체 867개) ① 다문화가족 장기정착 지원 ② 결혼이민자 다양한 사회참여 확대 ③ 다문화가족 자녀의 안정적 성장 지원과 역량강화 ④ 상호존중에 기반한 다문화 수용성 제고 ⑤ 협력적 다문화가족정책 운영을 위한 추진체계 강화
진로 지도 관련 내용	• 여가부를 포함한 총 7개 부처를 중심으로 다문화가족지원 사업계획이 제시되어 있으며, 주로 결혼이민자 대상 진로지원이 주를 이룸. • (노동부) 결혼이민자 진로설계 지원 프로그램 용역 • (노동부) 결혼이민자 취업지원 민간위탁 • (행안부) 취업안내 교육 • (농식품부) 이주 여성농업인 지원	• 정책과제 2 다문화가족 자녀의 성장과 발달지원을 위한 '기초학력 향상 및 진학지도 강화'가 제시되어 있음 • 한국어 및 기초학력 향상과 진학에 초점을 두고 지원계획을 밝히고 있으나, 전반적으로 진로와 관련된 지원 내용은 거의 제시되어 있지 않음	• 정책과제 3 다문화가족 자녀의 안정적 성장 지원과 역량강화를 위한 '진로준비 및 사회진출 지원'에 관한 정책 계획이 제시되어 있음 • 진로와 관련하여 제시되어 있는 내용: ① 생애주기별 진로지도 ② 진로체험 강화 ③ 학부모 및 교원의 다문화가족 자녀 진로지도 역량 강화

자녀 관련 정책 및 제도의 현황과 변화 흐름은 〈표 13-6〉과 같다. 다문화가족지원정책 기본계획은 여성가족부·관계부처 합동으로 발표되었으며, 초기에는 다문화가족지원정책이라는 명칭으로 기본계획을 발표했으나, 제2차부터는 '지원'이라는 용어를 삭제하고 '다문화가족정책'으로 명칭을 바꾸어 발표하였다.

(2) 지방정부 차원

다문화가족 지원에 대한 지방정부의 책무를 살펴본 결과, 「다문화가족지원법」 제3조에서는 다문화가족 구성원에 대한 지방자치단체의 의무와 책임을 규정하고 있었고, 자치법규를 통해서도 지방정부는 다문화가족을 지원하고 있었다. 한국 사회의 다문화 현상은 외국인근로자와 결혼이민자의 유입이 큰 원인으로 작용했다는 점(임형백, 2009)에서 그동안 지방자치단체의 이주민에 대한 정책 역시 외국인근로자와 결혼이민자가 주요한 지원 대상이었고(정회옥, 박명아, 2018), 지방정부에서는 외국인과 관련된 자치법규를 제정하여 다문화가족을 지원하고 있었다. 지방정부의 외국인과 관련된 자치법규는 「거주외국인(외국인주민) 지원 조례」, 「다문화가족 지원 조례」, 「거주외국인(외국인주민) 및 다문화가족 지원 조례」가 있고, 17개 광역단체의 외국인주민 현황과 외국인 지원 조례 현황을 종합하면 〈표 13-7〉과 같다. 외국인 지원 조례 중 다문화가족 지원 조례의 수는 163개, 거주외국인 및 다문화가족 지원 조례의 수는 70개로, 외국인 지원 조례 총수 중 절반 이상(57.0%)을 차지하고 있었다.

〈표 13-7〉 광역단체별 외국인주민 및 외국인 지원 조례 현황

광역단체	외국인 주민비율(%)[1)]	거주외국인 지원 조례 수	다문화가족 지원 조례 수	거주외국인 및 다문화가족 지원 조례 수[2)]	외국인 지원 조례 총수
서울특별시	4.53	13	16	10	39
부산광역시	1.64	11	14	0	25
대구광역시	1.51	7	6	2	15
인천광역시	3.15	11	9	1	21
광주광역시	1.80	6	3	3	12
대전광역시	1.64	6	6	0	12
울산광역시	3.27	3	3	3	9
세종특별자치시	2.76	0	0	1	1
경기도	4.48	19	14	18	51
강원도	1.73	12	13	6	31

광역단체	외국인 주민비율(%)[1]	거주외국인 지원 조례 수	다문화가족 지원 조례 수	거주외국인 및 다문화가족 지원 조례 수[2]	외국인 지원 조례 총수
충청북도	3.04	7	7	5	19
충청남도	4.05	13	8	4	25
전라북도	2.31	11	13	4	28
전라남도	2.54	19	20	4	43
경상북도	2.62	17	17	6	40
경상남도	3.23	16	13	3	32
제주특별자치도	3.28	4	1	0	5
계		175	163	70	408

주 1) 외국인주민 비율은 각 광역단체의 주민등록인구 대비 외국인주민 수를 계산한 값을 의미함.
2) 「거주외국인(외국인주민) 및 다문화 가족지원 조례」는 「거주외국인(외국인주민)지원 조례」와 「다문화가족 지원 조례」를 통합한 형태의 조례임.

자료: 정회옥, 박명아(2018)의 자료를 바탕으로 재구성.

〈표 13-8〉 「다문화가족지원법」과 「다문화가족 지원 조례」의 주요 지원 내용 비교

구분	다문화가족지원법	다문화가족 지원 조례
지원 대상	• 결혼이민자와 대한민국 국적을 취득한 자(출생 · 인지 · 귀화에 의한 국적취득)로 이루어진 가족	• 결혼이민자와 대한민국 국적을 취득한 자(출생 · 인지 · 귀화에 의한 국적취득)로 이루어진 가족
주요 지원 내용	• 다문화가족에 대한 이해 증진을 위한 교육 및 홍보 등 필요한 조치 제공 • 결혼이민자 등이 대한민국에서 생활하는 데 필요한 기본적 정보를 제공하고 한국어교육 등을 받을 수 있도록 지원 • 평등한 가족관계를 위한 가족상담, 부부교육, 부모교육, 가족생활교육 등 추진 • 가정폭력을 예방하기 위한 노력 전개 • 결혼이민자 등의 영양 · 건강에 대한 교육, 산전 · 산후 도우미 파견, 건강검진 등의 의료서비스 지원 • 다문화가족 구성원인 아동 · 청소년에 대한 교육 프로그램 지원 • 결혼이민자 등의 의사소통의 어려움을 해소하기 위한 다국어 서비스 제공	• 다문화가족에 대한 이해 증진을 위한 교육 및 홍보 • 결혼이민자 등이 해당 자치구에 생활하는 데 필요한 기본적 정보의 제공 및 적응교육 • 다문화가족의 가족상담, 부부교육, 부모교육, 가족생활교육 등 평등한 가족관계 유지를 위한 사업 • 다문화가족 내 가정폭력의 예방 및 가정폭력으로 피해를 입은 결혼이민자 등의 보호 · 지원 • 결혼이민자 등이 건강하게 생활할 수 있도록 영양 · 건강에 대한 교육, 산전 · 산후 도우미 파견, 건강검진 등의 의료서비스 지원 • 결혼이민자 등에 대한 외국어 통역 · 번역 서비스의 제공 • 다문화가족 구성원인 아동의 보육 · 교육 지원 및 한국어교육 등 언어능력 제고에 필요한 지원 가능

자료: 정회옥, 박영아. (2018). p. 28.

정회옥과 박명아(2018)는 지방자치단체의 「다문화가족 지원 조례」와 「다문화가족지원법」을 비교하여 〈표 13-8〉과 같이 제시하였는데, 다문화가족 자녀에 관한 지원 내용은 다문화가족 구성원인 아동·청소년에 대한 교육 프로그램을 지원할 수 있다는 내용이 있었다. 한편, '진로'에 관한 내용이 직접적으로 규정되어 있는 조례는 한 곳도 없었고, '직업'에 관한 내용은 5개의 지방자치단체(파주시, 서울특별시 성북구, 문경시, 부산광역시 동래구, 부산광역시 중구)의 다문화가족 지원 조례에서 다문화가족의 직업 관련 지원에 관한 내용을 확인할 수 있었다.

3) 다문화가족 진로지도 사례

(1) 국내 광역단체

다문화가족 관련 이론적 기초와 현황, 다문화가족 구성원의 특성 및 다문화가족 진로지도 관련 정책을 살펴본다. 이어서 우리나라 광역단체별 진로지도 사례를 살펴본다. 〈표 13-9〉에 따르면 각 광역단체에서는 다문화가족 자녀 대상으로 심리·정서적 지원, 진로지원 등을 제공하고 있음을 알 수 있다. 성인 대상으로는 직업교육 및 취업지원을 제공하고 있었다. 한편 제주특별자치도의 경우, 예비교원을 대상으로 다문화 이해교육을 교직이수과목으로 운영하는 사례도 있었다.

〈표 13-9〉 광역단체별 다문화가족 진로지도 관련 사례

광역단체	진로지도 관련 사례
서울특별시	• 통·번역 등 전문가 양성교육, 협동조합 인큐베이팅, 취·창업 연계 • 다문화가족 자녀들에게 맞춤형 진학정보제공·상담 등 종합서비스를 제공하여 취·진학률 및 진로탐색 역량 제고
부산광역시	• 초등학교와 대학 입학을 앞둔 다문화 학부모를 위한 입학정보 제공
대구광역시	• 다문화가족 자녀의 성장과 교육, 양육정보를 출신국 언어로 제공하는 다문화 교육 코디네이터 활성화 • 다문화 자녀, 청소년의 자존감 향상, 재능성장, 글로벌 인재로 키우기 위해 다문화 청소년 재능성장 지원, 러시아 등 중앙아시아 이중언어 인재육성 사업 • 다문화 자녀 성장단계별·특성별 맞춤형 프로그램 제공
인천광역시	• 사춘기자녀 캠프 운영(90가정), 자녀 멘토링 및 정밀검사·치료 지원(77명)
광주광역시	• 자립역량 강화를 위한 자격증취득 지원으로 취·창업 지원 • 다문화 청소년을 위한 프로그램 개발 및 지원 • 이주여성 중 한부모 자녀양육 지원 및 청소년기 부모교육 지원 강화 • 유관 기관과 연계한 취·창업 등 다문화가족지원 사업 추진

광역단체	진로지도 관련 사례
대전광역시	• 취약 · 위기상황에 적극 대응할 수 있도록 단계별 맞춤형 사례 관리 서비스 제공 • 지역아동센터 연계 방과 후 돌봄 서비스, 학습멘토링, 언어발달지원, 방문교육
울산광역시	• 다문화가족과 함께하는 독서놀이 및 독서멘토링
강원도	• 다문화가족 취학 전 자녀 한국어 학습지 지원 • 결혼이민자 직업 교육 및 취업 지원
세종특별자치시	• 다문화가족 학부모를 위한 학교생활안내, 진로 · 진학정보 • 의사소통에 어려움이 있는 다문화가족 자녀들에게 적절한 수준의 언어발달교육 서비스 제공 • 다문화교육지원센터-다문화가족지원센터 등 지역 내 유관 기관과 연계하여 상담서비스, 강사인력 등 협력 체계 구축
경기도	• 시 · 군별 지역 특성에 맞는 취업과정 운영, 일자리 연계 추진 • 결혼이민자, 귀화자, 고려인 영상제작 1인 크리에이터 육성 • 이주여성의 사회 · 경제적 역량 강화 및 창업지원 연계 • 심리상담, 연령별 소집단 치료(원예, 미술, 음악), 개별심리검사 지원
충청북도	• 다문화가족 통번역지원사업, 소비자 경제교육, 찾아가는 다문화교실 • 한국어교육 내실화 및 전문성 강화(검정고시, 한국어그룹수업지원 등) • 자녀단계별 성장발달에 따른 정보제공 및 자녀교육을 통한 체험학습의 기회 제공 • 가족관계개선, 사회성, 리더십 개발 등을 위한 프로그램 제공 및 기초학력 제고
충청남도	• 다문화가정 자녀 중 초 · 중 · 고 · 대학교 입학생에 입학금 준비금 지원
전라북도	• 결혼이민자 학력취득 및 대학 학비 지원 • 민간부문의 지역사회 인적 · 물적 자원을 유기적으로 연계 · 활용하여 각종 교육의 사각지대 해소 • 다문화가족 출신국가에 시장개척을 원하는 기업을 발굴, 다문화가족과 매칭을 통한 바이어 발굴, 통번역 지원 등 해외시장개척 및 일자리 제공 • 독서 · 놀이 · 음악 · 미술치료 등 심리 · 정서적 프로그램 지원
전라남도	• 모국어 아카데미 톡톡(Talk Talk) 선생님을 운영하여 다문화 가족 자녀들이 어머니 나라의 표준어를 배워 글로벌 인재로 육성
경상북도	• 결혼이민여성 교육지원(대학 학자금 등 80명) • 센터 이용이 어려운 가족 대상, 거주지 인근 공부방 운영(200여 개 프로그램)
경상남도	• 결혼이민자 취업 지원창구 운영 • 여성결혼이민자 기술취득비 지원
제주특별자치도	• 중도입국자녀 대상 한국어교육, 말하기 대회, 인성캠프, 가족운동회 및 특기적성프로그램 운영 • 예비교원 대상 다문화 이해교육을 필수 교직이수과목으로 운영

(2) 영국의 흑인 및 소수 인종 학생 멘토링 프로그램

영국의 다문화가정 학생을 위한 교육 기조와 방향을 먼저 살펴보면, 교육복지라는 광의의 기조 아래서 조망될 수 있으며, 다문화가족 학생을 위한 영국의 교육복지 기조는 양질의 교육기회 확충을 통해 다문화가족의 구성원들이 영국 사회의 새로운 인재군으로 선발되고, 이들의 잠재성과 능력을 충분히 발굴할 수 있는 교육지원체제가 필요조건이라는 점을 전제하고 있다(김진희, 2011). 김진희(2011)는 영국의 중도입국 다문화가족 청소년을 위한 교육체계 연구에서 다음의 사례를 제시하였다.

영국 리즈(Leeds)에서는 흑인 및 소수 인종 학생 멘토링 프로그램이 있었다. 이 프로그램은 리즈 지역의 대학교와 다문화가족 청소년들을 연계해서 멘토링 서비스를 제공하는 것이다. 특히 다문화가족 청소년이 대학에 입학하는 방법에 대한 멘토링을 제공하고 있다는 점에서 다문화가족 청소년의 대학 진학률이 낮은 한국에 의미 있는 시사점이 있다.

아프가니스탄 학생회(Afghan Students Association)와 협력하여 제공하는 난민 청소년 멘토링 프로젝트(Young Refugees' mentoring project) 사례는 민간에서 자율적으로 이루어지고 있다. 이 프로젝트는 버밍엄에 본부를 둔 무슬림 청소년노동재단(Muslim Youthwork Foundation)이 중도 입국한 난민 청소년을 위해 실시하는 것이다. 아프가니스탄 학생회와 협력하여 진행되는 이 프로젝트는 런던 등 주요 도시의 학교에서 공부하는 이슬람권 중도입국 학생들의 역량을 강화하고, 사회적응을 돕기 위해 자발적으로 전개되는 민간 교육지원 사업이라 할 수 있다. 그동안 영국 교육시스템에서 학업 실패와 부정적 경험을 가진 난민 학생들의 교육적 소외를 해소하고, 자신감을 고양하기 위해서 유사한 난민 배경을 가졌음에도 학업 성취를 이룬 선배 대학생들이 멘토로 활약한다. 멘토들은 구체적인 학습 방법, 집중력 강화 훈련, 동기 부여, 학업 진로에 대한 상담서비스를 제공하고 교육체제에 부적응하는 다문화가정 학생들을 위한 삶의 가이드라인을 제시하는 광범위한 멘토링을 실시하며, 이 과정에서 진로지도 · 상담 서비스를 제공하여 다문화가족 청소년의 진로개발을 지원한다.

(3) 독일의 다문화가족 청소년 대상 직업교육훈련

다문화 청소년 직업교육훈련 지원방안에 관한 김기홍(2018)의 연구에서 제시된 독일의 다문화가족 청소년을 위한 직업교육훈련 사례를 살펴보면 다음과 같다. 학교에서 이루어지고 있는 사례로 니더작센주의 첼레에 위치한 직업학교로서 '악셀-부룬스 슐레'에서 실시하는 다문화 청소년을 대상으로 하는 'SPRINT-Projekt(SPRINT 프로젝트)'가 있는데, 이는 학교 모델 '젊은 난민을 위한 언어 및 통합 프로젝트'의 일환이다. 이 프로젝트의 진행 기간은 최대 1년이고, 수요 지향적이며 학년에 맞추어지지 않고 자유롭게 이루어진다는 특징이 있다. 이 프로젝트는 다문화가족 청소년이 직업교육훈련에 참여하고, 직업준비를 하는 과정에서 중요한 언어 중심의 커리큘럼을 제공하고 있으며, 역량을 확인하고 향상시키는 데 집중하고 있다는 점에서 우리나라 다문화 청소년 진로지도와 관련하여 실질적인 직업준비에 시사점을 제공한다.

다음으로 'JOBSTARTER & KAUSA'는 이주배경이 있는 직업교육생이 자영업자(사업자)들에게 이원적 직업교육을 받을 수 있도록 지원하고 있으며, KAUSA는 이주배경이 있는 전문인력이 직업교육생을 양성할 직업훈련교사의 역할을 담당할 수 있도록 전국적으로 직업훈련교사 양성 과정을 조정하여 이주배경이 있는 전문인력의 훈련교사 양성교육을 실시하고 있다. 이 과정은 연방교육과학연구부가 지원하고, 상공회의소와 공립 교육기관 이외의 다양한 교육기관이 수행하고 있다. KAUSA 프로젝트는 직업훈련을 위해 이주배경을 가진 자영업자를 유치하고, 젊은 이민자와 난민들의 훈련 참여를 확대하며, 학부모들에게 직업훈련에 대한 정보를 제공하는 것을 목표로 하고 있다.

독일에서는 외국인근로자나 결혼이민자의 국내유입을 개인 차원이 아닌 가족 단위 차원에서 접근해야 할 사업으로 보고 장기적이고 종합적인 대책을 수립하고 있으며, 다문화가족 자녀가 훌륭한 인적자원으로 성장할 수 있도록 학교교육, 직업교육, 언어교육을 중시하여 종합적인 지원사업을 추진하고 있다는 점(김기홍, 2018)에서 국내 다문화가족 진로지도와 관련하여 의미 있는 시사점을 제공하고 있다.

3. 다문화가족 진로지도의 문제점 및 개선방안

1) 문제점

국가인적자원개발 관점에서 다문화가족 구성원은 우리 사회를 구성하는 구성원이자 인적자원으로, 다문화가족 진로지도는 중요한 의의가 있다. 그러나 이전과 비교하여 다문화가족 진로지도의 중요성에 대한 인식과 정책적 관심은 일부 증가하였으나, 정책적·학술적으로 다음과 같은 한계가 존재한다.

첫째, 정책적으로 중앙정부 차원에서 제시된 다문화가족 진로지도 정책이 다소 분절적으로 제시되어 있고, 각 부처 간 연계와 협력 등을 통한 통합된 정책 비전, 효율적인 운영 방안 등을 찾아보기 어려우므로 이를 보완할 필요가 있다. 이는 교육부의 경우 진로교육을 담당하는 주무 부처이고, 여성가족부는 다문화가족 대상 정책을 담당하는 주무 부처인 것에서 기인한 것으로 볼 수 있다. 교육부는 주로 학교의 다문화가정 학생과 교원을 대상으로 하는 지원정책을 제시하고 있고, 여성가족부의 경우 중도입국자 학생을 위한 한국어 교육 또는 다문화가족 자녀의 사회적 적응을 위한 지원을 진로지도의 일환으로 제시하고 있다.

둘째, 지방자치단체별로 다문화가족 지원을 위한 예산과 사업 내용에 편차가 있어 지역별로 다문화가족 진로지도 지원의 양과 질적 편차가 우려된다. 예컨대, 몇몇 지방자치단체의 경우 다문화가족 지원정책에서 진로지도는 거의 제시되어 있지 않는 경우도 있다.

셋째, 정책적 · 사회문화적으로 다문화가족 진로지도에 대한 정책적 관심이 증가하고 있음에도 불구하고, 학술적으로 다문화가족 진로지도에 관한 연구와 논의는 아직까지 충분히 이루어지지 못하고 있다. 이는 정책 수립의 근거를 제공하는 데 필요한 이론적 근거나 시사점 등을 제공하는 데 필요한 연구 부족 등의 문제로 이어질 우려가 있다. 진로지도 또는 다문화가족을 학술적으로 전공한 연구자들의 관심이 진로지도 연구 영역 또는 다문화가족 연구 영역에서 상대적으로 부족하다는 한계가 있다.

2) 개선방안

이상에서 제시한 정책적 · 학술적 측면에서의 다문화가족 진로지도의 한계를 개선하기 위한 방안을 제안하면 다음과 같다.

첫째, 다문화가족 진로지도 담당 또는 관련 부처 간 연계와 협력을 강화하는 방안의 마련이 필요하다. 만일 부처 간 연계 또는 협력을 통하여 다문화가족 자녀의 사회적 적응과 한국어 교육 등을 교육부와 연계하여 운영한다면 여성가족부가 학교 밖 프로그램을 별도로 운영하는 것과 비교하여 정책적 효율성이 증대될 수 있다. 정부 부처 간 연계와 협력을 통해 향후에는 유기적인 다문화가족 진로지도 정책이 수립되고 시행될 수 있도록 해야 한다.

둘째, 앞서 제시한 광역단체별 다문화가족 현황을 바탕으로 지자체의 정책과 예산의 배분이 적절하게 이루어졌는지에 대한 검토가 요구되며, 특히 학령인구가 많은 광역단체의 경우 다문화가족 자녀를 위한 진로지도를 위한 정책이 수립되고 실행될 수 있는 환경을 조성하는 것이 필요하다.

셋째, 다문화가족 진로지도에 관한 연구자들의 관심을 증대하고 연구 수행을 독려하는 정책적 지원이 요구된다. 예컨대, 다문화가족 진로지도 정책을 수립하는 과정에서 필요한 기초 연구 또는 응용 연구 등을 연구자들이 수행할 수 있도록 연구지원체계를 마련하거나, 진로지도 연구자와 다문화가족 연구자의 간학문적 연구가 수행될 수 있도록 간학문적 연구 수행체계를 마련하는 방안 등을 활용할 수 있다.

논의사항

- 다문화가족 유형에 따라 중앙정부와 지방정부 차원에서 어떠한 진로지도 정책을 수립하고 시행할 수 있을지 논의해 보자.
- 차별적 배제주의, 동화주의, 다문화주의 모형에 기반한 정책 기조에 따라 다문화 진로지도 정책에 어떠한 차이점이 발생할 수 있을지 논의해 보자.
- 결혼이민자여성과 다문화가족 자녀의 특성을 고려할 때 어떠한 방식으로 진로지도가 이루어지는 것이 바람직한지 논의해 보자.

참고문헌

교육부. (2021). 2021 교육기본통계. 교육부.

김기홍. (2018). 다문화 청소년 직업교육훈련 지원 방안: 해외사례 및 실태조사 분석. 한국직업능력개발원.

김남경, 정진철, 송정순. (2018). 초등학교 다문화가정 학생들과 일반가정 학생들의 직업가치관 비교. 문화교류연구, 7(2), 27-48.

김미나. (2009). 다문화 사회의 진행 단계와 정책의 관점: 주요국과 한국의 다문화정책 비교 연구. 행정논총, 47(4), 193-223.

김민정, 정미경. (2014). 다문화가정과 일반가정 초등학생의 진로 인식 비교 연구: 경기와 경북지역을 중심으로. 실과교육연구, 20(2), 265-291.

김영은, 정철영, 이건남. (2012). 다문화 가정 자녀의 직업인식, 진로대안영역 및 직업포부. 한국실과교육학회지, 25(4), 169-194.

김진희. (2011). 영국의 중도입국 다문화가정 학생을 위한 교육지원체계. 다문화교육연구, 4(2), 43-72.

김판준. (2013). 다문화사회의 갈등과 기여에 관한 고찰. 현대사회와 다문화, 3(2), 207-237.

남부현, 최충옥. (2012). 다문화가정 학생의 진로발달에 관한 연구. 진로교육연구, 25(3), 117-137.

다문화가족지원법. (2020, 법률 제17281호)

박현주, 오희철, 이자경, 설동훈. (2010). 몽골이주노동자 미성년 자녀들의 건강상태와 장애요인에 관한 연구. 보건정보통계학회지, 35(1), 73-86.

배옥현. (2017). 경상북도 다문화가족자녀 역량강화를 위한 지원방안. 다문화와 인간, 6(1), 31-66.

서광석. (2010). 다문화가족의 사회적응을 위한 지원정책에 관한 연구. 인하대학교 대학원 박사학위 논문.

서울대학교 생활과학연구소. (2017). 결혼이민여성과 다문화가족의 생활문화. 서울대학교출판문화원.

설동훈, 윤형식. (2012). 여성결혼이민자의 사회경제적 적응과 복지정책의 과제: 출신국가와 거주지역에 따른 상이성을 중심으로. 사회보장연구, 24(2), 109-133.

아영아. (2016). 학대적 양육태도와 다문화청소년의 비행 관계에서 지역사회 지원의 조절효과. 청소년복지연구, 18(4), 137-162.

양계민. (2016). 중도입국청소년의 생활 및 적응실태. 한국가족사회복지학회 학술발표논문집, 2016(1), 33-48.

여성가족부. (2016). 2015년 전국다문화가족실태조사 분석. 여성가족부.

여성가족부, 관계부처 합동. (2011). 다문화가족지원정책 기본계획(2010~2012) 2011년도 시행계획(안) 요약. 여성가족부, 관계부처 합동.

오성배. (2010). 다문화교육정책의 과제와 방향 탐색. 교육사상연구, 24(2), 149-170.

원진숙, 김정원, 이인재, 남호엽, 박상철, 김광수, 류재만. (2010). 글로벌 시대의 다문화교육. ㈜사회평론.

이지민, 오인수. (2013). 다문화 가정 중학생이 지각한 부모와의 의사소통 유형 및 애착이 진로장벽 인식에 미치는 영향: 자기효능감의 매개효과를 중심으로. 교육과학연구, 44(3), 193-216.

임형백. (2009). 한국과 서구의 다문화 사회의 차이와 정책 비교. 다문화사회연구, 2(1), 161-185.

정회옥, 박명아. (2018). 지방자치단체 외국인 관련 자치법규의 비교 분석. 현대정치연구, 11(1), 5-43.

조붕환. (2010). 다문화가정과 일반가정 초등학생의 자아개념과 진로발달. 초등상담연구, 9(2), 235-250.

조붕환. (2011). 다문화가정 초등학생의 학습흥미와 진로발달. 진로교육연구, 24(2), 219-245.

조붕환. (2012). 다문화가정과 일반가정 초등학생의 진로흥미와 진로인식. 초등상담연구, 11(2), 171-192.

최영준. (2018). 다문화교육 정책의 변화와 개선방안. 평생교육 · HRD연구, 14(2), 55-75.

통계청. (2017). 2016년 다문화 인구동태 통계. 통계청.

통계청. (2021). 2020년 다문화 인구동태 통계. 통계청.

표준국어대사전. (2018). 다문화. 표준국어대사전.

한국청소년정책연구원. (2017). 다문화청소년 종단조사 및 정책방안 연구 V-다문화청소년의 발달추이 분석-. 한국청소년정책연구원.

행정안전부. (2018). 2017년 지방자치단체 외국인주민 현황. 행정안전부.

Martiniello, M. (1997). Citizenship, ethnicity and multiculturalism: Post-national membership between Utopia and reality. *Ethnic and Racial Studies, 20*(3), 635-641.

Storey, J. (Ed.). (1996). *What is cultural studies?: A reader*. Arnold.

Williams, R. (1983). *Culture and society, 1780-1950*. Columbia University Press.

제14장

장애인 진로지도

결함이나 이상으로 인해 진로발달상의 장애를 가지고 있는 존재로 장애인을 바라보았던 과거의 관점과 달리 최근에는 장애에도 불구하고 전 생애에 걸쳐 자신의 진로목표를 성취해 갈 수 있는 기회를 가진 존재로 장애인을 바라본다는 점에서 장애인을 대상으로 한 진로지도의 중요성이 점차 높아지고 있다. 특히 장애인이 장애로 인한 역경을 경험하고 극복해 내는 것은 장애를 갖지 않은 개인에게 있어서도 자신의 역경을 극복하기 위한 선례이자 교훈이 될 것이다. 이 장에서는 장애인 진로지도의 의의 및 이론적 기초와 장애인의 특성 및 현황을 살펴본다. 또한 우리나라뿐만 아니라 미국, 프랑스와 일본에서 이루어지는 장애인 진로지도의 실제적인 측면을 확인함으로써 장애인 진로지도를 위한 이해를 증진하고자 한다. 마지막으로 장애인 진로지도와 관련한 문제점 및 개선방안을 제시한다.

학습과제

- ▶ 학습과제 1　장애인 진로지도의 의의를 설명하시오.
- ▶ 학습과제 2　장애인 진로지도의 개념 및 관점의 변화를 설명하시오.
- ▶ 학습과제 3　장애인 진로지도 관련 이론의 특징을 설명하시오.
- ▶ 학습과제 4　장애인 진로지도 관련 제도 및 정책을 설명하시오.
- ▶ 학습과제 5　장애인 진로지도의 문제점 및 개선방안을 설명하시오.

1. 장애인 진로지도의 의의 및 이론적 기초

1) 장애인 진로지도의 의의

장애인은 개인의 의사와 상관없는 외부적 요인에 의한 제약에도 불구하고 자신의 진로를 스스로 개척하고자 하는 사람이라고 볼 수 있다. 우리나라 장애인의 수는 1995년 이후로 지속적으로 증가 추세이며, 출현율도 높아지고 있다(통계청, 2018). 또한 장애의 분류가 다차원적으로 이루어지고 진단의 정확성이 높아진다는 측면에서 장애인의 비율은 점차 증가할 것으로 판단되므로, 장애인에 대한 진로지도의 필요성이 점차 증대될 것으로 판단된다.

과거에는 장애인의 진로지도를 직업재활(vocational rehabilitation)의 개념으로 그들의 회복을 도모하는 과정이라고 보았지만, 최근에는 직업적 성취를 이루기 위한 기회를 가지고 있는 사람에게 그러한 기회를 획득할 수 있도록 지원하는 과정으로 바라보아야 한다는 관점이 증대되고 있다. 이러한 측면에서 국가적 차원에서도「장애인 등에 대한 특수교육법」과「장애인 고용촉진 및 직업재활법」을 제정하고, 장애인의 직업훈련, 취 · 창업교육, 일자리 발굴 등의 정책을 실시하고 있다.

장애인을 위한 진로지도는 장애인 스스로의 자존감을 회복하고, 환경적 제약에도 불구하고 직업적 성취를 이룩할 수 있도록 지원한다는 데에 의의가 있다. 선천적 장애와 다르게 후천적 장애는 모든 비장애인에게 발생할 수 있는 불가피한 사건으로, 현재 장애를 가지고 있지 않다고 하더라도 장애인에 관한 진로지도는 지속해서 수행할 필요가 있다. 장애라는 개인의 삶에 있어 심대한 역경의 극복이라는 측면에서 장애인 진로지도를 통한 성공사례는 장애인이 아닌 사람들에게도 귀감이 되어 스스로의 한계를 인정 및 극복하고 직업적 성공의 길로 나아갈 수 있게 하는 밑거름이 될 것이다.

2) 장애인 진로지도의 이론적 기초

(1) 장애인의 개념

'장애인'에서 접미사 '-인'은 '사람'의 뜻을 더하는 접미사이다(표준국어대사전, 2019). 따라서 장애인은 사전적으로 '장애를 가진 사람'을 의미한다. 법적으로 장애인은 '신체 또는 정신상의 장애로 장기간에 걸쳐 직업생활에 상당한 제약을 받는 자'로 정의되며(「장애인고용촉진 및 직업재활법」, 2018), 특수교육 분야에서는 보다 구체적으로 특수교육대상자로 '시각장애, 청각장애, 지적장애, 지체장애, 정서 · 행동장애, 자폐성장애, 의사소통장애, 학습장애, 건강장애, 발달지체 등으로 인해 특수교육을 필요로 하는 사람으로 진단 · 평가된 사람'으로 정의된다(「장애인 등에 대한 특수교육법」, 2018).

학술적인 의미에서 장애에 관한 통합적인 정의에 대해서는 아직 합의에 이르지 못하고 있다. 오늘날 장애(disability)란 개인과 환경의 상호작용으로 표현되는 다면적인 경험으로 이해된다(Fabian & Liesener, 2005). 과거 장애는 결함(impairment)이나 이상으로 인해 핸디캡을 가지고 있다는 관점에서 해석되었다(Hahn, 1993). 이와 같은 정의에는 의학적 추정(medical assumption)이 포함되어 있어, 장애를 가진 개인이 마주치는 문제와 장벽은 모두 결함(impairment)에서 비롯된다고 해석한다. 최근에는 긍정적인 특성으로서 장애를 바라보는 관점이 부상하고 있다(Swain & French, 2000).

실천적인 측면에서 장애는 〈표 14-1〉과 같이 총 2개 대분류, 4개 중분류 및 15개의 소분류로 분류되며, 6개 등급으로 판정된다. 대분류 차원에서는 신체적 장애와 정신적 장애로 장애를 구분하고 있다. 신체적 장애는 외부 신체 기능의 장애와 내부기관의 장애로, 정신적 장애는 발달장애와 정신장애로 구분된다. 장애등급은 장애유형별로 상이하게 판정되는데, 예를 들어 '상지절단장애'의 경우 두 팔을 손목관절 이상 부위에서 잃은 사람은 1급 1호로, 두 손의 엄지손가락을 지관절 이상 부위에서 잃은 사람은 4급 1호로 분류한다.

〈표 14-1〉 장애인의 분류

대분류	중분류	소분류
신체적 장애	외부 신체기능의 장애	지체장애, 뇌병변장애, 시각장애, 청각장애, 언어장애, 안면장애
	내부기관의 장애	신장장애, 심장장애, 간장애, 호흡기장애, 장루 · 요루장애, 뇌전증장애
정신적 장애	발달장애	지적장애, 자폐성장애
	정신장애	정신장애

자료: 보건복지부. (2017).

이상의 논의를 종합하여 볼 때, 장애인은 장애에도 불구하고 무언가를 성취하기 위한 기회를 가지고 이를 성취하기 위하여 향상시켜야 할 기술을 필요로 하는 개인이며, 장애가 있더라도 혹은 장애에도 불구하고 인간은 누구나 목표를 성취할 가능성을 가지고 있다는 점이 강조된다. 이상의 논의를 종합하여 볼 때 진로교육의 관점에서 '장애인'이란 '신체 또는 정신상의 장애로 장기간에 걸쳐 직업생활에 상당한 제약을 받지만 직업적 성취를 이루기 위한 기회를 내재하고 있는 사람'으로 정의할 수 있다.

(2) 장애인 진로지도 관련 이론

사회인지 진로이론은 자신이 어떤 일을 성공적으로 성취할 수 있다는 개인의 신념이 가진 힘을 강조하며, 자기효능감, 결과기대, 목표의 중요성 등의 요소들이 상호작용하여 개인의 진로행동 방향을 결정하게 된다고 제시한다(Lent, 2020). 자기효능감은 장애를 가진 학생 및 성인의 고용 결과를 개선하기 위한 접근 방법으로 사용될 수도 있다. 장애 관련 선행연구에서는 자기효능감이 다양한 장애를 가진 대상들의 취업을 예측하는 데에 중요한 요소임을 밝혔다. 학습 및 정서적 장애를 가진 학생들의 자기효능감과 진로 관심 및 행동의 관계를 조사한 선행연구에서는 장애가 없는 학생들보다 장애 학생들이 더 낮은 자기효능감을 가지고 있음에도 불구하고, 자기효능감이 학생들의 진로 선택과 관심을 이해하는 데에 중요한 역할을 한다고 밝혔다(Ochs & Roessler, 2001; Slemon & Shafir, 1997). 학습장애를 가진 고등학생의 자기효능감과 진로 관심의 관계를 조사한 Panagos와 Dubois(1999)의 연구에서는 자기효능감이 학생들의 진로 관심에 가장 많은 영향을 미친다고 보고하였다. 또한 Altmaier 등(1993)은 일상생활의 다양한 활동 수행 능력에 대한 자신감이 장애인의 재활 결과에 긍정적인 영향을 미친다는 것을 발견하였다. 또한 Fabian 등(2009)은 사회인지진로이론을 바탕으로 국가 직업재활 시스템이 장애인이 인지하는 진로장벽을 완화시켜 준다고 밝혔다.

자기결정이론은 세 가지 근본적인 심리적 요구인 자율성과 역량 및 연관성의 중요성을 강조하는 동기이론이며(Guay et al., 2003), Deci와 Ryan(2012)은 자기결정을 외적인 힘이나 압력 또는 강요에 의한 것이 아니라 스스로 선택을 하고 이러한 선택에 따라 자신의 행동을 결정할 수 있는 능력이라고 정의하였다. 자기결정의 개념은 1970년대 초 이후로 중증 장애인에게 진로 및 재활 서비스를 제공하는 데 있어서의 원칙이자 철학이었다(Nirje, 1980). 이는 장애를 가진 사람들이 스스로 선택권을 행사할 권리로서, 특수교육 및 재활에서 자기결정은 목표 지향적이고, 자기규제적이고, 자율적 행동을 하도록 하는 기술, 지식 및 신념의 조합으로 정의되었다(Algozinne et al., 2001). 자기결정의 폭넓은 정의는 장애인의 학업 및 진로 관련 결과에 대한 자기결정 기술훈련 효과에 대한 어려움이 있다는 것을 지적하며, 자기결정이 정보 결정, 의사결정 기술 및 자기옹호 기술 등의 다양한 방법으로 정의되고 있다고 결론지었다(Algozinne et al., 2001).

Super의 진로발달이론은 아동, 학생, 시민, 근로자 등의 생애 역할과 진로성숙의 경로를 통합하여 제시하였으며, 진로성숙도는 개인의 연령 수준에 적합한 발달과 직업 수행 준비도로 정의된다(Super et al., 1996). 장애인 대상의 진로발달을 다루기 위해서는 장애 시기를 고려해야 하며, 이는 세 가지의 하위그룹인 사전 발병 장애가 있는 사람, 중간 발병 장애가 있는 사람, 그리고 진행성 또는 일시적 장애가 있는 사람으로 구분할 수 있다(Beveridge et al., 2002). 사전 발병 장애를 가지고 있는 사람은 일터 준비 경험이 없는 장애인, 특히 발달 및 학습 장애를 가지고 있는 대상이 이 그룹에 속한다고 볼 수 있다. 초기 발병 및 진단을 받은 연령에 따라 진행성 또는 일시적 장애의 효과가 사전 발병 또는 중간 발병 장애의 양상과 비슷할 수 있지만, 가장 큰 차이점은 개인의 장애에 대한 기능적 변화는 잠재적 누적 효과뿐만 아니라 중간 장애 획득과 유사한 효과를 가질 수 있다는 점이다(Brown & Lent, 2013). 진로성숙도 관련 선행연구에서는 장애를 가진 개인이 장애가 없는 개인보다 진로성숙도가 낮은 것으로 나타났다(Luzzo & Jenkins-Smith, 1998). 장애 청소년의 진로정보 및 진로성숙도, 기타 발달 구조에 대한 연구는 많지 않지만, 장애 상황에서 진로성숙도의 유용성을 나타낸다고 볼 수 있다(Lindstrom & Benz, 2002).

Super가 전 생애 진로발달을 다루고 있는 것과는 다르게, Gottfredson의 제한타협이론에서는 청소년기까지의 진로발달에 큰 비중을 두고 있다. 조기 발병 또는 선천적 장애가 있는 어린이는 뒤떨어진 교육 환경이나 부모의 과보호 및 사회적 낙인으로 인해 초기 진로활동(예: 역할놀이 등)에 참여할 기회가 적다(Fleitas, 2000; Macharey & von Suchodoletz, 2008). Gottfredson(2005)에 따르면, 아이들이 자신의 연령에 맞는 직업활동에 참여하거나 노출되지 않으면 나중에 직업이나 직업선택에 제한을 받거나 직업가능성을 조기에 배제할 위험에 처하게 된다. 예를 들어, 진로목표가 없는 장애 청소년은 고등학교를 중도에 나갈 수 있으며, 조기 장애 아동이 정기적인 학업 환경에 잘 적응하여도 사회적 낙인은 의미 있는 진로개발 활동에 적극적으로 참여하는 것을 제한할 수 있다(Loprest & Maag, 2007). 따라서 개인의 인지 능력과 같은 정신발달 과정을 통해 직업활동에 준비되고 혜택을 받는 것이 중요하다고 볼 수 있다(Gottfredson, 2005). 또한 조기 발병 또는 선천적 장애가 있는 성인의 직업 복지에 대한 연구에서는 후천적 장애에 비해 전반적인 복지 및 고용 차별이 더 낮은 것으로 나타났다(Moore et al., 2011).

2. 장애인의 현황과 장애인 진로지도 관련 정책 및 사례

1) 장애인의 현황

한국보건사회연구원(2021)에서 실시한 장애인실태조사 결과에 따르면, 2020년 기준 우리나라의 장애인 수는 262만 2,950명으로 추정된다. 이 수치는 1995년 105만 3,468명에서 약 2.5배가량 증가한 수치이며, 장애인 수가 가장 많았던 2014년의 수치(272만 6,910명)보다는 다소 감소한 수치이다(〈표 14-2〉 참조). 인구 천 명당 장애인의 수를 의미하는 장애출현율은 5.39%로, 출현율이 가장 높았던 2011년(5.61%)에 비해 0.22%p가량 감소하였지만, 1995년(2.35%)에 비해서는 3.04%p가량 증가하였다.

〈표 14-2〉 전국 추정 장애인 수 (단위: 명)

연도	장애인 수
1995	1,053,468
2000	1,449,496
2005	2,148,686
2011	2,683,477
2014	2,726,910
2017	2,668,411
2020	2,622,950

자료: 한국보건사회연구원. (2021). p. 2 재구성.

교육부(2021)에서 발표한 특수교육통계 현황에 따르면, 2021년 기준 특수교육대상자 수는 총 9만 8,147명이다. 장애 영역별로는 지적장애 학생이 5만 1,785명으로 가장 많고, 그 다음으로 자폐성장애(1만 5,214명), 발달지체(9,367명) 순인 것으로 나타났다. 학교 과정별로는 초등학교 특수교육대상 학생이 4만 4,820명으로 가장 많았고, 그다음으로 중학교(2만 209명)와 고등학교(2만 161명) 순이었다. 특수교육을 위한 학교 및 센터 수는 총 1만 2,095개이며, 특수학교가 187개, 일반학교(특수학급 및 일반학급 전체)가 1만 1,709개, 특수교육지원센터가 199개 존재한다. 특수학교(급)의 교원 수는 총 2만 3,494명이며, 특수교육보조인력은 1만 3,763명으로, 특수교육인력(교원 및 보조인력) 1명당 2.6명가량의 특수교육대상자를 교육하고 있다고 볼 수 있다.

2021년 2월 기준 특수교육대상자 중 고등학교 및 전공과 졸업자의 수는 9,308명이다. 이 중 진학자 수는 총 3,751명으로, 진학률은 40.7% 수준이다. 같은 해 졸업자 중 취업자는 1,826명으로, 취업률은 31.3% 수준이다. 직종별로는 제품제조업에 취업한 졸업자가 477명으로 가장 많았고, 다음으로 청소세탁업(245명), 식음료서비스업(244명) 순이었다(교육부, 2021).

한국직업능력개발원에서는 특수교육대상 학생을 위한 진로정보 제공을 위한 기초 연구로서 특수교육대상 학생의 장애유형별 특성을 종합하였다(이지연 외, 2011). 이 연구 결과에 따르면, 특수교육대상 학생은 장애유형(시각장애, 청각장애, 정신지체, 지체장애, 정서·행동장애, 자폐성장애, 학습장애)에 따라 인지·학업적 특성, 정서·행동적 특성, 사회·신체적 특성 및 기타 특성에 차이를 보인다. 예를 들어, 인지·학업적 특성에 있어서 시각장애, 청각장애 및 학습장애 학생은 평균적인 인지 능력을 가지고 있는 반면, 그 외의 장애유형의 학생은 다소 낮은 인지 능력을 갖고 있으며, 정서·행동적 특성에 있어서 시각장애 학생과 학습장애 학생 모두 부정적 자아개념을 가지고 있지만, 시각장애 학생은 불안이나 공포를 보다 많이 느끼는 반면, 학습장애 학생은 주의집중 결함과 과잉행동을 보인다. 사회·신체적 특성에 있어서 장애 학생은 대체로 사회기술 형성에 어려움을 겪고, 시각장애와 청각장애 학생은 운동성 발달이 지체되며, 지체장애와 자폐성장애 학생은 대인관계와 의사소통에 특히 미흡하다.

2020년 기준 우리나라의 장애인 교육 수준은 고등학교 졸업이 30.5%로 가장 높고, 그다음으로 초등학교 28.6%, 중학교 17.8%의 순이며, 대학 이상 학력을 가진 장애인의 비율은 14.3%이다(보건복지부, 한국보건사회연구원, 2020). 우리나라 15세 이상 장애인의 취업인구는 80만 1,000명으로, 장애인 인구대비 취업자 비율(고용률)은 29.5%로, 동 연령대의 전체인구 고용률(60.4%)과 비교해 보면 절반 이하이다. 장애인 실업률은 5.8%로, 동 연령대의 전체인구 실업률(3.7%)보다 2.1%p가량 높다. 장애인이 현재 일하고 있는 곳은 일반 사업체가 43.7%로 그 비율이 가장 높고, 그다음으로 자영업(39.7%), 정부 및 정부 관련 기관(12.4%)의 순이다. 직장에서의 지위는 상용근로자 비율이 37.2%로 가장 높고, 그다음으로 임시근로자(19.9%), 일용근로자(10.1%) 순인 것으로 나타났다. 장애인이 직장생활에서 느끼는 애로사항은 '어려움 없음'이 절반가량을 차지하였지만(44.8%), 약 절반가량은 낮은 수입(37.1%)과 업무과다(7.0%)로 어려움을 겪는 것으로 나타났다. 장애를 갖게 된 후 직업훈련 경험은 대부분이 없으며(96.7%), 직업훈련을 희망하는 비율은 낮았다(직업훈련 희

망 안 함: 86.0%). 국가에서 장애인 직업재활을 위해 가장 먼저 해야 할 일에 대해서는 '장애인에 대한 인식개선 활동(30.8%)'이 가장 높은 비율을 차지하였으며, 다음으로 '임금보조'(16.2%), '취업정보 제공'(14.5%), '직업능력 개발'(9.4%)의 순이었다.

2) 장애인 진로지도 관련 정책

장애인 진로지도와 관련된 주요 법령으로는 특수교육대상자를 위한 「장애인 등에 대한 특수교육법」과 전체 장애인을 위한 「장애인고용촉진 및 직업재활법」이 있다. 「장애인 등에 대한 특수교육법」은 「교육기본법」 제18조에 따라 국가 및 지방자치단체가 장애인 및 특별한 교육적 요구가 있는 사람에게 통합된 교육 환경을 제공하고, 생애주기에 따라 장애유형 및 정도의 특성을 고려한 교육을 실시하여 이들의 자아실현과 사회통합을 하는 데 기여함을 목적으로 하여 2008년에 제정되었다. 「특수교육법」에는 특수교육대상자에게 적절한 교육을 제공하기 위한 국가 및 지방자치단체의 임무, 특수교육대상자의 선정 및 학교 배치 등, 학교급별 특수교육지원의 내용이 포함되어 있다. 특히 초·중등학교에서는 특수교육대상자의 특성 및 요구에 따른 진로 및 직업 교육을 지원하기 위하여 전문인력을 두고(동법 제23조) 전공과를 설치할 것을 명시하고 있으며(동법 제24조), 고등교육단계에서는 장애학생에 대한 지원센터를 설치·운영하고(동법 제30조), 각종 편의를 제공하도록 하고 있다.

「장애인고용촉진 및 직업재활법」은 장애인이 그 능력에 맞는 직업생활을 통하여 인간다운 생활을 할 수 있도록 장애인의 고용촉진 및 직업재활을 꾀하는 것을 목적으로 하여 1990년에 제정되었다. 이 법에서는 장애인의 고용촉진 및 직업재활에 관한 국가 및 지방자치단체의 책임, 장애인 고용촉진 및 직업재활의 방법 및 지원사항, 장애인 고용 의무와 부담금 등에 관한 사항을 명시하고 있다. 특히 장애인이 능력에 맞는 직업에 취업할 수 있도록 하기 위하여 직업지도를 하여야 한다고 명시하고 있으며(동법 제10조), 직업 환경에 적응시키기 위한 직업적응훈련(동법 제11조)과 직업능력개발훈련(동법 제12조)을 실시하도록 하고 있다. 이 외에도 이 법은 장애인의 지원고용(동법 제13조)과 보호고용(동법 제14조)뿐만 아니라 적합한 직업의 알선(동법 제15조) 및 취업알선기관 간의 연계(동법 제16조)에 관한 사항도 포함하고 있다. 상기 두 개의 법령에서 제시된 장애인의 진로지도와 관련된 주요 내용을 종합하면 〈표 14-3〉과 같다.

「장애인복지법」에 따른 장애인 대상 주요 정책으로는 장애인정책종합계획과 특수교육발전 5개년 계획 및 장애인고용촉진 및 직업재활 기본계획이 있다. 장애인정책종합계획

〈표 14-3〉 장애인 진로지도 관련 법의 주요 내용

구분	진로지도 관련 주요 내용
장애인 등에 대한 특수교육법	제23조(진로 및 직업교육의 지원) ① 중학교 과정 이상의 각급학교의 장은 특수교육대상자의 특성 및 요구에 따른 진로 및 직업교육을 지원하기 위하여 직업평가 · 직업교육 · 고용지원 · 사후관리 등의 직업재활훈련 및 일상생활적응훈련 · 사회적응훈련 등의 자립생활훈련을 실시하고, 대통령령으로 정하는 자격이 있는 진로 및 직업교육을 담당하는 전문인력을 두어야 한다. 제24조(전공과의 설치 · 운영) ① 특수교육기관에는 고등학교 과정을 졸업한 특수교육대상자에게 진로 및 직업교육을 제공하기 위하여 수업연한 1년 이상의 전공과를 설치 · 운영할 수 있다. 제30조(장애학생지원센터) ① 대학의 장은 장애학생의 교육 및 생활에 관한 지원을 총괄 · 담당하는 장애학생지원센터를 설치 · 운영하여야 한다.
장애인고용 촉진 및 직업재활법	제10조(직업지도) ① 고용노동부장관과 보건복지부장관은 장애인이 그 능력에 맞는 직업에 취업할 수 있도록 하기 위하여 장애인에 대한 직업상담, 직업적성 검사 및 직업능력 평가 등을 실시하고, 고용정보를 제공하는 등 직업지도를 하여야 한다. 제11조(직업적응훈련) ① 고용노동부장관과 보건복지부장관은 장애인이 그 희망 · 적성 · 능력 등에 맞는 직업생활을 할 수 있도록 하기 위하여 필요하다고 인정하면 직업 환경에 적응시키기 위한 직업적응훈련을 실시할 수 있다. 제12조(직업능력개발훈련) ① 고용노동부장관은 장애인이 그 희망 · 적성 · 능력 등에 맞는 직업생활을 할 수 있도록 하기 위하여 장애인에게 직업능력개발훈련을 실시하여야 한다. 제13조(지원고용) ① 고용노동부장관과 보건복지부장관은 중증장애인 중 사업주가 운영하는 사업장에서는 직무 수행이 어려운 장애인이 직무를 수행할 수 있도록 지원고용을 실시하고 필요한 지원을 하여야 한다. 제14조(보호고용) 국가와 지방자치단체는 장애인 중 정상적인 작업 조건에서 일하기 어려운 장애인을 위하여 특정한 근로 환경을 제공하고 그 근로 환경에서 일할 수 있도록 보호고용을 실시하여야 한다. 제15조(취업알선 등) ① 고용노동부장관은 고용정보를 바탕으로 장애인의 희망 · 적성 · 능력과 직종 등을 고려하여 장애인에게 적합한 직업을 알선하여야 한다. 제16조(취업알선기관 간의 연계 등) ① 고용노동부장관은 장애인의 취업 기회를 확대하기 위하여 취업알선 업무를 수행하는 재활실시기관 간에 구인 · 구직 정보의 교류와 장애인 근로자 관리 등의 효율적인 연계를 꾀하고, 제43조에 따른 한국장애인고용공단에서 이를 종합적으로 집중 관리할 수 있도록 취업알선전산망 구축 등의 조치를 강구하여야 한다.

은 「장애인복지법」 제10조의2항을 근거로 하여, 장애인의 권익과 복지증진을 위한 목적으로 1996년 1차 계획을 시작으로 2018년의 5차 계획까지 수립 및 추진되고 있다. 2018년 보건복지부에서 발표한 장애인정책종합계획은 [그림 14-1]과 같이 '장애인의 자립생활이 이루어지는 포용사회 구축'이라는 비전을 달성하기 위하여 복지 · 건강 지원체계 개편, 교육 · 문화 · 체육 기회보장, 경제적 자립기반 강화, 권익 및 안전 강화, 사회참여 활성화라는 5대 분야의 22개 중점과제, 70개 세부과제를 추진하고 있다(보건복지부, 2018).

장애인정책종합계획에서 장애인의 진로교육과 관련된 내용은 '2-3. 장애인 진로 및 고등 · 평생교육 지원 강화'라는 추진과제에 포함되어 있다. 주요 내용은 장애청소년을 위한

[그림 14-1] 제5차 장애인정책종합계획(2018~2022)

자료: 보건복지부. (2018). p. 15 재구성.

진로 · 직업교육을 전문화하고, 장애대학생의 교육복지 지원을 내실화하며, 장애인을 위한 평생교육 지원을 강화하는 것이다. 특히 학령기 이후의 장애인을 대상으로 한 평생교육 지원은 장애유형을 고려한 학력인정 맞춤형 교육시스템의 개발 및 지원, 장애인 평생교육 프로그램의 다양화에 초점을 두고 있다.

특수교육발전 5개년 계획은 종합적이고 체계적인 국가 차원의 특수교육정책 계획으로, 1998년에 더불어 사는 복지사회를 향한 특수교육발전방안을 시작으로 현재 제5차 특수교육발전 5개년 계획이 시행되고 있다. 2017년 교육부에서 발표한 특수교육발전 5개년 계획은 [그림 14-2]와 같이 '생애단계별 맞춤형 교육으로 특수교육대상자의 성공적 사회통합 실현'이라는 비전을 달성하기 위하여 국가 책무성 강화를 통한 양질의 특수교육 보장, 가정, 학교, 사회가 함께 지속가능한 특수교육 지원 환경 조성, 장애특성별 맞춤형 지원으로 특수교육대상자의 핵심역량 강화라는 세 가지 추진 목표를 제시하고 있다.

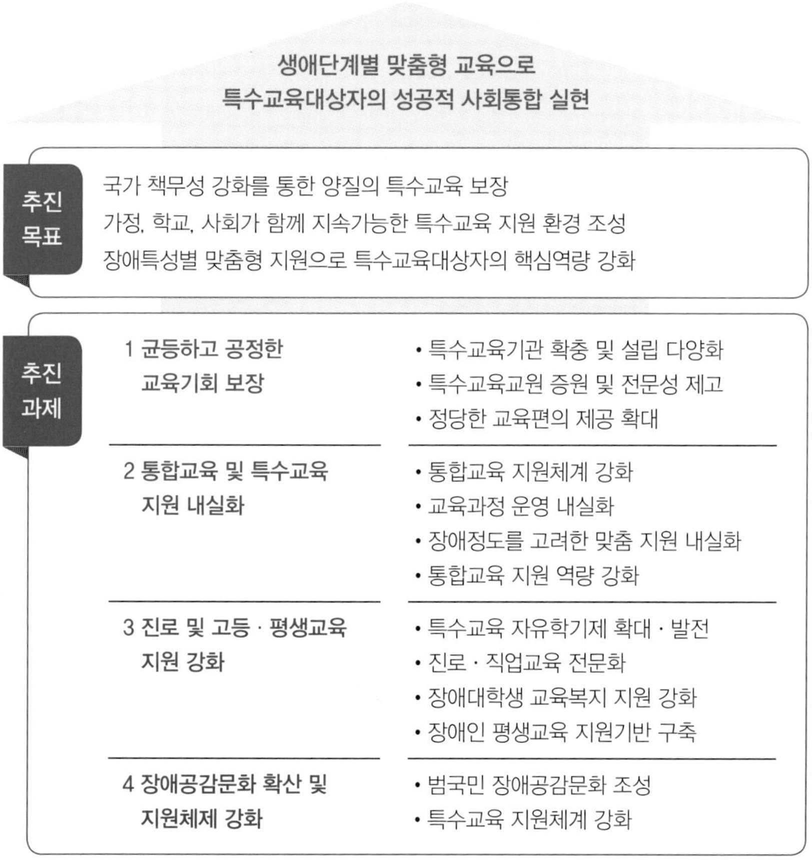

[그림 14-2] 제5차 특수교육발전 5개년 계획(2018~2022)

자료: 교육부. (2017). p. 26 재구성.

제5차 특수교육발전 5개년 계획에서 장애인의 진로지도와 관련된 사항은 '3. 진로 및 고등 · 평생교육 지원 강화'라는 추진과제에 포함되어 있다. 주요 내용은 특수학교에서 자유학기제를 확대 · 발전하고, 진로 · 직업교육을 전문화하며, 장애대학생 대상 교육복지 지원을 강화함과 더불어, 장애인 평생교육 지원기반을 구축하는 것으로, 세부 내용은 〈표 14-4〉와 같다.

〈표 14-4〉 제5차 특수교육발전 5개년 계획의 진로지도 관련 주요 내용

구분	주요 내용
특수학교 자유학기제 확대 · 발전	• 특수교육대상자의 진로탐색 및 진로설계 지원을 위해 특수학교 자유학년제를 연차적으로 2022년에는 특수학교 139교에서 운영
진로 · 직업교육 전문화	• 진로교육 집중학기(년)를 도입하여 2022년까지 17교에서 운영하고, 실무체험 중심의 직업훈련을 위한 진로직업교육실 환경 조성 지원 • 특수학교 진로전담교사 배치를 위해 2018년에 「진로교육법 시행령」을 개정하고, 2022년까지 184명 배치
장애대학생 교육복지 지원 내실화	• 장애학생 전문도우미를 2017년 140명에서 2022년까지 200명으로 확대하고 진로 · 취업교육 지원을 위해 권역별 거점센터 6개 운영
장애인 평생교육 지원기반 구축	• 국가장애인평생교육진흥센터 설치 · 운영으로 국가 차원의 장애인 평생교육 지원기반 구축 • 학령기 의무교육 단계에서 교육기회를 놓친 장애인의 교육지원에 대한 국가 책무성 강화

자료: 교육부. (2017).

교육부는 특수교육발전 5개년 계획뿐만 아니라 포용복지국가의 국정철학을 실현하기 위하여 2020년 '장애학생 진로 · 직업교육 활성화 방안(2020~2022)'을 발표하였다(교육부, 2020). 이 방안은 '포용적 교육을 통한 장애학생의 꿈 실현'이라는 비전을 달성하기 위하여, 장애학생의 미래생활역량을 강화하고, 개인의 진로희망에 따른 사회참여 기회를 확대한다는 목표를 수립하였다. 이러한 비전과 목표를 달성하기 위하여 교육부는 장애학생 진로역량 개발 지원을 강화하고, 현장실습을 활성화하고 일자리 참여기회를 확대하며, 생애주기별 통합 지원체계를 구축함과 동시에 장애학생 진로 · 직업교육 지원역량을 강화할 예정이다.

장애인고용촉진 및 직업재활 기본계획은 1998년 최초로 발표되어 네 차례에 걸쳐 시행되었고, 고용노동부는 2018년 '제5차 장애인고용촉진 및 직업재활 기본계획'을 발표하였다. 제5차 장애인고용촉진 및 직업재활 기본계획은 양질의 일자리 확대와 격차 해소를 통한 포용적 노동시장 구축이라는 비전을 달성하기 위하여, 노동 수요 측면에서 양질의 장애인 일자리를 확대하고, 노동 공급 측면에서 장애인 역량을 강화하고, 격차를 해소하며, 맞춤형 고용서비스 인프라를 구축한다는 계획이다(고용노동부, 2018).

제5차 장애인고용촉진 및 직업재활 기본계획 중 장애인 진로지도와 관련된 사항은 '3. 장애인 맞춤형 취업지원 확대'라는 추진과제에 포함되어 있다. 해당 추진과제의 주요 내용을 살펴보면, 여성 및 장년 장애인의 강점과 특성을 반영한 다양한 직업 영역을 개발하고, 장애학생을 대상으로 생애주기별 '진로지도 → 능력평가 → 취업지원 → 복지서비스' 지원을 위해 통합 취업지원체계를 구축하는 계획을 수립하였다. 또한 장애학생의 특징 및 직업적 장·단점 조기 발견 및 체계적인 상담과 직업체험 기회의 제공을 고등학교 전학년으로 확대하고, 공공부문의 사각지대 진출 지원 등 직업선택의 범위를 다양화하고자 하고 있다.

국립특수교육원에서 실시한 특수학교 진로전담교사의 진로교육에 관한 인식 및 요구 조사의 주요 결과를 요약하면 다음과 같다(양종국 외, 2021). 조사에 응답한 74개교는 대부분(94.6%) 진로교육(상담) 연간 계획을 수립하고 있었고, 진로교육 연간 계획을 수립함에 있어 사회적 배려대상의 특수성과 요구를 인식하고 있는 편이었다(긍정 응답률: 49.3%). 진로교육 예산 투입은 주로 진로체험(41.1%)과 진로수업을 위한 교구 및 재료비(34.2%)로 활용되는 것으로 나타났으며, 진로상담을 담당하는 부서가 없는 학교는 적지만(8.1%) 타 업무가 주가 되고 진로상담을 겸하는 부서가 있는 학교가 절반 이상(58.1%)인 것으로 나타났다. 같은 연구에서 특수학교 진로교육 관계자(관리자, 진로전담교사, 일반교사, 학부모) 17명을 대상으로 한 FGI 결과에 따르면, 진로전담교사는 특수학교의 실정에 맞게 수업 시수를 현실화하고, 특수학교 학생에 적합한 심리검사를 실시하며, 진로상담에 일반 학생보다 더 많은 시간을 할애할 수 있기를 바라는 것으로 나타났다.

3) 장애인 진로지도 사례

(1) 장애학생 대상 진로교육 프로그램

이 절에서는 우리나라 장애인 진로교육의 실천 내용을 살펴보기 위하여 국립특수교육원에서 개최한 '2021년 장애학생 교육 활동 실천사례 공모전'에 응모하여 수상한 학교 중 진로교육과 관련 있는 두 학교의 결과를 간략하게 살펴보고자 한다(국립특수교육원, 2021). A 학교는 '3-open 배움 프로젝트로 꿈이 있는 교실 만들기'라는 주제로, 장애학생이 꿈을 꾸고, 꿈을 가지며, 꿈을 키우는 사람으로 성장할 수 있도록 3-open 배움 프로젝트를 실행하였다. 여기에서 '3-open'이란 '탐색'에 해당하는 '눈을 뜨다' '경험'에 해당하는 '생각을 열다' '배움'에 해당하는 '마음을 열다'를 의미한다. 이 학교는 꿈이 있는 교실을 준비하기 위하여 SWOT 분석을 실시하였고([그림 14-3] 참조), 실천과제를 설정하여([그림 14-4] 참조), 교육과정을 재구성하였다. A 중학교는 이러한 프로젝트 운영을 통해 진로발달에 필요한 주요 역량(자기관리역량, 의사소통역량, 지식정보처리역량, 창의적 사고역량, 심미적 감성역량, 공동체 역량) 등을 증진하여 꿈이 있는 교실을 만들 수 있었다고 보고하고 있다.

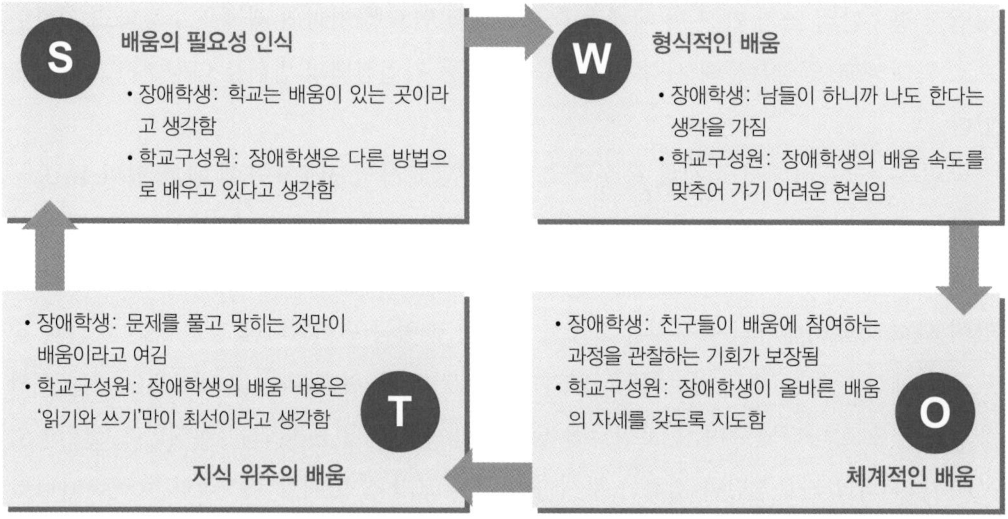

[그림 14-3] A 중학교의 장애학생 대상 진로교육 프로그램 준비를 위한 SWOT 분석 사례

같은 공모전에서 장려상을 수상한 B 고등학교는 장애학생 미래교육 선도 부문에서 '스마트기기를 활용한 진로 및 직업교육' 사례를 제시하였다. B 고등학교는 태블릿 PC를 활용한 진로 및 직업교육을 통해 기초작업기술 능력 및 디지털 문해력을 향상시키고자 하였다. 이러한 목적을 달성하기 위하여 직업 현장에서 활용할 수 있는 다양한 어플을 직접 개발하거나 기존에 개발된 애플리케이션을 활용하여 수업을 운영하였다. 장애학생들의 기초 연산 능력 속도 향상을 위한 별도의 애플리케이션도 개발하였는데([그림 14-5] 참조), 시간 내에 간단한 계산을 할 수 있도록 유도하는 방법을 취하고 있다. 이 프로그램을 진행한 교사들은 디지털 기기를 활용한 진로 및 직업교육을 통해 장애학생들이 실제 활동에 애플리케이션을 활용하고, 독립성이 높아지는 효과를 보였다고 보고하였다.

주제		3-open 배움 프로젝트로 꿈이 있는 교실 만들기		
실천과제		만남과 공감으로 꿈을 꿀 수 있는 배움	질문과 성찰로 꿈을 갖는 배움	희망과 비전으로 꿈을 키우는 배움
세부 실천 과제	open 1	나와 너를 보는 눈 뜨기 –들여보다 –바라보다	우리를 보는 눈 뜨기 –살펴보다 –사고하다	세상을 보는 눈 뜨기 –다양하다 –다르다
	open 2	나와 너를 위한 생각 열기 –만나다 –조정하다	우리를 위한 생각 열기 –떠올리다 –가정하다	세상을 위한 생각 열기 –어울리다 –발견하다
	open 3	나와 너를 위한 마음 열기 –같이하다 –존중하다	우리를 위한 마음 열기 –해결하다 –제안하다	세상을 위한 마음 열기 –도전하다 –나누다
핵심역량		자기관리 역량, 의사소통 역량	지식정보처리 역량, 창의적 사고 역량	심미적 감성 역량, 공동체 역량

[그림 14-4] A 중학교의 장애학생 대상 진로교육 프로그램 준비를 위한 실천과제 설정 사례

[그림 14-5] B 고등학교에서 장애학생을 위해 개발한 애플리케이션 사례

(2) 일본의 직업중점 고등특수학교

일본에서 장애학생의 학교교육은 특별지원학교, 특별지원학급, 통급에 의한 지도의 형태로 이루어지고 있으며, 통급에 의한 지도는 초등학교와 중학교의 일반학급에 재적하며 주로 각 교과 등의 지도를 일반학급에서 받으면서 장애로 인한 학습 또는 생활의 곤란을 개선 · 극복하기 위한 특별지도를 특별한 장소에서 행하는 교육 형태를 의미한다(홍정숙, 2015). 직업중점 특수학교에서는 듀얼 시스템을 도입하여 학교에서의 학습과 병행한 기업에서의 실습을 통해 실천적인 학습을 이루는 직업교육을 제공하며, 이러한 듀얼 시스템은 직업생활로의 전환을 지향하는 전환지원계획, 진로계획, 학생판 진로계획 등의 실제적인 실천을 제시한다. 전환지원계획은 학생들이 장래에 자립적인 사회인 · 직업인으로 살아가기 위해 필요한 능력이나 태도, 자질을 키우기 위한 계획이라 할 수 있고, 진로계획은 전환지원을 위한 도구로서 전환지원계획과 관련하여 구체적인 활동 내용이나 희망을 학생별로 기입하는 문서이다. 이를 통해 학생 스스로 자신의 진로계획을 생각하고 자신의 바람이나 희망을 재검토하고 의식화하여 기입하고 작성하는 학생판 진로계획까지 설정하여 담당교사와 점검하여 조직적인 대응이 이루어지도록 하였다(홍정숙, 2015).

(3) 미국의 중등이후교육 프로그램

장애인을 위한 미국 대학 내 중등이후교육 프로그램의 유형은 첫째, 분리된 교육이 제공되고 비장애 동료들과의 상호작용은 없는 대학의 정규 프로그램에 참여하지 않는 실질적 분리 모델, 둘째, 캠퍼스 내의 분리된 공간에서 진행되는 생활기술 교수와 전환 프로그램 그리고 대학 수업에 참여하는 형태인 혼합 프로그램 모델, 셋째, 공립학교의 마지막 해에 개별화된 접근을 통해 장애학생을 지원하는 방법으로, 학교 졸업 후 목표에 대한 계획을 팀과 함께 수립하고 목적 성취를 위해 필요한 서비스 및 재정을 확보하는 통합적 및 개별적 지원 모델로 구분할 수 있다(Hart et al., 2004; Neubert & Moon, 2006; Stodden & Whelley, 2004). 중등이후교육 프로그램의 구성요소는 교실 수업, 지역사회 중심 교수, 직업훈련, 대학 수업 및 활동 참여, 부모 및 가족 참여, 전환계획 및 기관 간 협력으로 구분된다(Grigal et al., 2001; Neubert et al., 2002). 미국 대학 내 중등이후교육 프로그램을 지원하는 인력은 특수교사가 주가 되어서 보조교사와 지역사회 성인 기관 지원, 대학 직원 및 대학생 자원봉사자 등으로 구성되어 진행되며, 프로그램에 따라 5명 내외의 소규모 프로그램에서 100명이 넘는 대규모 프로그램까지 다양한 인원 구성을 보인다(김은하, 박승희, 2010).

(4) 프랑스의 장애인 연수생 제도

프랑스의 장애인 연수생 제도는 청년 및 중·장년 장애인의 직업 능력을 개발하는 동시에 고용을 지원하는 장애인 연수생 제도이며, 직업생활을 하면서 직무에서 필요로 하는 국가자격증 또는 전문기관에서 부여하는 자격증을 취득할 수 있도록 교육·훈련을 동시에 실시하는 직업전문화 계약 및 견습생 계약으로 구분된다(윤경인, 2013). 직업전문화 계약과 견습생 계약 제도를 활용하는 장애인을 살펴보면, 견습생 고용제도는 장애인의 연령 제한을 따로 두고 있지 않지만, 이 제도를 이용하는 장애인은 대개 26세 미만으로 남성이 많고 교육 수준은 비교적 낮은 편이며, 지적장애, 자폐성장애, 정신장애 등 정신적 장애인이 대부분이라는 점이 가장 큰 특징이고, 국가자격증 및 전문자격증의 취득을 목표로 하지 않는다는 차이점이 있다(윤경인, 2013).

3. 장애인 진로지도의 문제점 및 개선방안

1) 문제점

장애인에 관한 개념 변화와 더불어 장애인의 특성에 맞춘 진로지도를 위한 제도적·실천적 노력이 강화되고 있다. 그럼에도 불구하고 장애인 진로지도가 현재보다 더욱 고도화되기를 바라는 관점에서 현 장애인 진로지도의 문제점을 요약하면 다음과 같다. 첫째, 장애인의 전 생애에 걸친 맞춤형 지원이 보다 강화되어야 한다. 현행 장애인 진로지도는 장애인의 전 생애에 걸쳐 맞춤형으로 이루어진다기보다는 연령별·내용별로 파편화되어 공급자 중심으로 이루어지고 있다. 성인이 되기 전에는 교육부의 특수교육 차원에서 진로교육이 이루어지고, 성인이 된 이후에는 복지 관련 정책은 보건복지부에서, 고용 관련 정책은 고용노동부에서 관장하고 있다. 이 경우 부처별 협력이 원활히 이루어지지 않고 관심이 높지 않다면 자칫 정책지원의 후순위로 밀려날 위험이 상존한다.

둘째, 장애인의 고등교육 진입과 이수율을 높일 필요가 있다. 2020년 기준 대학 이상 학력을 가진 장애인의 비율은 14.3%이고, 2022년 기준 대학 및 전문대에 진학하는 장애학생의 비율은 20%가량(일반대: 12.3%, 전문대: 7.7%)에 불과하다(교육부, 2022). 특수교육기관에 설치되는 전공과를 포함할 경우 장애를 가진 고등학생의 진학률은 50% 수준까지 높아지지만, 전공과의 경우 주로 직업교육을 중심으로 하고 있다는 점에서 고등교육기관이 제공하는 교양교육과 인적 네트워크 구축 등은 어렵다.

셋째, 장애인이 마음껏 재능을 펼칠 수 있는 장애인 친화적 근로 문화와 환경이 정착되어야 한다. 또한 장애인의 근로와 그들의 발달에 대한 사회적 인식도 지금보다 개선되어야 할 것이다. 「장애인고용촉진 및 직업재활법」에 따라 상시 근로자 50인 이상인 기업은 장애인을 고용하도록 하고 있고, 이 조항이 잘 정착되어 있기는 하지만 실제 작업장에서 근무하는 장애인은 비장애인과 비교당하며 잡무를 하는 경우도 있다. 또한 장애인의 특성을 고려하지 않고 직무를 맡김으로써 장애인이 가지고 있는 고유한 강점마저 발휘하지 못하기도 한다. 따라서 장애인에게 보다 친화적인 고용 환경을 마련하는 것이 시급하다.

2) 개선방안

앞서 언급한 장애인 진로지도의 문제점을 해결하기 위하여 다음과 같은 개선방안을 고려할 수 있다. 첫째, 장애인 진로지도를 위한 기관별 연계 및 협업을 강화하여야 한다. 특히 장애인의 장애 정도 변화와 각 장애인을 대상으로 한 진로지도의 내용을 추적하기 위한 이력관리 시스템이 개발되어 각 기관별로 공유될 필요가 있다. 이러한 이력 정보를 통해 각 기관에서는 각 장애인이 처한 상황과 그들이 받은 지원의 유형 및 수준을 바탕으로 보다 심화된 지원을 실행할 수 있을 것이다. 둘째, 장애인의 일반대 및 전문대 진학률을 높이기 위한 다양한 방안이 마련되어야 한다. 무엇보다 초·중등교육 단계에서부터 장애학생의 학업 포부를 높이고 적극적인 동기 부여가 이루어져야 한다. 대학 차원에서는 미국의 사례와 같이 대학이 대학에 입학한 장애학생을 위한 다양한 지원 모델을 발굴하고 시행할 필요가 있다. 셋째, 일상생활뿐만 아니라 일터에서도 장애인의 역량이 마음껏 발휘될 수 있는 환경이 마련되어야 한다. 특히 최근 장애인을 보조할 수 있는 정보통신기술 및 제조기술이 발전하고 있으므로, 해당 기기의 사용에 관한 보조금 지급 등을 통해 장애인이 보다 원활히 일할 수 있는 환경을 제공할 필요가 있다.

논의사항

- 각 이론에 따른 장애인 진로지도의 관점을 구분하여 논의해 보자.
- 장애인의 개념을 과거와 현재로 구분하여 설명하고, 이러한 개념 변화가 현재의 장애인 진로지도에 미치는 영향에 대해 논의해 보자.
- 장애인의 직업생활을 지원할 수 있는 최신 기술을 알아보고, 이를 진로지도에 활용할 수 있는 방안을 논의해 보자.

참고문헌

고용노동부. (2018). 제5차 장애인고용촉진 및 직업재활 기본계획(2018-2022). 고용노동부.
교육부. (2017). 제5차 특수교육발전 5개년 계획(2018-2022). 교육부.
교육부. (2020). 장애학생 진로 · 직업교육 활성화 방안('20~'22). 교육부.
교육부. (2021). 2021 특수교육통계. 교육부.
교육부. (2022). 2022 특수교육통계. 교육부.
국립특수교육원. (2021). 2021년 장애학생 교육활동 실천사례 공모전 수상작 자료집. 국립특수교육원.
김은하, 박승희. (2010). 지적장애인 및 발달장애인을 위한 중등이후 교육: 미국 대학 내 프로그램을 중심으로. 특수교육학연구, 45(3), 43-71.
보건복지부. (2017). 장애등급판정기준. 보건복지부.
보건복지부. (2018). 제5차 장애인정책종합계획(2018~2022). 보건복지부.
보건복지부. (2021). 장애등급판정기준. http://www.law.go.kr/LSW/admRulInfoP.do?admRulSeq=2100000083371
보건복지부, 한국보건사회연구원. (2020). 2020년 장애인 실태조사. 보건복지부, 한국보건사회연구원.
양종국, 노승현, 윤태성, 이지영, 지용근. (2021). 특수학교 진로전담교사용 진로상담 매뉴얼 개발. 국립특수교육원.
윤경인. (2013). 프랑스, 2013년 1분기 장애인 고용 동향. 한국장애인고용공단.
이지연, 한상근, 정윤경, 김나라, 박영균. (2011). 특수교육대상 학생을 위한 진로정보 연구(I): 기초연구를 중심으로(총괄보고서). 한국직업능력개발원.
장애인 등에 대한 특수교육법 (2022, 법률 제18298호)
장애인고용촉진 및 직업재활법 (2018, 법률 제18754호)
장애인복지법 (2021, 법률 제18625호)

통계청. (2018). **장애인 출현율의 변화추이**. https://kosis.kr/statHtml/statHtml.do?orgId=117&tblId=DT_11732S0102&vw_cd=&list_id=&seqNo=&lang_mode=ko&language=kor&obj_var_id=&itm_id=&conn_path=

표준국어대사전. (2019). -인. https://ko.dict.naver.com/#/entry/koko/fab13ad8003247e382cfbc7785ad29b1

한국보건사회연구원. (2021). **2020년 장애인실태조사 결과**. 한국보건사회연구원.

홍정숙. (2015). 일본 직업중점 고등특수학교의 사례와 시사점. **지적장애연구, 17**(4), 93-117.

Algozzine, B., Browder, D., Karvonen, M., Test, D. W., & Wood, W. M. (2001). Effects of interventions to promote self-determination for individuals with disabilities. *Review of Educational Research, 71*(2), 219-277.

Altmaier, E. M., Russell, D. W., Kao, C. F., Lehmann, T. R., & Weinstein, J. N. (1993). Role of self-efficacy in rehabilitation outcome among chronic low back pain patients. *Journal of Counseling Psychology, 40*(3), 335-339.

Beveridge, S., Craddock, S. H., Liesener, J., Stapleton, M., & Hershenson, D. (2002). INCOME: A framework for conceptualizing the career development of persons with disabilities. *Rehabilitation Counseling Bulletin, 45*(4), 195-206.

Cohen, R., Nabors, L. A., & Pierce, K. A. (1994). Preschoolers' evaluations of physical disabilities: A consideration of attitudes and behavior. *Journal of Pediatric Psychology, 19*(1), 103-111.

Deci, E. L., & Ryan, R. M. (2012). Self-Determination Theory. In P. A. M. Van Lange, A. W. Kruglanski, & E. T. Higgins (Eds.), *Handbook of Theories of Social Psychology* (Vol 1, pp. 416-437). Sage.

Fabian, E. S., Ethridge, G., & Beveridge, S. (2009). Differences in Perceptions of Career Barriers and Supports for People with Disabilities by Demographic, Background and Case Status Factors. *Journal of Rehabilitation, 75*(1), 41-49.

Fabian, E. S., & Liesener, J. J. (2005). Promoting the Career Potential of Youth with Disabilities. In S. D. Brown & R. W. Lent (Eds.), *Career development and counseling: Putting theory and research to work* (pp. 551-572). John Wiley & Sons Inc.

Fleitas, J. (2000). When Jack fell down... Jill came tumbling after: Siblings in the web of illness and disability. *MCN: The American Journal of Maternal/Child Nursing, 25*(5), 267-273.

Gottfredson, L. S. (2005). Using Gottfredson's theory of circumscription and compromise in career guidance and counseling. In S. D. Brown & R. W. Lent (Eds.), *Career development and counseling: Putting theory and research to work* (pp. 551-572). John Wiley & Sons Inc.

Grigal, M., Neubert, D. A., & Moon, M. S. (2001). Public school programs for students with significant disabilities in post-secondary settings. *Education and Training in Mental Retardation and Developmental Disabilities*, 244-254.

Guay, F., Senécal, C., Gauthier, L., & Fernet, C. (2003). Predicting career indecision: A self-determination theory perspective. *Journal of Counseling Psychology, 50*(2), 165.

Hahn, H. (1993). The political implications of disability definitions and data. *Journal of Disability Policy Studies, 4*(2), 41-52.

Hart, D., Mele-McCarthy, J., Pasternack, R. H., Zimbrich, K., & Parker, D. R. (2004). Community college: A pathway to success for youth with learning, cognitive, and intellectual disabilities in secondary settings. *Education and Training in Developmental Disabilities, 39*(1), 54-66.

Lent, R. W. (2020). Career Development and Counseling: A Social Cognitive Framework. In S. D. Brown & R. W. Lent (Eds.), *Career Development and Counseling: Putting Theory and Research to Work* (3rd ed., pp. 129-163). Wiley.

Lent, R. W., & Brown, S. D. (2013). Social cognitive model of career self-management: Toward a unifying view of adaptive career behavior across the life span. *Journal of Counseling Psychology, 60*(4), 557-568.

Lindstrom, L. E., & Benz, M. R. (2002). Phases of career development: Case studies of young women with learning disabilities. *Exceptional Children, 69*(1), 67-83.

Loprest, P., & Maag, E. (2007). The relationship between early disability onset and education and employment. *Journal of Vocational Rehabilitation, 26*(1), 49-62.

Luzzo, D. A., & Jenkins-Smith, A. (1998). Development and initial validation of the Assessment of Attributions for Career Decision Making. Journal of Vocational Behavior, 52, 224-245.

Macharey, G., & von Suchodoletz, W. (2008). Perceived stigmatization of children with speech-language impairment and their parents. *Folia Phoniatrica et Logopaedica, 60*(5), 256-263.

Moore, M. E., Konrad, A. M., Yang, Y., Ng, E. S., & Doherty, A. J. (2011). The vocational well-being of workers with childhood onset of disability: Life satisfaction and perceived workplace discrimination. *Journal of Vocational Behavior, 79*(3), 681-698.

Neubert, D. A., & Moon, M. S. (2006). Postsecondary settings and transition services for students with intellectual disabilities: Models and research. *Focus on Exceptional Children, 39*(4), 1-8.

Neubert, D. A., Moon, M. S., & Grigal, M. (2002). Post-secondary education and transition services for students age 18-21 with significant disabilities. *Focus on Exceptional Children, 34*(8), 1-7.

Nirje, B. (1980). The normalization principle. In R. J. Flynn & K. E. Nitsch (Eds.), *Normalization, social integration, and community services* (pp. 31-49). University Park Press.

Ochs, L. A., & Roessler, R. T. (2001). Students with disabilities: How ready are they for the 21st century? *Rehabilitation Counseling Bulletin, 44*(3), 170-176.

Panagos, R. J., & DuBois, D. L. (1999). Career self-efficacy development and students with learning disabilites. *Learning Disabilities Researches & Practice, 14*, 25-34.

Slemon, J. C., & Shafrir, U. (1997). *Academic Self-Efficacy of Post-Secondary Students with and without Learning Disabilities*. Paper presented at the annual meeting of the American Educational Research Association.

Stodden, R. A., & Whelley, T. (2004). Postsecondary education and persons with intellectual disabilities: An introduction. *Education and Training in Developmental Disabilities, 39*(1), 6-15.

Super, D. E., Savickas, M. L., & Super, C. M. (1996). The life-span, life-space approach to careers. *Career Choice and Development, 3*, 121-178.

Swain, J., & French, S. (2000). Towards an affirmation model of disability. *Disability & Society, 15*(4), 569-582.

| 찾아보기 |

인명

내용

저자 소개

정철영(Chyul-Young Jyung)

미국 오하이오주립대학교 대학원 졸업(Ph.D.)

미국 존스홉킨스대학교 객원교수

서울대학교 학생처장, 농업생명과학대학 학장

한국진로교육학회장, 한국직업교육학회장, 한국산업교육학회장, 한국농업교육학회장

현) 서울대학교 산업인력개발학과 교수, 국립대학법인 서울대학교 이사,
사학분쟁조정위원회 위원, 저출산고령사회위원회 위원

임정훈(Jung-Hoon Lim)

서울대학교 대학원 농산업교육과 졸업(교육학 석사)

서울대학교 대학원 농산업교육과 졸업(교육학 박사)

서울대학교 진로직업교육연구센터 선임연구원

현) 한국고용정보원 부연구위원

이승엽(Seung-Yeop Lee)

서울대학교 대학원 농산업교육과 졸업(교육학 석사)

서울대학교 대학원 농산업교육과 졸업(교육학 박사)

서울대학교 농업생명과학대학 입학진로정보실 전문위원

현) 서울대학교 진로직업교육연구센터 선임연구원

이영광(Yeong-Gwang Lee)

서울대학교 대학원 농산업교육과 졸업(교육학 석사)

서울대학교 대학원 농산업교육과 졸업(교육학 박사)

서울대학교 진로직업교육연구센터 연구원

현) 서울대학교 농업생명과학대학 입학진로정보실 전문위원

임소현(So-Hyun Im)

서울대학교 대학원 농산업교육과 졸업(교육학 석사)

서울대학교 대학원 농산업교육과 졸업(교육학 박사)

순천향대학교 교육대학원 진로진학상담전공 강사

현) 서울시50플러스재단 정책연구팀 연구위원

임한려(Han-Ryeo Lim)

서울대학교 대학원 농산업교육과 졸업(교육학 석사)

서울대학교 대학원 농산업교육과 졸업(교육학 박사)

이화여자대학교 인재개발원 초빙교수

현) 서울대학교 경력개발센터 연구교수

이유우(Yoo-Eoo Lee)

중앙대학교 대학원 경영학과 졸업(경영학 석사)

서울대학교 대학원 농산업교육과 졸업(교육학 박사)

현) 한국연구재단 인문사회학술연구교수, 사람과 교육 초빙연구원

박선영(Sun-Young Park)

성균관대학교 심리학과 졸업(문학사)

서울대학교 대학원 농산업교육과 졸업(교육학 석사)

현) 경기도여성가족재단 연구원

최로미(Ro-Mi Choi)

한국교원대학교 대학원 뇌기반교육전공 졸업(교육학 석사)

서울대학교 대학원 농산업교육과 박사과정 수료

현) 이리남창초등학교 교사

조은혜(Eun-Hye Cho)

서울대학교 대학원 농산업교육과 졸업(교육학 석사)

서울대학교 대학원 농산업교육과 박사과정 재학

현) 성남서초등학교 교사

진로교육개론

Introduction to Career Education

2023년 2월 20일 1판 1쇄 인쇄
2023년 2월 28일 1판 1쇄 발행

지은이 • 정철영 · 임정훈 · 이승엽 · 이영광 · 임소현
임한려 · 이유우 · 박선영 · 최로미 · 조은혜

펴낸이 • 김진환
펴낸곳 • ㈜학지사
04031 서울특별시 마포구 양화로 15길 20 마인드월드빌딩
대표전화 • 02-330-5114 팩스 • 02-324-2345
등록번호 • 제313-2006-000265호

홈페이지 • http://www.hakjisa.co.kr
페이스북 • https://www.facebook.com/hakjisabook

ISBN 978-89-997-2869-3 93370

정가 20,000원